LES

SOIRÉES PARISIENNES

LIBRAIRIE E. DENTU, ÉDITEUR.

DU MÊME AUTEUR :

LES SOIRÉES PARISIENNES DE 1874
Préface par Offenbach, 1 vol. gr. in-18, 3 fr. 50.

LES SOIRÉES PARISIENNES DE 1875
Préface par Théodore Barrière, 1 vol. gr. in-18, 3 fr. 50.

LES SOIRÉES PARISIENNES DE 1876
Préface par Alphonse Daudet.
Illustrations de Ed. Yon, Sarah-Bernardt, Vibert, Rubé Chaperon
Henri Meilhac, Grévin, 1 vol. gr. in-18, 5 fr.

LES SOIRÉES PARISIENNES DE 1877
Préface par Edmond Gondinet, 1 vol. gr. in-18, 3 fr. 50.

LE MONSTRE
Roman, 1 vol gr. in-18, 3 fr.

IMPRIMERIE D. BARDIN, A SAINT-GERMAIN.

# LES SOIRÉES,
# PARISIENNES
## DE 1878

PAR

UN MONSIEUR DE L'ORCHESTRE

(ARNOLD MORTIER)

---

PRÉFACE

PAR

ÉDOUARD PAILLERON

PARIS

E. DENTU, ÉDITEUR

LIBRAIRE DE LA SOCIÉTÉ DES GENS DE LETTRES

PALAIS-ROYAL, 15-17-19, GALERIE D'ORLÉANS

—

1879

Tous droits réservés.

# PRÉFACE

Quand un auteur a écrit, — et avec quelle joie ! — le mot « fin, » sous la dernière ligne de son dernier acte, sa pièce est terminée peut-être, mais à côté d'elle, et née d'elle, une autre vient de commencer, qui ne sera pas des deux la moins curieuse, car c'est tout le monde qui la joue, ni la moins recherchée des curieux, car ce n'est pas tout le monde qui la voit.

C'est une manière de trilogie dramatique, dont les parties pourraient se sous-titrer ainsi : le *Manuscrit* ; la *Première* ; le *Succès*.

A lui seul, le prologue du manuscrit demanderait tout un volume.

Même pour les heureux dont les œuvres font prime, il y a bien, de temps à autre, quelques déboires. C'est le hasard d'une pièce qui devance leur pièce et la démode ; un succès qui la retarde ;

un directeur qui manque de mémoire ; — ou de parole...

Vous connaissez ce dialogue typique ?

— C'est convenu ?

— C'est convenu !

— Je passerai cet hiver ?

— Ma parole d'honneur !

— Alors, signons un traité ?

— Ah ! non... cela m'engagerait.

Imaginez alors ce que doit être l'odyssée du pauvre hère qui, son rouleau sous le bras, assiége les régies à la recherche d'un théâtre où on l'accueille ! Que d'anxiétés, d'humiliations, de courses par la pluie battante, de sourires dans le dos des employés qui ne se retournent guère, de stations dans l'antichambre des directeurs qui ne se retrouvent pas ! Que d'heures amères passées à attendre cette réponse qui n'arrive jamais, que d'espoirs déçus quand elle arrive !

Mais je suppose la pièce reçue : Quand sera-t-elle jouée ? Je suppose qu'elle va être jouée : Comment le sera-t-elle ? Voyez-vous cette échelle de tribulations ? Après la réception, la distribution. M$^{me}$ X ne veut pas jouer avec M. Y... arrangez-vous ! L'amoureuse a 37 ans... défendez-vous ! Il n'y a pas de premier rôle... ingéniez-vous !

Et après la distribution, la lecture. Oh! cette lecture aux acteurs, où chacun d'eux n'écoute que le rôle de l'autre, après quoi il refuse généralement le sien! Et le metteur en scène qui coupe, parce que c'est long, et le censeur qui coupe, parce que c'est leste, et le directeur qui coupe, parce que c'est... Lui. Et l'ingénue qui demande à mourir au cinquième acte, le jeune premier qui tient à être aimé des trois femmes, la duègne, qui exige qu'on l'épouse au dénouement, et tous qui veulent dire le mot de la fin!

J'en passe, et des pires! et j'arrive à la seconde et à la plus poignante partie du drame, au jour de la première représentation, au jour attendu et redouté.

C'est ce soir que la pièce voit la rampe; c'est demain que l'auteur sera pour tout le monde un grand homme ou un idiot, — pendant huit jours, — car c'est une règle de ce métier d'exception que le passé n'y est jamais acquis et que chaque ouvrage nouveau remet en question la valeur de celui qui l'a fait, depuis son talent jusqu'à sa personne.

Sentez-vous l'émotion?

Et nulle certitude; tout est aléatoire.

La réception de la pièce ne prouve rien, la lecture ne prouve rien, la répétition générale ne prouve rien. Ce qu'en disent les artistes, les confrères, les amis, les ennemis, ne prouve rien. Si elle est bonne ou mauvaise, on peut s'en douter; si elle réussira, nul ne peut le dire. C'est la première qui va décider; c'est le public qui va juger sans appel.

D'où vient-il, ce public? Quels sont-ils, ces juges? Autrefois, c'était le Roi qui rendait l'arrêt suprême, puis, ce fut le parterre, puis l'abonné, puis, ce qu'on appelait « Tout Paris; » le tribunal aujourd'hui, c'est tout le monde.

Si l'on refaisait, à cette heure, sur le public des premières représentations, le travail qu'About et Dumas ont fait si spirituellement autrefois, l'analyse donnerait un résultat autrement complexe.

L'élément parisien y domine bien toujours comme autrefois, c'est fatal. Le Parisien, cette quintessence du Français, aime les premières, cette quintessence du théâtre. À vrai dire, il n'en aime guère que cela. Un pur Parisien qui ne va pas à la première représentation d'une pièce, ne va plus qu'à la centième... et encore!

Ce vieux fond de salle est donc resté à peu près le même : La critique, les confrères, nombre de déclassés infimes qui ont pénétré là, on ne sait comme, par les pores du théâtre probablement, des couturiers connus, un restaurateur fameux; le chef du gouvernement, quand il y en a un; quelques gens du monde, beaucoup de finance, peu de magistrature, pas d'armée; plus ou moins de ces femmes qu'on rencontre partout et qu'on ne reçoit nulle part; enfin la longue liste de ceux que les journaux nommeront le lendemain dans le célèbre : « Nous citons au hasard. »

Mais à côté de cet élément persistant, un autre a pris place, avec lequel il faut compter : ce sont les étrangers.

Outre ceux qui sont installés à Paris, et ils sont nombreux, les chemins de fer, ces immenses pompes aspirantes et refoulantes, apportent et emportent chaque jour une quantité considérable de visiteurs exotiques. Arrivés le matin, ils sont le soir au théâtre. Ils ont sur le succès initial une influence déjà appréciable, et dans ls succès subséquent une part décisive. Ce sont eux qui louent une stalle 150 francs; ce sont eux qui font les trois cents représentations de certaines œuvres douteuses — avec notre complicité, il faut bien le dire.

A ce propos, et puisque nous causons, qu'on me permette d'ouvrir une parenthèse, et d'expliquer certains succès que l'on s'obstine à trouver inexplicables.

Le Français, ce peuple plus littéraire que lettré, plus passionné que réfléchi, adore le théâtre, — nécessairement. Mais nécessairement aussi, il veut

*a.*

y retrouver les deux caractéristiques de son tempérament et de son goût : la clarté, la gaieté. Ce qui est vague et sombre, le déconcerte et le repousse. Je sais bien qu'il n'avouera ni son inaptitude ni son antipathie. Au besoin même, il admirera de bonne foi ce qu'il ne comprend pas, car ce qu'il ne comprend pas lui en impose, mais pour l'aimer, je l'en défie !

Au fond, son théâtre est borné par l'opéra-comique et la comédie, comme sa philosophie par Voltaire, comme sa politique par le journal. Et pour nous en tenir au théâtre, la preuve que son vrai génie est dans ces deux genres, c'est que, s'il a été surpassé dans tous les autres, il n'a jamais été égalé dans ceux-là.

Qu'il s'y tienne : la part est assez belle. Oui, la mélodie et l'esprit, voilà les deux formes de ses deux cultes. Vous lui refusez la mélodie ? il se rabat sur le rhythme ; vous lui mesurez l'esprit, j'entends ce bon sens armé qui est l'esprit français ? il descend à la caricature, sa sœur contrefaite.

Plus vous lui jouerez de musique dite savante, plus il courra à l'opérette ; aussi longtemps que vous reprendrez des reprises, que vous lui resservirez vos romans en pièces, que vous rabâcherez les œuvres démodées d'un répertoire anciennement moderne, ou votre sempiternelle tragédie, il se retournera vers la *cascade* — puisqu'il faut l'appeler par son nom.

Ce n'est pas à dire qu'il n'ira jamais dans les endroits où se jouent ces choses austères et antipathiques. Il affectera d'y paraître à de certains jours, parce que cela est de bon ton, comme il affectera de dire du mal des œuvres légères, parce que cela est de bon goût. Mais en réalité, son cœur est à ces dernières — et son argent aussi.

Il y a des femmes avec lesquelles on se montre; d'autres avec lesquelles on se cache. Il y a des pièces que l'on se plaît à voir; d'autres où l'on tient à se faire voir. L'opéra-lyrique moderne et l'ancienne tragédie sont de ces dernières.

Ah! si j'avais le temps et l'espace, comme j'aimerais à établir une bonne fois que la tragédie ne pouvait ni naître, ni vivre sur notre sol, et que les hommes de génie qui ont acclimaté chez nous, peuple ayant horreur de l'horreur, cette importation étrangère, ne l'ont pu faire qu'en la dénaturant dans son essence même.

Chose étrange! Peu l'écoutent, moins l'entendent, nul ne l'aime, et cependant tous l'exaltent comme la dernière expression du grand art; la haute société s'y donne rendez-vous, et il reste encore des notaires qui croiraient manquer à leurs devoirs s'ils n'y conduisaient leurs enfants de temps à autre.

Pourquoi ?

Mon Dieu ! Si nous avions Rachel... Mais vous avez beau dire, nous ne l'avons pas. Eh bien, alors ? Du moment que l'artiste ne fait pas sortir le drame de passions qui est au fond de ces chefs d'œuvre, et que vous jouez la tragédie pour la tragédie, à quoi bon ? Pour le style ? Est-ce que cela s'imite ? Pour les pensées ? Est-ce que cela s'apprend ? Pour l'invention ?. Mais qui est-ce qui fait encore des tragédies à l'heure qu'il est, à part le professeur de cinquième qui rêve les palmes académiques dans un collége de province où il n'y a pas encore de chemin de fer ? C'est donc pour les exemples ? Des exemples de quoi ? D'amour paternel... comme dans *Horace ?* d'amour maternel... comme dans *Rodogune ?* d'amour filial... comme dans le *Cid ?* d'amour fraternel... comme dans *Britannicus ?* d'amour conjugal... comme dans *Phèdre ?*

Et d'ailleurs, tout change dans sa forme — rien que dans sa forme, hélas ! — les vertus comme le reste. Or, apprendre aux citoyens de 1879 les vertus antiques, c'est apprendre à nos soldats la stratégie antique. Si vous comptez sur Caton pour affermir la République ou sur le *Murus pedestris* pour la défendre !...

Mais laissons la tragédie. Aussi bien, est-on mal venu dans notre pays à en parler sincèrement. Comme toute religion, l'art a ses Tartuffes, sans compter ceux qui ont la foi du charbonnier. Et puis, la tragédie est pour le Français comme une femme légitime à laquelle il a été fiancé dès le collége.

Ce n'est pas qu'il l'aime, mais il ne veut pas qu'on y touche.

Quant à la musique wagnérienne, cette maîtresse qui ne parle que le haut allemand, elle est, en vérité, trop ennuyeusement platonique. Faites-lui des ovations, vous que l'absurde enivre, et qui, dans l'incompréhensible, croyez toujours saisir votre vague idéal; pâmez-vous, femmes hystériques; cassez votre col, gens bien habillés! Ce qui me venge, c'est que, cependant, vous conduisez six cents fois de suite vos oreilles françaises en bonne fortune aux *Cloches de Corneville;* ce qui me console, c'est que, du jour où un homme de talent trouvera la formule nouvelle de l'opéra qui se cherche, cette algébrique mélopée, qui n'est que du bâillement orchestré, s'arrêtera subitement : le silence ressaisira le vide!

Maintenant, et dans le cas où l'orgueil national se trouverait froissé par ces théories, je n'éprouve aucune difficulté à déclarer que si les œuvres encore vivantes du théâtre sérieux étaient jouées avec autant de talent que le sont les bouffonneries, l'envahissement de ces dernières serait moins actif. J'ajouterai, pour revenir à mon point de départ, que par leur affluence toujours croissante, les étrangers concourent dans une proportion de plus en plus considérable à ce qu'on appelle la dépravation de notre goût, et qui n'en est que l'égarement momentané.

Mais je ne cause plus, je bavarde; fermons la parenthèse, et revenons à notre première représentation.

Donc, la salle est pleine, et de quels éléments complexes, disparates, nous l'avons vu.

Regardez bien cependant, il va se passer un phénomène singulier.

Voilà des gens venus des quatre coins de l'univers, de la société, de l'action et de la pensée, n'est-ce pas? des hommes qui au figuré, comme au propre parfois, ne parlent pas la même langue; des spectateurs intelligents et des imbéciles, — je n'ai pas dit naïfs, — des parents émus, des séides farouches, des ennemis ardents et des indifférents implacables; chacun d'eux avec son caractère, son parti pris, sa façon de sentir personnelle et différente...

Eh bien! laissez le rideau se lever, la salle s'échauffer, l'engrenage de l'action faire son office; et toutes ces divergences vont s'effacer, ces opinions s'amalgamer, ces personnalités se fondre en une seule qui sera alors : LE PUBLIC, c'est-à-dire, un être à deux mille voix, à deux mille âmes, à deux mille volontés, et qui n'aura plus qu'une voix, qu'une âme et qu'une volonté — ou plutôt, qui n'aura plus de volonté; une électricité indéfinissable entraîne en effet tous ces esprits, unis à cette heure dans une cohésion parfaite, par un courant d'une irrésistible puissance.

Il n'y a pas de prévention, de rancune, de raisonnement qui tienne : il faut le suivre. Tout ce que l'amitié la plus chaude, tout ce que la haine la plus forte peuvent faire, c'est de ne pas siffler l'ami, si sa pièce va mal, ou de ne pas applaudir l'ennemi, si sa pièce va bien, mais remonter le torrent, s'échapper, attérir... impossible!

Tout à l'heure, quand la pièce sera finie, dehors, au grand air, l'individu va se ressaisir, et reprendre pied. Il retrouvera son sang-froid, son libre-arbitre; il discutera, il verra clair, il éventera le procédé; peut-être alors s'indignera-t-il d'avoir ri, ou rira-t-il d'avoir pleuré, mais aussi longtemps que *public* il aura été soumis aux secousses de cette étrange pile galvanique dont les fils sont partout et les pôles nulle part, il n'aura été maître, ni de ses protestations, ni de ses bravos, et c'est inconsciemment qu'il aura fait le succès ou la chute...

Mais le rideau est baissé, tout le monde est parti, la pièce est aux nues — ou dans la boue — et par une télégraphie humiliante pour l'appareil Morse, avant une heure, la ville entière connaîtra le résultat de la soirée. Au club, sur les boulevards, dans la rue, les deux mille spectateurs ont vu vingt mille amis qui en ont rencontré quarante mille en allant se coucher. C'est fait.

Croyez-vous, pour cela, que tout est dit, et que l'auteur en a fini avec les émotions, avec les difficultés, avec le hasard?

Que non pas!

S'il y a chute, les conséquences en sont si simples que tout le monde les peut entrevoir, depuis l'inévitable : « Il y avait de bien jolies choses » du confrère, jusqu'au navrant : « Je te l'avais dit » de l'intime.

Mais, même s'il y a succès, que de mauvaises chances encore! La pièce a réussi : Fera-t-elle de l'argent? Qu'en pense-t-on à la Bourse? Qu'en dit-on dans les cercles? Qu'en écrira la presse? Et l'enrouement involontaire du jeune premier qui s'accentue! Et le rhumatisme volontaire de l'artiste qui a un mauvais rôle! Enfin, le terrible : « Retardé par indisposition » toujours suspendu sur l'affiche! Et les succès concurrents! et le verglas! et la politique!

Par ce léger crayon, vous pouvez voir que cet épilogue de notre trilogie n'est pas moins que les deux autres parties fécond en péripéties, en détails, en surprises; ni moins tristement gai, ni moins rageusement souriant; car dans ce monde de théâtre, artificiel et sensitif, expansif et faux, pour qui la convention est la vérité, et la vanité la vie, le burlesque et le tragique se confondent dans le sentiment comme dans l'expression; le désespoir, qui se sent regardé, bouffonne, et la haine qui se sent écoutée, fait des mots.

Eh bien! c'est tout cela, c'est cette comédie autour d'une comédie, dont l'auteur du livre que vous allez lire vous fait le compte rendu. La pièce que l'on joue au public, d'autres en feront la critique; il est, lui, le critique de celle qui se joue occultement, à propos d'elle, partout ailleurs que sur la scène : dans les coulisses, le couloir, le foyer, la salle, dans le monde même... Là, il est sur son sol; c'est lui qui a pris, le premier, possession de cette terre, pressentie avant lui, mais avant lui inexplorée, et qu'il exploite depuis six ans, et avec quelle fantaisie, quelles ressources d'esprit et d'ingéniosité! nous le savons tous.

Mais ce dont nous n'avons pas l'air de nous douter, c'est qu'en faisant cela, il bâtit pour nos neveux un monument philosophique considérable, en montrant le métier de notre art, la cuisine de notre célébrité, l'envers de notre gloire. Comme ces infusoires microscopiques qui élèvent des continents au milieu des mers; à l'aide de bruits, de mots, de racontars, de tous ces rudiments infimes de la preuve, il édifie lentement et continûment la Genèse de nos succès — dans l'océan des âges.

Et même, il fait œuvre d'historien. Ne riez pas: Peu ou prou tout passe par le théâtre, et ce livre sera, un jour, le répertoire des oubliés. Bien des gens qui, dans deux cents ans, — et même moins, — n'existeront plus comme hommes célèbres, vivront encore, grâce à lui, comme curiosités archéologiques.

La Postérité, aidée par les savants commentaires des Scoliastes de l'avenir, n'apprendra ni sans intérêt ni sans fruit, j'en suis sûr, qu' « En « l'année 1878, » par exemple, « (*sous la troisième* « *République ou la quatrième, on n'est pas encore* « *fixé*), eut lieu aux Folies Dramatiques (*Opéra*

« *situé sur les anciens boulevards, autrefois ren-*
« *dez-vous du monde élégant*) la première repré-
« sentation d'un ouvrage important (*malheureuse-*
« *ment aujourd'hui perdu*). » que, « ce soir-là,
« M. Bardoux (*personnage marquant — à cette*
« *époque, — présumé ministre des cultes*), avait
« promis d'y assister, » mais « qu'il était retenu
« au banquet des félibres (?) où il fut acclamé ciga-
« lier » (*consulter les glossaires*); que, « néan-
« moins, il avait promis, — entre autres choses,
« — de décorer l'auteur (*peut-être Hervé, compo-*
« *siteur français, né à Paris*), ainsi qu'une partie
« des personnes présentes. »

Faits divers, je vous l'accorde; cancans, si vous voulez; mais Michelet ne nous a-t-il pas montré quelles ressources fécondes le génie sait trouver, pour juger une époque ou un homme, dans ces infiniments petits de l'histoire?

ÉDOUARD PAILLERON.

# LES SOIRÉES PARISIENNES

## JANVIER

### LIVRES NOUVEAUX.

2 janvier.

On a un peu parlé, dans les coulisses et même dans les journaux, d'un livre, *la Fille du Proscrit*, dont l'auteur n'est autre qu'une actrice en renom, M<sup>lle</sup> Rousseil, tout comme M<sup>lle</sup> Sarah Bernardt est l'auteur du buste de M. William Busnach.

De même que la sculpture de l'artiste des Français fait éclore, dans les théâtres, des actrices qui font des pastels et qui parlent de leur atelier comme d'autres de leur boudoir, de même le roman de M<sup>lle</sup> Rousseil va augmenter dans d'inquiétantes proportions, le nombre des bas-bleus parmi les actrices.

Pas plus tard que ce soir on me communique une petite liste d'ouvrages en préparation. Il y en a de tous genres et de toute nature : ouvrages d'histoire, de géographie, d'astronomie, de politique, des romans, des nouvelles, des recueils en vers.

Je m'empresse de reproduire ce curieux

## CATALOGUE.

Sarah Bernardt. — *De fil en aiguille* (série de nouvelles).
Jeanne Granier. — *Voyage en Suisse.*
Céline Chaumont. — *Vie de Musset.*
Croizette. — *Les financiers célèbres depuis Law jusqu'à nos jours.*
Massin. — *Sterne en pantoufles* (notes sur le voyage sentimental).
Suzanne Lagier. — *Traité d'éducation pour les jeunes demoiselles.*
Heilbron. — *Les Boyards* (études d'après nature).
Alice Regnault. — *Commentaires sur les Mille et une Nuits.*
Jane May. — *Bouton de Rose* (recueil de poésies).
Léa d'Asco. — *Les escrocs du Grand Monde.*
Van Ghell. — *Cooper (Féminore) et ses œuvres.*
Théo. — *Les Chauffeurs.*
Mademoiselle X... — *Elle !*
Madame Y... — *Lui !*
Thérésa. — *Elle et lui !*
Schneider. — *De viris illustribus.*
Berthe Legrand. \
Grandville.       } *Les Femmes de Barbe-Bleue* (en collaboration).
Angèle.           /
Adèle Page. — *Mémoires pour servir à l'histoire du premier Empire.*
Gabrielle Gauthier. — *Les Petits-fils de 93.*
Madeleine Brohan. — *L'Art d'accommoder les restes.*
Reichemberg. — *Les Mystères du célibat.*

Jeanne Bernhardt. — *Mémoires d'un huissier.*
Tallandiéra. — *La Femme de feu.*
Adelina Patti. — *Hygiène conjugale, Conseils aux gens mariés.*
Duverger. — *Histoire anecdotique du déluge.*
Cécile Ritter. — *Merveilles du Firmament : les Etoiles filantes.*
Piccolo. — *La Confusion des langues.*

---

7 janvier.

Le hasard, qui a l'habitude de me traiter en enfant gâté, m'a fait trouver, ce soir, une lettre que je me suis empressé de lire et qui m'a paru tellement curieuse que je me hâte de rendre mes lecteurs complices de mon indiscrétion.

Cette lettre, datée d'avant-hier, 5 janvier, a été écrite à sa femme par un brave provincial nouvellement débarqué de Lons-le-Saulnier et qui, peu au courant de ce qui se passe à Paris, raconte à sa façon, ce qu'il y a vu depuis quelques jours.

Voici le factum en question :

« Ma chère amie,

« Arrivé ici depuis trois jours pour affaires, je dois te dire que j'ai d'abord constaté avec plaisir que tout marche à merveille depuis la fin de la crise politique. Les journaux, que d'ailleurs je ne lis jamais, étaient absolument dans le vrai en nous affirmant que la confiance allait renaître.

« Non-seulement les quartiers commerçants ont repris leur physionomie habituelle, mais les boutiques sont devenues insuffisantes : la reprise des affaires a reçu une telle impulsion que l'on s'est vu dans la nécessité d'établir en plein boulevard des baraques supplémentaires où se débite une foule de menus objets, produits des diverses industries parisiennes.

« Ce n'est pas sous un ministère antirépublicain qu'on aurait pu voir de pareilles choses !

« Comme tu me l'as recommandé, je passe toutes mes soirées au spectacle. J'ai déjà vu *Herr Nani*, c'est une bonne pièce, très-soignée, quoique rimée tout du long. Il y a là un petit empereur rouge qui est bien bavard, il nous a récité son grand monologue, comme qui dirait sa profession de foi ; il n'y avait plus moyen de l'arrêter, c'était pire que notre député... quand il n'est pas à la Chambre. Il y en avait un autre auquel j'aurai fait sans doute quelque chose sans m'en douter, car il n'a pas cessé de regarder de mon côté, en faisant des grimaces et en roulant des yeux furibonds ; à la fin, voyant que tout cela ne me faisait rien, il s'est fâché tout à fait, et tirant brusquement son épée, m'en a jeté un tronçon à la figure, même que tu pourras encore, à mon retour, voir la cicatrice que j'ai à la joue droite, et que j'ai gardé le morceau qu'il m'a lancé.

« Le lendemain, j'ai été voir *la Cigale*, une pièce pour laquelle on a engagé une femme acrobate qui m'a paru encore plus extraordinaire que celle que nous avons vue ensemble l'an dernier, sur la place d'Armes, au cirque Corvi.

« Par exemple, une pièce à laquelle je n'ai absolument rien compris, c'est *les Menus plaisirs de l'année*. Mais elle est jouée par les meilleurs comédiens de Paris. Il y a surtout une personne nommée Angèle qui m'a beaucoup plu parce qu'elle te ressemble. On m'a dit que c'est comme toi une mère de famille qui fait vivre ses six enfants avec son travail et qui sert aussi de mère à un pauvre artiste devenu aveugle.

« Mais tout cela n'est rien à côté de ce qu'on voit à l'Ambigu, car il faut te dire que j'ai suivi le conseil de l'ami Philippe, je suis allé voir le fameux drame dont on parle tant, celui qu'il appelait *La Cause célèbre*.

« En passant, je tiens à t'apprendre que Philippe, qui se croit si fort et qui veut toujours donner des conseils aux autres, s'était absolument trompé sur le titre de la pièce de l'Ambigu; elle ne s'appelle pas du tout *Une Cause célèbre*, mais bien *La Case célèbre*. Ce n'est vraiment pas la peine d'être commis-voyageur pour n'être pas plus malin que cela!

« Le sujet qu'il nous a raconté n'est pas non plus tout à fait conforme à ce que j'ai vu. D'abord, il aurait dû me prévenir que je verrais des nègres, à moins qu'il ne les ait pas remarqués. A la vérité, il nous a bien dit qu'il y avait un enfant dont le rôle est très-important, ça c'est vrai, il y en a un qu'on voit tout le temps, je trouve même qu'on le voit trop; ça le fait coucher bien tard. Philippe nous avait dit aussi que l'enfant faisait condamner son père. Eh bien, je t'assure qu'il n'est pas question de ça un seul instant.

« Le père, c'est bien ce gros acteur de talent dont on nous a tant parlé et qui se nomme Dumaine, mais ce M. Dumaine n'est pas condamné. Il est seulement poursuivi par ses maîtres qui ne sont plus ses maîtres, puisqu'il n'est plus leur esclave, car j'ai oublié de te dire qu'il était esclave, ce qui est d'autant plus extraordinaire que tout le temps on parle de la traite des noirs, que lui n'est pas noir et que ce sont ses maîtres qui sont noirs.

« Mais, me diras-tu, que fait l'enfant pendant qu'on poursuit son père?

« Il ne fait rien. On le porte tout le temps. Tantôt c'est la mère qui le porte à la chèvre morte, tantôt c'est son père qui le porte dans ses bras.

« J'ai remarqué que les esclaves nègres, eux aussi,

ne font jamais rien, si ce n'est qu'ils donnent beaucoup de mal à leurs maîtres qui passent leur existence à les pourchasser. Cela donnerait envie de devenir nègre pour se reposer et bien vivre, car cette pièce montre bien à quel point le sort des pauvres blancs est au contraire plus malheureux que le leur.

« Ah ! çà, me diras-tu encore, je ne vois pas dans tout cela la grande scène de la dénonciation...

« Permets, ma bonne amie, elle existe parfaitement. Elle a eu lieu au troisième acte, chez ce bon docteur Bird, un brave homme qui grogne sans cesse, mais qui finit toujours par écouter son épouse. Justement, l'acteur qui joue ce rôle est M. Paulin Ménier, tu sais bien, celui qui fait de si bon chocolat. Il paraît qu'il est encore député avec tout ça ; du reste, il le dit lui-même dans la pièce. Quelle activité !

« — Et c'est l'enfant qui dénonce son père ?

« Pas du tout. C'est le chien ! — Quel chien ? — Celui des marchands d'esclaves.

« Ainsi, tu vois, Philippe avait oublié de me parler des nègres et des chiens.

« Quant à l'enfant, on continue à le porter jusqu'à la fin.

« Et non-seulement il ne dépose pas contre son père, mais lui-même n'est pas déposé une seule fois à terre de huit heures à minuit.

« Tu le vois, c'est poignant et le succès de la *Case célèbre de l'oncle Tom*, à l'Ambigu, est vraiment bien mérité. Du reste, tu verras la pièce quand on la montera à Lons-le-Saulnier.

« Je t'embrasse, etc...

« Ton

« Durasoir. »

Et voilà comment le transfèrement de la *Cause cé-*

*lèbre* et son remplacement à l'Ambigu par la *Case de l'oncle Tom* à la Porte-Saint-Martin ont pu tromper un brave et honnête bourgeois de Lons-le-Saulnier.

## REPRISE DES *MOUSQUETAIRES DE LA REINE*.

9 janvier.

Si jamais activité a mérité le qualificatif de *dévorante*, c'est bien celle qui n'a cessé de régner aujourd'hui à l'Opéra-Comique :

D'abord, la représentation de jour au bénéfice de Bouffé, avec le personnel et les décors des divers théâtres qui ont participé à ce spectacle.

Puis, en deux heures à peine, les préparatifs de la première des *Mousquetaires de la Reine*.

Remarquez qu'en un si court espace de temps, il a fallu remettre en parfait état de propreté une salle dans laquelle les dix-huit cents spectateurs de l'après-midi avaient plus ou moins apporté la neige du dehors.

Mais c'est en scène surtout qu'il n'y avait pas une minute à perdre pour faire disparaître les décors *intrus* de la matinée et planter, pour la première fois, ceux des *Mousquetaires de la Reine*. Ce genre d'opération exige justement plus de temps à l'Opéra-Comique que dans la plupart des autres théâtres. La scène est d'une profondeur suffisante ; mais, sur les côtés, les dégagements sont presque nuls ; aussi les portants forment-ils tous une sorte de châssis qu'on est obligé de replier pour pouvoir les empiler à plat contre les murs latéraux.

On peut juger des complications matérielles occasionnées par la coïncidence d'une matinée extraordinaire et d'une première représentation.

La reprise des *Mousquetaires de la Reine* n'est pas la première reprise venue; il ne s'agit pas d'une de ces fausses reprises d'œuvres qui n'avaient jamais quitté l'affiche, d'une de ces simili-reprises de la *Dame Blanche* ou du *Pré aux Clercs* dont les directions de l'Opéra-Comique ont toujours été coutumières et qui font le désespoir du courriériste théâtral. Non, l'opéra-comique d'Halévy, bien que figurant en belle place dans le répertoire de la salle Favart, n'avait pas été remis à la scène depuis de longues années. Aussi sa réapparition est-elle un événement de quelque importance.

Ce qui explique que ce charmant ouvrage ait pu quitter l'affiche aussi longtemps, c'est surtout la difficulté de la distribution. Ainsi, le rôle d'Olivier passe pour un rôle de fort ténor. Roger le créa justement, alors qu'il était à l'apogée de sa belle voix et de son grand talent.

C'est le ténor Dereims que nous devions entendre ce soir; il a répété son rôle jusqu'à la répétition générale inclusivement. Au dernier moment, il s'est trouvé dans l'impossibilité de chanter, et M. Carvalho se serait même vu dans un sérieux embarras, sans la complaisance du plus complaisant de ses pensionnaires, j'ai nommé M. Engel, le ténor au répertoire inépuisable, et qui, en deux jours, s'est trouvé à même de remplacer M. Dereims.

M. Engel, c'est l'homme-ressource, le ténor-en-tout-cas, le *Deus ex machina* qui apparaît toujours subitement pour sauver la situation.

Dès qu'un de ses camarades est subitement atteint d'un enrouement, d'un rhume ou d'un mal de gorge, M. Engel qui, lui, ne s'enrhume jamais, est immédiatement affiché, sans qu'on songe même à lui demander avant s'il sait le rôle. Ce serait d'ailleurs inutile, M. Engel sait tout.

L'attrait principal de la soirée était surtout le second début de Mlle Bilbaut-Vauchelet, dont la première apparition, qui eut lieu dans le *Pré aux Clercs*, fut une agréable surprise et une véritable révélation.

On a déjà rappelé que la jeune cantatrice était un brillant premier prix du Conservatoire. Mais ce qu'on ignore absolument, ce sont les motifs qui, après de tels succès scolaires, l'avaient décidée à renoncer au théâtre.

Mlle Bilbaut-Vauchelet se disposait à débuter, il y a deux ans, lorsqu'un jour, ayant chanté dans un concert, elle fut l'objet d'une petite critique. Très-impressionnable et nerveuse au plus haut point, elle en eut l'esprit vivement frappé.

— Ah! mon Dieu, s'écria-t-elle, mais que me fera-t-on quand j'aborderai le théâtre?

Et son parti fut aussitôt pris. Renonçant à une carrière qui l'effrayait, elle se fixa à Douai où son père était caissier au Comptoir d'escompte. Là elle donna des leçons de chant et de piano, jusqu'au jour où elle se sentit assez maîtresse d'elle-même pour revenir sur sa première décision.

Musicienne hors ligne, elle est de première force sur le violon et a obtenu comme virtuose de véritables triomphes. Elle a même donné à Douai un concert, genre Pasdeloup, dans lequel elle montra, comme *chef d'orchestre*, les qualités les plus sérieuses.

D'une grâce un peu mièvre, blonde, Mlle Bilbaut-Vauchelet a généralement plu — je parle de la femme, n'ayant pas à juger la chanteuse.

Du côté des hommes, on disait : « Elle a du charme! » et du côté des dames : « Elle est sympathique! » Total : des applaudissements unanimes.

L'intéressante reprise de ce soir n'est que le commencement d'une série de solennités musicales auxquelles M. Carvalho se propose de nous convoquer.

Tout est bouleversé dans les habitudes du théâtre. Les voisins stupéfaits y remarquent un mouvement inaccoutumé ; les visiteurs abondent ; les audiences et les auditions de toute sorte se multiplient dans une proportion folle.

C'est le contre-coup de la disparition du Théâtre-Lyrique.

M. Carvalho recueille une partie des brillantes épaves de M. Vizentini ; ténors, barytons, prima donna, choristes, musiciens, viennent à lui en foule. Il a déjà hérité de quelques brillants sujets et de plusieurs partitions : si cela continue, il héritera bientôt de la subvention sous forme de supplément à celle qu'il a déjà.

Le plus amusant, c'est que les purs, les farouches sectaires de l'art maussade qui, lors de la résurrection du Théâtre-Lyrique, n'avaient point assez d'expressions dédaigneuses en parlant de l'Opéra-Comique et de son genre vif et gracieux, ne sont pas aujourd'hui les moins empressés à s'y présenter la main tendue.

Mais aussi quel changement de langage à l'appui de ce changement d'allures !

Ceux qui disaient l'année dernière :

— L'Opéra-Comique est un théâtre impossible : son répertoire est usé, fini, on n'en veut plus ; sa salle est triste, et puis on y voit trop d'épiciers !

Disent maintenant :

— Eh !... après tout !... l'Opéra-Comique a du bon ; la salle est bien située, le théâtre a une clientèle sérieuse, des habitués fidèles et un répertoire qui assure des lendemains !

Et le tout se résume par ce cris général :

— Le Lyrique est mort, vive l'Opéra-Comique !

11 janvier.

Il y a dans tous les théâtres, les soirs de première, toute une catégorie de spectateurs bien malheureux, et pour lesquels je ressens depuis longtemps une commisération bien sincère.

Ce petit clan si intéressant se compose de journalistes, d'auteurs, d'artistes des deux sexes, et même aussi de simples amateurs qui n'aiment pas les succès des autres.

Lorsqu'une pièce va à la dérive, lorsqu'un artiste pique une tête, leur situation n'a rien de fâcheux. Ils affectent même un petit air chagrin qui leur permet de faire bonne figure, tout en accentuant le mauvais résultat de la soirée.

Malheureusement pour eux, on n'assiste pas toujours à des fours : il y a parfois des pièces qui réussissent et des artistes qui, du premier coup, se font adopter par le public. Or, j'ai dernièrement parlé du petit baveux qui, dans tous les cas, succès ou chute, trouve tout exécrable et ne se gêne pas pour le dire.

Le spectateur dont je veux m'occuper aujourd'hui est dans un cas bien différent. Il est aussi malveillant que le petit baveux ; mais, soit par sa situation, soit par ses relations amicales avec l'auteur ou les interprètes de l'œuvre nouvelle, soit par un reste de pudeur, il ne peut manifester ostensiblement son hostilité, et se voit même contraint de prendre part à la satisfaction générale.

Franchement, ce supplice rappelle les tortures les plus réussies de l'Inquisition ; la question de l'eau n'était qu'un jeu de société, auprès des tortures endurées le soir de la première de *Paul et Virginie*, par exemple, par tel auteur d'un opéra sifflé, ou bien encore à la première de la *Cigale*, par tel vaudevilliste se croyant méconnu. Eh bien, ces infortunés ont dû faire contre fortune bon cœur, sourire, applaudir la mort dans l'âme et, torturés, mis à la question, avoir l'air de dire à leur bourreau : « Mon Dieu, monsieur, quel plaisir vous me faites ! »

Il m'a semblé utile et humain d'imaginer quelques expédients pour venir en aide à ces pauvres gens en leur indiquant divers procédés d'une exécution facile à l'aide desquels ils pourront, sans contribuer efficacement au succès, sauver les apparences.

Ainsi, pour les dames, l'éventail est recommandable. Il peut rendre plus d'un service. Au moment où il serait impossible de ne pas applaudir, vous prenez votre éventail de la main droite, et vous avez l'air de frapper à grands coups répétés sur votre main gauche ouverte. Vous avez bien soin, naturellement, de ne jamais toucher cette main. Cette *pantomime* animée fera dire à tous ceux qui vous observent de loin : « Voilà madame une telle qui va casser son éventail à force d'applaudir ! »

L'homme n'a pas la ressource de l'éventail, mais il trouvera une compensation dans la canne, qu'il peut agiter bruyamment de haut en bas, en s'arrangeant de façon à ne jamais frapper le parquet. Le résultat est identique.

Mais l'important, pour les hommes comme pour les femmes, est d'arriver à applaudir des deux mains sans risquer d'augmenter le bruit des applaudissements.

Pour cela, une petite gymnastique préparatoire est utile, mais il suffit de quelques répétitions à huis clos pour arriver à une certaine habileté.

I. *Les mains bombées.* — Bomber les mains et frapper à tour de bras. Le vide neutralise le bruit.

II. *Les paumes.* — Frapper l'une contre l'autre les

paumes des deux mains. Moyen fatigant, mais précieux entre tous.

III. *Le bout des doigts.* — Se servir du bout des doigts à la place des paumes. Moyen moins recommandable, une distraction fâcheuse pouvant vous entraîner plus facilement à applaudir pour de vrai.

IV. *Les bras.* — Agiter les bras au-dessus de la tête. Ce mouvement est vu de tous les coins de la salle, et semble occasionner un grand fracas, alors qu'il vous procure le soulagement de penser que vous ne faites aucun bruit.

Il est bien entendu que la lorgnette aussi pourra vous être d'une grande utilité. Il suffit de la tenir dans une main pour amortir le bruit des coups.

Enfin, il reste certainement de grandes découvertes à faire dans cet ordre d'idées. Je m'en rapporte pour cela aux intéressés.

Ainsi, une forte doublure d'ouate glissée dans le gant de peau est le meilleur des préservatifs. On risque, il est vrai, de souffrir un peu de la chaleur ; mais que n'endurerait-on pas quand il s'agit de ne pas être agréable à un camarade ?

---

RÉOUVERTURE DE LA GAITÉ.

14 janvier.

*Orphée aux Enfers*, joué pour la première fois à la Gaité, le 7 février 1874, ne quitta l'affiche que le 16 novembre 1875. Le total des recettes s'élevait à près de DEUX MILLIONS !

La reprise d'un ouvrage qui a de tels précédents est toujours fructueuse. Aussi M. Vizentini a-t-il eu raison plutôt deux millions de fois qu'une en remontant le magnifique opéra-féerie d'Offenbach pour inaugurer la reprise de sa direction à la Gaîté.

*Orphée aux Enfers* va lui permettre de préparer quelque autre féerie, en prenant son temps et ses aises.

Pour cette fois, par exemple, il a fallu se hâter.

Depuis quinze jours, on a passé toutes les nuits au théâtre. Aussi, les machinistes, les artistes et les employés, qui sont généralement sur les dents, ne sont-ils pas fâchés de voir enfin luire la rampe sur la première, ce qui va leur procurer un repos relatif.

Seul, M. Vizentini, qui pendant les répétitions, s'est démené comme l'une de ses déesses dans un bénitier, est encore frais et dispos, ainsi qu'au premier jour. Ce diable d'homme est absolument infatigable.

— Reposez-vous donc un peu ! lui disait hier son fidèle Baudu.

— Me reposer !... c'est cela qui me fatiguerait, par exemple... — affirmait le fougueux Albert.

Allez donc répondre à des arguments aussi imprévus !

Grande animation féminine ce soir dans les coulisses : la plupart des déesses se plaignent du peu de confortable qui règne dans leurs loges. Ces jolies immortelles rêvaient des lambris dorés, des glaces et des tapis, et, retombant de leurs nuages dans la réalité, elles ont dû se contenter de chaises de paille pour tout mobilier.

Peschard a pris la loge de Mlle Marimon ; Piccolo celle de Marie Heilbron ; Christian, lui, s'est emparé de celle de Bouhy.... il espère bien y trouver quelques points d'orgue oubliés.

Quant à la loge de Capoul, elle a été transformée en *un bain* : c'est ainsi qu'on désigne l'endroit où plusieurs « Suzanne » abritent leurs charmes sous une onde transparente et pure.

Les splendeurs d'*Orphée,* d'ailleurs complétement renouvelées, peuvent se passer d'historien.

Elles ont fait aujourd'hui un effet non moins grand qu'il y a quatre ans.

Le cortége des dieux, le ballet des mouches et le bacchanal final ont soulevé des transports d'enthousiasme.

Mais j'ai surtout à vous parler des

## INTERPRÈTES ANCIENS ET NOUVEAUX

### Côté des hommes

CHRISTIAN. Rayonnant de joie. A embrassé sa bonne *foudre de Tolède* (sic) quand on la lui a rendue. Se replonge avec délices dans les calembours, jeux de mots, calembredaines. Je m'étais proposé d'en noter quelques-uns, dans le tas, mais il y en a tant eu — et presque tous si drôles — que le talent d'un sténographe n'y aurait pas suffi.

Noter les calembours de Christian, autant vouloir compter les étoiles ! Il va sans dire que l'excellent papa Piter ne parle plus des chanteurs sérieux qu'en affectant un dédain des plus divertissants.

GRIVOT. Désolé, lui !... Regrette ses succès de trial au Lyrique. On a beau lui affirmer que rien ne l'empêchera d'en avoir d'aussi complets à la Gaîté, il se contente de secouer tristement la tête, persuadé que son avenir est brisé ! Parle d'aborder la carrière italienne. En attendant fait contre fortune bon cœur et dissimule son chagrin en marchant sur les mains.

HABAY. Aborde pour la première fois le rôle de Pluton. Un des rares acteurs-amateurs de Paris. N'a pas besoin de faire du théâtre pour vivre et, cependant, ne pourrait vivre sans faire du théâtre.

MEYRONNET. — Pour lui faire reprendre le rôle et le crincrin d'Orphée, Vizentini a dû l'arracher momentanément au pupitre du chef d'orchestre de l'Ambigu. Aussi, de temps en temps, lorsqu'il n'a rien à dire ou à racler, le voit-on oublier subitement où il se trouve, et triste, le regard noyé de larmes, faire des gestes désespérés. C'est qu'alors il croit accompagner encore la *Cause célèbre* ou la *Case de l'oncle Tom*.

J. VIZENTINI. — N'oublions pas ce personnage sans lequel il n'y a pas de pièce à la Gaîté et sans lequel il n'y en avait pas non plus au Lyrique. Ses incarnations sont plus nombreuses que celles de Vautrain : on l'a vu Commandeur de plantations dans *Paul et Virginie*, Doge de Venise dans le *Bravo*, seigneur polonais dans *Dimitri*, invité dans la *Clé d'Or*, Pierrot dans le *Timbre d'argent*, Brahmane dans *Si j'étais roi !* enfin nous le revoyons ce soir, et toujours avec un nouveau plaisir, sous la toque rouge du juge Rhadamante, dans *Orphée*.

### *Côté des Dames*

PESCHARD. Enfin ! ne joue pas de travesti. Nous a prouvé ce soir que le costume masculin ne lui était nullement indispensable pour plaire. Le public a paru charmé de cette métamorphose qui a pris toutes les allures d'une révélation : personne n'en croyait sa lorgnette !

Entendu pendant qu'elle chantait l'*Evohé* du dernier acte :

— Décidément, nous sommes toujours au Théâtre-Lyrique !

PERRET. La Diane rêvée, idéale, la Diane consacrée, la plus complète des Dianes passées, présentes et à venir, véritable Diane antique auprès de laquelle les autres ne sont que des Dianes en toc. Malgré cette perfection de spécialiste, reste la Diane malgré elle, furieuse de se remontrer en Diane. Habituée maintenant à la prose sérieuse de Jules Barbier ; fait la moue en chantant *tontaine tonton*. Parle de rompre son engagement.

Ne faites pas cela, mademoiselle !

Claudia. Tiens, une Junon agréable à voir ! Enfin, on a donc rompu avec cette déplorable tradition qui nous a valu tant de Junons laides. Jupiter la trompait, me direz-vous ?... Ce n'est pas une raison.

Piccolo. Un amour d'amour brun. Vainement on s'est évertué à lui expliquer que l'amour a toujours été blond. A répondu d'un petit air très-entendu que la nuance ne fait rien à la chose et que d'ailleurs, le blond lui allait fort mal.

Après tout, chacun a sa façon de comprendre l'amour, n'est-ce pas ?

Fanny Robert. La direction demandait une Vénus à tous les échos. Les Vénus sont rares sur le pavé de Paris et nulle ne répondait. Cependant, à la fin, il s'en est présenté une, un peu timidement, comme une femme qui, bien que sûre d'elle-même, n'est pas habituée à jouer les Vénus en public. Mlle Fanny Robert est jolie et surtout très-bien faite. Marseillaise de naissance, elle est venue à Paris en passant par Orange.

La capitale l'attirait, elle y serait venue quand même, sur les mains au besoin. On affirme — et je donne ces renseignements sous les plus expresses réserves — qu'elle a servi de modèle pour certain tableau gymnastico-académique qui attirait les amateurs à une vitrine du boulevard Montmartre. Douée d'un fier trac. A juré de prendre le théâtre au sérieux. Mais professe dès à présent, une sainte horreur pour les répétitions générales qui finissent après l'heure des soupers.

Ramellini. L'Opinion Publique. La sœur de la Ramellini qui a débuté dans *Gilles de Bretagne*. Sa sœur nous a prouvé qu'elle avait une belle voix ; elle nous prouve ce soir qu'elle a une belle jambe.

Heumann-Flore. Se trouve dans l'Olympe comme chez elle. Déesse par complaisance en attendant mieux.

Desnoyelles-Thémis. Christian la présente ainsi : « La justice, messieurs, la justice pour tous ! »

Ce seul mot me dispense (*ter*) d'en dire plus long.

Sabine-Amphitrite. S'était fait faire à son idée, un costume qui lui a coûté 2,000 francs. Le directeur a refusé le costume.

Que de larmes à la mer !

Dareine. Une Minerve plantureuse. Arrive de la Renaissance, après une station de quelques soirées au petit théâtre de la Porte-Saint-Denis.

La représentation finit à une heure fort avancée.

La musique toujours jeune d'Offenbach a grisé tout le monde. On sort en dansant et en chantant.

J'entends deux critiques graves — apôtres de l'art sérieux — s'en aller en fredonnant :

Tra la la la la la, partons !

---

*BABIOLE.*

15 janvier.

Après les grivoiseries de la *Petite Muette* et les excentricités de l'*Etoile*, M. Comte a voulu essayer d'une opérette champêtre. Que j'avions aucune raison pour n'pas reconnaître que l'directeur des Bouffes, jarnigué, recherche à c'te heure tout ce qui peut varier nos amusements, cré coquin !

Du reste, M. Laurent de Rillé, l'auteur de la partition, n'aurait jamais voulu se conformer carrément aux habitudes et traditions des Bouffes. Depuis qu'il a écrit la musique de la *Liqueur d'or*, dont les représentations furent supprimées dès la cinquième en vertu de l'état de siége et au nom de la morale outragée, M. Laurent de Rillé est devenu le plus pudibond des hommes et des musiciens.

Il a refusé maintes fois de collaborer avec des librettistes dont les pièces lui convenaient fort, mais avaient le grave défaut de ne pas présenter les conditions de décence et de chasteté auxquelles il tient avant tout.

Pendant les répétitions de *Babiole*, il avait, paraît-il, des frayeurs quotidiennes: le nom de Clairville l'effrayait un peu, il lui conseillait de voiler d'un pseudonyme sa compromettante et gauloise notoriété ; il ne voulait accepter que des couplets pouvant se chanter, comme les chœurs d'*Esther* et d'*Athalie*, dans un pensionnat de demoiselles. Dans son zèle extra-moral, il chicanait sur tout, trouvait les petites femmes trop jolies ou trop effrontées et se plaignait amèrement que les jupes fussent trop courtes et les corsages trop échancrés.

Ce n'est que petit à petit, et avec des ménagements extrêmes, qu'on est parvenu à lui faire faire de la musique sur certains couplets croustillants sans lesquels il n'y aurait pas d'opérette aux Bouffes, cette opérette fût-elle villageoise.

Mais le pauvre homme est persuadé — paraît-il — que les gaillardises lui sont particulièrement interdites, que l'on pourrait fort bien prendre contre son opérette des mesures extraordinaires, et qu'au besoin on remettrait Paris en état de siége, dans le seul but de faire subir à *Babiole* le triste sort de la *Liqueur d'or*.

On a monté *Babiole* avec tant de hâte qu'on s'est aperçu, il y a trois jours, que les artistes n'avaient même pas eu le temps d'apprendre complètement leurs rôles et qu'il a fallu leur accorder un petit ajournement.

C'est que, pour toute la troupe, les études de la nouvelle pièce se compliquaient d'une partie chorégraphique fort importante. Daubray, Jolly, Scipion et la plupart des artistes étaient même fort peu enthousiastes de cette partie de leur rôle.

La danse n'est pas ce que j'aime,

Disaient-ils en venant les uns après les autres demander à n'être pas du ballet.

En revanche, les jeunes ténors Minart et Jannin étaient ravis d'avoir l'occasion de faire valoir, devant les avant-scènes, leur grâce et leur légèreté.

La première fois qu'on répéta les nombreux pas de l'ouvrage, il se passa un incident curieux.

Les demoiselles de la figuration et des chœurs, habituées peut-être des bals du high-life à Valentino, emportées par un zèle d'ailleurs très-louable, se livrèrent à un cancan échevelé auquel les régisseurs scandalisés se hâtèrent de mettre fin.

C'était bien un cancan qu'il fallait, les auteurs tenaient beaucoup à cet effet nouveau, mais pas un cancan ordinaire. On voulait avoir un cancan Louis XV, un cancan qui fût en rapport avec la perruque poudrée.

Pour arriver à régler définitivement cette partie importante de l'œuvre, M. Comte s'est adressé à M. Pluque, le danseur de l'Opéra, qui fit ses premiers pas, à l'âge tendre de six ans, sur la scène du théâtre enfantin qui enfanta les Bouffes.

Sous la direction de ce spécialiste, les danses prirent enfin tournure et Daubray lui-même arriva à faire preuve d'une élévation et d'une sûreté de pointes qu'il ne se connaissait pas lui-même jusqu'à présent.

Très-gentils et très-frais les costumes des villageoises du passage Choiseul.

Cependant, celui que Mlle Marie Albert nous a montré au deuxième acte m'a paru d'un luxe exagéré. Je parierais que, même sous Louis XV, les meunières se mettaient rarement ainsi. Les fleurs brodés sur la faille sont de fort bon goût, je n'en disconviens pas; mais avec des garnitures d'un prix aussi élevé, on risque fort de ne plus passer que pour une villageoise de bal masqué.

J'aime mieux la toilette simple et coquette de Mlle Blanche Miroir, blanche comme le nom de celle qui la porte, avec des rubans bleus sur le corsage et des liserés bleus sur les ruches blanches qui terminent la jupe.

Quant à Paola Marié, je l'engage à changer de chapeau, puis — lorsqu'elle aura changé de chapeau — à chercher un tablier d'une coupe moins baroque, puis — quand le tablier aura été remplacé — à se faire faire une autre jupe et peut-être même — eh! mon Dieu, pourquoi pas? — peut-être même un autre corsage. Après quoi, il n'y aura plus aucune raison pour qu'elle ne soit pas aussi joliment costumée que les autres.

Et maintenant, si M. Comte voulait suivre mon conseil, il mettrait, à partir de demain, sur l'affiche des Bouffes :

*A neuf heures et quart* : Le *Pas des fiançailles*, grand ensemble par le corps de ballet composé de choristes et de coryphées ;

*A neuf heures vingt-cinq* : Pas de deux par M. Minart et Mlle Marie Albert ;

*A neuf heures trente* : Pas de quatre par MM. Daubray, Minart, Mlles Blanche Miroir et Marie Albert;

*A neuf heures trente-deux* : Cancan Louis XV par

MM. et M<sup>mes</sup> Daubray, Minart, Jolly, Paola Marié, Blanche Miroir et Marie Albert;

*A dix heures :* Menuet par toute la troupe;

*A dix heures cinq :* Galop final.

Et peut-être M. Comte sera-t-il appelé, grâce à cela, à exécuter lui-même une danse qui ne manque pas d'agréments :

La danse des écus.

---

### LE CHAR.

18 janvier.

Ce soir, l'Opéra-Comique convoquait le ban et l'arrière-ban de la petite et grande presse pour la seule audition d'un petit acte.

Un petit acte, lorsqu'il est bon, vaut certes mieux qu'un long ouvrage ennuyeux ; mais le chroniqueur théâtral a naturellement ses préférences, et les meilleures pièces, à ses yeux, sont celles qui, par leur développement, lui fournissent plutôt matière à chronique.

Aujourd'hui, sous ce rapport, maigre pitance. Le *Char* est un opéra-comique antique, d'une simplicité de décors et de costumes non moins antique, et n'ayant pas à juger la partition et le livret, il ne me reste guère qu'à vous en présenter les auteurs.

Le compositeur, M. Emile Pessard, est le frère de notre sympathique confrère, directeur de la presse au ministère de l'intérieur.

Bien qu'il n'ait encore eu qu'un acte représenté — *la Cruche cassée*, à l'Opéra-Comique — M. Emile Pessard, musicien acharné, prix de Rome très-brillant, est un travailleur infatigable. Il a fait paraître plusieurs albums de musique fort appréciés, et il est auteur d'un grand opéra, *le Capitaine Fracasse*, dont la partition est terminée et qui figurait au premier rang parmi les ouvrages reçus au Théâtre-Lyrique par M. Vizentini.

Malheureusement, les jeunes musiciens, plus infortunés encore que les jeunes auteurs, ne parviennent pas facilement à se faire jouer. Le petit acte de ce soir, entre autres, attend son tour depuis bien longtemps !

Mais Emile Pessard, très-philosophe, se console des loisirs forcés que lui font les directeurs de théâtre, en organisant de temps en temps des fanfares orphéoniques. Il en a formé une à Triel, un petit pays des environs de Paris, — mais un vrai village exclusivement peuplé de vrais villageois, bien que situé à une heure de la capitale, — et là, pendant tout l'été, le dimanche, on peut voir l'auteur du *Char*, conduisant son orchestre en plein vent, et recueillant des succès locaux très-flatteurs.

Le jeune musicien était bien ému, ce soir, et l'on comprend l'anxiété qu'il dut éprouver lorsque M. Danbé a donné à ses musiciens le signal de l'attaque.

Depuis plusieurs jours, son frère Hector, avec une sollicitude quasi paternelle, n'a cessé de le réconforter par les propos les plus encourageants.

— Que crains-tu ? lui disait-il encore hier, — ça va à merveille, ton *Char* marchera comme sur des roulettes...

— Eh parbleu ! — ripostait Emile — je comprends que cela te paraisse peu de chose, à toi, qui es attelé au char de l'Etat !

Paul Arène, l'auteur de *Jean de Figues*, est un de ces écrivains dramatiques qui ne vont jamais au spectacle. Toutes les fois que l'une de ses pièces est mise à l'étude, il est obligé de se faire indiquer l'endroit où se trouve le théâtre qui va le jouer.

Ainsi, lorsque M. Carvalho a commencé les répétitions du *Char*, il a écrit à Paul Arène de venir le voir.

Celui-ci qui, bien entendu, n'avait jamais mis les pieds salle Favart, est allé tout droit au Vaudeville pensant se rendre à l'Opéra-Comique.

Et comme il ne connaissait pas M. Carvalho, pas même de vue, il s'est présenté dans le cabinet de M. Raymond Deslandes, et, le prenant pour le directeur de l'Opéra-Comique, il lui a dit qu'il venait s'entendre avec lui au sujet du *Char*.

Surpris d'abord, M. Deslandes a fini par comprendre la méprise de Paul Arène et, tout en riant beaucoup, il s'est empressé de lui indiquer la route qu'il devait suivre pour se rendre à la salle Favart, et voir M. Carvalho.

Des trois auteurs, j'ai gardé Alphonse Daudet pour le troisième rang, pour d'innombrables et excellentes raisons. D'abord ce classement justifie le célèbre proverbe : *aux derniers les bons!* et, en cela, les collaborateurs de l'auteur du *Nabab*, qui sont en même temps ses plus grands admirateurs, ne sauraient qu'approuver ce premier motif. De plus, je lui donne ici le rang auquel il s'est placé modestement de lui-même, car c'est sur sa volonté expresse et malgré les protestations de Paul Arène que le nom de celui-ci précédera le sien sur l'affiche. Enfin, autre raison, qui me dispense d'en fournir encore d'autres, que pourrais-je vous dire sur Alphonse Daudet? je n'ai pas à vous faire connaître un écrivain de cette valeur et de cette notoriété...

Il me suffira de rappeler que ce n'est pas la première fois qu'il aborde l'opéra-comique. La salle Favart lui doit déjà un charmant petit acte, en collaboration avec Poise : *Les Absents*. Il n'a pas assisté à la représentation de ce soir. On me disait, dans les coulisses, qu'il dînait avec Gambetta.

Salle très-sympathique et très-brillante.

La situation de M. Hector Pessard a valu à son frère Emile la présence de deux ministres : MM. de Marcère et Waddington.

Ces deux hommes d'Etat ont pu constater, par l'acte nouveau, le peu de progrès qu'a fait la blanchisserie depuis Alexandre le Grand.

La blanchisseuse modèle de l'ouvrage représentée par Mlle Irma Marié, est loin de rappeler les blanchisseuses modernes célébrées par Monselet. Elle porte un délicieux costume, d'une tendresse de couleur exquise, sans compter le collier d'or et les anneaux d'or aux oreilles. On comprend après cela que les fils de roi courtisaient les blanchisseuses. Il est vrai que l'héroïne de MM. Daudet et Arène est une blanchisseuse de fin.

Mais que nous voilà loin de la Gervaise de *l'Assommoir !*

---

### L'ALBANI DANS *RIGOLETTO*.

19 janvier.

L'Albani a fait ce soir sa véritable rentrée aux Italiens. Celle de l'autre soir, dans *Lucia,* coïncidant avec la reprise d'*Orphée,* n'avait eu pour témoin qu'un public partagé entre la Gaîté et Ventadour, tandis qu'aujourd'hui tous les dilettanti sont réunis, comme les montagnards de la *Dame blanche,* pour prodiguer leurs ovations à la charmante diva.

On a tant de fois repris *Rigoletto,* et on le reprendra tant de fois encore qu'il me paraît tout à fait fastidieux de parler de l'œuvre. Ne nous occupons donc que de l'héroïne de la soirée, de l'Albani.

La célèbre chanteuse possède un fétiche, un fétiche

vivant : un petit chien maltais qui porte le doux nom de *Beauty*. Le joli petit animal lui fut donné, la veille de ses débuts, en Amérique. Or, la cantatrice est persuadée que le chien lui a porté bonheur. Ce n'est pas seulement à sa voix qu'elle doit ses triomphes dans les deux mondes, c'est aussi à Beauty. Il va sans dire que le chien ne quitte jamais sa maîtresse. Il a traversé l'Océan et la Manche, il a visité l'Espagne et l'Italie, bref il a parcouru le monde comme Joconde en courtisant les chiennes de tous les pays. L'Albani refuserait de chanter, si Beauty ne se trouvait pas dans sa loge.

Un soir, par exemple, à Covent-Garden, Beauty s'est faufilé derrière sa maîtresse et on l'a vu apparaître en scène, jappant joyeusement et trottinant autour de la chanteuse, au beau milieu de l'air de la folie de *Lucia*.

A Paris on aurait ri ; à Londres on a applaudi et rappelé, avec le même enthousiasme, la diva et son chien.

L'Albani n'a pas seulement, en fait d'animaux, ce petit chien dont elle raffole et qui l'accompagne dans tous ses voyages.

Elle possède aussi un rossignol qui lui procure, en ce moment, de bien grands soucis.

Philomèle — c'est le nom de l'oiseau — est un rossignol parfaitement élevé, apprivoisé et qui, malgré sa captivité, chante comme au temps de ses amours.

Sa maîtresse, d'ailleurs, lui donne la réplique du matin au soir. C'est une lutte perpétuelle de trilles, de vocalises, de roulades, de points d'orgue, de notes piquées, et nul ne saurait dire si c'est le rossignol qui surpasse la chanteuse ou la chanteuse qui surpasse le rossignol.

Or, tous les journaux ont raconté l'épouvantable traversée que la diva a subie en nous arrivant de Londres.

Le mal de mer a-t-il éteint la voix de Philomèle?

Toujours est-il que, depuis son voyage, Philomèle ne chante plus.

En vain, sa maîtresse l'excite-t-elle par des prodiges vocaux, en lui disant : « Fais-en donc autant, si tu peux! » L'oiseau reste muet.

Né en Angleterre, ce rossignol posséderait-il l'amour-propre national jusqu'à ne vouloir chanter qu'aux bords de la Tamise?

En ce cas, il ne ressemblerait guère à M<sup>lle</sup> Albani qui, elle, est toujours heureuse de chanter à Paris et qui regrette beaucoup de n'avoir pu traiter avec M. Escudier que jusqu'à la fin du mois d'avril. Elle aurait volontiers fait des sacrifices pour nous rester pendant une partie de l'Exposition, mais son directeur de Londres, M. Gye, s'est montré inflexible : M<sup>lle</sup> Albani retournera à Covent-Garden pour la saison.

En attendant, l'éminente artiste est installée à l'hôtel de Liverpool, où elle est accompagnée de sa jeune sœur, de sa gouvernante, d'un secrétaire et d'un nombreux personnel.

Là, chaque matin, elle est forcée de subir les ennuis de la grandeur.

Tous les fournisseurs de la capitale viennent lui demander audience, les uns pour lui faire des offres de service, les autres pour lui demander l'autorisation de donner son nom à quelque chapeau nouveau, ou à quelque confection d'une forme inédite.

Ce soir, l'Albani était un peu souffrante. Mais le public ne s'est aperçu de rien et il a poussé la cruauté jusqu'à lui faire bisser l'admirable strette du troisième acte et le fameux quatuor de la fin.

Au foyer de Ventadour, on me raconte un mot d'ouvreuse.

On répétait, dans un théâtre qu'il est inutile de nommer, une opérette nouvelle.

— Eh bien, demandait quelqu'un à une ouvreuse du théâtre qui avait assisté à plusieurs répétitions générales, est-elle jolie votre nouvelle pièce?
— Très-jolie!
— Et la musique?
— Oh! la musique, s'écria l'ouvreuse avec enthousiasme, elle est charmante!
— Vraiment?
— Oui, monsieur, rien que des airs connus!

---

22 janvier.

Ce soir, le hasard m'avait placé au théâtre devant deux artistes qui, sans écouter un traître mot de ce qui se débitait en scène, poursuivaient une conversation qui semblait les intéresser fort. Ils s'exprimaient assez haut pour me rendre indiscret malgré moi.

Le sujet de l'entretien était d'ailleurs assez curieux pour moi : il s'agissait des journalistes.

— As-tu vu, disait l'un, la façon indigne dont ce misérable X... me traite dans son dernier feuilleton?

— Ne m'en parle pas, répliqua son voisin, il n'a même pas de ménagements pour moi.

— Du reste, ses confrères ne valent pas mieux que lui...

— Ces êtres-là ne respectent rien...

— Ils insultent des gens qui ne peuvent leur répondre!

— Les anthropophages sont plus estimables!

— Ce n'est pas que je me soucie de ce qu'on écrit sur mon compte!

— Ah! moi, on peut bien dire que je n'ai aucun talent... les journaux me sont fort indifférents.

— Et à moi donc!... je ne les lis jamais!

« Je ne les lis jamais ! » Quand un artiste a majestueusement lancé ce gros mensonge, il croit avoir tout dit. Aussi mes deux causeurs en restèrent-ils sur ce dernier mot.

C'est bien, sans que je l'aie jamais cherché, la vingtième fois qu'il m'arrive de surprendre de tels propos.

Entre eux, comédiens et comédiennes affectent un dédain superbe pour la presse.

Et cependant, ils éprouvent le constant besoin de faire parler d'eux.. Pour cela, tout prétexte leur est bon. Il n'est pas jusqu'aux deuils de famille qui ne fournissent l'occasion d'une réclame.

Ah! si nous voulions révéler les démarches qu'on sait faire quand il s'agit d'obtenir les bonnes grâces d'un journaliste! Que d'édifiantes révélations!

En revanche, dans ce monde où l'on a l'épiderme si chatouilleux, on ne laisse que rarement voir le plaisir que l'on peut éprouver en présence d'un éloge — fût-il immérité.

Ah! les éloges. Est-ce qu'ils ne leur sont pas dus?

Le plus léger reproche, glissé en passant, fait oublier à ces modèles d'ingratitude tout ce qu'on a pu leur dire d'aimable pendant plusieurs années de suite.

Il va sans dire que les exceptions ne sont heureusement pas rares.

Ainsi, dans le petit travail suivant, j'ai cité des artistes parmi lesquels il en est incontestablement auxquels ce que je viens de dire plus haut ne pourrait s'appliquer sans injustice.

J'ai voulu tout simplement rechercher jusqu'à quel point il faudrait exagérer la louange pour satisfaire l'orgueil professionnel des comédiens en général.

Encore une fois, je prends, au hasard, les premiers noms qui se présentent sous ma plume, à seule fin de prouver combien il faudrait se couvrir de ridicule pour ne compter aucun ennemi dans les théâtres.

Voici donc quelques formules admiratives que je mets à la disposition de messieurs les critiques.

MOUNET-SULLY. — Ce qui nous plaît surtout dans cet acteur, c'est le naturel ; il est sobre dans ses gestes et mesuré dans sa diction. Signe particulier : modeste et recherchant les conseils de tous.

CROIZETTE. — Que dire de la nouvelle Célimène ? Mars est morte, vive Croizette !

SARAH BERNHARDT. — Un critique sévère a dit qu'elle rappelle Rachel. Je ne veux pas dire qu'elle la dépasse, mais, à coup sûr, elle l'égale.

LÉONCE. — Chacune des créations de cet artiste le montre sous un jour nouveau. — Il est difficile de faire preuve à la fois de plus de souplesse et de plus de variété.

ALICE REGNAULT. — La charmante comédienne fait tous les jours des progrès étonnants. Voilà bien le résultat d'un travail assidu et d'une existence exclusivement consacrée à l'art dramatique.

VILLARET. — Le ténor idéal. Le Mario français. La voix est non-seulement d'une force retentissante, mais encore d'un charme pénétrant.

ROSINE BLOCH. — Ce qui me séduit dans notre grande tragédienne lyrique, c'est surtout le feu, la passion qu'elle apporte à chacune de ses créations. On peut lui appliquer, en les modifiant un peu, les beaux vers d'Alfred de Musset sur la Malibran :

> Connais-tu donc si peu l'ingratitude humaine ?
> Quel rêve fais-tu donc de te tuer pour eux !
> Quelques bouquets de fleurs te rendent-ils si vaine,
> Pour venir nous verser de vrais pleurs sur la scène,
> Lorsque tant d'histrions et d'artistes fameux,
> Couronnés mille fois, n'en ont pas dans les yeux ?
>
> Mais ne sais-tu donc pas, comédienne imprudente,
> Que ces cris insensés qui te sortent du cœur
> De ta joue amaigrie augmentent la pâleur ?

Mais ne sais-tu donc pas que, sur ta tempe ardente,
Ta main de jour en jour se pose plus tremblante,
Et que c'est tenter Dieu que d'aimer la douleur ?

ENGEL. — Ce jeune ténor ne mérite qu'un seul reproche : ses apparitions sont trop rares, il se ménage trop. Lorsqu'on possède comme lui la voix de Roger, le talent de comédien de Couderc, la beauté d'Elleviou et la désinvolture de Montaubry, on ne devrait laisser échapper aucune occasion de se montrer au public.

J. GRANIER. — Ce n'est pas une étoile, c'est la huitième merveille du monde en personne. On comprend qu'après l'avoir créée, sa mère se soit reposée, comme le Seigneur après la création du monde. Granier n'a pas de rivale. Il est vrai que, dernièrement, on nous a montré à la Renaissance, dans un de ses rôles, une jeune fille charmante, douée d'une voix fort agréable, comédienne intelligente, ayant enfin tout ce qu'il faut pour réussir. Eh bien, tout le monde a eu l'audace de la comparer à Granier. C'est ce qui l'a perdue !

CHRISTIAN. — Ne parlons que de l'homme d'esprit, que de l'improvisateur étonnant qui n'a qu'à ouvrir la bouche pour en laisser tomber des perles. Comme on sent que ses calembours ne sont jamais préparés à l'avance ! Et puis, comme il les choisit avec soin, comme il écarte impitoyablement tout ce qui pourrait choquer le goût des délicats.

Par exemple, je n'ose pas garantir que, même en élevant leurs phrases dithyrambiques à ce diapason, MM. les critiques ne feraient plus aucun mécontent.

## CHARLEMAGNE.

*23 janvier.*

Une grande solennité littéraire vient d'avoir lieu au Troisième Théâtre-Français : la première représentation d'une tragédie inédite d'un auteur inconnu.

Je commence par constater, à regret, un fait qui ne prouve pas en faveur des goûts littéraires de la majorité du public parisien : les cochers ne connaissent pas le Troisième Théâtre-Français.

J'en ai pris un ce soir, un cocher de la Compagnie, non pas un jeune fraîchement débarqué à Paris, mais un vieux qui sait son boulevard sur le bout du doigt.

— Cocher, au Troisième Théâtre-Français !
— Plaît-il ?
— Au Troisième Théâtre-Français !
— Ah ! oui, à l'Odéon.
— Non.
— Rue Richelieu, alors ?
— Pas du tout, voyons, boulevard du Temple...
— Bon, le théâtre Déjazet !

Théâtre Déjazet ! Horreur ! Jouez donc des tragédies d'auteurs inconnus, formez donc des élèves pour la Maison de Molière ! Les cochers en sont encore aux *Bonnes Filles de Béranger* et aux *Femmes de Paul de Kock !*

Et pourtant ce n'était pas une petite affaire pour M. Ballande que la tragédie de ce soir.

*Charlemagne* était en répétition depuis bientôt cinq mois.

Quand on lui en parlait, l'excellent administrateur de la maison de M. de Calonne répondait en hochant la tête :

— Oh! c'est une grosse affaire! Il y a des décors, des costumes, c'est une pièce à spectacle enfin.

Et, en effet, dans la pensée de l'auteur, *Charlemagne* était une pièce à spectacle. Il rêvait des palais immenses, des cortéges somptueux, des costumes reluisants d'or, des armures magnifiques; à la cour de Charlemagne les grands dignitaires de l'Eglise et de l'Empire, les archevêques et les évêques superbes; au palais de Witikind les druides sévères, et les jeunes Saxonnes belles à ravir avec leur cheveux blonds tressés en nattes comme les cheveux de Gretchen.

Hélas! de toutes ces splendeurs entrevues en rêve, ce qui reste est bien peu de chose. De malheureux figurants recrutés dans le quartier — et qui ont dû être bien gênés sous leurs habits sacerdotaux — n'ont pu donner qu'une faible idée de ce qu'étaient les évêques du temps de Charlemagne; quant aux seigneurs Francs, pâles, maigres, chétifs, le public a énergiquement refusé de les prendre au sérieux.

— Ce sont des Francs de quatre sous! disait-on à côté de moi.

D'ailleurs, les blagueurs incorrigibles des premières, pour lesquels rien n'est sacré, ni Charlemagne, ni Witikind, ni Harold, ni les tragédies inédites d'auteurs inconnus, ont eu beau jeu.

Ainsi, au troisième acte, alors que les druides et l'archidruide racontent à une druidesse de leur connaissance des choses du plus haut intérêt, j'ai entendu affirmer très-sérieusement par un spectateur qui paraissait attentif, qu'en nous exhibant tous ces hommes à grands peignoirs blancs, l'auteur avait eu l'intention de nous faire voir ce qu'était le Hammam à l'époque du roi Witikind.

Dans le rôle de Charlemagne, le Troisième Théâtre-Français nous a montré ce soir, pour la dernière fois, un jeune acteur qui passe d'emblée sur la grande scène de la rue Richelieu.

M. Sylvain est tout naturellement l'aigle de la maison. M. Ballande se sent ému en le regardant : c'est lui qui l'a découvert, conseillé, inventé ! Ses camarades ont redoublé de zèle depuis son engagement, et j'en vois plusieurs, dans cette vaillante petite troupe, qui, tôt ou tard, seront, comme M. Sylvain, tirés de l'ombre.

Avant de terminer, disons un mot de l'auteur.

On se demandait avec inquiétude, dans les couloirs, si M. Fabert était un jeune, s'il comptait faire encore d'autres tragédies, s'il avait besoin pour vivre de sa plume de dramaturge ?

D'abord on ne savait trop quoi répondre à ces questions.

On s'en consolait en plaisantant.

— Ce doit être un joueur ! disait-on, puisqu'il a fait *Charlemagne !*

— Comme il a dû s'ennuyer en écrivant cette tragédie !

— On affirme que c'est un ancien maître de pension.

La lumière a fini par se faire.

Fabert est un pseudonyme sous lequel se cache un ex-notaire de la ville d'Orléans.

Le notaire d'Orléans est aujourd'hui membre du conseil général et il confectionne des tragédies pour son plaisir, comme on pêche à la ligne, comme on joue au billard.

Vous me direz que cela n'est pas étonnant de la part d'un ex-notaire qui a dû passer sa vie à faire des actes !

## LE PETIT DUC.

*25 janvier.*

C'était en janvier 1876.

Les journaux avaient annoncé que MM. Meilhac et Halévy venaient de promettre, au directeur de l'Opéra-Comique, une pièce en collaboration avec M. Charles Lecocq.

M. Meilhac communiqua au *Figaro* la lettre suivante qu'il venait d'adresser au compositeur en vogue :

« Mon cher Lecocq,

« Cette affaire de l'Opéra-Comique revenant sur le tapis, je suis bien obligé, moi aussi, de dire mon mot. Notre théorie (à Ludovic et à moi), est qu'il ne faut jamais déranger une collaboration heureuse. Il nous a semblé, après le succès de *la Petite Mariée*, que nous ne trouverions jamais une meilleure occasion d'appliquer notre théorie. Si peu que nous nous soyons vus, je pense que vous nous connaissez assez pour être bien sûr que si, au lieu d'être un succès immense, la *Petite Mariée* n'avait été qu'un demi-succès, nous vous aurions fait tout de suite la pièce que nous vous avions promise.

« Tout à vous,

« Henri Meilhac. »

C'était en janvier 1877.

Meilhac, avant de se coucher, avait pris dans sa bibliothèque un roman : *Le Dernier amour de Mirabeau*.

Il le parcourait depuis quelque instants et déjà il sentait le sommeil venir lorsqu'il fut frappé par ces quelques lignes :

« Le duc de Bourbon ayant été marié fort jeune, on le sépara de sa femme. Il parvint à enlever cette dernière du couvent où on l'avait enfermée. »

— Tiens, se dit-il, mais voilà un sujet d'opéra-comique!

Et il se mit à rêver, à chercher, à creuser.

Il s'endormit en murmurant :

— Quel joli rôle pour Granier!

Le lendemain, à déjeuner, Halévy et lui proposèrent l'affaire à Koning. Le jour même, le traité fut signé. Le compositeur, choisi par le directeur et les auteurs, fut précisément l'auteur de *la Petite Mariée* : Charles Lecocq.

Nous sommes le 25 janvier 1878.

Le tout Paris des grandes solennités théâtrales assiste à la première représentation du *Petit Duc*, à l'heureux théâtre de la Renaissance.

Dans les couloirs, au lieu du *Petit Duc,* on dit :

*Le Petit Marié.*

L'opérette nouvelle débute, en effet, par un mariage.

Un mariage à la cour de Louis XIV, s'il vous plaît.

Il devient à peu près impossible de parler de la façon intelligemment prodigue dont M. Koning monte les ouvrages représentés à son théâtre, du goût exquis qui préside à la mise en scène, de l'importance des décors sur une des scènes les plus exiguës de Paris, sans mériter le reproche de banalité.

Et cependant, à chaque œuvre nouvelle on est bien forcé de faire au jeune directeur des compliments nouveaux.

Il est certain, par exemple, qu'on ne pouvait plus apporter à un impresario une pièce se passant sous le règne de Louis XIV ou de Louis XV sans l'entendre s'écrier :

— Mauvaise époque! Costume usé, archi-usé! La mise en scène nuira fatalement à l'œuvre. Le public ne a assez de vos grands seigneurs en tonnelets et en habits carrés, de vos sempiternels pages!

M. Koning a prouvé ce soir — ce dont pour ma part je me doutais bien un peu — que tout peut se refaire, pourvu qu'on le refasse avec goût, et que le public ne se lasse jamais de ce qui est joli à l'œil.

Or, il est impossible de rêver quelque chose de plus gracieux, de plus complet — au point de vue spécial de la mise en scène — que ce premier acte du *Petit Duc*.

Le décorateur nous a transporté dans l'antichambre du grand appartement du roi, c'est-à-dire dans la pièce dite de l'Œil-de-Bœuf. C'est la reproduction exacte de cette fameuse salle du palais de Versailles, avec ses lumières se reflétant dans les glaces, ses dorures resplendissantes, ses couleurs d'une harmonie si douce.

L'entrée des mariés a fait sensation.

Je n'ai jamais vu de costumes de pages plus réussis; les demoiselles d'honneur ont des toilettes d'une élégance éblouissante; les seigneurs sont bien des seigneurs; quant aux mariés — Jeanne Granier et une débutante, M$^{lle}$ Milly Meyer, — je vous défie de trouver dans aucun autre théâtre du même genre un couple aussi gracieux, aussi vraiment jeune.

Bref on a pu, pendant quelques instants, se croire très-réellement à la cour du grand roi.

Que j'en connais, des théâtres d'opérettes, où le défilé des grands seigneurs, des pages et des demoiselles d'honneur nous aurait plutôt rappelé la Cour...tille!

Le premier acte est celui qui se prêtait le mieux aux enchantements de la mise en scène.

Au second acte, je ne vois plus à signaler qu'un gracieux lever de rideau formé par les demoiselles nobles, en uniformes lilas, avec des coiffes blanches, prenant leur leçon de musique.

Au troisième acte enfin, le camp pour lequel je reprocherai à M. Cornil d'avoir abusé de tons beaucoup trop crus. On ne se figure pas l'armée de Louis XIV dressant ses tentes dans un vaste plat d'épinards.

Le public attendait avec une véritable et légitime impatience la rentrée de Jeanne Granier.

Les applaudissements unanimes qui ont salué la charmante artiste à son entrée, au premier acte, ne permettent pas d'élever des doutes à cet égard.

Tout le monde raffole de la « petite Granier. » Seule, elle suffit au succès d'une pièce. C'est sans contredit, aujourd'hui, la plus choyée, la plus populaire des chanteuses d'opérette. Les auteurs du *Petit Duc* ont eu l'excellente idée de nous la montrer, cette fois, en travesti, mais dans un travesti qui se travestit au second acte, où son costume de paysanne excentrique a obtenu un succès de fou rire.

Rien de plus amusant que le costume de ce petit colonel de dix-neuf ans déguisé en campagnarde des environs de Lunéville, avec une jupe rayée d'une ampleur invraisemblable, — une jupe de mère Gigogne — des manches de la même étoffe, si larges et si bouffantes qu'on se demande avec curiosité si elles nous cachent quelque truc comme dans les féeries, un immense tablier en soie d'un rouge vif, et un corsage... Oh ! ce corsage, trop étroit, avec un lacet croisé sur le devant, mais un lacet mou, mal attaché, zigzaguant sur une chemisette épaisse et informe, ce corsage est une véritable trouvaille d'une drôlerie irrésistible.

M<sup>lle</sup> Granier, qui abordait les travestis pour la première fois, s'est facilement initiée, paraît-il, à l'art de marcher comme un homme. Bien mieux, sous sa jupe de paysanne, elle continue à marquer le pas militaire d'une façon si divertissante qu'on a bien réellement l'illusion d'un garçon embarrassé par les vêtements féminins.

En revanche, elle n'est pas habituée encore à la cuirasse qu'elle porte pendant la première partie de l'acte du camp, une vraie cuirasse, lourde et gênante.

— Les culottes, cela va encore, dit-elle, mais décidément la femme n'est pas faite pour porter la cuirasse!

Ce qui contribue, dans une non moins large mesure que la mise en scène, aux nombreux succès de la Renaissance, c'est la variété que M. Koning sait introduire dans l'interprétation de ses ouvrages.

Il avait Vauthier, fort choyé par son public. Cela ne l'a pas empêché d'engager Ismaël pour la *Tzigane*. Aussi aujourd'hui a-t-on revu Vauthier avec un extrême plaisir, et le spectateur, de cette façon, ne s'habitue jamais aux qualités d'un artiste au point d'en être blasé.

L'engagement de M<sup>lle</sup> Desclauzas rentre dans cet ingénieux système. Comme Suzanne Lagier dans la *Cause célèbre*, Desclauzas joue le rôle d'une grande dame, directrice d'une maison d'éducation. Si elle n'est pas chanoinesse, c'est tout comme. Le théâtre vit de contrastes, n'est-ce pas?

Quant à la débutante, M<sup>lle</sup> Milly Meyer, elle est très-mignonne, très-gentille. Elle a dix-sept ans, a chanté le répertoire de Théo à l'Eldorado et a été dénichée par M. Koning aux Bouffes-du-Nord. Il paraît qu'elle est brune à la ville, sa perruque blonde ajoute à l'ingénuité de son visage. Cette très-jeune personne m'a paru digne des fleurs d'oranger dont elle est couverte au premier acte. Le théâtre vit d'illusions, n'est-ce pas?

Un bon point pour le costume du *magister* Berthelier : houppelande en velours noir fané à grandes palmes vertes, manches en lustrine verte, calotte noire, tricorne noir, mantelet noir sur les épaules. Sous le bras, un parapluie d'un vert très-clair.

C'est Pétillon — sous Louis XIV!

Autres bons points aussi — pendant que j'y suis — à M^mes d'Asco et Piccolo.

Pages ou cantinières, ces deux intéressantes pensionnaires du théâtre de la Renaissance ont également plu aux connaisseurs.

A l'acte du camp, M^lle Piccolo porte très-crânement le grand chapeau à plumes et la cuirasse de la cantinière.

— Une femme cuirassée, disait-on d'elle, la voilà imprenable !

— Eh bien, cela la changera !

A la répétition générale d'hier soir, M. Lecocq, après le premier acte, était positivement désolé.

— Cela marche trop bien, disait-il, et une répétition générale sans accrocs est le présage d'une mauvaise première.

Heureusement dans le finale du second acte, plusieurs choristes détonnèrent.

— Eh bien, dit-on au compositeur, vous devez être content à présent, l'accroc demandé s'est produit ?

—Comment, s'écria-t-il, on m'a massacré mon finale, et vous voulez que je sois content ?

Ce qui prouve qu'il est bien difficile de rassurer un auteur à la veille de sa première.

Et maintenant, il ne nous reste qu'à souhaiter à MM. Meilhac, Halévy et Lecocq, pour leur *Petit-Duc*, un succès aussi durable et aussi fructueux que celui de la *Grande Duchesse!*

*LE NID DES AUTRES.*

27 janvier.

La grippe — la fâcheuse grippe — a retardé de plus de quinze jours la première représentation, à l'Odéon, de la comédie de MM. Aurélien Scholl et Armand d'Artois : *le Nid des autres*. C'est d'abord M<sup>lle</sup> Chartier qui a été atteinte ; à peine commençait-elle à aller mieux que M<sup>lle</sup> Marie Eiram a eu son tour ; quand M<sup>lle</sup> Eiram a pu redire « merci » sans rappeler l'Entrepôt des vins, c'est M<sup>lle</sup> Lody qui a été prise du fatal coryza.

Aussi quand on demandait à Scholl des nouvelles de sa comédie, répondait-il :

— Toutes mes interprètes passent leurs journées à se moucher. Ce n'est plus du *Nid des autres* que j'ai à m'occuper, mais du *nez des autres!*

Bref, la nouvelle comédie a certainement coûté plus cher en réglisse, en pâte pectorale et en tisanes variées qu'en frais de mise en scène, car les trois tout petits actes du *Nid des autres* ne se prêtent à aucun déploiement de décors, et en fait de toilettes je ne puis vous signaler que celles de l'agréable M<sup>lle</sup> Chartier, d'une excentricité voulue, fort bien en rapport avec le personnage qu'elle est appelée à représenter.

La seconde a fait assez d'effet. C'est une robe en velours noir avec tablier de satin paille à appliques de velours noir garnies de jais.

Mais ce n'est pas sur la mise en scène que comptait le public fort élégant qui garnissait la salle de l'Odéon, où la grande avant-scène de gauche était occupée par S. M. la reine Isabelle et des personnes de sa maison.

Dans une pièce d'Aurélien Scholl, ce que l'on guettait c'étaient les mots.

Il y en a beaucoup et, — n'ayant pas la moindre notion de la sténographie — je n'ai pu en noter que deux ou trois.

Un artiste, tant soit peu bohême, se présente chez un de ses amis — un richard.

— Que lui avez-vous dit? demande ce dernier à son domestique.

— Je lui ai dit que monsieur était à déjeuner.

— Et que vous a-t-il répondu?

— Il m'a répondu que monsieur était bien heureux!

Une femme plaide en séparation avec son mari.

Le mari raconte à un ami qu'il a reçu de nombreux papiers timbrés dans lesquels on l'accuse de toutes sortes de crimes imaginaires.

— Tenez, s'écrie-t-il, voici le dernier... il y en a trois pages et cela ne coûte que sept francs cinquante!

— Ils y perdent!

Il va sans dire que ma bonne fée m'avait encore une fois donné pour voisin ce critique à la conversation si attachante, que je rencontre aux seules premières de l'Odéon, ce brave, cet excellent Anatole Le Grincheux.

Le Grincheux m'a paru fort sensible aux choses aimables que j'ai dites à son sujet dans plusieurs de mes chroniques et ce soir encore il n'a pas craint de me laisser lire au fond de sa pensée.

— Le croiriez-vous, m'a-t-il dit, en levant les bras en l'air ce qui, chez lui, dénote une extrême colère, dans *Balsamo* — dans ce fameux *Balsamo!* — il y a... un feu d'artifice!

— Un feu d'artifice d'esprit? Les mots de Dumas?

— Non pas, un vrai feu d'artifice, s'il vous plaît! Et une illumination!

— Une illumination! Qu'est-ce que cela vous fait? Connaissez-vous rien de plus littéraire?

— Comment! littéraire! une illumination?

— Certainement, puisqu'elle sera en vers!

— En vers!

— Mais oui, en verres de couleur !

— Il n'y a jamais moyen de causer sérieusement avec vous!

Quand le *Nid des autres* est joué, quand les noms des auteurs ont été applaudis par tout le monde, Anatole reste dans son fauteuil.

— Vous restez pour le *Médecin de Molière!*

— Oui.

— Dame, c'est la pièce d'un jeune, M. Aristide Roger...

— Ce n'est pas pour cela, c'est parce que je ne l'ai pas vue!

— Eh! quoi, vous ne vous êtes pas dérangé pour la pièce d'un jeune, vous?

— Je ne pouvais pas! Duquesnel fait tout ce qu'il peut pour désobliger la presse ! Il a célébré l'anniversaire de Molière le même jour que le Théâtre-Français !

— Dame, un anniversaire !

— Cela ne fait rien! Il aurait pu s'arranger autrement!

Le Château-d'Eau aussi aurait pu s'arranger de façon à ne pas jouer son nouveau drame — un drame inédit — le soir même de la première de l'Odéon.

Je garderai *Georges le Mulâtre* pour la semaine prochaine.

Mais il m'est impossible de ne pas dire quelques mots du *Dernier jour des jeux de Saxon*, à-propos intercalé dans la revue du Théâtre-Taitbout.

Etant donné que le public étonnant et heureusement très-spécial qui fréquente ce temple du *boucan* se soucie fort peu de ce qu'on y joue et vient là plutôt pour se faire entendre que pour entendre lui-même, l'idée de cette intercalation me paraît pratique et ingénieuse. De cette façon, la revue pourra ne jamais quitter l'affiche et parvenir, de transformations en transformations, jusqu'aux âges les plus reculés!

Je conseillerai seulement aux auteurs d'en corser un peu le titre et de l'appeler dorénavant :

*On fera du bruit ce soir* ou *le Couteau de Jeannot.*

# FÉVRIER

## LA REPRÉSENTATION DES ITALIENS.

2 février.

Sur les bords du Danube bleu, dans les montagnes neigeuses des Balkans, d'Europe en Asie, de Kars à Andrinople, les malheureux que le sort des batailles a frappés, étendus sanglants sur un lit d'ambulance, cosaques et bachi-bouzouks, eussent été bien étonnés si on leur avait dit aujourd'hui :

« En ce moment, tout ce que Paris compte de jolies Parisiennes, de riches étrangères, d'actrices pimpantes, de vraies élégantes, d'artistes marquants, tout ce que la grande ville possède de célébrités en tous genres, va, vient, quête, dépense, s'agite, se presse et se prodigue pour vous ! »

Telle était pourtant la vérité.

Paris nous offre, de temps en temps, le spectacle magnifique des fractions les plus disparates de sa brillante société, se réunissant pour la même œuvre charitable.

Tantôt c'est une grande artiste dont il s'agit de mettre la vieillesse à l'abri du besoin ; tantôt c'est à de pauvres inondés qu'il faut rendre leur maisonnette et leur modeste mobilier ; aujourd'hui on est venu apporter son offrande — bien faible en proportion des maux à soulager — aux blessés de la guerre d'Orient.

Disons tout de suite que cette représentation si annoncée, si impatiemment attendue, a été ce qu'elle promettait d'être : curieuse surtout au point de vue de la salle, une des plus brillamment composées qu'il nous ait été donné de voir.

Foule au dehors et au dedans ; des centaines de badauds dans la rue pour « voir arriver le monde ; » des entêtés essayant quand même d'avoir une place au bureau, bien qu'il n'en reste pas une seule et qu'on ait tout, absolument tout loué, jusqu'aux coins les plus obscurs de la dernière galerie, jusqu'aux couloirs où l'on a le droit de se promener moyennant dix francs; un défilé somptueux d'équipages prolongeant leurs files jusqu'aux grands boulevards et tout le long de la rue du Quatre-Septembre ; de charmantes actrices dévalisant les passants ; des hommes vidant leur portemonnaie dans les corbeilles qu'on leur tend de tous côtés ; une animation extraordinaire ; un empressement sans exemple ; de jeunes commissaires galants et pleins de zèle ; le foyer, les couloirs, le vestibule garnis de fleurs et d'arbustes, voilà — rapidement tracé — l'aspect de la fête.

De tous les côtés, la lorgnette rencontre des visages connus. Elle peut fouiller — cette lorgnette — jusqu'aux galeries supérieures, certaine d'y dénicher quelque célébrité artistique ou mondaine dont l'unique ambition est de pouvoir dire : « J'y étais ! »

J'ai noté des noms — au hasard — et je les transcris, sans ordre, tels que je les trouve sur mon carnet.

Voici d'abord dans les avant-scènes : le baron et la baronne Adolphe de Rothschild, le duc et la duchesse de Castries, le baron et la baronne de Soùbeyran, le marquis de Scepeaux, la duchesse de Bauffremont ;

dans les loges : la comtesse de Camondo, la princesse de Bourbon, la comtesse d'Amboise, M. et M$^{me}$ Ulman, M$^{me}$ Paine, la vicomtesse de Trédern, M$^{me}$ Bischoffscheim, la comtesse Aguado et M$^{me}$ Jacobs avec M. Bourrée, ancien ambassadeur de France en Turquie, M$^{mes}$ Stern, Roussel, Ratisbonne, la générale Doubelt, le ministre des Etats-Unis, M. L'Hospital, la baronne Springer, le baron et la baronne Edmond de Rothschild, M. et M$^{me}$ Vuhrer, le baron et la baronne E. de Hirsch, le prince de Sagan, le duc d'Audiffret-Pasquier et la famille Léon Say dans deux baignoires réunies en une seule, le comte et la comtesse de Moltke, M$^{lles}$ de Reszké et Albani, qui avaient tenu à payer leur loge bien qu'elles eussent déjà payé de leur personne au concert, M$^{mes}$ Edwards, Hillel, Ellissen, le comte et la comtesse Potocki, M. et M$^{me}$ Ephrussi, M. et M$^{me}$ de Mun, le baron et la baronne Goldschmidt, M$^{me}$ Mackay, le prince Poniatowski, M$^{me}$ Heine, puis un peu partout: Patrice de Mac-Mahon, de Janzé, Delamarre, le comte Walewski, le comte d'Osmond, Plummer, Levert, Guizot, le prince de Furstenberg, de la Pena, le baron de Kœnigswarter, le baron de Bussière, de Noirmont, Marovisch et enfin une quantité d'actrices parmi lesquelles M$^{lles}$ Krauss, Doche, Moisset, Schneider, Baretta, Paola Marié, Lasseny, Alphonsine Demay, Donvé, etc.

Les coulisses, le petit foyer des artistes ont été envahis par tous ceux qui n'ont pu se caser dans la salle. Bien des gens sont parvenus à s'y faufiler sous prétexte de chanter dans les chœurs; un inconnu s'est fait passer pour « le coiffeur » de la Comédie-Française.

Pendant le concert et la représentation des intermèdes, tous ces curieux restent collés aux portants, essayant de voir et d'entendre, profitant d'une porte qui s'ouvre pendant une seconde pour jeter un coup d'œil dans la salle; au moment de la *Fille de madame*

*Angot* ils perdent toute réserve et on les voit, perchés les uns sur les autres, se presser contre la fenêtre du salon de M<sup>lle</sup> Lange.

Le concert a été ce que sont tous les concerts de ce genre, fort brillant, mais peut-être un peu long.

Presque toutes les artistes sont — par une coïncidence singulière — habillées en rose.

L'Albani a une toilette de faille rose relevée par des dentelles blanches; Céline Chaumont — qui est venue réciter un charmant rondeau inédit de Meilhac — a une robe rose relevée par des garnitures roses; la gentille M<sup>lle</sup> Samary a une toilette non moins rose, mais une toilette de pensionnaire, avec des petits volants plissés sur le bas de la jupe et une ceinture — rose, naturellement.

M<sup>lle</sup> de Reszké seule porte une robe complétement noire, toute garnie de jais noir.

On applaudit, on rappelle avec un entrain qui ne se ralentit pas un instant — sur la demande expresse des artistes on a supprimé toute espèce de claque — et, enfin, vers quatre heures et demie, commence l'entr'acte qui n'a pas été l'un des moindres attraits de la matinée.

A ce moment, on cesse d'être au théâtre.

On se trouve transporté tout à coup dans une immense salle de fête. Le couloir et le foyer sont tellement pleins de monde qu'il est à peu près devenu impossible d'y circuler. Pendant que Waldteufel et son orchestre exécutent les plus jolies valses de Strauss, les artistes du Vaudeville, installés derrière d'élégants comptoirs surmontés de la croix de Genève, vendent le joli éventail dessiné par Clairin et du champagne généreusement et gratuitement offert par la maison G. H. Mumm. Judic, Léonide Leblanc, Céline Montaland, Alice Regnault débitent des fleurs et des programmes. Judic ne reçoit que de l'or; pas une pièce blanche. On donne à M{$^{lle}$} Legault deux cent cinquante francs pour une rose; c'est pour rien. M{$^{lle}$} Pierski vend un louis les programmes sur lesquels elle a mis sa signature — plus cher que l'*Entr'acte*.

Dans ce steeple-chase intéressant — vrai prix de la Bourse — voici les noms des trois premières :

Anna JUDIC, arrivée première d'une encolure . . . . . . . . . . . . . . . . . . . . . . . . . (3,800 fr.)
Léonide LEBLANC, deuxième . . . . . . . . (3,600 —)
Alice REGNAULT, troisième . . . . . . . . . (2,700 —)

Céline MONTALAND et M{$^{lle}$} MAROT, du Vaudeville, sont arrivées — *dead-heat* — bonnes quatrièmes, avec 1,700 francs chacune.

Les jeunes commissaires, les organisateurs de la représentation se multiplient, pendant cet entr'acte. M. Arthur Meyer, qui a fait preuve en tout ceci d'une véritable intelligence de grand impresario, est entouré, sollicité de tous côtés, tiré de droite à gauche, poursuivi, harcelé, complimenté. Le pauvre garçon est à moitié mort de fatigue ; il a le chapeau de travers et la cravate en désordre. C'est à peine s'il parvient à répondre à tous ceux qui lui adressent la parole.

La sonnerie électrique rappelle tout le monde dans la salle. C'est le moment solennel. On va passer à la représentation du deuxième acte de la *Fille de madame Angot*, avec la distribution que vous savez.

Les fantaisies de ce genre n'ont généralement qu'un seul mérite : celle d'assurer la recette. Malgré le zèle des artistes, malgré l'exécution, parfaite dans ses détails, on n'arrive pas, après huit ou dix jours de répétitions hâtives, à constituer un bon ensemble. Le public a pourtant souligné l'entrée de Capoul et celle de Gailhard, absolument méconnaissable sous son costume d'agent de police. Pierson, — dans son rôle de soubrette, qui comporte quelques lignes à peine, — excite des murmures flatteurs. Quant à Daubray, on l'a applaudi à tout rompre. Le costume de ce Pomponnet étonnant mérite les plus grands éloges, et il est impossible de se figurer une tête plus comique au-dessus d'une cravate plus abracadabrante.

On s'était demandé avec inquiétude si Christian respecterait le texte dans le personnage de Larivaudière.

Pendant une bonne moitié de l'acte, on a pu croire qu'oui.

Aussi Christian paraissait-il triste et embarrassé.

A la fin, n'y tenant plus, il a souligné la sortie de la basse-chantante de l'Opéra en s'écriant :

— Enfin, voilà un fameux gaillard !

Christian a été récompensé aussitôt par une double salve d'applaudissements.

Mais ce qui est certain, ce qui a frappé une fois de plus tous ceux qui s'occupent sérieusement de théâtre, c'est que l'on ne sort jamais impunément les grands succès de leur cadre.

On s'est dit assez généralement, après la représentation d'aujourd'hui, — ce dont pour ma part je me doutais bien un peu — que la *Fille de madame Angot*, si bien à sa place sur la scène populaire des Folies, n'eût probablement fourni partout ailleurs — aux Variétés, par exemple — qu'une moyenne de cent ou cent cinquante bonnes représentations.

Conclusion ?

La recette a été d'environ 44,000 francs.

La vente des programmes, des éventails, des fleurs et du champagne a produit de treize à quatorze mille francs.

Total : 57,000 francs.

## LA *FEMME DE CHAMBRE*.

8 février.

Salle très-gaie et très-parisienne, au Gymnase, à la première représentation de la *Femme de Chambre*, la comédie nouvelle de M. Paul Ferrier. M. Ferrier compte un peu dans tous les mondes de nombreux et sincères amis qui tous — chose extraordinaire ! — lui souhaitaient, ce soir, un grand succès.

Quelqu'un qui lui en souhaitait un immense — est-il besoin de le dire ? — c'était M. Montigny. Après le premier acte, qui avait fait beaucoup d'effet, le fidèle secrétaire général de la maison se montrait dans les couloirs, tout à fait rayonnant, se mêlant aux groupes et se frottant les mains quand il entendait dire :

— Ils ont eu *Bébé*, ils vont avoir *Nounou*, voilà la *Femme de Chambre*, c'est décidément une série heureuse !

Mais on n'a pas revu M. Derval, à l'autre entr'acte.

La comédie de ce soir n'a guère d'histoire. Le chroniqueur revient bredouille. Sauf Mlle Hélène Monnier, une bourgeoise coquette et élégante, les actrices qui jouent dans la pièce remplissent des rôles de domestiques où, malgré toute leur bonne volonté, il leur a été impossible de donner carrière à cette fantaisie luxueuse de toilettes qui distingue les pensionnaires du Gymnase.

Rien que des robes montantes !

Mlle Alice Regnault elle-même n'a pu se soustraire à la consigne.

On m'affirme d'ailleurs que la jolie femme de chambre — car la femme de chambre n'est autre que Mlle Regnault — se sent, depuis qu'elle est au Gymnase, une vocation irrésistible pour l'art sérieux.

Pendant toute les répétitions, loin de refuser les conseils, elle sollicitait ceux du directeur, de l'auteur, de ses camarades, de ses amis intimes, de tout monde enfin.

Elle arrivait tous les jours la première. Cinq minutes avant l'heure fixée, on pouvait voir son coupé s'arrêter boulevard Bonne-Nouvelle. L'excellent M. Derval lui ayant fait observer que le coupé n'était pas le fait d'une comédienne sérieuse, elle renonça au coupé et n'arriva plus aux répétitions qu'en fiacre. Un jour même on la vit arriver en omnibus.

La femme capable de pareils sacrifices peut prétendre à tout !

Pour moi, je n'hésite pas à déclarer qu'on a trouvé M$^{lle}$ Regnault plus jolie que jamais dans ses toilettes d'une si piquante simplicité.

— Le jour où elle voudra gouverner la maison d'un célibataire !... disait à côté de moi un membre du Jockey, elle n'a qu'à m'envoyer l'adresse de son bureau de placement.

Le tapissier de M. Montigny a eu l'occasion de se distinguer dans la salle à manger du second acte qui, avec ses grands buffets vitrés, sa glace sans tain à travers laquelle on aperçoit la maison d'en face, ses dressoirs et sa grande suspension, rappelle bien exactement les salles à manger des bonnes maisons bourgeoises.

---

ERNANI.

13 février.

M. Escudier est décidément un directeur avisé.

Voyant *Hernani* faire salle comble à la Comédie-Française, il s'est dit que le moment était revenu de reprendre l'*Ernani* de Verdi à l'Opéra italien.

Il a pensé sans doute que les spectateurs, gens très-superficiels à Paris, feraient aisément confusion entre les deux *Hernani* (avec ou sans H).

Cette supposition est d'autant plus logique que les comédiens de la rue Richelieu ont, pour la plupart, l'habitude de chanter les vers du maître et qu'en les écoutant on n'est jamais bien sûr de ne pas se trouver dans un théâtre lyrique.

Tout le monde connaît la profonde aversion de Victor Hugo pour les adaptations de ses pièces en opéras. Le poète a même dû bien souffrir, car il est peu d'auteurs dont les œuvres aient été, aussi souvent que les siennes, assaisonnées à la mode de Scribe et transformées en drames lyriques.

Dernièrement encore, on se rappelle avec quel entrain il refusa l'autorisation nécessaire à M. Vizentini pour donner au Lyrique une traduction de la *Lucrezia Borgia* de Donizetti. Il est vrai qu'on aurait pu passer outre; mais il aurait fallu pour cela changer les noms des personnages historiques de la pièce et leur en donner d'autres tels que Durand, Beaucanard, Dupont, etc. Le titre même aurait disparu pour faire place à quelque chose comme ceci :

## AMÉLIE VERDURET

### OU LES SUITES

### D'UN SOUPER A PONTOISE

faut convenir, du reste, que la haine du poète pour ces fâcheuses métamorphoses s'explique, de reste, lorsqu'on jette les yeux sur la traduction en français de la traduction de ses drames en italien lyrique.

Ainsi, en ce qui concerne *Ernani*, je recueille, dans la brochure de M. Piave, les perles suivantes :

« Que reste-t-il au bandit, que tout le monde abandonne, si le vin lui fait défaut ? »

« Jouons, » — dit un personnage qui a sans doute vu *Robert le Diable* — « l'or est une vaine chimère ! »

Un autre s'écrie :

« A travers les forêts et les ravins, nous n'avons que le mousquet et le poignard ; et la nuit venue, ils sont, dans des grottes horribles, notre unique oreiller. »

A l'acte de mariage avec Ruy Gomez :

Tous. — « Que cette union soit heureuse comme elle le mérite, et que les enfants qui en naîtront reproduisent les vertus et la beauté des parents, comme l'onde limpide réfléchit les rayons du soleil. »

Au dénouement, le vers admirable de Dona Sol mourante :

Devions-nous pas dormir ensemble cette nuit ?

reparaît sous cette forme étonnante :

« Le lit nuptial devait être pour nous l'oreiller de la mort. »

Quant au cri final de Sylva, il devient tout simplement épique. Le vieil Espagnol, au lieu de se poignarder, se contente d'examiner les cadavres de ses victimes, en chantant d'une voix caverneuse et d'un air convaincu :

« Le démon de la vengeance peut maintenant se réjouir ! »

A force d'adapter, de métamorphoser, de traduire et de sophistiquer les phrases empanachées et superbes d'Hugo, il n'y a pas de raisons pour qu'on n'en arrive un jour à défigurer ce beau langage au point d'en faire un dialogue aussi bourgeois que possible.

Voyez-vous, par exemple, l'entrée de Ruy Gomez,

surprenant au premier acte don Carlos et Hernani auprès de sa fiancée, et interpellant de cette façon :

— « Eh bien, dites donc, vous autres, ne vous gênez pas. Vous venez faire la cour à ma nièce, à une heure pareille. Ah, sacredié! je voudrais que tout le quartier fût là pour le voir. Où avez-vous donc été élevés, mes petits messieurs ? De mon temps ce n'est pas comme ça qu'on agissait ; nous y mettions au moins des procédés, nous autres, nous ne faisions pas les gommeux, les godelureaux auprès des femmes honnêtes. Une petite noce de temps en temps, je ne dis pas : il fallait bien rire un peu, on était jeune. Mais chasser sans permis sur les terres du voisin, jamais de la vie! »

Aux inconvénients que je viens de citer vient s'en ajouter un autre pour le grand poète, c'est d'entendre dire par un imbécile quelconque :

— *Hermani!*... quel chef-d'œuvre !... et quelle délicieuse musique !

---

### NINICHE.

14 février.

Fidèle à son serment de ne plus monter d'opérettes, le directeur des Variétés, après la *Cigale*, vaudeville en trois actes, vient de nous convoquer à la première représentation de *Niniche*, autre vaudeville en trois actes.

L'histoire, l'impartiale histoire, constatera toutefois que la pièce de MM. Hennequin et Millaud pourrait, à la rigueur, être considérée comme pièce de transition entre le vaudeville et l'opérette, car non-seulement le rôle de l'héroïne y est tenu par l'étoile de la chansonnette, M^me Judic, mais on y a remarqué plusieurs morceaux de musique nouveaux : duos, rondeaux, romances et couplets.

M. Bertrand invoque, il est vrai, les circonstances atténuantes.

— Oui, dit-il, *Niniche* contient de la musique inédite, mais elle a été composée, cette musique, par le chef d'orchestre de mon théâtre, M. Marius Boullard. Cela faisant, je reviens plus que jamais aux anciennes traditions et l'on pourrait, à la rigueur, se croire au temps où M. Doche écrivait la musique des *Filles de Marbre*.

En outre, les auteurs ont tenu à garder quelques ponts-neufs et l'on peut se donner, dans *Niniche*, la satisfaction d'entendre Judic chanter un rondeau sur l'air de *Renaudin de Caen* et un couplet sur l'air non moins connu du *Colonel* de Scribe. Un vrai régal.

L'histoire de l'enfantement de *Niniche* pourrait se rédiger en une quantité innombrable de chapitres.

### PREMIÈRE PARTIE.

*Millaud embêté par Hennequin.*

On sait que l'auteur des *Trois Chapeaux* a élevé le quiproquo à la hauteur d'une institution. A ses yeux, le premier devoir d'une situation théâtrale, c'est d'être embrouillée. Si vous lui parlez de la *Closerie des Genêts*, par exemple, le drame le plus compliqué du répertoire, il vous dira très-sérieusement que cela pèche par la simplicité.

Aussi, toutes les fois que Millaud lui apportait une situation, une scène quelconque, Hennequin lui répondait :

— Cela n'est pas assez corsé.
— Comment ?

— Mais certainement. Voilà une femme qui se trouve en présence de son mari, et elle croit que c'est son mari ? Vous n'y pensez pas !

Alors Hennequin corsait, embrouillait, compliquait, si bien que Millaud n'y voyait plus que du feu.

Quand il s'agissait de travailler, d'écrire, le pauvre garçon perdait la piste de ses personnages, ne savait plus s'il écrivait telle scène pour Baron ou pour Judic, telle autre pour Aline Duval ou pour Dupuis. Il finit alors par prendre une résolution héroïque. Il entra chez un papetier et s'y rendit acquéreur d'une forte boîte de pains à cacheter multicolores.

Rentré chez lui il prit quatre pains à cacheter, de couleurs différentes.

Sur le pain à cacheter rose, il écrivit le nom de Judic, sur le vert celui de Dupuis, sur le bleu celui d'Aline Duval et sur le blanc celui de Baron.

« Ici, se dit-il, je fais entrer Judic! »

En avant le pain à cacheter rose.

— Ici, c'est au tour de Baron!

En avant le pain à cacheter blanc.

— Ici, Baron disparaît derrière un paravent et cède la place à Dupuis.

Le pain à cacheter blanc est remplacé par le pain à cacheter vert.

Quand il eut usé sa boîte de pains à cacheter, la pièce était à peu près terminée.

Je dis « à peu près » — car les ouvrages de ce genre s'achèvent surtout, après la lecture, aux répétitions mêmes.

Cette lecture et ces répétitions pourraient former la seconde partie de l'*Histoire de Niniche*.

## SECONDE PARTIE

*Les auteurs embêtés par les acteurs.*

Aux Variétés, d'abord, il est bien rare que la lecture d'une pièce fasse un effet complétement bon.

Neuf fois sur dix, Dupuis n'est pas content de son rôle.

Après la lecture de *Niniche*, Dupuis déclara, non-seulement — selon la coutume — qu'il n'était pas content, mais il refusa d'abord totalement de se charger du personnage de Grégoire.

Baron affirmait que son diplomate polonais était « une vraie panne. »

Seul, Lassouche était enchanté.

Eh bien ! par suite des remaniements successifs subis par le nouveau vaudeville, il s'est produit ceci :

A la répétition générale, Dupuis était content de son rôle ;

Baron était ravi du sien ;

Seul, Lassouche se plaignait.

Quelqu'un qui n'est pas fâché d'être enfin délivré de *Niniche*, c'est M. Bonnesœur, le régisseur des Variétés.

J'ai dit que Dupuis a commencé par refuser de jouer.

Aussi, pendant la première quinzaine, M. Bonnesœur a-t-il dû remplacer Dupuis aux répétitions.

Pendant la seconde, Judic étant allée à Monaco, le même Bonnesœur a joué et chanté le rôle de la diva.

C'était bien de la besogne pour un régisseur seul.

Les changements considérables opérés depuis le jour de la lecture jusqu'à la veille de la première ont forcé les auteurs à laisser en route les rôles de Germain, de Léonce, de Cooper et... ce qui est plus grave... celui d'Hamburger.

Hamburger jouait un jockey dans le troisième acte, qui se passait aux courses.

On me raconte que le jour où son rôle a été supprimé, il a dit aux auteurs d'un ton vraiment lamentable :

— Je serai donc toujours un artiste incompris !

Très-brillante salle, cela va sans dire, et très-animée. On se demande avant le lever du rideau :

— Y aura-t-il beaucoup de portes ?

M. Hennequin a, comme auteur dramatique, la réputation de ne pas pouvoir se passer de portes.

Il le sait et s'en montre un peu embarrassé.

— Quand un de mes actes se joue dans un salon, dit-il en riant, il faut donc que je supprime les portes et que je fasse entrer et sortir mes personnages par des trappes ?

En attendant, dans le premier acte de *Niniche*, aux bains de Trouville, M. Hennequin a remplacé les portes par des cabines.

Il y en a de toute espèce et de toutes grandeurs : Cabines ordinaires; cabines roulantes, cabines de maître baigneur, puis la tente élégante de la comtesse Korniska, autrement dit : Niniche.

Au troisième acte, qui se passe sur un palier d'hôtel, M. Hennequin s'est rattrapé complétement : trois portes à droite, trois à gauche et une double porte au fond.

On a pris la précaution de les numéroter.

Niniche, c'est Judic :

Sa première entrée en peignoir de flanelle est originale et gracieuse.

D'ailleurs, tout le monde — dans ce premier acte — nous montre, plus ou moins, ses avantages naturels sous le costume collant du bain.

Judic est en costume de bain quand elle ôte son peignoir pour recevoir une douche.

Dupuis, qui administre la douche, est en costume de maître baigneur.

Aline Duval est en costume de bain, Daniel Bac est en costume de bain !

Vous comprenez que cela ne manque pas de charmes ! Baron, en sa qualité de diplomate polonais, échappe seul au maillot. Il est, pendant ces trois actes, voué à l'habit noir. Un habit noir constellé de décorations, de croix, de plaques, de grands et de petits cordons. On dirait qu'il promène, sur sa poitrine, une vitrine de marchand de décorations du Palais-Royal. Pour accuser le côté fantaisiste de sa diplomatie, Baron a, du reste, eu l'excellente idée de se mettre un pantalon d'un rose très-clair, et ce pantalon seul suffit pour laisser comprendre au public que le diplomate comte Korniski n'a jamais été reçu par notre ministre des affaires étrangères.

Un autre pantalon abracadabrant, fantastique, insensé, c'est le pantalon de Lassouche : un carreau qui n'est pas un carreau, des raies qui ne sont pas des raies, un mélange de couleurs incroyable, des zigzags impossibles, quelque chose d'indescriptible enfin.

En entrant aux Variétés, M. Lassouche semble avoir renoncé aux rôles de domestique qui ont fait sa fortune. Il joue les gommeux maintenant. Fleur d'élégance, il lance les modes nouvelles et donne le ton aux tailleurs en vogue.

On a fait un succès énorme à son pantalon, on l'a acclamé par deux salves d'applaudissements, j'ai vu le moment où on allait le bisser.

## L'AMI D'UN TEL.

*21 février.*

Tous les Parisiens qui connaissent leur théâtre ont été frappés depuis longtemps du très-grand nombre d'individualités sans mandats, qui encombrent bruyamment les salles de spectacle, les coulisses, les antichambres de direction, voire même les foyers et les loges d'artistes.

Qu'on me permette d'abord un petit rapprochement.

Il existe dans toutes les troupes de modestes artistes, à moitié figurants, auxquels on confie de temps à autre un rôle de domestique, dont la mission se borne à apporter une lettre, à faire circuler des plateaux ou à annoncer les divers invités de la marquise. Ces pauvres gens ne tiennent pas grande place dans un théâtre ; on pourrait presque s'en passer, mais, comme, à la rigueur, ils servent à quelque chose, on a désigné l'espèce sous un titre consacré en argot.

Ce sont les *utilités* de la scène.

Les personnages dont je m'occupe font encore moins de besogne ; ils n'en font même pas du tout.

Mais en revanche, que de bruit !

On les voit partout. Aux premières, ils obtiennent les meilleures places sans bourse délier ; ils connaissent tout le monde sans que personne soit à même de dire ni pourquoi, ni comment ; ils ont leurs entrées dans un ou plusieurs théâtres où on les a laissé pénétrer sans motif sérieux et où on les tolère par habitude ou simple indifférence.

Ce sont les *inutilités* de la salle.

Généralement, c'est à la faveur de relations plus ou moins banales avec un journaliste, un artiste, un auteur ou un directeur qu'ils pénètrent dans la place. Chaque théâtre en possède un certain nombre.

Chose remarquable. Dès qu'un homme arrive à se faire une situation dans le monde dramatique, il se trouve subitement environné d'amitiés dont il ne soupçonnait même pas l'existence. Aussi n'est-il pas un artiste en renom, un auteur applaudi, un journaliste influent qui ne soit flanqué de son entourage de gêneurs compromettants.

Parfois en voyant une nouvelle figure dans un théâtre, on s'informe auprès de quelqu'un de la maison.

— Quel est ce monsieur — demande-t-on — un journaliste ?

La réponse ne varie guère :

— Nullement... mais il a une grande influence ici.

— Je comprends : c'est l'auteur de la pièce nouvelle ?

— Pas le moins du monde.

— Alors, que fait-il ?... quels rapports a-t-il avec votre théâtre ?

— Aucuns, oh ! ce n'est pas le premier venu...

— Mais encore ?...

— C'est l'ami d'« Un tel ! »

L'ami d'« Un tel ! »

Ce titre suffit.

Il suffit qu'un quidam se cramponne à un artiste ou à un directeur pour qu'il arrive petit à petit à étendre ses ventouses de pieuvre à tout le personnel d'un théâtre, à s'imposer quand même dans un milieu qui n'est pas le sien et à obtenir finalement plus d'influence que l'ami qui a servi de marchepied.

L'ami d'« Un tel » est facile à reconnaître au premier coup d'œil à son langage et à ses manières.

C'est rarement un homme bien élevé.

On le trouve tantôt sous le vestibule du théâtre, accoudé familièrement au contrôle, tantôt dans les coulisses, bavardant comme une pie, gênant les artistes et les machinistes, tutoyant les petites femmes, exaltant telle pièce et débinant telle autre selon le lieu où il se trouve.

Sa situation, comme toutes les situations fausses, n'est pas exempte de petits désagréments. De temps à autres, il avale bien quelques couleuvres. Mais peu fier par tempérament, il les digère dans la perfection.

Ainsi, lorsqu'il a maladroitement offusqué l'amour-propre d'un acteur, il n'est pas rare d'entendre celui-ci riposter brutalement :

— De quoi vous mêlez-vous? Est-ce que vous êtes à votre place? Que faites-vous ici?

Et autres aménités qui restent sans répliques de sa part.

Parfois même un régisseur grincheux le met carrément à la porte; mais, comme il n'a pas de rancune, il revient le lendemain par la fenêtre et se fait ainsi supporter à force de platitude.

Beaucoup de ces intrus cherchent cependant un prétexte pour expliquer leur présence constante. Ils ont toujours une « affaire » en train, une « combinaison théâtrale » en vue, un « projet d'association » en l'air.

Tout cela, bien entendu, est présenté par eux sous une forme vague qui ne signifie absolument rien et ne peut les compromettre. Si quelque naïf leur demande :

— Qu'est-ce qui vous amène ici tout les soirs?

Ils répondent aussitôt en clignant de l'œil d'un air mystérieux :

— Oh ! j'ai de grands intérêts dans la maison !

Ou bien encore :

— Vous entendrez bientôt parler de quelque chose.

Il y a quelque temps, un acteur d'une certaine réputation, qui se fait accompagner au théâtre d'un ami, comme d'autres se font accompagner de leur chien, voulut régulariser la situation de cet ami et demanda à son directeur de pourvoir celui-ci d'une situation officielle quelconque.

Le directeur était fort embarrassé : d'une part, il tenait à être agréable à son pensionnaire, et d'autre part, il ne se souciait pas de congédier un de ses employés pour le remplacer par un individu d'ailleurs incapable de tenir le plus petit emploi.

Après de longues recherches, il eut une heureuse inspiration et l'ami d' « Un tel » put mettre sur ses cartes la formule suivante :

X...

*Pédicure honoraire du théâtre des...*

Par exception, on trouve, parmi ces personnages, des gens qui ont au moins le mérite d'être relativement convenables.

Ce soir justement, je me suis rencontré au foyer d'un théâtre de genre, avec un monsieur d'une tenue assez élégante, s'exprimant d'une façon correcte, et qui fréquente assidûment cet endroit, depuis quelques mois, comme ami d'un petit journaliste qui y vient quelquefois.

Tout à l'heure, le hasard d'une conversation générale nous fait échanger quelques mots. Il me parle de tout les théâtres, traite incidemment la question du droit des pauvres et me donne les recettes de *Niniche* et du *Petit Duc*. Et comme, ahuri par son bavardage, je me dispose à battre en retraite, il s'interrompt et me tend sa carte en ajoutant avec le plus gracieux sourire :

— Permettez-moi, cher monsieur, de profiter de

l'occasion qui se présente et de souhaiter que nous fassions bientôt plus ample connaissance.

Quelle n'est pas ma surprise lorsqu'en jetant les yeux sur la carte qu'il venait de me donner, je lis :

## DURAND

*Vins en cercles et en bouteilles*

Au moins celui-là ne venait pas au théâtre sans motifs !

---

*24 février.*

Aujourd'hui avait lieu, à la salle des conférences, le *centième* des feuilletons parlés de M. H. de Lapommeraye.

Depuis quelques jours, il n'était question que des préparatifs faits par notre confrère pour célébrer dignement cette solennité. Le soir du 99ᵉ feuilleton, il y a huit jours, on s'entretenait déjà, dans la salle, des splendeurs par lesquelles le sympathique conférencier devait consacrer dignement le succès de ses représentations hebdomadaires de critique vocale.

Les magnificences attendues ont été encore dépassées. M. de Lapommeraye a laissé bien loin derrière lui le luxe déployé, en pareil cas, par certains directeurs, dans la décoration de leur salle et de la façade de leur théâtre, et je crois que sa petite fête peut défier, dans le passé, le présent et l'avenir, toute espèce de comparaison.

Dès le matin, M. de Lapommeraye s'était pavoisé avec un goût parfait ; il s'est couvert de banderoles et de petits drapeaux multicolores qui voltigeaient au gré du vent et s'alliaient on ne peut mieux à sa physionomie et à son gracieux sourire. Lorsqu'il s'illumina ensuite, à l'heure de l'ouverture des bureaux, avec des lampions et des verres de couleur, le coup d'œil devint littéralement féerique.

Comme toujours en pareil cas, le spectacle se termina un peu plus tôt qu'à l'habitude. Les habitués — il en est qui n'ont pas manqué un seul des cent feuilletons parlés — les habitués remarquèrent même que l'orateur brûlait un peu... la tribune.

C'est que, de même que les directeurs ont l'habitude d'offrir à chaque centième un souper à leurs artistes, M. de Lapommeraye s'offrait à lui-même un souper de *centième* chez Brébant, où il est allé s'enfermer, à cet effet, dans un cabinet particulier, à l'issue de la conférence.

Ce souper a été, paraît-il, très-gai et très-animé.

Au dessert, le convive s'est adressé la parole pour se féliciter.

Puis, il s'est répondu avec un à-propos, qu'il n'a pu s'empêcher d'applaudir à tout rompre.

Ensuite, il a porté plusieurs toasts qu'il a accueillis avec frénésie : il a bu à la 200$^e$ en se promettant de se retrouver lui-même, au même endroit ce soir-là.

Après le souper, il a fait enlever son couvert et les danses sans lesquelles il n'y a pas de fête de *centième* ont alors commencé.

M. de Lapommeraye a valsé et polké avec tout l'entrain de sa bouillante nature, regrettant seulement de ne pouvoir organiser un cotillon ou un lancier à lui seul.

A deux heures du matin, sa danse a pris un caractère général.

## LES BOURGEOIS DE PONT-ARCY.

(*Avant la première.*)

25 février.

Le Vaudeville fait relâche ce soir. Jeudi prochain aura lieu la première représention des *Bourgeois de Pont-Arcy*, la comédie nouvelle de Victorien Sardou, l'un des événements les plus importants de la saison dramatique.

J'ai voulu, avant la première, recueillir quelques détails concernant cette pièce, attendue avec tant de curiosité, et j'ai passé une partie de ma soirée dans les coulisses du Vaudeville, où l'on se livrait avec ardeur au travail énergique des raccords.

Les répétitions ont été fatigantes, paraît-il, mais les *Bourgeois de Pont-Arcy* inspirent tant de confiance à tous les artistes que c'est à peine si l'on se ressent des fatigues. Et d'ailleurs, il est bon de détruire une légende. Sardou est, il est vrai, l'auteur le plus méticuleux de France. Il règle sa mise en scène avec un soin prodigieux dont le public ne se doute même pas, mais dont — à coup sûr — il subit l'influence. Seulement, il faut rendre cette justice à l'auteur de *Dora*, c'est que ses pièces ne se répètent pas plus longtemps que celles des autres. On croit assez volontiers que les directeurs ne montent qu'en tremblant les comédies de Sardou, effrayés du temps qu'il leur fait perdre, des relâches qu'il leur fait subir. Rien n'est moins exact.

— Pour faire une pièce en cinq actes, me disait Sardou dernièrement, il me faut cinq mois, pendant lesquels je travaille cinq heures par jour, après quoi cinq semaines de répétitions suffisent pour la faire jouer.

Les *Bourgeois de Pont-Arcy* sont, dans la pensée

de leur auteur, destinés à former un pendant à *Nos bons villageois.*

L'action se passe dans la petite ville moderne qui n'est plus celle de Picard, ni même celle de Balzac, la petite ville que les chemins de fer ont, pour ainsi dire, *parisianisée,* la petite ville dont les habitants connaissent Paris, y sont allés, y vont continuellement.

Cette petite ville de Pont-Arcy n'existe bien entendu que dans l'imagination de l'auteur.

Il est vrai qu'elle y a pris une importance telle que Sardou en parle comme s'il y était né.

Quand il s'est mis à faire le scénario de son nouvel ouvrage, Sardou a été frappé tout d'abord par cette nécessité dans laquelle il se trouvait de bâtir une ville, une ville qui serait bien à lui par exemple, dont il connaîtrait les moindres détours et où il pourrait faire aller et venir ses personnages sans jamais se tromper de chemin.

Alors, tout en cherchant sa pièce, tout en agençant ses scènes, tout en ciselant dans sa pensée les caractères de ses héros, tout en combinant son intrigue, tout en arrêtant les principales lignes de son œuvre, Sardou s'est livré à un travail assez curieux.

Il a dessiné, petit à petit, et au fur et à mesure que l'idée de sa comédie se développait dans son esprit, le plan de sa petite ville imaginaire.

Je me trouvais chez lui, à Marly, le jour précisément où il venait de terminer ses cinq actes. Le plan, qui était sur sa table de travail attira mon attention.

— Qu'est ceci ? demandai-je curieusement.

— C'est le plan de Pont-Arcy ! répondit-il.

Et, oubliant pendant quelques instants que Pont-Arcy n'avait jamais existé :

— Pont-Arcy, ajouta-t-il, sur la rivière de l'Orge.

Une jolie petite ville qui ressemble à toutes les villes de province. Tenez, regardez !

Et, m'expliquant le plan qu'il avait sous les yeux :

— Voici la ville haute. dit-il encore. Le château était là, autrefois, sur une hauteur, commandant la route. Aujourd'hui il est en partie ruiné. Ce qu'il en reste a été transformé en caserne de gendarmerie. C'est comme le vieux couvent des Cordeliers qui se trouve aux environs du château et qui est devenu musée et bibliothèque : c'est comme l'ancien rempart qui sert aujourd'hui de promenade publique, le mail: des quinconces ! La ville haute forme un véritable dédale de ruelles, de petites places, de marchés abandonnés. On y trouve une vieille fontaine gothique, assez belle, et, à l'extrémité, du côté de la campagne, un ancien cloître devenu l'église Saint-Médéric, Quand le chemin de fer a passé par Pont-Arcy, on a naturellement construit, autour de la gare, de belles et grandes maisons modernes : c'est la ville neuve avec son théâtre, son marché couvert, son grand hôtel et son grand café. Enfin, de l'autre côté de la rue centrale, la ville basse a gardé son aspect d'autrefois. C'est là, le long de la rivière qui alimente les moulins à eau, que sont situées les tanneries, les maroquineries, les papeteries qui font la fortune du pays. C'est là que demeure l'une des principales familles de ma comédie, dans la Maison rose, la maison du maire, un riche marchand de papiers peints, représentant la bourgeoisie moderne, comme les personnages de la Maison Saint-André, que vous voyez là, à gauche, en face du square, représentent les idées anciennes de la province !

En parlant ainsi, Sardou se figurait positivement qu'il avait parcouru les ruelles de la ville haute de Pont-Arcy, qu'il avait admiré la fontaine gothique, visité le cloître, logé au Grand-Hôtel, et, qui sait, peut-être, vu jouer l'une de ses brillantes comédies au théâtre de l'endroit par une troupe de passage.

Une fois sa ville créée, Sardou a, selon son habitude, formé le dossier de ses personnages. On ne se figure pas ce que l'infatigable travailleur a amassé de notes, noirci de papier avant de se mettre définitivement à l'œuvre. Il est vrai qu'il lui reste aujourd'hui, dans les notes dont il ne s'est pas servi, en fait de personnages qui ont disparu, en fait de scènes ébauchées et qu'il a fallu écarter, de quoi faire plusieurs autres comédies.

En commençant, Sardou s'était dit : Je ferai toute une ville ;

Ensuite il voulut se contenter de tout un quartier ;

Finalement il ne s'est attaché à peindre que toute une famille.

Et c'est encore beaucoup.

La pièce n'est pas politique, mais cependant comme l'action se passe entre le 16 mai et les élections d'octobre, on comprend qu'il a été impossible à l'auteur de ne pas effleurer les questions les plus brûlantes du moment.

Cependant, Sardou a tenu à ne froisser aucune opinion et sa politique est si peu agressive, que M. Bardoux, auquel les *Bourgeois de Pont-Arcy* avaient été soumis par la censure, a rendu lui-même la comédie à l'auteur en lui disant :

— Je tiens à ce que votre pièce soit jouée telle que vous l'avez faite !

C'est la première fois qu'une comédie est remise à Sardou sans qu'on lui demande de changements.

Comme la plupart de ses œuvres, celle-ci débute par deux actes de comédie pure, deux actes satiriques et comiques. Les trois autres sont dramatiques.

— On m'a souvent reproché cette façon de construire mes pièces, m'a dit Sardou, mais je la crois bonne et je n'y changerai rien. Pendant mes deux premiers actes, je cherche à tirer de mes caractères tout ce qu'ils peuvent donner d'amusant, puis une fois entré dans l'action, dans le drame, je ne m'en écarte plus. Grâce à ce procédé, le public qui a commencé par rire, bien disposé, ne demande qu'à pleurer un peu pour finir la soirée. Si je le faisais pleurer d'un bout de la pièce à l'autre, il est probable qu'il finirait par dire :

— Oh ! oh ! c'est bien sombre. Nous ne sommes pourtant pas à l'Ambigu !

Et si je le faisais rire de huit heures à minuit, il s'en irait en disant :

— Oh ! oh ! c'est bien léger. Il n'y a pas de pièce du tout !

Ce qui prouve d'ailleurs mieux que tout le reste que Sardou a raison, c'est la longue et magnifique série de succès qui va du théâtre Déjazet au théâtre du Vaudeville et à laquelle viendra s'ajouter demain un succès nouveau :

Celui des *Bourgeois de Pont-Arcy !*

---

## LES ADIEUX DE BRESSANT

### 27 février

— Mon Dieu ! s'écriait un jour une femme d'esprit, qu'est-ce que les jeunes premiers ont donc fait au ciel pour vieillir !

Bressant appartenait à cette race de comédiens qui devraient toujours rester jeunes. Jamais, paraît-il, personne n'a mieux que lui réalisé le type de Lovelace. Il avait pour lui la jeunesse, une voix agréable, une physionomie sympathique et une élégance de convention qui, aux yeux des bourgeois, paraissait irrésistible. Aussi — comme le faisait observer ce soir, aux Français, un de ses camarades — est-ce peut-être le seul acteur de ce monde que l'on n'ait jamais critiqué.

Mais, hélas! le temps a marché. On ne peut pas toujours jouer les Almaviva, et tout le monde n'est pas apte à jouer les Bartholo. Bressant s'est donc retiré du théâtre, et la belle représentation qui vient d'avoir lieu aux Français, en son honneur et à son bénéfice, clôt définitivement sa carrière artistique.

Il est tout à fait inutile de passer la salle en revue. Elle est la reproduction exacte de toutes celles qu'on admire à toutes les représentations extraordinaires. La grande majorité des abonnés de la maison se retrouvent à leurs places habituelles.

La recette atteint le joli chiffre de trente-deux mille francs.

C'est plutôt dans les coulisses qu'il faut aller chercher l'intérêt et le côté pittoresque de la soirée.

Tous les habitués du foyer viennent naturellement s'y réunir pendant les entr'actes ; ajoutez, à ce contingent étranger, plusieurs journalistes et toute la troupe au grand complet, et vous aurez une idée de l'affluence qui se presse de l'autre côté du rideau.

Pendant l'intermède de chant — un intermède à sensation : Faure et M$^{me}$ Carvalho — cette affluence a pris de telles proportions sur la scène que M. Perrin a dû prendre ensuite une mesure radicale et en interdire absolument l'accès.

M. Bardoux, le ministre de l'instruction publique, est venu, lui aussi, passer quelques instants au foyer ;

il a tenu à dire un mot aimable à tous les sociétaires. Ceux-ci m'ont paru enchantés de la bonhomie et de la simplicité de manières de l'Excellence.

On ne voit pas souvent, même à la Comédie-Française, de représentation extraordinaire aussi brillante que celle-ci.

Mais aussi que de soins, que de travail pour la préparer!

C'est la première fois, depuis bien longtemps qu'une représentation d'adieux s'organise ainsi sans le secours du bénéficiaire.

Les sociétaires et l'administrateur général ont donc tenu à faire de leur mieux.

Un détail donnera une idée de ce dévouement et de ce zèle amical : il n'y a pas moins de cinq semaines que tous les artistes répètent chaque jour le spectacle d'aujourd'hui.

Ce soir, M. Delaunay était radieux. Il était très attaché à Bressant, et c'est lui qui en qualité de semainier — le hasard a de ces inspirations — présidait à la solennité.

Pendant que cette fête, sans précédents, avait lieu à la Comédie-Française en son honneur, Bressant était presque seul, chez lui, terrassé par la maladie qui le tient depuis déjà longtemps éloigné de la scène.

Pourtant, il a pu prévoir, dès hier, l'effet produit par la partie la plus touchante de la représentation, et dont une sorte de répétition a eu lieu devant lui.

A la fin de *M. de Pourceaugnac*, en présence de tous les artistes rassemblés, on a intercalé, pour la circonstance, quelques vers de M. Aicard.

Ces vers forment une lettre qui est apportée, au dernier moment, comme venant de Bressant, pour remercier les artistes qui lui ont prêté leur concours.

Depuis quelques jours, les vers de M. Aicard, trèstouchants dans leur simplicité, produisaient une telle émotion lorsque Coquelin, chargé de lire la lettre, les répétait au théâtre, que la plupart des auditeurs pleuraient en les écoutant et en songeant au pauvre absent.

Hier, Coquelin se rendit chez Bressant pour lui faire entendre cette lettre si émouvante.

On devine sans peine l'effet produit.

Bressant, touché, ne put retenir ses larmes et serra silencieusement les mains de Coquelin. Celui-ci tenta aussitôt de réagir contre cette émotion d'ailleurs bien douce.

— Allons... allons, ne pleurez donc pas comme cela, lui dit-il avec effort.

Et tout en s'efforçant de lui faire entendre raison, il avait lui-même les yeux remplis de larmes.

---

*LES BOURGEOIS DE PONT-ARCY.*

28 février.

Il est devenu fastidieux de parler du bruit qui précède l'apparition d'une comédie nouvelle de Sardou. Cette fois comme toujours, l'empressement a été considérable. Tout ce que Paris compte de notabilités de toute sorte assiste à cette solennité. On s'est montré tellement désireux d'y être quand même, que les places inférieures ont fait prime tout comme les loges et les fauteuils, et qu'on voit à la seconde galerie des personnages connus.

Naturellement, l'œuvre de Sardou constitue pour le Vaudeville l'affaire capitale de la saison.

C'est l'équivalent de la Revue annuelle pour certains petits théâtres.

Lors de la distribution, chacun voulut être de la pièce, et presque tous les artistes furent pourvus d'un rôle plus ou moins important, sans que les plus mal partagés songeassent à se plaindre.

On aura vu rarement une collection aussi complète de jolies femmes. Il y a bien une ou deux exceptions à constater, mais elles sont compensées par tant de talent!...

Quel est en effet le théâtre où l'on pourrait trouver un ensemble de grâce et de charme comparable à celui que présentent M$^{lles}$ Pierson, Bartet, Montaland et Massin ?

Il n'est pas jusqu'aux petites servantes, M$^{lles}$ Marot et Delta, qui ne s'avisent de se montrer charmantes.

M$^{me}$ Alexis, elle-même, m'a paru en beauté.

Les acteurs semblaient s'être appliqués à se faire des têtes caractéristiques pouvant représenter, sans allusions trop directes, des types politiques.

Delannoy, qui s'affirme sans cesse comme centregaucher, s'est fait, à peu de chose près, la tête de M. Grévy. Il ne lui manque que la sonnette.

Parade, dont les opinions varient de scène en scène, a recouvert son front d'une de ces mèches parlementaires qui peuvent, à la rigueur, suffire pour créer une réputation politique.

Joumard ressemble à François I$^{er}$, ainsi, du reste, que l'exige son rôle.

Boisselot, le journaliste Léchard, s'est fait la tête d'un de ces bohèmes comme on en voit tant au café de Suède... ou à Pont-Arcy.

Un jeune artiste, M. Colombey, remplit le rôle épisodique d'un conseiller de Préfecture intermittent.

Avant de le voir débiter, au Vaudeville, la prose de Sardou, nous l'avons entendu chanter, aux Bouffes, la musique d'Offenbach.

Un rôle important, celui de la mère, a été très-difficile à distribuer. On renonça successivement à Mme Pasca et à Mlle Fargueil, qui, pour des raisons diverses et malgré leur grand talent, ne réalisaient ni l'une ni l'autre le type de bourgeoisie provinciale rêvé par l'auteur.

C'est au milieu de ces hésitations que l'on pensa à Mlle Delaporte, qui venait justement de créer d'une façon remarquable un rôle de mère, dans une comédie de M. Légouvé, *La Séparation*, jouée en matinée au Vaudeville.

Rien de plus simple que les deux toilettes de Mlle Pierson.

A la vérité, elle a fait, pendant les études des *Bourgeois de Pont-Arcy*, de fréquentes visites à sa couturière. Il ne s'agissait pas de lui commander des toilettes, mais de prendre quelques leçons pour remplir brillamment la partie pratique de son rôle de couturière, dans la scène où elle improvise, à l'aide de gravures de modes, une toilette pour Mlle Montaland.

Mlle Massin est, selon son habitude, habillée à ravir. Elle a toutes les peines du monde à montrer dans sa tenue la petite nuance « province » indiquée par le dialogue.

Il y a, au troisième acte, de par l'action même, une lutte d'élégance entre Mlles Bartet et Montaland.

Mlle Bartet a ouvert les hostilités avec une toilette fort brillante.

Mais le costume bizarre de Mlle Montaland a surtout fait sensation.

Ce costume a été composé et exécuté d'après les indications précises et détaillées de Sardou.

C'est, comme le dit elle-même la charmante actrice dans la pièce, une toilette athénienne révolutionnaire, une toilette qui doit affirmer les nouvelles idées avancées de son mari, M. Trabut, une toilette enfin qui à elle seule est une véritable profession de foi.

Elle se compose : d'un peplum à la grecque attaché aux épaules par des serpents; d'une jupe en crêpe de Chine, brodée d'or, avec des couronnes civiques, et d'une ceinture rouge. Coiffure Tallien, bandelettes rouges et couronne de chêne d'or. Brodequins à la grecque.

Seule, au milieu de ces élégances parisiennes, M$^{me}$ Alexis et ses deux filles représentent les modes Pont-Arçoises dans toute leur originalité bouffonne.

Poignée de mots recueillis au passsage.

On discute une candidature. Delannoy veut empêcher son neveu Berton d'affronter les calomnies et les médisances de la lutte électorale :

— Crois-moi, lui dit-il, on ne fait un honorable qu'après avoir tout fait pour le déshonorer !

On place à l'avance les convives d'un grand dîner officiel auquel doivent assister toutes les notabilités de Pont-Arcy.

— Vous mettrez l'abbé un tel à côté de vous? demande-t-on à Céline Montaland.

— Non, s'écrie-t-elle, si je suis trop décolletée, ça le gêne !

— Où nous rencontrer ici sans éveiller l'attention ?

— Décidément, pour les rendez-vous de province, il n'y a que Paris.

Parade apprend à sa femme que le préfet vient de lui retirer l'appui du gouvernement. Il n'est plus candidat officiel.

— Pourquoi ne le suis-je pas? ai-je demandé au préfet.

— Pourquoi le seriez-vous? m'a-t-il répondu.

Ingénieuse description du Tribunal de commerce actuel.

Un avoué de province, parlant du Prado de 1849, qu'à cette époque il fréquentait comme étudiant :

— Le Prado! il était en face du Palais-de-Justice. On l'a remplacé par un monument de travers, surmonté d'un ballon!

— En revenant de Paris, dit Delannoy, je me suis trouvé en chemin de fer avec notre nouveau sous-préfet.

— Il est ici?

— Non. On l'a révoqué en route!

Au troisième acte, Berton remet à M$^{lle}$ Pierson une liasse de trente-quatre billets de mille francs.

On m'affirme que Sardou, toujours soigneux, toujours épris de la couleur locale, ne voulut pas entendre parler des billets fictifs dont les théâtres se servent en pareille circonstance.

— Il faut absolument, aurait-il dit à Berton, que vous remettiez à mademoiselle, de véritables billets de mille.

Le Vaudeville compte, paraît-il, de nombreux capitalistes, car le lendemain, chacun serait arrivée à la répétition avec 34,000 francs en billets de banque authentiques.

Il y eut même, ajoutait le conteur de cette petite histoire, un assaut de générosité. Auteur, directeur, artistes, tous voulaient fournir cet *accessoire* et offraient leur argent.

Enfin, Sardou aurait donné lui-même les billets de banque, c'est-à-dire un capital pouvant rapporter un revenu annuel de 1,700 fr. et qui resterait improductif pendant toute la durée des représentations des *Bourgeois de Pont-Arcy*.

A vrai dire, je n'ai pas eu l'occasion de vérifier l'exactitude de cette petite anecdote.

Quoi qu'il en soit, il est certain que Sardou, s'il a réellement fait ce sacrifice, trouvera une certaine compensation en touchant ses droits d'auteur.

# MARS

### LE BALLON MOREL.

2 mars.

Mis en goût par les deux cents représentations du *Drame au fond de la mer*, M. Castellano pria l'an dernier M. Ferdinand Dugué de lui donner une autre pièce du même genre.

M. Dugué, qui est devenu dramaturge scientifique, et qui puise ses inspirations tantôt dans le règne végétal et tantôt dans le règne minéral, pensa qu'après avoir vu se dérouler un drame dans le fond de la mer, le public ne serait peut-être pas fâché d'en voir un autre qui se passerait dans le ciel.

Il a donc apporté le *Ballon Morel* au directeur du Théâtre-Historique.

Il est même plus juste de dire que la nouvelle pièce provient de la collaboration de M. Castellano et de M. Ferdinand Dugué. En effet, pendant que l'auteur cherchait des situations nouvelles, le directeur se creusait la tête pour trouver des décors et des cadres inédits.

Ce double travail amenait entre les deux collaborateurs des conversations dans le genre de celle-ci :

— Vous savez que j'ai une scène d'amour dans mon second tableau ! disait M. Dugué.

— Parfait, répondait M. Castellano, moi, j'ai découvert un décor où elle produira le plus grand effet. C'est la cataracte de Kérouma!

— Je viens d'écrire une scène poignante, faisait M. Dugué, celle où le personnage sympathique punit le traître de la pièce.

— Bravo! s'écriait M. Castellano, moi, j'ai trouvé un moyen ingénieux de rajeunir cette scène connue. Elle aura lieu dans un ballon.

Enfin, quand la pièce de M. Dugué fut terminée et qu'il remit le manuscrit à M. Castellano, le directeur du Théâtre-Historique lui apprit qu'au lieu d'un décor à cinq ou six transformations comme celui du *Drame au fond de la mer*, il gratifierait sa nouvelle pièce d'un décor qui n'en aurait pas moins de quatorze.

On juge de la joie enfantine que manifesta M. Ferdinand Dugué en apprenant cette heureuse nouvelle.

Un décor avec quatorze transformations, quel clou pour sa pièce!

Aussi comprend-on facilement avec quelle impatience fébrile le public attendait ce soir le décor fameux.

L'action languissait-elle un peu? un journaliste hasardait-il pendant un entr'acte une légère critique sur la pièce :

— Un peu de patience, lui disait-on, attendez les quatorze transformations!

Le moindre inconvénient de ce genre de spectacle, c'est que, jusqu'au tableau à sensation, on ne sait jamais quel sera l'accueil définitif fait à la pièce. Les artistes peuvent se donner du mal, s'époumonner pendant les actes qui précèdent le clou décoratif, on ne les écoute guère, puisqu'on n'est pas venu pour eux, et le résultat ne se décide que vers la fin de la représentation.

Ainsi, ce soir, ce n'est qu'à minuit un quart, après

un entr'acte de quarante minutes — et précisément dans l'acte du ballon où il ne se prononce pas une seule parole, que M. Dugué a pu juger de l'effet produit par son dialogue.

Le public tenait à vérifier les promesses de la direction.

Chacun comptait à mi-voix les diverses transformations ; certains de mes voisins en trouvaient à peine une demi-douzaine, tandis que d'autres en découvraient jusqu'à quarante ou cinquante. Il est assez difficile, en effet, de savoir où commence et finit une transformation.

Voici, quant à moi, celles que j'ai notées au passage :
Nuages blancs ;
La terre disparaît peu à peu ;
Première apparition du ballon ;
Nuages roses ;
Coucher du soleil ;
Nuit ;
Etoiles fixes ;
Etoiles filantes ;
Le jour commence à poindre (beau temps) ;
Le jour s'élève (temps brumeux) ;
Pluie, tonnerre, rafales ;
Réapparition du ballon ; cette fois il est à moitié détruit par la tempête et va s'abîmer dans les dessous.

Détail assez curieux. Il a été employé pour ces diverses transformations plus d'un kilomètre de toile.

*Rothomago*, la féerie du Châtelet, n'en a pas nécessité la moitié.

Un artiste très-flatté de son rôle, c'est assurément Montal, qui espère que son directeur continuera de lui confier des rôles sympathiques.

Il paraît pourtant que ses camarades, habitués depuis si longtemps à le voir représentant des traîtres, ne peuvent se faire à sa nouvelle incarnation.

Ainsi, M^lle Jeanne Marie, dont il assure le bonheur à chaque instant, dans la nouvelle pièce, ne peut prendre la bonté de M. Montal au sérieux et ne l'approche qu'avec une terreur insurmontable.

A chaque drame inédit du Théâtre-Historique, M. Artus, le chef d'orchestre, veut absolument éblouir le public par le charme et la variété mélodique de ses compositions musicales.

Cette fois, le fameux décor aux transformations lui a permis de donner un libre cours à sa verve harmonique : trémolos, ensembles, finales, il n'a rien épargné.

On m'affirme d'ailleurs que M. Artus était palpitant.

Rencontrant M. Dugué pendant un entr'acte :

— Vous êtes ému, lui dit-il, en lui serrant la main, mais pas autant que moi.

— Comment, vous, ému! lui demanda l'auteur stupéfait; et pourquoi?

— Dame, pensez donc, je donne, ce soir ma 76^e *partition !*

---

4 mars.

Un Mardi-Gras mouillé comme celui d'aujourd'hui a naturellement valu aux théâtres — à leurs spectacles du jour et du soir — une affluence véritablement extraordinaire. La foule était énorme et partout les artistes ont eu le plaisir de jouer devant des spectateurs qui ne demandaient qu'à s'amuser, qu'à rire ou qu'à pleurer, des spectateurs venus avec le parti pris de s'en aller satisfaits et qui se divertissaient d'un rien. Public unique, comme on n'en trouve que de loin en loin et qui donne un relief singulier aux œuvres théâtrales, faisant paraître les médiocres bonnes et les bonnes supérieures.

C'est dans nos théâtres seulement que le carnaval agite son restant de grelots. Dans la rue surtout, par une journée pluvieuse, les quelques masques, précédés de cornets à bouquin, grelottants et misérables, les voitures couvertes d'enseignes en calicot, les réclames ambulantes des magasins de nouveautés et des bals publics ne présentent qu'un spectacle lamentable et indigne d'une grande ville.

Les jeunes étudiants espagnols qui ont si crânement et si gaiement entrepris d'infuser un sang nouveau au carnaval parisien mourant d'anémie, ont prouvé qu'il suffirait d'un peu d'initiative pour rendre à Paris, pendant les trois jours gras, son aspect animé d'autrefois.

Qu'on se hâte donc de suivre l'exemple.

Les Espagnols vont partir et, malgré l'accueil empressé qu'on leur a fait de toutes parts, il est probable qu'ils ne reviendront plus. Ces aimables étudiants, qui auront fait, l'an prochain, un pas de plus vers la Faculté et vers le barreau, cesseront de nous apporter l'entrain de leurs seguédilles et de leurs boléros.

Il faudra donc que Paris ne compte que sur lui-même.

Eh bien, c'est au grand élément artistique de Paris, aux directeurs de théâtre, aux acteurs, aux actrices, aux auteurs, aux critiques, à tous ceux qui vivent par et pour le plaisir de la grande ville, qu'il appartient de donner l'élan.

Qu'au carnaval prochain, à la mi-carême si l'on veut, on organise le grand cortége des Directeurs et des Artistes de Paris! Et l'on donnera une fête unique, comme Paris seul peut en donner. Et l'on viendra des quatre coins de l'Europe assister au carnaval parisien. Et tous les ans, pendant ces trois jours de folies, Paris oubliera ses querelles, ses haines, tout ce qui le divise, pour acclamer ses éternels amuseurs.

Le voyez-vous d'ici ce Cortége du Théâtre et l'éclat qu'il jetterait sur le carnaval parisien ?

D'abord, conduit par le Droit des Pauvres, escorté par plusieurs syndics sonnant de la trompe, le Char des Directeurs ouvrirait la marche.

On y verrait Halanzier en Oreste, appuyé sur Perrin en Pylade, Duquesnel en Dubarry (costume de la présentation), Carvalho en Homme-Orchestre, Montigny en vieux de la vieille, Deslandes en Sardounapale, Roger en bourgeois de Pont-Arcy, Bertrand jeune en courrier de cabinet, Bertrand aîné en directeur qui cherche à remplacer l'opérette par le vaudeville, Ritt et Larochelle en orphelines, Cantin en gagne-petit, Comte en chercheur d'or, Koning en génie de la publicité, Sari en lutteur et Weinschenk en nouveau-né.

Puis, le Char des Auteurs conduit par Péragallo et Roger, escorté par les marchands de billets et les chefs de claque en mousquetaires rouges.

Le char contiendrait Sardou en Actualité, Offenbach en boîte à musique, Meilhac en contrôleur des Variétés, Halévy en contrôleur de la Renaissance, Gondinet en blanchisseuse lavant de vieilles couches, Dumas en Marie-Antoinette (costume de la présentation) d'Ennery en marchand de ficelles, Clairville en Système Diviseur.

Viendrait ensuite le Char des Critiques où Sarcey en Joseph Prudhomme, Paul de Saint-Victor en feu d'artifice, Claretie en encrier inépuisable, Banville en berger, Caraguel en bergère, Fournier en dictionnaire universel, Monselet en Cupidon, Zola en docteur Tant-Pis et La Pommeraye en docteur Tant-Mieux soulèveraient les transports de la foule.

Enfin pour terminer ce cortège splendide : les chars des acteurs et des actrices.

Que diriez-vous de Croizette en Mère-Gigogne, de Sarah Bernhardt en mât de cocagne, de Théo en fruit défendu, de Judic en sirène, de Granier en grande mariée, d'Antonine en dauphin (costume de la présentation), de Peschard en gamin et de Paola-Marié en gamine?

N'y a-t-il pas là de quoi éclipser à jamais le souvenir de l'ordre et de la marche du Bœuf gras?

---

### *MAITRE PÉRONILLA.*

12 mars.

Par le temps de *Pont-Arcy*, de *Balsamo* et de *Misérables* qui court, il est difficile à un directeur de théâtre qui se respecte de convoquer la presse pour la première *première* venue.

Aussi M. Comte nous a-t-il offert ce soir une opérette nouvelle d'Offenbach pour se mettre, dans sa sphère, au diapason de ceux de ses confrères qui nous ont offert ou vont nous offrir du Sardou, du Dumas et du Victor Hugo.

C'est qu'en effet, Offenbach est resté le Dieu musical du passage Choiseul. Dès qu'il apparaît aux Bouffes, ce diable d'homme a le don d'y apporter un mouvement inaccoutumé.

On sait quel rôle important les nerfs ont joué jusqu'à présent aux répétitions d'Offenbach. Mais, cette fois, il paraît que le maëstro a inauguré une manière nouvelle et bien inattendue. Au lieu du personnage cassant, emporté et autoritaire qu'ils connaissent si bien, les pensionnaires de M. Comte ont eu affaire, pendant les études de *Maître Péronilla*, à un compositeur gai, aimable, familier, d'un caractère égal et d'une douceur exceptionnelle. C'était à ne pas le reconnaître.

Offenbach était même un jour de si joyeuse humeur que, s'élançant sur la scène pendant que les artistes dialoguaient en dansant à la fin du troisième acte, il se mêla à ces derniers, et, la bouche en cœur, le sourire sur les lèvres, esquissa, tout en imitant avec ses doigts le bruit des castagnettes, un fandango tellement gracieux qu'il fut couvert de bravos par toute la troupe et par les machinistes ahuris.

Malheureusement, il fut impossible de conserver ce piquant intermède, et Offenbach n'a jamais voulu consentir à se produire comme danseur espagnol devant le vrai public.

M. Comte a fait grandement les choses pour monter la pièce de son compositeur favori : décors neufs, costumes charmants.

J'ai dit que la pièce se passe en Espagne. Néanmoins, la toile du fond du premier acte rappelle énormément le paysage que l'on découvre du haut de la terrasse de Saint-Germain. C'est tellement frappant que l'on a pu croire un instant que le pavillon de droite représentait le pavillon Henri IV.

Les costumes sont tous fort jolis.

Il faudrait les citer sans exception. Mais ce genre d'inventaire demandant à être écourté, je me borne à en décrire deux ou trois à titre d'exemples.

Ainsi Daubray est désopilant dans son pourpoint marron à épaulettes et trousse cerise avec croisillons noirs; le tout agrémenté d'or. Il est coiffé d'un sombrero noir dont les bords immenses encadrent très-drôlement sa large face réjouie.

Mes compliments aussi à M$^{me}$ Peschard : son costume noir et groseille, un peu sévère malgré le superbe manteau écarlate, a l'inappréciable avantage de la maigrir considérablement. On croirait revoir le joli garçon de la *Timbale*.

En revanche, Paola-Marié n'a pas cherché à s'amincir, mais elle n'en porte pas moins crânement sa jolie blouse de soie gris fer, serrée à la taille, et le petit chapeau à claque et à cuillère d'ivoire que les étudiants espagnols viennent de rendre célèbre.

La débutante, M<sup>lle</sup> Humberta, a tout de suite plu aux connaisseurs de l'orchestre. Elle est tout à fait gentille, cette petite mariée espagnole, dans sa jolie toilette de faille blanche agrémentée d'argent avec ceinture mauresque en faille cerise.

Son maintien est modeste, et elle porte la fleur d'oranger avec une conviction touchante qui nous donne le droit de croire à son talent de comédienne. M<sup>lle</sup> Humberta a les yeux un peu petits, mais très-expressifs; la bouche est un peu grande,

> Mais c'est sans doute exprès pour montrer en riant
> Un brillant chapelet de perles d'Orient...

Comme on dit dans une pièce de vers dont le titre m'échappe.

Le lever du rideau du second acte est d'une couleur exquise: Les costumes des officiers de bouche sont dignes d'être signés Grévin.

L'officier en chef est M<sup>lle</sup> Fanny Robert, à laquelle les nombreuses demoiselles qui garnissaient les avant-scènes et les loges ont prodigué les sourires d'encouragement.

Un détail qui n'a pas échappé aux boulevardiers:

M<sup>lle</sup> Fanny Robert porte un maillot couleur... citron.

On a remarqué aussi la façon gracieuse dont les coryphées qui entourent la dernière Vénus d'*Orphée aux enfers* tiennent leurs mandolines.

Peut-être les petites femmes des Bouffes ont-elles pris des leçons avec MM. les étudiants espagnols, ce qui expliquerait à la rigueur le séjour prolongé à Paris des joyeux sociétaires de la Estudiantina.

Deux autres débuts encore :

Celui de M. Thibaut, ancien chef d'orchestre de la Gaîté, que M. Comte a eu l'heureuse inspiration d'engager ;

Celui de M<sup>me</sup> Girard, la mère de la gentille Serpolette des *Cloches de Corneville*.

On me raconte que M<sup>lle</sup> Juliette Girard, qu'une indisposition causée par la fatigue avait depuis quelques soirs éloignée de la scène, a tenu, malgré son médecin, à assister à la répétition générale de *Maître Peronilla*.

— Vous comprenez, disait-elle à ceux qui blâmaient son imprudence, qu'il serait mal à moi de m'abstenir. Maman peut avoir besoin de mes conseils !

On a beaucoup souligné les passages du rôle de Daubray, dans lequel Maître Peronilla, ancien chocolatier retiré des affaires, fait allusion à son ancienne profession.

Quelques chuts maladroits partis du fond de l'orchestre, après les couplets du chocolat, ont contribué à donner aux rires et aux applaudissements des spectateurs une couleur politique absolument imprévue.

— Est-ce le public qui s'est fâché ? demandait-on dans les coulisses où l'on ne se rend pas toujours un compte exact des dispositions de la salle.

— Non, c'est plutôt le *Bien public !*

14 mars.

La première des Bouffes m'a empêché d'assister à la reprise de la *Fille des Chiffonniers*, mais je suis allé à l'Ambigu ce soir et j'avoue que les péripéties de ce vieux mélodrame un peu démodées et passées à l'état de rengaine, m'ont fortement intéressé, grâce au relief que les deux principaux interprètes, Charles Pérey et Alexandre, donnent à leurs rôles de Bamboche et de la mère Moscou.

Depuis plusieurs années, Charles Pérey n'avait pas reparu au théâtre. L'excellent acteur me semble pourtant avoir gardé les sympathies des spectateurs du boulevard qui ne lui marchandent pas les applaudissements.

Une phrase qu'il prononce à certain moment de la soirée :

« Ah! ça, est-ce que je vais devenir fou? » me rappelle une anecdote dont il fut le héros — il y a pas mal de temps — que d'autres ont probablement racontée avant moi, mais qui me paraît en tous cas suffisamment intéressante pour pouvoir être reproduite.

Un soir, Pérey dînait chez Brébant. Il mangea copieusement, puis, le repas terminé et la table desservie, il se mit à lire un journal.

Il en était arrivé aux faits divers, quand, interpellant le garçon :

— Eh bien, lui dit-il, qu'attendez-vous pour me servir ?

— Monsieur a demandé quelque chose ?

— J'ai demandé à dîner, parbleu !

Le garçon regarda Pérey avec des yeux fort étonnés.

— A dîner, balbutia-t-il, mais monsieur a fini...

— Comment, j'ai fini ?
— Oui, il y a un quart d'heure.
— Moi, fit Pérey, qui ne se souvenait plus de rien.
Le garçon se mit à énumérer les plats qu'il avait servis à l'artiste.
— Ah ! ça, s'écria celui-ci tout à coup, absolument comme dans la pièce de ce soir, est-ce que je deviens fou ?

Et en proie à une émotion bien compréhensible, il courut au théâtre du Châtelet où Dumaine jouait à cette époque.

— Mon ami, cria-t-il en faisant irruption dans la loge de ce dernier, je viens te demander un service.
— Qu'y a-t-il ?
— Fais-moi enfermer ! Je viens de devenir fou !

Dumaine, très-effrayé d'abord, parvint à calmer Pérey. Il l'interrogea, le força à rester au théâtre, le reconduisit chez lui. Le lendemain, Pérey était parfaitement dispos. Il avait eu une absence momentanée, une lacune de mémoire qui n'a rien de commun avec la folie, et il en fut quitte pour la peur.

On vous a dit hier combien Alexandre emploie de talent dans son rôle de la mère Moscou. Jamais acteur n'était parvenu à produire autant d'effet, et un effet aussi soutenu, dans un rôle travesti. Tour à tour gaie et touchante, la mère Moscou nous représente bien réellement une vieille bonne femme moustachue, et il y a des moments où l'on oublie qu'il y a un pantalon d'homme sous ses jupons.

Or, on m'a raconté, ce soir, comment Alexandre s'y est pris pour composer ce type d'un réalisme si saisissant.

Né d'une famille d'ouvriers, Alexandre avait une vieille mère qu'il adorait.

Quand on lui distribua le rôle de la chiffonnière, une brave femme, un cœur excellent sous une enveloppe un peu grossière, Alexandre se dit que jamais il ne trouverait de modèle meilleur à étudier que la vieille maman. Elle était aussi bonne, pour sûr, que la mère Moscou, et elle avait des façons de parler, de marcher, d'aller et venir qu'il lui serait facile d'imiter. Pendant plusieurs semaines, il observa ses moindres gestes, il nota les intonations de sa voix, il copia son rire, puis songeant à l'une des situations les plus importantes de son rôle :

— Dis donc, mère, — lui dit-il un beau soir, — j'ai envie de te demander quelque chose de bien drôle...

— Eh! quoi, mon Dieu?

— Tu as dansé dans ta jeunesse, pas vrai?

— Cette question!

— Je suis bien sûr que les danses de ton temps étaient autrement jolies que les nôtres!

— Oh! pour ça, oui...

— Eh... bien... dis... voudrais-tu m'en montrer une?

— Moi!

— Oui, toi... Je t'ai prévenue que j'allais te demander quelque chose de bien drôle...

— Mais je ne sais plus, mon garçon, jamais je ne pourrai...

Et la mère Alexandre, tout en riant et en traitant son fils de toqué, se mit à esquisser un entrechat du temps jadis.

Alexandre, ce soir-là, s'en alla heureux.

Quelques jours après, sa mère assista à la première représentation de la *Fille des Chiffonniers*.

Quand vint la scène de l'entrechat :

— Ah! le gredin, s'écria la maman, tout en riant beaucoup, le gredin! Il m'a volé mon pas!

Le pas d'Alexandre — ou plutôt de la mère d'Alexandre — obtint un succès colossal, un succès qui dure encore et que la présente reprise de la *Fille des Chiffonniers* n'épuisera certainement pas.

---

### BALSAMO.

17 mars.

C'est le dix-septième jour du mois de mars — 1878 ans après la naissance de Jésus-Christ — l'an 6591 de la période julienne — l'an 2631 de la fondation de Rome — l'an 2625 de l'époque de Naborasjar — l'an 1294 de l'Hégyre — l'an 86 de la République française — un lundi — à sept heures vingt-deux minutes du soir, que le tout Paris, littéraire, artistique, financier et mondain a eu l'immense bonne fortune de voir enfin le rideau se lever sur le premier acte de *Joseph Balsamo*.

Si, à l'occasion d'un si grand événement, la Bourse n'a pas cru devoir suspendre ses transactions, si les boutiques sont restées ouvertes, si aucun arrêté du ministère de l'instruction publique n'a accordé aux collégiens des vacances spéciales de huit jours, c'est que M. Alexandre Dumas s'est formellement opposé à toute manifestation extérieure. Mais Paris, la France, l'Europe, le Monde n'en ont pas moins attendu, en frémissant, l'éclosion définitive de cette œuvre tant annoncée.

*\*\**

Il est sérieusement question d'élever, au milieu du foyer de l'Odéon, un monument commémoratif, une simple colonne en marbre blanc, sur laquelle seraient gravés en lettres d'or les noms de ceux qui ont assisté à cette mémorable soirée.

Les spectateurs des âges futurs y liront les noms suivants :

Émile Augier, Octave Feuillet, Auguste Maquet, d'Ennery, Maurice Sand, Henry Houssaye, Déroulède, Meissonnier, Protais, Girault, Aimé Millet, Toulmouche, Madeleine Lemaire, la princesse Mathilde, la duchesse de Castries, M<sup>me</sup> de Beaumont, M<sup>me</sup> de Basilewitz, M<sup>lle</sup> de Tanlé, de Marcère, ministre de l'intérieur, Albert Gigot, préfet de police, Ferdinand Duval, préfet de la Seine, Jules Simon, Janvier de la Motte, le prince Troubetzkoï, le prince Galitzine, le baron Larrey, la marquise de Poilly, le général Lambert, le contre-amiral Duperré, Joubert, Moreau-Chaslon, de la Charme, de Borda, Bixio, Geffroy, Regnier, Talbot, Baretta, Lodi, Lia Félix, Lloyd, Doche, Pasca, Rousseil, et enfin Alexandre Dumas en personne, qui est resté, pendant toute la soirée, dans l'avant-scène du rez-de-chaussée.

La pièce a commencé devant une salle pleine, ce qui prouve, mieux que tout le reste, la curiosité excitée par cette première.

*<br>* *

Vous ne devinerez jamais quel était le spectateur le plus attentif, le plus ému, le plus ravi de la salle ?

C'était M. Duquesnel, le directeur de l'Odéon en personne.

Blotti au fond de son avant-scène, il savourait l'effet que produisaient ses costumes avec un contentement indicible.

Pensez donc que depuis plusieurs mois, que dis-je, depuis un an au moins, M. Duquesnel n'avait pas d'autre pensée en tête : *Balsamo* et toujours *Balsamo*. Livres, gravures, portraits du temps, il a tout consulté pour reconstituer cet ensemble éblouissant : la cour de Louis XV. Il a fait fabriquer les étoffes, tisser les soies, frapper les velours; il a cherché des broderies de l'époque chez des marchands invraisemblables, il a surveillé lui-même ses couturières et ses tailleurs, et il éprouve, tout naturellement, ce soir, les douces émotions d'un collectionneur qui s'est donné un mal infini pour réunir une quantité de belles choses et qui, après les avoir suffisamment admirées lui-même, peut enfin les faire admirer aux autres.

*<br>* *

La première surprise de la salle se manifeste à l'entrée de Porel. Tant que l'excellent et sympathique acteur n'a pas ouvert la bouche, personne ne le reconnaît. Il est si bien grimé, ridé, parcheminé, ce duc de Richelieu, encore droit et gaillard malgré ses soixante-quinze ans, que l'on commence par se demander :
— Qui donc est-ce ?
Il parle. La voix n'a pas de rides. Elle est toujours chaude, vibrante, jeune. Et aussitôt tout le monde s'écrie :
— Tiens ! c'est Porel !
Même murmure à l'entrée d'Andrée de Taverney.
— Qui est-ce ? demande un unanime chuchotement.
— C'est M$^{lle}$ Jullien, la débutante.
Petite, peu jolie, ayant un type israélite des plus accentués, la nature ne s'est pas montrée généreuse pour M$^{lle}$ Jullien, à laquelle elle ne semble avoir donné, en fait d'attraits, qu'une voix d'un charme exquis. On m'affirme cependant que la jeune fille possédait, il y a quelques années, un des plus gracieux visages qu'il soit possible d'imaginer. Des chagrins, des déceptions ont modifié ses traits.
D'une famille bourgeoise, ayant reçu une excellente éducation, pianiste distinguée, parlant l'anglais

comme une Anglaise, une vocation irrésistible a poussé M{{lle}} Jullien vers le théâtre. Tous ceux qui la connaissent proclament que c'est une charmante personne et un excellent cœur.

Pendant le siége, elle demeurait avec ses parents, rue de Naples, dans une maison dont le rez-de-chaussée était vide. M{{lle}} Jullien obtint l'autorisation d'installer une ambulance dans ce rez-de-chaussée, et on put la voir, tous les matins, en robe de laine, avec un tablier blanc, le brassard de Genève au bras, s'en aller chez les familles riches du quartier, quêter pour *ses* soldats. Dans l'après-midi, il y avait affluence d'élégantes au rez-de-chaussée de la rue de Naples, et c'était à qui porterait à M{{lle}} Jullien de l'argent ou des vêtements, ou de la nourriture pour ses blessés. On l'appelait alors la *jolie ambulancière*.

Au milieu des éclairs et des coups de tonnerre, Balsamo fait son entrée dans le modeste intérieur des Taverney.

Balsamo, c'est Lafontaine.

On sait que l'éminent comédien est un travailleur sérieux qui, lorsqu'il a la responsabilité d'une grande création, ne laisse rien au hasard de l'inspiration, vit avec son personnage, l'étudie, le creuse, s'identifie avec ses défauts et avec ses qualités, bref s'incarne si bien dans son rôle qu'il arrive à oublier, par moments, sa personnalité propre.

Ainsi, depuis qu'il étudie Balsamo, Lafontaine croit sérieusement qu'il possède le don de double vue. La volonté aidant, il est d'une lucidité incroyable. Il prédit les changements de température vingt-quatre heures avant le baromètre le plus sûr, et affirme, lui qui est fort peu au courant des choses du turf, que le prochain Derby sera gagné par un cheval du comte de Lagrange.

Aussi l'autre jour, un machiniste de l'Odéon, devant lequel on avait parlé de cette vertu surnaturelle, l'a-t-il pris à part pour lui poser à brûle-pourpoint cette question :

— Monsieur Lafontaine, ma femme est sur le point d'accoucher. Voulez-vous me dire si ce sera d'un garçon ou d'une fille ?

On a remarqué, au premier acte, le piano sur lequel M<sup>lle</sup> Jullien joue une ariette du dix-huitième siècle.

C'est le premier piano carré fabriqué en 1780 dans les ateliers de Sébastien Erard, par le père d'Adolphe Quidant.

Inutile de dire, d'ailleurs, qu'autant que possible les accessoires de la pièce sont des objets du temps. Je n'oserais même pas affirmer que la galette qui figure sur le buffet des Taverney n'est pas une galette de l'époque. Quant à la perdrix que Dalis partage avec ses hôtes, elle a été, à coup sûr, tuée sous le règne de Louis XV. Il est impossible, n'est-ce pas, de pousser plus loin la minutie dans les détails ?

\*\*\*

Au second acte, dans un adorable décor, gai et ensoleillé, de Chéret, voilà la Dauphine.

Elle est jolie, presque belle déjà. Ses cheveux d'enfant sont admirablement plantés. Le tour de son visage est un ovale allongé. Son front est noble et droit. Sous des sourcils singulièrement fournis, les yeux de la Dauphine, d'un bleu sans fadeur, parlent, vivent, sourient. Son nez est aquilin et fin, sa bouche, petite, mignonne et bien arquée.

Regardez bien : c'est le portrait d'Hélène Petit.

Eh bien, non ; c'est le portrait de la Dauphine, extrait du beau livre des frères de Goncourt : *Histoire de Marie-Antoinette*.

Grâce à l'arrangement de la toilette et de la coiffure, grâce aux illusions de la scène, Hélène Petit nous semble reproduire trait pour trait, la Dauphine Marie-Antoinette à quinze ans.

*<br>* *

Continuons les portraits.

Nous voici à la fameuse réception de Versailles. C'est un éblouissement de lumières, d'or, de velours, de satin, de soie, de pierreries. Les grands lustres en cristal de roche, éclairent non pas des comédiens, non pas des comparses; mais la véritable Cour de Louis XV avec ses toilettes ruineuses et ses costumes splendides. Au fond les glaces de la galerie reflètent les lumières, les dorures, les allées et venues de cette foule magnifique. Ce qu'il a fallu éviter, c'était la reproduction, par ces glaces, de la salle de l'Odéon, très-brillante il est vrai, mais ne donnant plus qu'une idée imparfaite des modes d'avant la Révolution. On y est parvenu en voilant les glaces et en leur enlevant ainsi une grande partie de leur force de réflexion.

Un murmure de sensation se fait entendre dans la salle :

La du Barry fait son entrée.

Tout Paris sait déjà que la du Barry, dans *Joseph Balsamo*, est représentée par M$^{lle}$ Léonide Leblanc.

La du Barry était, paraît-il, l'idéal de la jolie femme française du dix-huitième siècle.

L'idéal de la jolie femme du dix-neuvième, c'est Léonide Leblanc.

Je n'ai pas le plaisir d'avoir connu la du Barry, elle n'a pas dû être plus jolie que Léonide.

Sur sa robe fond blanc à guirlande de roses, copie fidèle d'une robe de la du Barry, les diamants et les perles sont prodigués avec tant de profusion que cela paraissait la réalisation d'un conte des *Mille et une Nuits*.

La robe de Léonide Leblanc a coûté une douzaine de mille francs; elle est garnie de trois cent mille francs de diamants et de deux cent mille francs de perles.

> Que de princesses en ce monde
> Ne pourraient en montrer autant!

Cette garniture princière a produit, vous le comprenez, une impression profonde.

En lorgnant un peu attentivement, on aurait pu constater que sur l'éventail de M<sup>lle</sup> Léonide Leblanc — un éventail fait tout exprès pour elle, par M. Armand Dumaresq — se trouvent, d'un côté, les armes de la comtesse du Barry, et de l'autre, ses armes parlantes : deux colombes se saluant du bec, entourées d'amours, tenant des guirlandes de roses.

A propos des diamants désormais célèbres, on me raconte une anecdote amusante. L'Odéon est, depuis la meute de Louis XIV, le théâtre des chiens. Toutes les actrices de la maison en possèdent au moins un, qu'elles amènent aux répétitions. Il y en avait même un dans la pièce, qu'on appelait Mahon.

— Qu'est-ce que c'est que Mahon? demandait Balsamo à Taverney.

— C'est le chien qui nous garde! répondait Taverney.

On a naturellement coupé le chien et la réplique.

Or, aux dernières répétitions générales, Léonide Leblanc arriva au théâtre flanquée d'un énorme bouledogue, qui montrait les dents à tous les camarades de sa maîtresse.

Voyons, lui dit Lafontaine, cela n'est pas raisonnable de te faire accompagner par un chien pareil. Passe encore pour les havanais, mais un boule-dogue !

— Ce n'est pas pour moi, répliqua Léonide, c'est pour eux !

— Pour qui ?

— Pour mes diamants. Tu comprends que je ne me risque pas à laisser cinq cent mille francs de pierreries dans ma loge sans prendre certaines précautions.

— Je comprends, et c'est bien différent.

Le boule-dogue est donc installé dans la loge de sa maîtresse. Il veille sur le trésor de Léonide. Avis aux indiscrets.

\*\*\*

L'autre tableau à effet, c'est le tableau de la place Louis XV — un coin de la place seulement, vu de l'entrée des Champs-Élysées; et peint par Chéret, déjà nommé, d'après une gravure du temps. On a raconté plusieurs fois que, vers la fin du feu d'artifice, quelques fusées mal dirigées causent une affreuse panique dans la foule et que l'on assiste alors, pendant une minute, à un écrasement terrible, l'écrasement dans la nuit. Des cris stridents, des plaintes étouffées, puis la nuit complète, puis plus rien. Un rayon de lune vient percer les nuages et dissiper les ténèbres. La place est jonchée de cadavres, femmes, enfants, vieillards. C'est d'un aspect saisissant et d'un réalisme atroce.

Il est bien inutile, après ce grand effet, de parler du cabinet de Balsamo et de son magnifique mobilier Louis XIV, ni du charmant petit salon du dernier tableau, reproduction exacte d'un petit salon de Trianon, tel qu'il est représenté dans le bel ouvrage de Paul Lacroix, le *Dix-huitième siècle*, édité par Didot.

Je tiens à dire seulement — avant de terminer —

que la question des paniers a été fortement discutée par les jolies actrices de l'Odéon. En porterait-on ? N'en porterait-on pas ? L'amour de l'exactitude a fini par avoir le dessus sur la coquetterie féminine. C'est un triomphe sans précédent. On a seulement recommandé que les paniers seraient des paniers moyens, pas trop exagérés. Toutes ces dames en ont, excepté, bien entendu, la soubrette M<sup>lle</sup> Chartier, qui, elle, s'est rattrapée sur les mouches — des mouches que je reverrai bien souvent dans mes rêves.

Et c'est tout. La représentation finit à une heure. Anatole le Grincheux, le critique que j'ai le plaisir de rencontrer à toutes les premières de l'Odéon, s'en va navré, et on l'entend murmurer :

— Des diamants, un feu d'artifice, Versailles, Trianon, est-ce qu'il se figure qu'il reçoit une subvention pour...

Sur la scène de l'Odéon, Duquesnel court vers Lafontaine.

— Eh bien, Balsamo, lui demande-t-il, combien de temps jouerons-nous la pièce nouvelle ?

Et Balsamo répond :

— Toujours !

Nous verrons bien si Lafontaine possède réellement le don de double vue.

## PLAISIRS DES PREMIERES.

18 mars.

Au lendemain d'une grande première, qui a excité parmi les Parisiens une véritable émulation d'engouement, il me semble intéressant d'examiner de sang-froid les plaisirs variés qui attendent, dans ces soirées solennelles, les spectateurs que le devoir professionnel n'y appelle pas.

Il est bien entendu que je ne m'occupe pas de ceux auxquels la direction adresse un service, ni même des parasites qui trouvent toujours le moyen de se faufiler dans ces petites fêtes. Ceux-là, du moins, trouvent une compensation relative aux ennuis de toute sorte auxquels ils s'exposent par ce fait seul qu'ils n'ont pas eu à payer leur place.

Mais les autres ?

Tâchons d'énumérer une faible partie des tribulations auxquelles ils s'exposent avec tant d'empressement.

Pour assister à une première sérieuse, il faut :

### I

Payer 90 francs une place qu'on paie cent sous les soirs ordinaires.

### II

Risquer de trouver sa place occupée.

Dans ce cas, quand on s'adresse au contrôle, on s'attire invariablement cette réponse :

— Oui, monsieur, il y a un double emploi, mais ce n'est pas la faute du théâtre, c'est la faute de l'agence.

De sorte qu'il ne vous reste pour unique satisfaction qu'à passer la soirée dans le couloir, sur les genoux d'une ouvreuse.

### III

Aller au théâtre, sans savoir si l'on passera ou non une soirée amusante, alors qu'il serait si simple d'attendre vingt-quatre heures pour être fixé sur la valeur de la pièce.

### IV

Dissimuler ses impressions avec une extrême prudence.

Eviter de s'écrier :

— Mon Dieu, que cette pièce m'embête !

Pour ne pas recevoir un soufflet d'un voisin ami de la direction ou des auteurs.

Ne pas dire davantage :

— Mon Dieu, que cette pièce est charmante !

Pour ne pas s'attirer une affaire avec un directeur concurrent qui n'admet pas qu'on joue de jolies pièces ailleurs que chez lui.

### V

Se résigner à ne jamais entendre le premier acte d'une pièce, à cause du vacarme exceptionnel que font les retardataires, toujours plus nombreux ces jours-là.

### VI

Être certain, même dans des pièces excellentes, d'avaler des passages ennuyeux qui vous font bâiller et qu'on coupe dès le lendemain.

### VII

Subir une interprétation généralement inférieure à celle des jours suivants.

Il est vrai qu'on s'en console en disant :

— Ce diable de D..., il ne sait jamais son rôle les jours de première !

— Ah ! la pauvre Z... ! est-elle assez mauvaise ! quel trac elle a ! elle est toujours ainsi les soirs de première !

— X... ne s'est pas encore bien assis dans son rôle... mais vous verrez ça dans un mois.

## VIII

Voir Sarcey se ronger les ongles.

## IX

Au lieu d'assister à une représentation normale, qui finit avant minuit, ne s'en aller qu'à une heure ou deux du matin.

## X

Lutter, se bousculer, se disputer pour ravoir les morceaux de son pardessus, que l'ouvreuse, vu l'encombrement, a entassé avec des tabourets, des petits bancs, et des parapluies mouillés ; bien heureux encore si, à la place de votre fourrure, on ne vous rend pas un ulster de dix-neuf francs cinquante.

## XI

Éprouver le dégoût de voir, à la sortie, un monsieur qui a passé la soirée à débiner la pièce, se jeter dans les bras de l'auteur en s'écriant :

— Ah ! mon vieux, quel chef-d'œuvre !

19 mars.

Au Théâtre-Italien clôture des représentations caractéristiques de M<sup>lle</sup> Marie Dumas.

Malgré l'attrait et la variété du programme, je constate de nombreux vides.

Par bonheur, dès qu'une pièce est terminée, les artistes qui l'interprètent passent de la scène dans la salle et c'est ainsi que vers la fin de la soirée les fauteuils d'orchestre sont presque tous occupés.

Il ne se donne plus aujourd'hui de représentation extraordinaire sans le concours de notre confrère M. Henri de la Pommeraye.

La soirée commence donc par une causerie de l'inépuisable conférencier qui résume en quelques mots les efforts tentés par M<sup>lle</sup> Marie Dumas pendant la saison qui vient de s'écouler.

Puis, après une pièce inédite, les *Amours de High-Life*, fort bien jouée par M<sup>lles</sup> Antonine et Marie Dumas, vient l'intermède dans lequel M<sup>me</sup> Engally et Remenyi obtiennent un vif succès.

Le célèbre violoniste hongrois est rappelé trois fois par un public enthousiaste.

Viennent ensuite les deux premiers actes des *Fâcheux*, dans lesquels Coquelin aîné révèle des talents de danseur et de chanteur, que je ne lui connaissais pas. Enfin, la soirée se termine par la première représentation de *Masques et Bouffons*, folie-comédie, d'après l'ancienne comédie italienne.

En somme, représentation très-intéressante qui n'a malheureusement pas eu, au point de vue de la recette du moins, tout le succès qu'elle méritait.

La seconde représentation de *Balsamo* ayant été passablement houleuse, de nombreuses protestations ayant accueilli certains passages violents de la pièce, je suis retourné à l'Odéon ce soir.

J'y trouve une salle splendide, très-calme et très-attentive. Dans les coulisses, on paraît certain que les incidents tumultueux de la veille ne se renouvelleront pas. On en est même tellement sûr, que l'on fête fort gaiement, dans la loge de Léonide Leblanc, le succès de la du Barry.

Et, en effet, grâce à quelques coupures adroites, grâce à l'atténuation de certaines scènes qui avaient paru trop vives, la représentation a fort bien marché, et désormais tout prétexte à manifestation politique semble avoir disparu.

Quand je dis tout prétexte, j'en excepte, bien entendu, l'apparition de Marat autour de laquelle les colères d'une partie de la salle continuent à se déchaîner. Le malentendu de la première représentation et de la seconde, persiste. Quand la toile tombe sur le nom de Marat lancé par le vétérinaire des écuries d'Artois, quelques spectateurs applaudissent le décor et l'effet d'ensemble du tableau de la place Louis XV. Ce n'est donc pas Marat qu'on acclame et cependant aussitôt des chuts et des sifflets partent de toutes parts et l'orage se déchaîne. Mais l'orage de ce soir n'est qu'un tout petit orage et les sifflets sont timides. Cependant il est bien probable que l'on continuera à chuter Marat tant que *Balsamo* se jouera.

Un homme bien étonné de s'entendre dire qu'il a fait de la politique dans sa pièce, c'est Dumas. Dumas a voulu esquisser à grands traits un tableau de la société française, vers la fin du règne de Louis XV ; il n'a jamais songé à être agréable ou désagréable à un parti politique quelconque et quand on lui soutient le contraire, il s'écrie :

— J'ai donc fait de la politique sans le savoir !

Quant à M. Duquesnel, l'incident Marat lui a rappelé un souvenir de son enfance, qui a plus d'un rapport avec ce qui se passe aujourd'hui.

C'était aux environs de Compiègne. Un montreur de Passion était venu installer sa baraque dans le village, et le petit Duquesnel y était allé avec sa bonne.

Il admirait les poupées qui se mouvaient comme de petits hommes, quand tout à coup un bouvier, un fort gars, se mit à brandir son gourdin en s'écriant :

— Judas, c'était un misérable, c'est lui qui a vendu notre Dieu !

Et en même temps il fit pleuvoir sur le Judas en question une grêle de coups de gourdin.

— Ne tapez donc pas, criait vainement le patron de la baraque, vous allez m'abîmer mon Judas, un Judas en bois tout neuf, fait de ce matin seulement.

Le bouvier ne voulut rien entendre.

— C'est lui qui a vendu notre Dieu ! criait-il toujours.

Et il finit par casser un bras et une jambe au Judas tout neuf, fait du matin.

Le petit Duquesnel remarqua même que le jardin des Oliviers reçut pas mal d'atouts.

Or, il se rappelle aujourd'hui cette histoire de son enfance et il voudrait bien que le public ne se comportât pas vis-à-vis de son Marat comme le bouvier vis-à-vis du Judas du montreur de marionnettes.

On comprend qu'il tienne à son jardin des Oliviers, étant donné une location splendide et une recette comme celle de ce soir : 7,500 francs !

## LES MISÉRABLES.

21 mars.

Les faiseurs de légendes raconteront ce qui suit :
« Quand Victor Hugo vint au monde — ce siècle avait deux ans — les fées entourèrent son berceau.

« Toutes voulurent lui faire un de leurs dons les plus précieux.

— Tu auras du génie! dit l'une.

— Tu auras la force, dit l'autre, la santé, l'éternelle jeunesse!

— Tu auras l'éloquence! dit une troisième.

— Tu auras l'esprit, la bonté, la bienveillance! ajoutèrent un tas de fées sans importance.

« Mais soudain un grand bruit se fit. Le ciel s'obscurcit. On vit entrer une méchante fée, vieille, laide, bossue, que par une fatalité impardonnable personne n'avait songé à inviter.

— Moi aussi, s'écria-t-elle en ricanant, je veux te faire mon cadeau.

« Tout le monde se regarda, consterné.

« La fée leva sa baguette sur le nouveau-né et dit d'une voix glapissante :

« — Tu auras... Paul Meurice!

« La nuit devint complète, on entendit — au loin — le roulement du tonnerre ; les fées s'enfuirent épouvantées, suivies de la méchante vieille qui ricanait toujours. »

Voilà ce qu'ils raconteront, les faiseurs de légendes.

Le maître, en effet, a eu Paul Meurice. Et, hélas! il l'a toujours.

Paul Meurice est l'ombre de cette grande lumière, la tache de ce soleil.

Nous venons, cette fois encore, à propos des *Misérables*, d'en faire la triste expérience.

Pour ces pièces qui commencent avant huit heures du soir et qui finissent après une heure du matin, il est de tradition de laisser assister à la dernière répétition générale — même quand celle-ci se passe à huis-clos — les quelques journalistes qui en font la demande et qui peuvent, grâce à cela, préparer tout à l'aise leur article du lendemain. C'est une faveur bien mince que l'on accorde à quelques-uns d'entre nous dans tous les théâtres sans exception. Il est certain que Hugo, si le cas lui avait été soumis, se serait conformé à cet usage. Mais Hugo ne s'est guère occupé des *Misérables*, qui, après tout, ne sont pas son drame, mais un drame tiré de son roman par son fils Charles. Hugo n'est venu qu'à trois répétitions. Il a délégué ses pleins pouvoirs à Paul Meurice, et voici ce que ce dernier a imaginé.

Pour être admis à la répétition générale des *Misérables*, il fallait subir un interrogatoire en règle. J'en transcris les demandes et les réponses.

D. Quelle est votre opinion politique ?

R. Je suis républicain.

D. Etes-vous républicain modéré, opportuniste ou radical ?

R. Je suis républicain radical.

D. Quels sont les journaux que vous lisez ?

R. Je n'en lis qu'un seul : le *Rappel*.

D. Avez-vous applaudi ou sifflé le nom de Marat à l'Odéon ?

R. Je l'ai applaudi.

D. Quel est le plus grand homme des siècles passés, présents et à venir ?

R. C'est Victor Hugo.

D. Et quel est l'homme qui vient immédiatement après lui ?

R. C'est Paul Meurice.

— C'est bien, vous pouvez entrer. *Dignus es intrare!*

Tous ceux qui ont refusé de se prêter à cette petite formalité ont été exclus.

Et voilà comment M. Paul Meurice s'est comporté, agissant pour ce drame, dont il eût été incapable d'écrire le premier mot, comme si l'œuvre avait été sienne, c'est-à-dire un de ses drames ridicules et mort-nés qu'il offre de temps en temps aux Parisiens récalcitrants.

Ah ! s'il avait pu supprimer du même coup le service de la première à quelques-uns d'entre nous !

Mais il n'a pas pu, le pauvre homme!

Ce matin, dès onze heures et demie, il y avait déjà queue devant le théâtre de la Porte-Saint-Martin. Un certain nombre d'individus appartenant sans nul doute aux nouvelles couches sociales attendaient avec impatience l'ouverture des bureaux.

Je me figurais naïvement que ces misérables étaient des admirateurs de Victor Hugo, perdant avec joie une journée de travail afin de pouvoir applaudir le grand poète, mais un boulevardier expert m'a tiré d'erreur.

— Vous voyez bien ces individus, m'a-t-il dit, en me désignant les gens qui faisaient queue devant le théâtre, eh ! bien, presque tous sont venus là dans le doux espoir de revendre ce soir vingt ou vingt-cinq francs à des amateurs de premières les places qu'ils auront achetées cinq ou six francs au bureau du théâtre. Ce ne sont pas des spectateurs, mais des spéculateurs !

Voilà une catégorie de misérables dont il n'est question ni dans le roman de Victor Hugo, ni dans le drame de Charles.

On sait que les *Misérables* ont été joués pour la

première fois à Bruxelles, au théâtre des Galeries Saint-Hubert, le 3 janvier 1863.

Mais on a remanié considérablement le drame de Charles Hugo, qui ne comportait pas moins de dix-sept tableaux, dont un prologue en trois tableaux et un épilogue. La pièce était divisée en deux parties, la première intitulée *Fantine*, et la seconde : *Jean Valjean*.

On y remarquait des tableaux portant les titres bizarres que voici :

*Le soir d'un jour de marché. Une mère qui en rencontre une autre. Deux malheurs mêlés font du bonheur. Nuit derrière laquelle il y a le jour.*

Il ne reste de tout cela, en fait de titres singuliers, que la *Tempête sous un crâne*. Tous ceux qui ont lu le roman savent que tel est le titre d'un de ses plus beaux chapitres, mais il y avait ce soir parmi les spectateurs pas mal de gens n'ayant jamais lu les *Misérables* et qui se figuraient, quand le rideau s'est levé sur ce tableau, qu'ils allaient voir un décor représentant la mer en courroux.

On sait que par ordre de la Faculté, M<sup>lle</sup> Tallendiéra a dû quitter le rôle de Fantine, circonstance qui a reculé d'une huitaine de jours la première des *Misérables*.

M<sup>lle</sup> Jane Essler qui la remplace, n'avait depuis longtemps paru sur aucune scène parisienne. Elle avait été elle-même assez gravement indisposée et avait failli s'empoisonner il y a quelques mois à la suite d'une trop grande absorption de je sais quel produit pharmaceutique.

Elle était même encore souffrante lorsqu'on est venu lui offrir le rôle, mais cette proposition a, paraît-il, achevé sa guérison, et en moins de huit jours elle a été prête à jouer Fantine, ce qui est — on le reconnaîtra — un joli tour de force.

Par exemple, si après la façon étonnante dont elle a

fredonné la chanson de Fantine, Mlle Essler obtenait jamais un prix de chant... j'irai le dire à Halanzier.

Malgré l'incontestable variété de son grand talent, M. Dumaine semble vouloir passer à l'état de spécialiste. La spécialité qu'il aborde depuis quelque temps appartient d'ailleurs à un genre sympathique : celui des forçats plus ou moins innocents.

Dans le Jean Renaud de la *Cause célèbre*, il nous a fait pleurer sur la longue captivité qu'on lui faisait injustement subir ; on l'a vu parcourant la scène de l'Ambigu, puis celle de la Porte-Saint-Martin, recouvert de la livrée du bagne et tout cela pour un crime qu'il n'avait pas commis.

Cette fois, nous le revoyons sous les traits d'un autre forçat, Jean Valjean, une excellente nature au fond, quoique galérien libéré.

Comme artiste, M. Dumaine n'est pas moins honnête homme que les faux scélérats qu'il représente, car il n'a pas volé, ce soir, les applaudissements de son public.

MM. Ritt et Larochelle ont fait de grands frais pour le drame de Charles Hugo.

Ils ont eu recours aux meilleurs décorateurs et, ne pouvant rien pour l'éclat des costumes d'une pièce qui se passe en 1823, il nous ont offert du moins une série de décors absolument jolis.

Parmi ceux-là, j'ai remarqué :

La campagne aux environs de Toulon, par Robecchi, un paysage très-chaud de ton et très-exact comme couleur ; la salle des assises à Arras, par Poisson, et les deux décors de Chéret, surtout le second : le bois de Montfermeil, une merveille de poésie mystérieuse.

L'entrée de la petite Cosette, traînant son grand seau en bois dans lequel elle vient chercher de l'eau à la fontaine, l'apparition de la pauvre petite fille en haillons, au milieu de ce grand décor de forêt, plein d'ombre, a fait courir un long frémissement dans toute la salle.

La petite Daubray qui joue le rôle de Cosette et qui a été l'objet d'une véritable ovation est la même qui, dans le prologue de la *Cause célèbre*, a fait verser tant de larmes.

Seulement, cette fois, au lieu de paraître au commencement de la pièce, elle ne paraît qu'à la fin.

La pauvre petite se couchera bien tard, pendant pas mal de mois.

---

### LA VIE ORDINAIRE.

*24 mars.*

Je vous signale un type de spectateur qui tend à se multiplier. La première des *Misérables* et la reprise de *Monsieur Alphonse* m'ont fourni l'occasion de l'observer de très-près.

C'est le monsieur qui étendu plutôt qu'assis dans son fauteuil, affecte de donner des signes d'un étonnement profond toutes les fois qu'autour de lui on commence à essuyer quelques larmes. C'est le spectateur blindé, inaccessible aux émotions, qui n'admet pas que l'on puisse s'attendrir au théâtre, devant une belle action ou pleurer devant une grande infortune. Plus le public s'émeut, et plus il se tord, lui, plus il pouffe, plus il éclate !

Il jette sur la salle des regards empreints de commisération, des regards qui veulent dire :

— Tas de gobeurs que vous êtes, si vous saviez quelle pitié vous m'inspirez !

Est-il donc plus intelligent que les autres, ce spectateur que rien ne touche?

Mon Dieu non.

Seulement, il a une façon toute spéciale de juger les œuvres dramatiques.

Pour lui, l'évêque Myriel des *Misérables*, est un niais ; le commandant de Montaiglin de *Monsieur Alphonse* est un idiot. Il ne comprend pas que des hommes raisonnables puissent se laisser prendre aux bourdes énormes que débitent ces sublimes gâteux.

— Est-ce qu'il y a des gens de cette force-là dans la vie ordinaire ! s'écrie-t-il.

La vie ordinaire.

Voilà son grand argument !

— Comment, vous dit-il à la Porte-Saint-Martin, un homme viendra chez vous ; sachant que c'est un forçat qui sort du bagne, vous lui donnerez asile ; il vous volera vos couverts et, pour le récompenser de cette belle action, vous aurez la candeur de lui offrir par-dessus le marché les uniques flambeaux d'argent qui ornent votre cheminée ?

— J'avoue, répondez-vous, qu'un tel héroïsme serait au-dessus de mes forces et que très-probablement je livrerais mon forçat à la gendarmerie, mais c'est précisément pour cela que la générosité sublime de l'évêque Myriel me va droit au cœur. J'admire son action parce qu'elle est surhumaine !

— Allons donc, votre Myriel est un nigaud !

— C'est un saint !

— Un saint ! je veux bien, mais en rencontrez-vous souvent, des saints, dans la vie ordinaire ?

Au Gymnase, il vous dit :

— C'est du joli. Vous apprenez que votre femme a commis une faute, avant son mariage, et non-seulement vous lui pardonnez, mais encore vous adoptez l'enfant né de cette faute ? Dites, le feriez-vous ?

— Je ne crois pas, je ne sais pas ce que je ferais. Mais le pardon de Montaiglin est plein de grandeur !

— De grandeur... de grandeur... votre Montaiglin n'a pas de sang dans les veines !

— Cependant...

— Est-ce que... dans la vie ordinaire... Montaiglin pardonnerait à sa femme... comme cela... brusquement... sans même lui adresser un mot de reproche!

La vie ordinaire... Toujours la vie ordinaire... Il ne sort pas de là.

S'il fallait l'écouter, il faudrait bannir du théâtre l'héroïsme, la pitié, l'amour, l'honneur, la clémence, le patriotisme, enfin tous les sentiments divins qui, dans tous les temps et à toutes les époques, ont inspiré les auteurs de génie, depuis Euripide et Sophocle jusqu'à Corneille et Victor Hugo.

On ne pourrait plus mettre en scène que des êtres banals et plats, et toute la poétique du théâtre contemporain se résumerait dans le mariage d'Adolphe et d'Ernestine ou dans les conversations de Jocrisse et de M. Prud'homme.

Les grandes figures, impossibles! Est-ce que, dans la vie ordinaire, on voit de grandes figures? Les dévouements, les abnégations, les sacrifices, tout ce qui a le don d'émouvoir les foules, de remuer dans l'âme humaine ce qu'elle peut avoir de grand et de généreux, tout cela, impossible encore! La vie ordinaire, rien que la vie ordinaire...

Un seul décor : la Bourse.

Pour personnages uniques, des coulissiers.

Pas d'autres émotions que la hausse et la baisse.

Voilà où nous mènerait l'idéal du spectateur que je vous signale.

Et notez que par une contradiction inexplicable, ce même spectateur est celui qui, au théâtre, se révolte le plus devant les actions repoussantes ou les personnages infâmes.

Ainsi ceux qui, à la Porte-Saint-Martin et au Gymnase, trouvent Myriel stupide et de Montaiglin ridicule, s'écrient en voyant, à l'Odéon, M. de Taverney vendre sa fille au duc de Richelieu :

— C'est révoltant ! Un père qui vend sa fille ! A-t-on jamais vu cela... dans la vie ordinaire ?

## PLUS QUE LE MAXIMUM !

*27 mars.*

Ce soir, dans un théâtre de genre, en passant devant le contrôleur, je lui jette négligemment ces paroles :

— Eh bien, cela va toujours, on continue à faire le maximum ?

Le contrôleur ouvre de grands yeux féroces et me répond avec un sourire qui semble avoir des prétentions ironiques :

— Le maximum ! Allons donc, monsieur, pour qui nous prenez-vous, nous faisons plus que le maximum !

Ce contrôleur est dans le mouvement ; il est à la hauteur du puffisme moderne et il pourra, quand bon lui semblera, rédiger des réclames pour les échos de coulisses.

Car je ne sais si cela vous a sauté aux yeux comme à moi, mais on ne se contente plus aujourd'hui de ces bonnes petites réclames modestes d'autrefois, qui annonçaient tout bonnement le chiffre de la recette d'une pièce en vogue ; il faut encore parvenir à prouver que l'on fait des recettes meilleures que le voisin, et quand le voisin encaisse le maximum, on se hâte d'annoncer que l'on a encaissé *plus* que le maximum.

Ce mot « *plus* » me fait rêver.

Ouvrez un dictionnaire — n'importe lequel — pourvu cependant que ce soit un dictionnaire français — et cherchez la signification du mot *maximum*. Vous y trouverez celle-ci :

Maximum s. m. (de l'adj. lat *maximus*, le plus grand). Valeur la plus grande que puisse atteindre une quantité variable.

La *plus grande,* c'est bien entendu. Un théâtre peut faire cinq mille francs ; il faut pour cela que toutes ses places soient occupées. Cependant, un soir, en entassant les spectateurs les uns sur les autres, il parvient à en faire 5001. Eh bien son maximum, à partir de ce dernier soir, sera de 5001 francs. On ne peut pas dépasser le maximum ; on ne peut jamais faire *plus* que le maximum.

A la rigueur, on peut placer des spectateurs dans le trou du souffleur, debout dans les couloirs, sur les genoux des musiciens de l'orchestre ; on peut les suspendre à des trapèzes autour du lustre ; les mettre à cheval sur les girandoles ; on peut les emballer dix-huit dans une loge de trois places ; installer les petits sur les épaules des grands ; il y a mille manières enfin de mettre à profit leur enthousiasme et le désir qu'ils ont d'entrer quand même dans une salle déjà comble ; mais ce supplément de recette, en venant s'ajouter à la recette ordinaire, ne fait qu'augmenter le chiffre qui forme le maximum. On a beau s'ingénier, chercher un moyen par tous les moyens possibles, le maximum reste le maximum, et quand on parle d'avoir fait *plus* que le maximum, on dépasse le but de la réclame.

Ah ! la réclame, comme MM. les directeurs en abusent et comme, à force d'en jouer, ils vont rendre le public incrédule et méfiant.

Je raconterai un de ces soirs les nombreux petits trucs employés par les entrepreneurs de spectacle pour allécher les spectateurs : c'est toute une étude à faire. Je veux m'en tenir, pour le moment, au truc de la recette, que la plupart des impresarii parisiens emploient avec un égal bonheur.

Le plus connu est celui qui consiste à comparer les recettes de la dernière pièce jouée avec celle que l'on a représentée un an auparavant.

Ainsi on lisait, par exemple, il y a deux ans, dans les courriers de théâtre :

« Les trente premières représentations de la *Grande Cocotte* ont produit 142,847 francs et cinquante centimes de recettes au théâtre des Folies-Espagnoles. C'est 847 fr, 50 de plus que la *Petite Poularde*, qui fut — on s'en souvient — un des plus grands succès de ce théâtre. »

Mais on lisait il y a un an :

« Les trente premières de *Feuille de Laurier* ont produit 143,282 francs et vingt-cinq centimes de recettes au théâtre des Folies-Espagnoles. C'est 434 fr. 75 de plus que la *Grande Cocotte*, qui fut — on s'en souvient — un des plus grands succès de ce théâtre. »

Après quoi, on est tant soi peu étonné de lire cette année :

« Les trente premières de *Fleur de Cactus* ont produit 144, 391 francs de recettes au théâtre des Folies-Espagnoles. C'est 1,109 francs de plus que la *Feuille de Laurier*, qui fut — on s'en souvient un des plus grands succès de ce théâtre. »

On n'explique pas — cela va sans dire — que l'on a augmenté le prix des places ; on néglige de faire savoir que l'on a augmenté le nombre des fauteuils ; non, un succès qui se respecte doit éclipser le succès qui l'a précédé, sans quoi il cesse d'être un succès.

Si bien que dans dix ans d'ici les théâtres sont condamnés à faire le double des recettes actuelles ou bien à jouer devant des salles à moitié vides.

Franchement il y a là un danger que je signale à MM. les directeurs. Ils ont en ce moment, tous ou presque tous, atteint le *maximum* de la réclame ; qu'ils ne s'avisent pas de vouloir faire *plus* que le maximum. Je crois avoir démontré que c'est impossible.

## AVRIL

LES FORFAITS DE MADEMOISELLE SARAH BERNHARDT

2 avril.

Ce soir, les abonnés de la Comédie-Française ont eu le plaisir de voir M^lle Sarah Bernhardt dans le rôle d'Alcmène, d'*Amphitryon*, qu'une maladie subite l'avait empêchée de jouer lors de l'intéressante reprise de la saison dernière. La charmante comédienne ne se ménage pas. C'est vendredi dernier, seulement, que M. Perrin l'avertit du projet qu'il méditait pour aujourd'hui et, depuis ce moment, repassant son rôle, allant le répéter au théâtre et jouant *Hernani* le soir, c'est à peine si elle a eu le temps de tordre le cou à quelques colombes.

Car, il est probable que vous le savez déjà, l'aïeule si tragique de *Rome vaincue*, la vaillante et superbe Dona Sol d'*Hernani*, la touchante et séduisante Alcmène d'*Amphitryon* est, comme l'appelle une de ses bonnes amies, une vraie Néron femelle.

M^lle Sarah Bernhardt a des goûts sanguinaires, des instincts féroces, et sachant qu'on ne peut impunément couper des hommes en morceaux, elle se rattrape sur les animaux.

On ne se doute pas des passe-temps horribles imaginés par cette jeune et charmante femme, d'apparence si douce et si frêle.

J'avoue, quant à moi, que je ne les aurais jamais soupçonnés sans une lettre anonyme, dans laquelle les forfaits de M^lle Sarah Bernhardt m'ont été révélés avec toutes sortes de détails épouvantables.

Rien n'est plus digne de foi qu'une lettre anonyme, et notez que celle à laquelle je fais allusion a été répandue à un grand nombre d'exemplaires et est parvenue à plusieurs de mes confrères; ce qui prouve suffisamment qu'elle n'avait pas été écrite dans le désir de nuire.

On y racontait, en termes indignés, que l'éminente sociétaire de la Comédie-Française se trouvant, l'autre jour, chez elle, dans son atelier, avec quelques amis, impatientée par les bonds d'un petit chat qui sautait sur les bahuts chargés de bibelots et se faisait les griffes sur les tapis de Smyrne, avait empoigné la pauvre petite bête par la peau du cou et l'avait jetée toute vivante dans un calorifère bourré de charbon ardent.

Je ne plaisante pas. La lettre contenant cette ridicule histoire a été envoyée partout. Aucun journal, bien entendu, ne l'a insérée; personne n'y a ajouté foi. Ceux-là mêmes qui ne connaissent pas M^lle Sarah Bernhardt se disaient qu'une femme, une artiste, était incapable d'une pareille cruauté.

Mais il se trouve toujours quelques âmes charitables qui ne demandent qu'à servir de fil conducteur à la calomnie.

On se chuchota donc la chose d'oreille en oreille, en disant :

« Vous savez, je n'y crois pas, mais enfin voilà ce que l'on raconte ! »

Puis on se mit à faire des variations sur le thème du petit chat rôti vivant.

M^lle Sarah Bernhardt, racontait-on, avait empoisonné de ses blanches mains deux singes qui avaient cessé de lui plaire.

Elle avait coupé la tête à un chien pour essayer de résoudre le problème de la vie après la décollation.

Quelques personnages, plus hardis, allaient jusqu'à insinuer que le fameux squelette Lazare, que Mlle Sarah Bernhardt possède dans sa chambre à coucher, pouvait bien être, lui aussi, l'une des victimes de la terrible actrice.

Le joli hôtel de l'avenue de Villiers devenait une Tour de Nesle, le palais d'une Borgia, une demeure maudite où des trappes s'ouvraient sous les pas des enfants et où des hommes gisaient sanglants au fond des noires oubliettes.

La police? Elle le sait, dit-on comme dans la *Muette* de Pothey, mais elle ne peut rien faire. Nous manquons de comédiennes; quand par bonheur on en trouve une, mieux vaut fermer les yeux sur les faiblesses de sa vie privée.

Eh bien! franchement, il est temps d'arrêter en si beau chemin les calomniateurs et les crédules, ceux qui ont inventé cette jolie fable et ceux qui la propagent. Mlle Sarah Bernhardt a des ennemis et des jaloux, cela se conçoit; je la crois femme à s'en consoler. Mais j'engage vivement ces personnages, s'ils veulent que leurs lettres anonymes servent à quelque chose, s'ils ne tiennent pas à faire une dépense inutile de timbres-poste, à trouver des histoires plus vraisemblables.

Admettez-vous un seul instant, qu'une personne qui aime les animaux puisse s'amuser à brûler des chats, à décapiter des chiens et à empoisonner des singes?

Non.

Croyez-vous qu'une personne qui n'aime pas les animaux recherche leur société?

Non.

Quand on possède dans sa maison six chiens, un perroquet, trois chats et des oiseaux, aime-t-on les animaux?

Oui.

Tel est le cas de M<sup>lle</sup> Sarah Bernhardt.

J'ai fait l'inventaire de sa ménagerie; j'ai pris des renseignements sur ses bêtes; et — pour confondre à jamais les calomniateurs, — je vous présente :

DOUSCHKA. Lévrier russe, femelle. A figuré dans les *Danicheff*. Représentée sur le portrait de l'actrice, par Clairin. Caractère un peu aigri. Regrette peut-être ses succès dramatiques.

PRIM. Lévrier russe, mâle noir. Fils de Douschka et du chien que le général Prim donna à Henri Regnault. Vif, malin, malgré sa qualité de lévrier. Agé de dix-huit mois. Déjà grand, mais grandira encore, car il est Espagnol, quoique lévrier russe.

MIRZA. Caniche blanche, quatre ans. Ne quitte jamais sa maîtresse. L'accompagne même au théâtre. Va jusqu'à apprendre ses rôles.

LION. Dogue de Bordeaux, offert par M. Raphaël Bischoffsheim. Splendide chien de garde, tout à fait digne du nom qu'il porte. Pas commode la nuit, mais bon garçon au soleil.

OTHELLO. Petit terrier anglais, noir. Sa couleur et sa nationalité lui ont valu le nom du héros de Shakespeare. Affecte des allures romantiques.

LAZARETTE. Levrette gris-fer, aussi maigre que le squelette Lazare. C'est pourquoi on l'a appelée Lazarette.

BIZI-BOUZOU. Perroquet, ara, rouge, bleu et vert. Parle une langue que personne ne comprend, pas même lui.

KICKETT. Chatte blanche. Sans histoire.

MICHETTE. Autre chatte blanche. Egalement sans histoire.

SANS NOM. Chat de gouttière, gris fer. Est entré, un jour, à l'hôtel, s'y est installé et, s'y trouvant bien, y a élu domicile, — ce qui lui permettra de voter, le jour où les chats auront leur suffrage universel.

UNE FAMILLE DE POISSONS ROUGES. Dans le bassin de la cour. Heureux... comme des poissons rouges dans l'eau.

Ce n'est pas tout. M<sup>lle</sup> Sarah Bernhardt a aussi des mites. Mais dame! celles-là, toutes les fois qu'elle en rencontre sur les étoffes précieuses de son atelier, sur les tentures en damas noir de sa chambre, elle les écrase impitoyablement. Ces exécutions sommaires peuvent-elles lui être imputées à crime? Je soumets le cas à la Société protectrice des animaux.

---

*LE CABINET PIPERLIN.*

4 avril.

M. Montrouge a la bonne fortune de ne pas nous convoquer trop souvent. Grâce à ses auteurs assermentés, il n'a joué depuis qu'il préside aux destinées du sous-sol dramatique de la rue Scribe, que des pièces qui ont fourni une honorable carrière. Son vaudeville de cet hiver, *le Coucou*, a gaillardement doublé le cap de la centième, ce qui ne semblait possible à l'Athénée que pour les Revues de fin d'année.

Ce soir encore, ce n'est qu'après les trois mois passés sur l'affiche par les *Boniments de l'année* que l'Athénée change son spectacle, et, comme le directeur de ce coquet théâtre tient à ses habitudes, surtout lorsqu'elles sont bonnes, il est présumable que le *Cabinet Piperlin* nous fera, lui aussi, quelques loisirs pendant la durée d'un nouveau bail de cent représentations.

Je n'ai pas que des compliments à faire, et je crois devoir signaler à M. Montrouge la désignation quelque peu prétentieuse de comédie bouffe qu'il donne à la nouvelle pièce. Est-ce que, suivant le déplorable exemple des compositeurs auxquels la qualification d'opérette ne semble pas digne de leurs partitions, les auteurs de pièces de genre commenceraient à dédaigner le titre de vaudeville dont se contentaient les nommés Scribe, Bayard, Désaugiers, Dumersan, Duvert, Lausanne et tant d'autres ?

Même remarque, à plus forte raison, pour le lever de rideau, *les Filles du Doge*, que l'affiche qualifie pompeusement d'opéra-comique.

Il est vrai que les interprètes de cet ouvrage ont chanté faux consciencieusement, comme s'ils appartenaient à un théâtre de musique subventionné, mais cet ensemble de couacs même ne justifie pas l'étiquette d'opéra-comique donnée à cette marchandise passablement frelatée.

Comme le troisième tableau de la *Cigale*, celui du second acte du *Cabinet Piperlin* représente un atelier de peintre. Naturellement on y voit des toiles de tous les genres.

Ce décor, habilement brossé, est de M. Menessier, dont j'ai déjà eu l'occasion de parler à propos d'une toile très-remarquée dans la *Sixième partie du monde*, pièce dramatico-scientifique donnée à Cluny, il y a quelques mois.

Mais tout dans ce tableau n'est pas de M. Menessier. Les accessoires, les toiles de chevalet sont l'œuvre des artistes de la troupe, ce qui confirme ce que j'ai raconté précédemment à propos des aptitudes extrêmement variées que doivent réunir les pensionnaires de l'Athénée.

Le directeur, fidèle à son principe d'utiliser tous les talents, a mis à contribution la palette lumineuse de M. Lacombe, qui possède comme paysagiste, une certaine patte. M. Montrouge, donnant le bon exemple, broyant les couleurs à ses moments perdus, a brossé une marine pour l'atelier du peintre Allart, qui a lui-même esquissé l'empereur romain auquel il travaille au lever du rideau de l'acte.

Seul, M. Duhamel, complétement oblitéré en matière de beaux-arts, n'avait rien fait pour ce petit musée. On a tiré un parti relatif de sa bonne volonté en lui faisant donner une couche d'ocre jaune aux châssis pour simuler *approximativement* l'or des cadres.

M. Montrouge eut moins de succès auprès des auteurs lorsqu'il leur demanda de prendre leur part de cette besogne de rapin. MM. Hippolyte Raymond et Burani refusèrent énergiquement de s'armer de la brosse et de la palette au détriment d'un inoffensif carré de toile.

A joindre à la nomenclature des effets dramatiques dus au dieu Hasard.

Les auteurs du *Cabinet Piperlin* avaient besoin d'un signal destiné à faire venir un mari.

Un jour qu'ils cherchaient ensemble un moyen aussi original que possible, un roulement de tambour formidable retentit dans l'appartement voisin.

— Le tambour ! s'écria Raymond stupéfait.

— C'est chez mon voisin, le peintre Aimé Perret, — répondit tranquillement Burani, — il m'avertit de cette façon que Judic, dont il fait le portrait pour le prochain salon, vient d'arriver chez lui. Ce roulement veut dire : « Venez causer un peu théâtre pour distraire une jolie poseuse. »

Raymond n'en écoute pas davantage... Avec sa pétulance habituelle, il court au bureau et griffonne quelques mots à la hâte sur son scénario.

Le signal était trouvé.

## LE FEUILLETON DE LA NOUVELLE ECOLE.

5 avril.

— Avez-vous lu, me demandait-on ce soir dans les coulisses des Variétés, le dernier feuilleton de Sarcey?
— Ma foi, non. Est-ce qu'on y dit du mal de vous?
— Ce n'est pas cela. Il s'agit du compte rendu des *Misérables*. Le public ayant accueilli par des murmures la fastidieuse complainte de Fantine, complainte aujourd'hui coupée, voici comment s'exprime le critique théâtral du *Temps* :

« C'est M<sup>lle</sup> Jane Essler qui a *écoppé*. »

— Eh bien, quoi, cela vous étonne, mais M. Sarcey, dans presque tous ses feuilletons, cite avec complaisance une ou deux expressions empruntées à l'argot des coulisses. Ce sont des citations, soigneusement soulignées, et voilà tout.

M. Francisque Sarcey est un écrivain qui ne recule devant aucune hardiesse, un innovateur qui pense sans doute que la critique élevée a fait son temps et que le moment est venu d'inaugurer la critique réaliste, la critique à la portée de tous, le feuilleton écrit en argot. Est-il bien utile de consacrer, au premier mélodrame venu, une de ces belles pages comme Gautier aimait à en ciseler, un de ces feuilletons étincelants comme Paul de Saint-Victor en fait encore? Est-il vraiment besoin de se donner tant de mal?

Non. La familiarité du style est une bonne chose et, puisqu'elle a réussi jusqu'à ce jour au feuilletonniste du *Temps*, il n'y a vraiment pas de raison pour qu'il ne continue pas à l'employer.

Je me demande même pourquoi nous ne lirions pas, avant peu, des feuilletons de Sarcey complétement écrits en argot des coulisses ou d'ailleurs.

Quelle joie pour le farouche critique s'il avait pu

employer plus complétement ce joli langage, à propos de *Balsamo*, par exemple, comédie pour laquelle il a fait preuve de tant de parti pris.

Et comme le public eût été charmé de lire un compte-rendu libellé dans les termes délicieux que voici :

« Enfin, ça y est. Après nous avoir fait tirer la langue pour *Balsamo*, M. Duquesnel a fini par accoucher de son ours.

« On sait que depuis longtemps, tous les copins du directeur de l'Odéon ne cessent de faire un boucan à tout casser autour de cette grande machine. Quand l'insanité des pièces nouvelles nous faisait faire un nez, il se trouvait quelqu'un pour nous dire :

« — Oui, tout ça, c'est de la rude camelotte... mais vous verrez *Balsamo,* ça sera rien bath !

« Et autres rubriques du même tonneau.

« Et la réclame, en a-t-on assez pincé !

« Nous avons tous lu, dans ces canards impurs que je n'ouvre jamais, des articles où l'on cherchait à épater les populations en décrivant les décors pommés ou même les frusques huppées auxquels quarante prolétaires turbinaient jour et nuit.

« Un tas de blagues, quoi !

« Malgré toute cette mousse, *Balsamo* n'a rien cassé.

« Voyons un peu ce que la nouvelle pièce a dans le ventre.

« On nous montre d'abord un petit sournois qui arrive toujours en sondeur sous le fallacieux prétexte qu'il en tient pour une bégueule de la haute qui ne le gobe pas et sur laquelle veille son benêt de frère, qui arrive toujours à la façon des carabiniers de mon ami Offenbach ; puis une vieille galette de gentilhomme dans la dèche, auquel ce vieux roublard de Richelieu propose d'acheter sa fille pour le roi, que la Du Barry ne sait plus faire rigoler comme il faut et qui s'embête à trois francs l'heure ; une drôlesse de servante qui ne demande qu'à faire toutes sortes de gredineries, pourvu que ça lui fourre du poignon dans la profonde. Nous voyons aussi Marie-Antoinette qui s'évanouit en apercevant une carafe qui pique un fard, la Du Barry qui dégoise un tas d'indécences et enfin Balsamo, un charlatan, un sauteur qui se ballade à travers l'action sans qu'on sache ni pourquoi ni comment. Celui-là, comme monteur de coups, enfonce encore M. Duquesnel : il fabrique de l'or et du poil à gratter, dit la bonne aventure, repasse les ciseaux, les canifs et les lames de rasoir, tond les chiens, coupe les chats, prépare le triomphe des immortels principes de 89 et magnétise les somnambules extra-lucides.

« Quelle jolie société !... Sont-ils assez intéressants, tous ces pignoufs !

« C'est tout au plus s'il y a une scène qui m'ait botté, celle où Andrée, que Balsamo vient de faire pioncer magnétiquement, raconte la fumisterie dont elle a écoppé.

« Un breuvage l'avait engourdie, cependant elle voyait ce qui se manigançait autour d'elle : Le roi vient d'abord, mais la voyant pâle, il la croit machabée et s'esbigne ; au roi succède Gilbert, le larbin amoureux ; celui-là, loin de se carapatter, profite de l'occasion pour... satisfaire son béguin. Naturellement, Andrée ne veut fournir aucun détail sur cette mauvaise plaisanterie et se fait réveiller par Balsamo.

« Eh bien, à part cette scène qui est émouvante, pour de vrai, le public se fouille sur toute la ligne.

« On me dira : et les décors ?... et les pelures copiées sur des tableaux du temps ?... et la galerie des glaces ?... et la présentation ?... et le coup de chahut de la place

Louis XV?... et les diamants de Mlle Léonide Leblanc?

« Ma réponse sera facile :

« — C'est pas tout ça!... Sommes-nous à la Gaîté ou au Châtelet?... Est-ce que M. Duquesnel va longtemps nous la faire à la féerie? — Vous me dites que Mlle Léonide Leblanc porte 700,000 francs de bouchons de carafe à l'acte de la présentation, qu'est-ce que cela prouve? que c'est une personne calée, qui a de belles connaissances, voilà tout! et puis je préfère le toc, moi !

« Oui ou non, M. Duquesnel a-t-il une subvention pour la flanquer par les fenêtres?

« Quant à moi, si j'étais le ministre de l'Instruction publique et des Beaux-Arts, je n'irais pas par quatre chemins avec le directeur de l'Odéon, et je te lui flanquerais une lettre à cheval pour lui demander compte de la façon dont il emploie la braise du gouvernement. »

Au besoin, M. Sarcey, s'il adoptait ce système de brutale franchise littéraire, pourrait cultiver ses excellentes dispositions naturelles en relisant *l'Assommoir* de son confrère en critique théâtrale, M. Emile Zola.

---

*LES FOURCHAMBAULT*

7 avril.

Le téléphone et le phonographe, si l'on avait pu en installer dans la salle du Théâtre-Français pendant les dernières répétitions de la pièce d'Emile Augier, auraient pu rendre de grands services à ceux qui tenaient à savoir, à l'avance, de quoi il était question dans la nouvelle comédie de l'illustre auteur du *Mariage d'Olympe.*

Les précautions les plus minutieuses ont été prises pour éloigner toute oreille indiscrète des répétitions. Généralement ces précautions sont bien inutiles : on a beau donner des répétitions générales à huis-clos, mettre les journalistes en quarantaine, consigner à la porte les amis les plus intimes, le soir de la première on est toujours sûr de rencontrer quelqu'un qui vous glisse à l'oreille :

— Vous savez... c'est mauvais!

Ou :

— Vous allez passer une bonne soirée, c'est moi qui vous le dis!

Ce quelqu'un complète naturellement son avis par des renseignements plus précis ; il vous cite des scènes entières, des mots; souligne les faiblesses de telle situation et fait ressortir les beautés de telle autre. Bref, il se trouve qu'avant le lever du rideau tout le monde est plus ou moins fixé sur ce qui va se passer.

Mais ce soir il n'en a pas été ainsi.

A ceux qui demandaient :

— Qu'est-ce que c'est que les *Fourchambault ?*

On répondait :

— Ce sont les *Fourchambault !*

Et voilà tout.

Aussi la curiosité était-elle très-vivement excitée. L'affiche annonçait que l'on commencerait à huit heures; à huit heures et quart, toutes les places — ou presque toutes — étaient occupées. Par extraordinaire, et, pour cette fois seulement, il n'y a pas eu de retardataires. Inutile d'ajouter que la salle avait l'aspect brillant et solennel des premières à sensation. La politique et l'Académie, le gouvernement, la haute finance et même le monde des petits théâtres y avaient des représentants nombreux. Pendant les entr'actes, au foyer et dans les couloirs, la circulation était à peu près impossible.

Au sortir de cette représentation, une des plus émouvantes à laquelle nous ayons assisté depuis longtemps, le rôle du chroniqueur frivole est extrêmement difficile. Quand on a la tête encore toute pleine des belles choses que l'on vient d'entendre, quand on tressaille encore au souvenir des scènes magnifiques que l'on a vues se dérouler, il est bien pénible d'avoir à constater que la seconde toilette de M<sup>lle</sup> Reichemberg est d'un goût charmant et que M<sup>lle</sup> Croizette a paru bien grosse, bien grosse.

Cependant, comme aucun détail ne saurait être indifférent, quand il s'agit d'une œuvre qui sera le grand événement de l'année théâtrale, je m'empresse de transcrire tout ce que mon carnet contient de notes.

Cette première, tant attendue, aurait dû avoir lieu depuis longtemps. Déjà, lorsque passa *Hernani*, la comédie d'Augier était absolument prête. Le succès persistant du drame de Victor Hugo prolongea l'attente.

Plus tard, la mort de M<sup>me</sup> Guyon occasionna un nouveau retard; M<sup>lle</sup> Agar fut immédiatement engagée pour reprendre le rôle de M<sup>me</sup> Bernard, mais on dut recommencer les répétitions avec elle.

Du reste, toute cette période d'ajournements successifs fut loin d'être inactive. L'auteur et ses interprètes en profitèrent avec ardeur.

Émile Augier, plus difficile à satisfaire que le public même, se livra à un travail incessant pour augmenter encore les éléments de succès, retouchant, perfectionnant, cherchant de nouveaux mots et de nouveaux effets. Jusqu'au dernier moment, cet excès de conscience littéraire se manifesta chez le grand écrivain dramatique et motiva même un nouveau retard de quinze jours dans l'apparition de son œuvre.

Selon leur habitude, les éminents comédiens de la rue Richelieu ne se sont pas montrés moins soigneux, moins scrupuleux que l'auteur, ce qui prouve que décidément, au théâtre, la confiance en soi est en raison inverse du talent. Certes, le public s'imaginerait difficilement tout ce que représente de zèle, de dévouement, de recherches patientes et d'études laborieuses, pour de tels artistes, l'interprétation d'une comédie comme les *Fourchambault*.

Got et Coquelin surtout se sont livrés à un travail acharné. Abordant l'un et l'autre un rôle qui n'est pas absolument de leur emploi, ils se sont tellement identifiés avec leurs personnages, il les ont si sincèrement vécus que depuis longtemps déjà ils en étaient arrivés à faire abstraction de leur propre individualité. Ainsi, lorsque Coquelin était rencontré ces jours-ci par un ami quelconque, celui-ci l'appelait en vain par son nom ; il fallait le nommer Fourchambault pour qu'il se retournât.

Les deux artistes ont surtout pioché en commun la grande scène du cinquième acte, qu'on baptisait déjà à la sortie de *scène des deux hommes*, nom sous lequel elle est sans doute appelée à rester non moins célèbre que la fameuse scène des *trois hommes*, de *Dora*.

Non contents de fouiller la situation de cette grande scène et d'en disséquer le dialogue pour réaliser leur idéal, Got et Coquelin y songeaient encore, chacun de son côté, en dehors des répétitions. Souvent l'un ou l'autre trouvait même un effet pour son partenaire et le lui indiquait spontanément.

— J'ai pensé hier soir à telle chose pour vous, disait Got, en expliquant son idée à Coquelin.

— Bravo ! ripostait celui-ci ; de mon côté, j'ai à vous soumettre une modification que vous feriez peut-être bien d'adopter.

Et tout cela sans la moindre arrière-pensée de jalousie ou de susceptibilité.

Entre artistes de cette valeur. Il n'y a pas place pour les considérations mesquines d'une vaine rivalité.

L'émulation leur suffit.

On sait que, dans un rôle de mère destiné à Mᵐᵉ Guyon, Mˡˡᵉ Agar faisait sa seconde rentrée au Théâtre-Français.

Il y a, dans la vie de Mˡˡᵉ Agar, un fait qu'on a mal raconté et qui, à plusieurs reprises, a failli entraver sa carrière artistique. Lors des jours sinistres de la Commune, Mˡˡᵉ Agar était à Paris avec la plupart de ses camarades de la Comédie. Un soir, sous prétexte de charité, les sanglants gredins du gouvernement révolutionnaire eurent la fantaisie d'organiser un concert aux Tuileries. Ils firent demander à M. Edouard Thierry, alors administrateur général, de leur prêter le concours de quelques-uns de ses pensionnaires. M. Thierry pria Mˡˡᵉ Agar de se dévouer. Il s'agissait de sauver le théâtre. Elle accepta. Lorsqu'elle se trouva au milieu de la foule ignoble qui envahissait le palais, son courage fut mis à une rude épreuve : on lui demanda de *dire* la *Marseillaise*. Elle refusa. Or, ce que l'on ne sait pas, ce que le public n'a jamais su, je crois, c'est que — peu de jours après ce refus — Mˡˡᵉ Agar, suspecte, dénoncée à la préfecture de police par des lettres anonymes, fut emprisonnée et qu'elle n'a dû la vie qu'au dévouement d'un gardien qui laissa son cachot ouvert le jour de l'entrée des troupes à Paris.

Mˡˡᵉ Agar a eu l'abnégation, ce soir, de porter des cheveux blancs. Mais il lui a été moins facile d'atténuer l'éclat de ses yeux qui démentait peut-être un peu l'âge qu'elle voulait paraître.

Les décors des *Fourchambault* n'auront pas d'histoire. Ils sont ce qu'ils doivent être pour une comédie dont l'action ne se passe que dans des intérieurs bourgeois : d'un agencement parfait, mais d'une grande simplicité.

Cependant, M. Perrin trouve toujours un prétexte ingénieux pour donner carrière à ses goûts d'artiste. Cette fois, ne pouvant rien offrir aux yeux dans ses décors mêmes, il a du moins profité des fenêtres pour faire exécuter de très-jolies toiles de fond qui nous montrent le Havre de près, de loin et sous toutes les faces. Par ces fenêtres on a successivement une vue du Havre à vol d'oiseau, prise de la côte d'Ingouville, un aspect du petit bassin et un autre du grand, pris d'un hôtel du Havre, avec sa forêt de mâts et son large quai formant la place du théâtre.

Tous les Havrais du Havre viendront voir cela.

Dans les coulisses, chacun était rayonnant. M. Delaunay, qui a décidément la bonne fortune d'être toujours semainier dans ces grandes occasions, questionnait avidement tous les visiteurs des entr'actes sur les impressions de la salle. M. Augier, qui a passé sa soirée dans le théâtre, se dérobait modestement et de son mieux aux compliments que chacun s'empressait de lui apporter. Cependant il a dû, à la fin du spectacle, subir la douce violence de ses interprètes qui l'ont félicité chaleureusement, ce dont il les a remerciés en leur rendant la pareille avec une émotion éloquente.

On a remarqué que Got, littéralement acclamé au moment où il se présentait pour nommer l'auteur, en avait paru touché jusqu'aux larmes. Mais ce qu'on ne sait pas, c'est que, lié par une ancienne et constante amitié à l'éminent académicien, il était encore plus ému et plus heureux du triomphe de la pièce que de son grand succès personnel.

A ce sujet, signalons une innovation dans la façon de faire cette annonce. M. Got, qui a décidément la spécialité des innovations en pareil cas, s'est exprimé ainsi :

« Messieurs, la pièce que la *Comédie-Française* a eu l'honneur de représenter devant vous est de M. Emile Augier. »

Il y a, dans cette nouvelle forme, une expression très-heureuse qui fait rejaillir sur les artistes, sociétaires et pensionnaires sans exception, les honneurs de la soirée et les rend tous solidaires du succès.

Cette formule collective ne pouvait être mieux inaugurée qu'à l'occasion d'une première qui restera l'une des plus belles de la Maison de Molière.

---

*LA BRÉSILIENNE.*

8 avril.

Lorsque M. Paul Meurice vint proposer aux directeurs de la Porte-Saint-Martin de jouer, pour la première fois à Paris, le drame tiré des *Misérables* de Victor Hugo, ces messieurs, pleins de confiance dans le nom rayonnant du grand poète, acceptèrent avec enthousiasme.

L'affaire fut conclue sans hésitation, et déjà MM. Ritt et Larochelle allaient remercier M. Meurice, lorsque ce dernier, tirant de sa poche un volumineux rouleau de papier, tint à peu près ce langage :

— Attendez. Je ne veux pas seulement vous procurer une bonne affaire, je vous en apporte deux. Outre les *Misérables* pour la Porte-Saint-Martin, voici un drame inédit pour l'Ambigu.

— Comment, s'écrièrent avec joie MM. Ritt et Larochelle, Victor Hugo a consenti à écrire un drame inédit pour la scène de l'Ambigu ! Mais c'est la fortune !

— La pièce n'est pas de Victor Hugo.

— Ah! et quel en est l'auteur?
— Moi, fit modestement M. Meurice.

Les directeurs de la Porte-Saint-Martin devinrent horriblement pâles, mais trop polis pour laisser voir leur désillusion, ils prirent en tremblant le manuscrit que leur tendait M. Paul Meurice.

Et voilà à peu près comment *la Brésilienne* fut reçue et mise en répétition à l'Ambigu.

Les répétitions du nouveau drame ont été lentes et pénibles.

De tous les auteurs dramatiques, M. Paul Meurice est assurément celui qui abuse le plus des *béquets*. (On entend par ce mot les changements, les amplifications qu'un auteur fait à son manuscrit.)

Plus les répétitions avançaient, plus le nombre des *béquets* se multipliait. Chaque jour, au début de la répétition, M. Meurice distribuait des *béquets*; à deux heures, nouveaux *béquets*; à quatre heures, autres *béquets*.

Les artistes l'appelaient Paul Béquet, le citoyen Béquet, l'Homme-Béquet.

Ces malheureux ne savaient plus où donner de la tête. M$^{lle}$ Fargueil, M$^{lle}$ Lody, M. Villeray, M. Clément Just, à force de voir modifier ou amplifier leurs rôles, finissaient par ne plus s'y reconnaître du tout. Dès que M. Meurice apparaissait, tous se mettaient à trembler, redoutant une nouvelle distribution.

Le souffleur de l'Ambigu a failli en faire une maladie. Hier soir encore, les directeurs de la Porte-Saint-Martin ignoraient si *la Brésilienne* pourrait passer aujourd'hui. En effet, à cinq heures du soir, M. Meurice les avait menacés d'un nouvel envoi de béquets qui fort heureusement n'est pas arrivé.

Il faut rendre cette justice aux directeurs de l'Ambigu, c'est qu'ils ont fait ce qu'ils ont pu pour assurer à « l'œuvre » de M. Paul Meurice un sort brillant.

Ils ont engagé tout exprès MM. Villeray et Clément Just, M<sup>lle</sup> Fargueil, qui a déjà remporté à l'Ambigu un succès dont on se souvient encore, et la mignonne M<sup>lle</sup> Lody, pensionnaire de l'Odéon, à laquelle *Balsamo* fait des loisirs.

M<sup>lle</sup> Fargueil, pour faire honneur à son rôle, s'est livrée à une grande dépense de toilettes. Ses robes de soirées et de fêtes nocturnes ont dû lui coûter un bon prix. Il me semble seulement que la célèbre artiste abuse un peu des robes à queue. Le public des hautes régions de l'Ambigu n'a pu s'empêcher de manifester son étonnement toutes les fois que, par un de ces mouvements tournants dont elle a le secret, M<sup>lle</sup> Fargueil faisait décrire un demi-cercle à sa traîne. Je suis persuadé que, dans toute la pièce, c'est là surtout ce qui a frappé les spectateurs des galeries supérieures.

M. Deshayes a eu un joli succès d'entrée. Personne ne l'a reconnu. Il lui a suffi pour se transformer totalement de se mettre une paire de favoris blonds du meilleur effet. Grâce à ces favoris, M. Deshayes — qui joue le rôle d'un jeune docteur célèbre — avait bien réellement l'air d'un médecin. C'était à lui demander une consultation!

M. Victor Hugo assistait à la représentation — dans une loge de face.

Comme il a dû souffrir!

---

*ALMA L'INCANTATRICE.*

9 avril.

M. Escudier est dans une bonne voie. Il a compris que le répertoire du Théâtre-Italien, si riche qu'il fût, commençait à s'user un peu, et que les habitués les plus résignés s'en lassaient à la fin. Aussi, après nous avoir donné dans le courant de la saison un opéra inédit d'un compositeur non moins inédit, a-t-il offert, aux dilettanti parisiens, quelque chose de plus corsé encore : un ouvrage entièrement nouveau de l'auteur de *Martha*.

La partition nouvelle a son histoire : histoire assez piquante, ma foi.

Le directeur des Italiens avait eu l'idée de demander à M. de Flotow un opéra pour l'Albani. M. de Flotow avait promis. Il s'était mis à l'œuvre. Quand il vint à Paris, il y a deux ou trois mois, il remit à M. Escudier un ouvrage de M. Lauzières de Thémines, le savant critique musical de *la Patrie*, un opéra en trois actes et quatre tableaux. Les trois premiers actes étaient complétement terminés, le quatrième tableau seul manquait.

— Eh quoi ! s'écria M. Escudier, je compte sur vous, et vous me laissez dans l'embarras. Vous n'avez pas fini, vous avez encore tout un tableau à faire, jamais nous ne serons prêts à temps !

— Mon Dieu ! lui répondit M. de Flotow, qui ressemble à M. Escudier comme le Groënland aux Tropiques, si vous avez peur d'un retard, je puis vous offrir une autre partition, toute faite, celle-là. Le livret est de Saint-Georges ; le titre : *Alma l'Incantatrice*.

— Un livret français ! Vous n'y pensez pas ! Est-ce que nous aurons le temps de traduire ?

Alors, M. Lauzières de Thémines, qui assistait à la conversation, prit la parole et s'engagea formellement à adapter en peu de jours le texte de Saint-Georges à la scène italienne.

Mais quand il commença son travail, il vit, non sans terreur, que ce texte était fort incomplet. Ainsi, partout où il fallait deux couplets, Saint-Georges n'en avait fait qu'un seul. La mort ne lui avait pas laissé le temps d'achever sa besogne. Ce qui avait suffit au musicien était insuffisant pour l'exécution de l'œuvre. Il fallait donc non-seulement traduire, mais créer. M. Lauzières se dit qu'un bon traducteur doit souffrir et se taire « sans murmurer, » et — c'est le cas de le dire — il mit les morceaux doubles.

Seulement — c'est ici que commence le côté amusant de l'histoire — quand l'opéra fut traduit, livré, lu, mis en répétition, M$^{lle}$ Sanz d'abord, M$^{lle}$ Albani ensuite, s'en furent trouver l'auteur et lui demandèrent de corser un peu leurs rôles.

— Je voudrais un boléro de plus ? lui dit la Sanz.

— Bien, mon enfant.

— Si vous vouliez m'ajouter un air ? lui dit l'Albani.

— Oui, mon enfant.

Puis ce fut le tour des changements. M. de Flotow, avec une placidité sans pareille, consentit à tout ce que ses interprètes semblaient désirer. Enfin, un beau jour, M. Escudier lui-même prit le compositeur à part.

— Mon Dieu, lui dit-il, elle est charmante votre partition, et cependant... il y manque quelque chose.

— Quoi donc ?

— Un duo pour la soprano et le ténor... un duo d'amour. Un opéra italien sans duo d'amour, ce n'est plus un opéra italien !

— Vous avez raison ! répondit de Flotow.

Et il composa son duo d'amour.

Bref, il fit plus de musique pour cet opéra complétement achevé qu'il ne lui en restait à faire pour le quatrième tableau de l'opéra de M. de Lauzières.

Malgré tout on est parvenu à donner la première d'*Alma* à l'époque fixée, de façon à profiter des dernières représentations de l'Albani avant son départ pour Londres.

Il est vrai que, pour cela, M. de Flotow, pendant toute la durée des répétitions, est arrivé au théâtre à huit heures du matin, aidant lui-même à copier sa musique, collant des bandes sur les mesures qu'il voulait supprimer, tellement à sa besogne qu'il se passait de manger. Son déjeuner se composait généralement de pain trempé dans du café noir. Les répétitions commençaient le matin et continuaient le soir quand on ne jouait pas. Grâce à l'exemple du maëstro, tout le monde déployait un zèle extraordinaire. Jamais études n'ont été menées plus rondement. Il faut ajouter, à la gloire de M. de Flotow, que jamais aussi on ne vit, dans un théâtre, compositeur plus accommodant, plus doux, plus bienveillant.

On me raconte qu'à l'une des dernières répétitions, M. Escudier s'était montré mécontent de la façon dont un morceau avait été compris par les artistes.

— Je trouve que cela ne va pas! dit-il à M. de Flotow.

— Moi aussi ! répondit celui-ci.

— Mais alors... pourquoi ne leur en faites-vous pas l'observation ?

— Oh ! cela leur ferait tant de peine !

Les décors d'*Alma* sont jolis, gais, lumineux; les costumes — ceux des artistes surtout — sont d'une richesse souvent exagérée.

Que M<sup>lle</sup> Sanz, la cabaretière de Lisbonne, nous montre, pour le plus grand plaisir des yeux, de riches étoffes coquettement relevées sur sa jambe fine, passe encore. J'ai connu des cabaretières qui avaient des écus.

Mais M<sup>lle</sup> Albani, l'incantatrice, une bohémienne sans sou ni maille, une pauvresse qui court les grands chemins, n'a-t-elle pas tort de porter des soies lamées d'or à quarante-huit francs le mètre? C'est affaire de convention, me direz-vous. Soit. Mais la convention a ses limites, et j'ai regretté, quant à moi, cet excès de luxe qui a trop laissé percer la cantatrice sous l'incantatrice.

LE PREMIER ÉTRANGER.

10 avril.

Je l'ai vu tout à l'heure, à *Niniche*, fauteuil d'orchestre n° 92. C'est un homme ordinaire, ni grand ni petit, ni mince ni gros, ni jeune ni vieux; un nez sans conséquence, la bouche moyenne, les cheveux d'une nuance indécise. On lui a entendu dire, comme il montait l'escalier des Variétés, en assez bon français, mais avec un fort accent, qu'il venait à Paris pour l'Exposition. La nouvelle s'est aussitôt répandue, l'homme a été aussitôt signalé.

On en voit tous les jours, des étrangers, aux Variétés comme dans les autres théâtres de Paris, mais en fait d'étrangers venus pour l'Exposition, c'est le premier. Aussi a-t-il été accueilli avec joie, comme on accueille la première feuille verte après un hiver rigoureux, le premier rayon de soleil après un mois de pluie. Pensez donc que ce premier étranger est l'avant-coureur de tous ceux que l'on attend par centaines de mille. Il annonce la pluie d'or qui doit enrichir les Parisiens en général et les directeurs de théâtre en particulier — absolument comme la première hirondelle annonce le printemps.

On l'a donc, pendant toute la soirée et sans qu'il

s'en doutât, entouré de mille soins ; on a eu pour lui mille attentions délicates.

M. Chavannes lui-même l'a conduit à sa place ;

Les ouvreurs, après avoir pendu son pardessus dans un coin, de façon à pouvoir le lui rendre à sa première réquisition, ont préalablement épousseté le fauteuil sur lequel il allait s'asseoir ;

Il est arrivé à ce fauteuil sans avoir eu à bousculer personne, tous les spectateurs s'effaçant sur son passage avec un empressement touchant ;

Comme — avant le lever de rideau — sa lorgnette s'est égarée du côté d'une baignoire occupée par des demoiselles, il a vu non sans surprise ces demoiselles lui envoyer des baisers ;

Une fois le rideau levé, Judic n'a paru jouer que pour lui ; pour lui tous ses sourires, ses clignements d'yeux les plus provoquants, les câlineries les plus douces de sa voix ;

De temps en temps, un employé du théâtre, dissimulé derrière son fauteuil, faisait mouvoir un petit ventilateur de poche, l'empêchant ainsi de souffrir de la chaleur ;

Pendant l'entr'acte, M. Bertrand, en habit noir et cravate blanche, est venu à lui et, après les saluts d'usage, l'a invité à passer dans les coulisses ;

Dans les coulisses, une collation était servie ; collation bien simple : des sorbets, du champagne frappé, quelques gâteaux et d'excellents cigares ;

M. Bertrand lui a tour à tour présenté ses principaux pensionnaires ;

Comme il manifestait le désir d'entendre le duo de la *Belle Hélène* par Dupuis et Judic, ces excellents artistes se sont empressés de le lui chanter — dans le cabinet directorial, — M. Marius Boullard tenant le piano ;

L'étranger ayant fait comprendre qu'il était né à Copenhague, Aline Duval, à son exclamation du second acte : « Les Polonais sont mes meilleurs clients ! » a ajouté : « Après les Danois ! »

Comme on était parvenu à savoir également qu'il aimait à se coucher à minuit moins vingt, on s'est arrangé de façon à terminer le spectacle un quart d'heure plus tôt que d'habitude ;

A la sortie, des paravents habilement disposés le garantissaient contre les courants d'air ;

Un coupé capitonné, que M. Bertrand avait fait venir à la hâte de chez un loueur voisin, l'attendait à la porte ;

L'étranger y est monté, pendant que trois employés du théâtre lui tenaient des parapluies ;

Quand il est arrivé au Grand-Hôtel, le cocher a refusé d'accepter un pourboire ;

Ce qui fait que demain — si l'étranger prend des notes — il écrira sur son carnet :

« Rien de plus confortable, de plus charmant que les théâtres de Paris. On y fait aux étrangers un accueil magnifique. Les contrôleurs sont pleins de courtoisie, les ouvreurs pleins de prévenance ; pas de poussière sur les fauteuils ; on ne souffre jamais de la chaleur. En revanche, rien à craindre des courants d'air et la certitude de trouver, les soirs de pluie, des voitures commodes et rapides conduites par des cochers qui sont des gens du meilleur monde. »

Si telles sont les impressions du premier étranger j'attends avec curiosité celles du dernier.

## LE TRIOMPHE DE LA PAIX.

17 avril.

En donnant sa première audition en habit noir un Jeudi-Saint, le nouveau directeur du nouveau Théâtre lyrique semble confesser que ces sortes de solennités n'auront jamais rien de folâtre.

Ces auditions sont imposées à M. Escudier par son cahier des charges : il s'exécute et voilà tout.

Du moins cherche-t-il autant que possible, à ne nous faire entendre que des œuvres d'hommes de talent tels que les auteurs du *Triomphe de la Paix*. Mes lecteurs connaissent M. Parodi, le poète tragique de *Rome vaincue*; c'est sur ses strophes éloquentes et émues que M. Samuel David a composé son ode-symphonie. Ce jeune compositeur, assez apprécié dans le monde des musiciens, n'a eu jusqu'à présent que rarement l'occasion de se faire jouer au théâtre. On comprend qu'il ait saisi avec empressement la perche de l'audition en habit noir.

Il n'y en avait pas que sur la scène, des habits noirs.

Dans la salle, on avait scrupuleusement tenu compte de l'avis du coupon de service :

« Une toilette de soirée est de rigueur. »

Et cependant, ces coupons ne peuvent être que provisoires, puisqu'ils portent encore la mention : « Théâtre-Italien », alors qu'ils nous sont délivrés par la direction du Théâtre-Lyrique.

Je suppose d'ailleurs que cette double direction, cette exploitation de deux genres différents dans une seule et même salle, sera cause — dans les premiers temps — de plus d'une méprise.

Déjà tout à l'heure j'ai entendu près de moi un

monsieur à l'air candide, un bon bourgeois venu avec un billet de faveur, qui s'écriait après la première partie :

— Je n'étais jamais venu à ce théâtre, mais je ne croyais pas que je comprendrais l'italien avec autant de facilité !

Etant donnée une audition en habit noir, j'aurais voulu tout au moins qu'elle eût un double résultat.

Tout en facilitant à des musiciens nouveaux le moyen de se faire entendre et juger par des critiques résignés, elle pouvait servir à MM. les tailleurs de Paris pour exhiber les coupes les plus correctes ou les plus originales du vêtement de gala.

De cette façon, si l'on n'était parvenu à attirer les dilettanti, on eût été certain d'attirer les élégants qui, bravant les symphonies et les odes, seraient venus étudier les nouvelles modes masculines.

Mais, hélas ! il a suffi d'un simple coup d'œil sur les estrades de la scène pour voir que ce n'est pas ainsi que M. Escudier a compris les auditions en habit noir.

Les malheureux choristes ordinaires du Théâtre-Italien, qui nous ont déjà donné quelques distractions lorsque nous les avons vus en grands seigneurs d'époques et de pays divers, ne sont pas non plus précisément des types accomplis d'élégance moderne. Ce soir, ils portaient des habits dont la coupe était aussi fantaisiste que variée : plus d'un de ces vêtements aux reflets verdâtres datait certainement d'un mariage ou d'une première communion sous le règne de Louis-Philippe.

Vus d'ensemble, ces braves gens offraient assez exactement le gracieux et souriant tableau d'un groupe de porteurs des Pompes funèbres.

La chaussure était à l'avenant : le godillot remplaçait la botte vernie.

Le compositeur du *Triomphe de la Paix*, bien que très-fatigué par les répétitions de sa symphonie, a tenu à diriger en personne l'orchestre du nouveau Théâtre-Lyrique. Ambition bien excusable chez un musicien qui attend son tour — et quel tour! — depuis une vingtaine d'années !

Malgré, ou peut-être à cause de l'énergie fébrile avec laquelle il conduisait, M. Samuel David semblait à bout de forces à la fin de l'audition.

Sous le vestibule, à la sortie, je surprends un échange de poignées de mains entre deux diplomates :

Un Russe et un Anglais.

Le voilà, le vrai triomphe de la paix.

## LA LIQUIDATION DE PAQUES.

20 avril.

Voyez, mesdames et messieurs, c'est le grand déballage du Bazar dramatique! A la veille des fêtes de Pâques un arrivage sérieux d'articles de choix, neufs ou retapés, vient d'inonder la place. Il y en a pour tous les goûts, pour les grandes et pour les petites bourses, pour les enfants et pour les grandes personnes, pour ceux qui aiment à rire et pour ceux qui aiment à pleurer. Entrez, mesdames et messieurs, c'est la boutique à treize, voyez la vente, voyez la vente !

Nous avons d'abord un stock de petites pièces en un acte, genre Gymnase.

Et pas de petites pièces ordinaires ! Il y en a une messieurs, *la Cigarette* qui est tout bonnement d'un de nos meilleurs fabricants d'articles de Paris, M. Henri Meilhac, de la maison Meilhac et Halévy, celle-là même où a été confectionné *le Petit Duc* joué en ce moment avec tant de succès au théâtre de la Renaissance.

M. Meilhac s'est adjoint cette fois un très-fin ciseleur parisien, M. Charles Narrey qui vient tous les jours faire une partie de billard avec lui dans son entresol de la rue Drouot. La *Cigarette* est le fruit d'une série innombrable de carambolages. C'est de la bonne ouvrage, allez! Vous y verrez M<sup>lle</sup> Dinelli, en costume du plus pur javanais, avec ses cheveux noirs défaits, le teint légèrement bruni, fumant le narghilé, étendue sur une pile de coussins, et M<sup>lle</sup> Legault, en toilette orange, comme il convient à une Hollandaise des colonies, fumant des cigarettes ensorcelées telles que la régie n'en fournit jamais !

Puis une autre pièce de M. Quatrelles, bien connu de nos clients, un petit acte écrit pour cette actrice de sept ans qui fait verser tant de larmes, tous les soirs à la Porte-Saint-Martin. Oui, mesdames, c'est la même petite fille qui après avoir joué son rôle de *Mademoiselle Geneviève* au Gymnase, va jouer Cosette dans les *Misérables*. Sept ans ! elle n'a que sept ans, la petite Daubray, et on lui donne deux rôles à jouer en une seule soirée. Il faut le voir pour le croire !

Nous avons ensuite la grrrande reprise de la *Statue!*

Voilà assez longtemps qu'on vous la promettait, mesdames et messieurs, cette grrrande reprise !

Voilà plus d'un an qu'on vous mettait l'eau à la bouche en vous en parlant, de la grrrande reprise.

La fermeture des magasins de la Gaîté lyrique l'avait encore une fois retardée, la grrrande reprise.

Mais enfin, la voici, la voilà ! C'est une reprise comme on n'en voit pas tous les jours !

Venez voir, prenez l'article en main et vous conviendrez que c'est un article bien fait.

Article d'Orient avec caravanes dans le désert, danses d'almées, sorcelleries d'une qualité supérieure et un oiseau rare, une perle fine, un phénomène : un ténor inédit!

Oui, mesdames et messieurs, un ténor qui possède un ut! Un ut, un véritable ut, pas un ut en ruolz ou en plaqué, un ut pour tout de bon, un ut qu'il lance à onze heures douze minutes, montre en main. Par exemple n'allez pas croire que le jeune Talazac, un débutant soigneusement réservé pour la grrrande reprise, soit un ténor commode. Il a fait inscrire dans son engagement qu'il ne dirait jamais de poëme. Il chantera tout ce que l'on voudra, seulement il refuse énergiquement d'ouvrir la bouche pour parler. Et cependant, mesdames et messieurs, vous l'entendrez tout de même dans la *Dame Blanche*. M. Carvalho engagera un artiste de comédie tout exprès pour les parties du rôle qui ne regardent pas le chanteur et au besoin un autre pour faire les gestes.

Par ici, vous verrez, mesdames et messieurs, une grande machine féerique, genre Châtelet, la reprise des *Sept Châteaux du Diable*, un article d'Exposition.

Voici d'abord une façade superbe. Remarquez ces appareils Jablochkoff qui versent des torrents de lumières électriques sur les becs de gaz de la place. Entrez et vous retrouverez les mêmes éblouissements en scène, à l'enfer du premier acte et à l'apothéose de la fin.

Regardez ces superbes poupées, elles se nomment Thérésa, Donvé, etc., portent des costumes presque neufs, et disent papa et maman sans qu'on leur appuie sur le ventre comme à celles de Giroux.

Admirez ces ballets, ces décors, ces trucs et voyez surtout le bel assortiment spécial de petites femmes du corps de ballet, article d'exportation.

Mais remarquez surtout les jouets d'enfants, la pantomime chinoise qui fait rire les moutards et amenez vos bébés à la féerie, où l'on vous conduisait vous-même il y a vingt ou trente années !

Ce n'est pas tout, mesdames et messieurs ! Le théâre Cluny est de la fête ! Les amateurs de drame trouveront dans le *Mariage d'un Forçat*, de MM. Brault et Alexis Bouvier, un grand assortiment de crimes variés, d'assassins extra-fins et de forçats sympathiques, comme dans la *Cause célèbre* et dans les *Misérables*. Le forçat de Cluny ne ressemble pas toutefois aux forçats de l'Ambigu et de la Porte-Saint-Martin. Il est sympathique, mais il n'est pas innocent ! Ne confondez pas ! Notre forçat n'est pas au coin du quai !

Je vous recommande tout spécialement une reproduction du Bal Bullier. Vous l'avez déjà vue dans d'autres drames de Cluny, mais je suis sûr que vous la reverrez toujours avec un nouveau plaisir. Du reste le bal de ce soir est un bal masqué. Attention délicate ! Vous y trouverez des chicards et des bébés, des lanciers polonais et des laitières ! C'est un lot complet de costumes de carnaval, n'ayant servi qu'une douzaine de fois !

Enfin, messieurs, voici un nouvel article qui est appelé à prendre une jolie petite place sur celle de Paris, dans le genre des Bouffes, c'est M<sup>lle</sup> Fanny Robert, la nouvelle Manoëla de *Maître Peronilla*.

Cette adorable personne a tous les charmes nécessaires pour plaire au public comospolite de cette année; elle saura à la fois se rendre digne des suffrages des Anglais, des Russes, des Américains, des Turcs, des Batignollais et même des Italiens.

Voyez, messieurs, mettez l'article en main.

Voyez la vente ! Voyez la vente... Prenez ce qui vous plaît au déballage !

## LA PREMIERE DU PHONOGRAPHE.

2? avril.

Peu de choses à glaner dans les théâtres. La présente pourrait se borner à constater qu'en général on a fait partout d'excellentes recettes — ce qui ne serait guère. Heureusement, une invitation pour la première expérience publique de l'étonnant phonographe de l'étonnant Edison me tire d'embarras. C'est à partir de demain seulement que le nouvel instrument fonctionnera, le jour et le soir, pour le public payant, dans le local des Conférences, du boulevard des Capucines. Aujourd'hui il n'a opéré que pour les représentants de la presse seulement.

On est venu à ses débuts avec autant d'empressement que s'il s'agissait d'un artiste célèbre. Des critiques, des directeurs de grands journaux, des artistes, quelques-uns des conférenciers ordinaires de la maison défilent curieusement devant la table où l'instrument est exposé. Au premier rang, se trouve M. le préfet de police. Au début de l'expérience, M. Franck Géraldy nous a expliqué l'instrument brièvement, clairement, facilement; il nous a raconté en peu de mots la vie d'Edison, l'inventeur américain, un homme de trente-cinq ans qui, en huit ans de temps, n'a pas pris moins de 165 brevets d'invention, et qui est loin d'avoir fini. Mais le phonographe et son mécanisme d'une si merveilleuse simplicité ont été décrits à plusieurs reprises et point n'est besoin d'y revenir.

Disons seulement que son succès a été colossal et que, bien certainement, pendant plusieurs mois, tout Paris voudra assister aux séances de phonographie du boulevard des Capucines.

Le duo de la *Muette* par MM. Gilandi et Lorain,

les imitations de Plet répétés par le phonographe ainsi qu'une foule d'autres expériences ont été accueillis avec des cris de stupéfaction et des transports de joie.

L'instrument, tel qu'on le présente, est susceptible de plus d'un perfectionnement. Ces perfectionnements sont, dès à présent, trouvés. Ils nous arriveront sous peu.

On s'occupe surtout de corriger la faiblesse d'émission qui transforme la voix du baryton le mieux doué en voix de polichinelle.

— Et quand on y sera parvenu, demandait-on à côté de moi, que fera-t-on de cette invention prodigieuse? A quoi servira-t-elle?

Mais à bien des choses. Le phonographe — croyez-le bien — est appelé à jouer un rôle sérieux. Et, pour ne pas sortir de ma spécialité, je crois qu'il peut — au point de vue purement théâtral — rendre des services immenses.

Exemples :

Une chanteuse, dans tout l'éclat de son talent, n'a qu'à débiter une seule et unique fois son répertoire devant des phonographes en nombre suffisant pour le recueillir tout entier. Vienne la vieillesse, la fatigue, la perte de voix. Qu'importe? La chanteuse, munie de ses appareils, continue à paraître en public. Seulement au lieu d'ouvrir la bouche, elle tourne la manivelle du phonographe, qui chante le rôle à sa place, avec la voix du temps jadis. La chanteuse peut vieillir impunément, mourir même, sa voix nous reste.

Plus jamais rien de faible dans l'audition de nos opéras. Si le phonographe avait été inventé plus tôt, M. Halanzier nous donnerait aujourd'hui *Guillaume Tell* avec la voix de Duprez, la *Muette* avec celle de Nourrit.

Vous rendez-vous compte de l'utilité qu'aurait le

phonographe, pour les élèves du Conservatoire et même pour les sociétaires arrivés de la Comédie-Française, s'il avait existé du temps de Talma?

Il suffirait à présent de consulter l'un de ces instruments pour se rendre compte des intonations du grand tragédien et de la façon dont il parlait ses rôles. Ce serait un professeur éternel.

Dès maintenant, toutes les fois qu'un artiste aura fait une création remarquable, on pourra le faire phonographier. Ceux qui apprendront le rôle après lui sauront tout de suite de quelle façon le créateur le nuançait, le disait, comment il soulignait tel mot et glissait sur tel autre.

On conserverait aussi des phrases, des apostrophes restées célèbres. Que de fois, des vieux amateurs de théâtre nous disent encore :

— Ah! les jeunes gens, vous n'avez pas entendu un tel dire telle chose!

Il est vrai, par exemple, que s'il eût existé plus tôt le phonographe aurait pu nous conserver :

Le *Bon appétit, messieurs!* de Frédérick;

Le *Gnouf! gnouf!* de Grassot;

*Elle me résistait, je l'ai assassinée*, de Laferrière;

*Je le savais!* de Boutin;

Les *sapristi*, de Félix;

Et autres tics ou accents célèbres.

Le phonographe après avoir servi à reproduire les grands exemples à imiter, pourrait, en outre, compléter la leçon d'une manière saisissante en indiquant aux jeunes gens ceux qu'il faut à tout prix se garder de suivre.

Le même appareil fera entendre successivement la voix délicieuse, la méthode de Bouhy et l'organe enroué du baryton Vavasseur, afin de frapper les jeunes élèves du Conservatoire par ce contraste saisissant. De même dans la comédie, la déclamation de M. Montal viendrait faire apprécier le charme et la justesse de la diction de M. Delaunay.

Ce genre d'exercices comparatifs, ne pourrait même être multiplié à l'infini... faute de bons exemples à opposer aux innombrables îlots dramatiques.

Le progrès amènera, soyez-en certains, une vulgarisation rapide. L'usage du phonographe est appelé à se généraliser dans des proportions considérables.

Bientôt l'industrie, cette sœur cadette de la science, comme dirait M. Prudhomme, inondera la place de phonographes à la portée de toutes les bourses. Les artistes en vogue se feront entendre simultanément sur tous les points du globe à l'aide de l'appareil de M. Edison.

On donnera, dans une même soirée, une chanson-sonnette de Judic, un monologue de Saint-Germain, un air de Bilbaut-Vauchelet, un récit de Coquelin aîné, sans déranger ces artistes et par la seule grâce d'un phonographe *ad hoc*.

Il y aura bien des contrefaçons qui feront entendre Fanny Robert, au lieu de la véritable Niniche; il se vendra bien, dans le commerce, au bazar de l'Hôtel-de-Ville, des phonographes de pacotille, mais la loi punira ces contrefacteurs-là comme les autres.

Bref, le phonographe, n'arrivât-il qu'à détrôner la boîte à musique, ce serait déjà un immense service qu'il aurait rendu à l'humanité.

23 avril.

Un début intéressant ce soir aux Italiens, celui de M<sup>lle</sup> Ambre, dans la *Traviata*.

La nouvelle Violetta n'est pas une Violetta ordinaire.

Nous l'avons vue, depuis un an, à toutes les belles premières, aux premières musicales surtout. Quand elle entrait dans sa loge ou dans son avant-scène, étincelante de diamants, très-élégante, possédant cette grâce pleine de souplesse des femmes d'Orient, sachant comme personne s'adosser contre son fauteuil, plutôt étendue qu'assise et semblant s'isoler dans la salle, n'avoir d'yeux et d'oreilles que pour la scène, se laissant griser par la musique au point de battre la mesure du bout de son éventail d'ivoire, toutes les têtes, presque instinctivement, se tournaient de son côté et on entendait murmurer de l'orchestre au balcon.

— Voilà la comtesse d'Ambroise !

Comtesse, en effet, elle l'était et elle l'est encore, Mlle Emilie Ambre. Comtesse de fraîche date, il est vrai, mais comtesse authentique, figurant sur le livre d'or de la vieille noblesse néerlandaise.

L'histoire de la débutante est pourtant des plus simples.

Algérienne de naissance, artiste convaincue et ardente, amante passionnée de l'art, Mlle Ambre, tout enfant, bégaya ses premières chansons, à Alger, dans des concerts sans importance.

Quand l'enfant fut devenue une jeune fille elle vint en France, s'engagea dans le premier théâtre de province venu, ne se donna même pas le temps d'achever son éducation musicale, chanta tout ce qu'on lui demandait de chanter, heureuse d'être au théâtre, n'ayant pas d'autre ambition et s'y consacrant corps et âme.

Quand la province lui eut donné un peu de l'expérience qu'elle était venue y chercher, elle s'engagea à l'étranger.

Elle débuta au grand théâtre de La Haye.

Sa fortune actuelle lui vient de là.

S. M. Guillaume III, roi des Pays-Bas, aime beaucoup les artistes. Il a une préférence très-marquée pour les chanteuses. Ses concerts du palais du Loo sont célèbres. La voix de M<sup>lle</sup> Ambre eut le bonheur de plaire au souverain mieux que toutes celles qu'il avait entendues jusqu'alors. Il protégea l'artiste, lui témoigna une amitié des plus vives, la combla de présents.

C'est grâce à cette protection royale que M<sup>lle</sup> Ambre se trouve avoir, aujourd'hui, hôtel à Paris, château à Meudon, des petits palais remplis de merveilles artistiques, de chefs-d'œuvre en vieux Saxe et en vieux Sèvres, pour plus d'un million de diamants et un titre de comtesse — comme autrefois la Du Barry.

Mais les grandeurs et les splendeurs n'ont pu tuer sa passion du théâtre.

Retirée de la scène pendant quelque temps, elle attendait avec impatience l'occasion d'y remonter. Cette occasion s'est présentée. M. Escudier lui a ouvert toutes grandes les portes des Italiens. M<sup>lle</sup> Ambre a réalisé ce soir un des rêves les plus chers de toute sa vie : elle a débuté devant un public parisien !

Il ne m'appartient pas de vous dire si ce début a été heureux. Mais je puis constater cependant qu'il avait excité une vive curiosité, dans un certain monde féminin surtout. Toutes les baignoires — ou presque toutes — sont garnies de femmes charmantes.

On s'attendait, de la part de la débutante, à un grand déploiement de toilettes tapageuses. L'acte du bal, notamment, ne lui fournissait-il pas le moyen d'exhiber son écrin royal? Mais M<sup>lle</sup> Ambre a eu le bon goût et l'esprit de ne pas nous fournir le spectacle auquel on s'attendait. L'artiste vise à d'autres succès qu'à des succès de lorgnette. Ses toilettes n'ont rien eu d'extraordinaire, et, à part un collier assez beau, quelques brillants dans les cheveux et aux oreilles, elle ne s'est parée d'aucun bijou éclatant. Elle a même poussé la réserve jusqu'à garnir sa robe de bal de filigranes d'argent, de jais blanc et de quelques verroteries sans valeur.

Puisqu'on est en train de rejouer la *Traviata*, ne pourrait-on changer la toilette ridicule de la femme de chambre de Violetta ? Ce ne serait pas une bien forte dépense. On irait même jusqu'à changer la femme de chambre, que je n'y verrais pas d'inconvénient. Et pendant qu'on y serait, on ferait bien aussi de renouveler les toreadors et les Espagnoles de fantaisie qui représentent avec trop d'exactitude les travestissements de l'ancienne Courtille.

### A QUOI PENSE UN TÉNOR ITALIEN.

24 avril.

Je me le demandais, hier soir, en voyant le jeune ténor Nouvelli représenter, dans la *Traviata*, le personnage d'Alfredo, auquel Capoul a donné tout récemment un caractère si passionné et si émouvant.

A quoi peut bien penser un ténor italien, pendant qu'il est censé jouer son rôle ?

Car ses mouvements automatiques, toujours les mêmes, son œil distrait, sa mine ennuyée, prouvent surabondamment qu'il pense à tout, excepté à la situation de la pièce. Il ne s'anime, de temps en temps, que pour soupirer une romance ou pour enlever un duo, mais dès que l'on entame les récitatifs, cette animation passagère disparaît. Et alors... à quoi peut bien penser un ténor italien ?

J'ai essayé de surprendre le secret de ses rêveries,

mais je n'oserais pas garantir que j'y sois arrivé et je ne donne ce qui suit qu'à titre d'essai seulement.

Premier acte de la *Traviata*.

Violetta, une coupe de limonade gazeuse à la main, chante le fameux *brindisi*.

« *Libiamo — Buvons! L'amour a des baisers plus doux au bruit des verres!* »

ALFREDO, *assis, regarde la salle*. — Il y a du monde ce soir! Et du beau monde! Cependant, la saison est pas mal avancée. Effet de l'Exposition. Tiens, voilà la dame en blanc, qui m'a tant lorgné l'autre jour! Elle est jolie. Quel peut bien être ce vieux monsieur qui l'accompagne? Son mari, sans doute. Usiglio (le chef d'orchestre) m'a l'air d'être de mauvaise humeur. Il tape sur son pupitre comme s'il lui en voulait. (*Il lève le bras droit en l'air.*)

*La scène se vide. Violetta reste seule avec Alfredo. Elle détache une fleur de son bouquet.*

« *Riportralo quando sara apassito*. Vous me la rapporterez quand elle sera fanée. »

ALFREDO (*il prend la fleur avec transport*). C'est drôle; il suffit que je me mette à table au théâtre pour avoir faim. Aussi j'ai diné de trop bonne heure. Mais je souperai. Précisément il y a fort longtemps que je n'ai mangé du macaroni... (*Il lève le bras gauche en l'air. Haut :*) *Oh! quanto v'amo!* Oh! si je vous aime!

Second acte de la *Traviata*.

Les adieux déguisés de Violetta à Alfredo. Elle s'efforce de retenir ses pleurs.

« *Ama mi, Alfredo. — Aime-moi, Alfred, autant que je t'aime!* »

ALFREDO. — Non, le vieux monsieur ne doit pas être son mari. Il a l'air trop galant. Mais quoi donc, alors? Son oncle, peut-être. Elle m'a encore lorgné. Je ne mangerai pas de macaroni, à souper. Il n'y a rien de lourd comme cela, le soir ! (*Il porte la main à son cœur.*)

Le père Germont console son fils que Violetta vient d'abandonner : « *Di Provenza, il mar, il suol, ta Provence, ton pays, la mer...* »

Alfredo. — Eh bien ! oui, il lui en veut à son pupitre. Comme il tape ! Ce Pandolfini m'ennuie ! Tous les effets sont pour lui ! C'est égal, la dame ne lorgne que moi... (*Il porte les deux mains à sa poitrine.*) Bon, le voilà qui commence son point d'orgue ! Et pendant ce temps-là, je meurs de faim... Après cela... le macaroni... en mettant beaucoup... beaucoup de poivre... ce n'est pas si lourd qu'on veut bien le dire... (*Il froisse avec colère la lettre de Violetta.*)

Final du second acte.

Violetta : « *Di questo core,* — tu ne peux comprendre tout l'amour qui est dans mon cœur ! »

Alfredo (*le bras gauche en l'air*). Elle est ravie de moi, la dame en blanc... (*Il baisse le bras gauche et lève le bras droit.*) Nous n'en avons plus pour longtemps maintenant... Un quart d'heure d'entr'acte, vingt minutes d'acte. Je serai libre à onze heures dix... (*Il baisse le bras droit et lève le bras gauche.*) Escudier est dans sa baignoire... C'est un brave homme, mais il me fait jouer trop souvent ! (*Il lève les deux bras.*) Il devrait me défendre de chanter quand je suis enrhumé. C'est peut-être ce satané rhume qui me creuse... Voyons, Usiglio, cher maëstro, tu vas casser ton bâton de chef d'orchestre... (*Il baisse les deux bras et chante plus fort que les autres :*)

Ah ! quante peni !

Dernier acte. Scène d'amour. Après la scène, Violetta se laisse tomber sur une chaise, la tête renversée en arrière.

VIOLETTA. — *Gran Dio!* Mon Dieu ! mourir si jeune.

ALFREDO. — Ah ! certainement non... ce n'est pas son oncle... C'est son mari, le voilà qui s'endort. Elle me lorgne plus que jamais. Elle est charmante !... J'en ai des crampes dans l'estomac... de vraies crampes... Ma foi, j'en mangerai, du macaroni... Qui ne risque rien n'a rien ! (*Il tombe à genoux auprès de Violetta, morte.*)

## MAI.

1er mai.

Maigres, bien maigres ce soir, les recettes de théâtre. Sauf quelques rares privilégiés comme les Français, la Renaissance, qui, avec le *Petit Duc*, réalise encore 3,562 francs, les théâtres ressemblent au cerveau de M. Paul Meurice. Ils sont absolument vides.

Le spectacle est dans la rue, sur le boulevard.

Aussi tous les malheureux que leurs fonctions retiennent enfermés dans les salles de spectacle aspirent-ils après le moment bienheureux où à leur tour ils pourront aller voir les illuminations.

On ne se figure pas avec quel entrain ils expédient la besogne !

Les contrôleurs se hâtent de compter leur recette, tâche heureusement fort courte pour la plupart d'entre eux.

Les acteurs jouent avec une rapidité vertigineuse. Celui-ci oublie volontairement sa romance ; celui-là, pressé d'en finir, passe toute une scène. Une actrice ne change pas de toilette et porte la même robe pendant cinq actes. Dans un théâtre que je pourrais citer, tel acte qui dure ordinairement trois quarts d'heure est expédié ce soir en vingt-cinq minutes. Chose inouïe et qui ne s'était jamais vue : Dupuis débite son rôle de *Niniche* sans perdre de temps !

Les ouvreuses elles-mêmes sollicitent dès le milieu du spectacle les spectateurs de reprendre leurs pardessus.

Par exemple un théâtre sur lequel il me serait impossible de donner le moindre renseignement, c'est l'Opéra, dont aucun cocher — et j'en ai pris plusieurs dans ce seul but — ne pouvait s'approcher à moins de deux ou trois cents mètres, tant était grand l'encombrement des abords du gigantesque monument.

En revanche, j'ai vu à onze heures du soir toute une famille qui se désolait dans un idiome étranger : ces pauvres gens avaient loué une loge dont la foule ne leur a pas permis de prendre possession.

Un directeur désolé de la pénurie des spectateurs n'a pu s'empêcher de dire en voyant la masse de badauds :

— S'il pouvait tomber une bonne averse, on se réfugierait peut-être ici.

---

### RÉOUVERTURE DE L'HIPPODROME.

17 mai.

Après son énorme succès de l'an passé, la direction de l'Hippodrome, quand la bise fut venue, pouvait se croiser les bras et attendre tranquillement le retour de la saison d'été. C'est ce qu'elle n'a pas voulu faire.

Loin de s'endormir sur ses lauriers, M. Zidler se mit à examiner quels pouvaient bien être les vices de son entreprise.

Il y en avait un qui sautait aux yeux : la nécessité de régler les représentations sur les caprices du baromètre, de fermer les jours de pluie, de voir la recette compromise les jours de grande chaleur, d'avoir à compter avec le vent, avec l'orage, autant qu'un capitaine de navire. On prit donc une grande résolution. Les arènes de l'Hippodrome étaient à ciel ouvert, on se décida à les couvrir. De cette façon on pouvait donner des représentations tous les jours sans exception.

On n'épargna ni le travail, ni l'argent. Les ouvriers ne s'arrêtèrent pas plus la nuit que le jour et, en quelques mois d'hiver, on acheva une œuvre gigantesque, un immense plafond de plus de 1,600 mètres carrés, une couverture mobile s'ouvrant pendant les beaux jours et se fermant les jours de pluie, un toit qui ne comporte pas moins de 640,000 kilos de fer!

Pendant qu'on y était, on reconstruisit la salle, les écuries, les dépendances, si bien que les arènes de l'Hippodrome — les arènes couvertes les plus vastes et les plus somptueuses qu'il y ait dans le monde entier — peuvent prendre place aujourd'hui parmi les grandes curiosités de Paris — à côté des monuments que l'on ne peut pas ne pas visiter.

J'ai parcouru l'établissement jusque dans ses écuries les plus reculées, et je déclare n'avoir jamais rien vu de plus intéressant, de plus complet, de mieux aménagé. On a tiré parti de tout avec une ingéniosité extrême. Ainsi, sans compter les écuries qui renferment environ deux cents chevaux — l'Hippodrome possède en outre une ferme d'élevage — sans parler des vastes espaces réservés à la ménagerie, et qui contiennent actuellement des chameaux, des éléphants, etc., on trouve, autour des arènes de l'avenue de l'Alma, des bâtiments avec des magasins de costumes plus grands que ceux de l'Opéra, des loges bien installées pour les écuyers et les écuyères, la sellerie, la salle des armures où l'on exposera les armures qui doivent servir au prochain tournoi, des remises pour les voitures et les chars, les magasins d'accessoires, un petit cirque où se donnent les répétitions de haute école et des chevaux dressés en liberté, enfin la chambre des machines dans laquelle deux machines à vapeur de la force de cent chevaux sont spécialement affectées au service de l'éclairage électrique.

Cet éclairage ne sera pas une des moindres attractions des fêtes de nuit qui vont commencer bientôt. A l'Hippodrome, le soleil ne se couchera jamais. Les feux du jour seront remplacés par des feux factices auprès desquels tous les éclairages que nous avons vus jusqu'à présent ne sont que des jeux d'enfants.

Parmi les curiosités nouvelles de la maison, il faut mentionner aussi un carrosse de gala qui n'est pas un carrosse de gala ordinaire. C'est celui du feu duc de Brunswick. Le feu duc ne s'en est servi que pour les grandes cérémonies de son règne. La caisse du carrosse est jaune, couverte d'armes très-finement peintes; les roues sont rouges, sculptées et dorées.

M. Zidler, qui a trouvé cette voiture chez un carrossier de Paris où elle était depuis des années, l'a transformée en calèche et s'en sert aujourd'hui pour remplacer le char antique sur lequel ses artistes opéraient leurs entrées et leurs sorties. O décadence des carrosses de gala! Avoir porté un souverain régnant et véhiculer maintenant des gymnasiarques en maillot et des écuyères qui envoient des baisers au public!

La partie mobile de la toiture n'est pas encore absolument achevée, et cependant la pluie n'a gêné personne aujourd'hui.

La salle était splendidement composée. Tous les journaux étaient représentés; le dessus du panier du monde des courses, le monde élégant, le monde artistique, le monde des théâtres, le monde galant garnissaient les loges et les gradins de l'immense amphithéâtre dont l'aspect était vraiment grandiose.

Au pourtour l'animation était extrême et c'est à peine si l'on pouvait circuler du côté des bars.

Les émouvantes courses en char, dans lesquelles nous avons revu l'intrépide Adèle sans laquelle il n'y a pas de courses en char, les courses plates, les courses des postillons à dix-huit chevaux ont obtenu leur succès ordinaire. Parmi les écuyères nouvelles j'ai aperçu M^lle Becker qu'on peut encore voir aux Folies-Dramatiques où elle joue un petit rôle dans les *Cloches de Corneville.* Cette jolie personne monte un cheval de haute école comme si elle n'avait jamais monté que cela. L'art dramatique mène à tout !

Les étonnants Japons, Bevans et ses automates, les trapézistes Gonza et Azella, la pittoresque pantomime des *Zeg-Zeg,* épisode d'un voyage au Soudan, dont les magnifiques costumes sont dessinés par M. Thomas, ont été bruyamment et longuement applaudis. Bref, le succès de la représentation d'ouverture a été énorme.

D'ailleurs, afin de prouver l'importance que la direction de l'Hippodrome attache à toutes les parties de son entreprise, il suffira de dire que l'orchestre est dirigé par M. Albert Vizentini, l'ex-directeur du Théâtre-Lyrique ! On pourra, grâce à ce concours précieux, ajouter au spectacle équestre les attraits d'un véritable concert et qui sait si, un de ces jours, nous n'assisterons pas à la reprise de *Paul et Virginie*, arrangé en pantomime équestre.

## LES ABANDONNÉS.

11 mai.

M. Larochelle a monté, en moins de vingt jours, le drame populaire de M. Louis Davyl dont la première vient d'avoir lieu à l'Ambigu. Par exemple, il a fallu travailler ferme, car les ouvrages de ce genre avec leur va-et-vient continuel, leur défilé de tableaux et de types plus ou moins réalistes sont toujours difficiles à mettre en scène.

Naturellement on n'a guère eu le temps de se ruiner en décors, et les rues de Paris qu'on nous a servies ressemblent à s'y méprendre à des quartiers de petite ville de province, mais à cela près les yeux ont encore trouvé leur compte au spectacle de ce soir.

Au théâtre, sur la scène, dans la chaire du contrôle, tout le monde rayonne. Directeurs, artistes, employés n'ont jamais vu une si belle salle : des habits et des cravates blanches partout !

— Dorénavant, s'écrie le contrôleur en chef avec orgueil, nos premières seront plus brillantes que celles des Italiens !

Je regrette d'arracher une douce illusion à ce fonctionnaire si dévoué, mais la vérité m'oblige à lui apprendre que les spectateurs en costume de soirée n'ont endossé le *sifflet* — ô Sarcey, pardonne-moi cet emprunt ! — que pour se rendre, après la représentation, à la fête que donne M. Cantin, en l'honneur de l'anniversaire des *Cloches de Corneville.*

Le principal rôle de femme des *Abandonnés* était destiné à M<sup>lle</sup> Rousseil.

Mais depuis qu'elle a écrit *la Fille d'un proscrit*, cette artiste est devenue si exigeante, paraît-il, que des directeurs raisonnables reculent devant son engagement. C'est aux conditions exagérées faites par Mlle Rousseil aux directeurs de l'Ambigu, que nous devons d'avoir revu Mlle Périga, une actrice errante, qui reparaît de loin en loin — de trop loin en trop loin, selon moi — dans les théâtres de drames.

Le premier rôle d'homme est naturellement échu à M. Deshayes. A côté de lui, au second plan, un artiste, non moins intermittent que Mlle Périga, joue un rôle d'Anglais. Au point de vue de l'accent, il ne laisse rien à désirer — on me dit d'ailleurs que M. Stuart a créé à Londres, en anglais, des rôles importants et qu'il y était même fort apprécié — mais au point de vue de la mise, c'est autre chose. Si M. Stuart se figure que les grands seigneurs anglais, renommés pour la correction de leur toilette, sortiraient avec un pardessus marron à parements de velours comme celui qu'il porte pendant les six tableaux de la pièce, c'est qu'il ne s'est jamais donné la peine d'étudier les modes de Londres. Mlle Laurence Gérard, au contraire, est habillée avec un goût parfait. Les cheveux rouges lui vont fort bien; si elle m'en croit, elle n'en mettra plus d'autres.

Pendant les entr'actes, on cause avec une animation extraordinaire.

J'ai rarement vu les couloirs d'un théâtre aussi houleux, même un soir de première. Des groupes se forment partout : on y discute avec chaleur; les voix s'échauffent et sur plusieurs points des mots aigres; des épithètes malsonnantes sont échangés.

Ce n'est certes pas la pièce qui cause toutes ces altercations. Je n'ai pas besoin d'ailleurs d'écouter bien longtemps pour constater que la condamnation de Danval est sur le tapis, et que c'est le cas de l'ex-pharmacien de la rue Maubeuge qui motive toutes ces disputes.

Vers le milieu de la soirée, autre cause d'agitation. La nouvelle de la tentative d'assassinat commise aujourd'hui à Berlin sur l'empereur Guillaume s'est répandue, et les conversations reprennent de plus belle sur ce nouveau sujet.

Les enfants semblent prendre chez MM. Ritt et Larochelle une place aussi importante que jadis au petit théâtre Comte. Avec la *petite* Daubray, nous avons vu se produire à la Porte-Saint-Martin, dans le petit Gervais des *Misérables*, la *petite* Caroline Courbois. Nous retrouvons celle-ci dans les *Abandonnés*; il lui faut, à elle aussi, ses deux théâtres dans la même soirée.

Mais ce n'est pas tout. Nous voyons en outre ce soir une multitude d'autres gamins ou gamines dans le tableau où se trouve le fameux arbre de Noël.

On m'affirme que toute cette jeune troupe a répété sous la direction de la *petite* Daubray, dont l'autorité, en matière de scènes enfantines, est maintenant hors de discussion.

M. Davyl, se rappelant le passage d'un discours princier si chaleureux pour notre pays, a mis, à la fête de Noël, dans la bouche de son personnage anglais, les paroles mêmes du prince de Galles :

« Tout mon cœur est avec la France ! »

Cette phrase a été accueillie par des applaudissements unanimes, et la manifestation sympathique du public s'est encore accentuée lorsqu'une voix un peu enrouée, partie du cintre, a crié :

— A la bonne heure !

Gobin, qui n'attendait qu'un bon rôle pour avoir un succès, représente un ouvrier travaillé par la passion du théâtre, et remplaçant le langage usuel par des tirades empruntées au répertoire mélodramatique, et même aux opérettes en vogue.

A la place de MM. Ritt et Larochelle, je mettrais, dès demain, sur l'affiche de l'Ambigu, comme pour les revues :

« Tous les soirs, à dix heures, grande scène d'imitations, par M. Gobin. »

Rien qu'à cause de cela, les *Abandonnés* ne seraient pas abandonnés... par le public.

---

### PSYCHÉ.

21 mai.

Avec la reprise de *Psyché*, ou, pour mieux dire, avec la première de *Psyché*, nouvelle manière, M. Carvalho nous offrait ce soir l'une des épaves qu'il a précieusement recueillies dans le naufrage du Théâtre-Lyrique.

On peut même dire qu'il a commencé à récolter ce que son ex-confrère Vizentini avait si péniblement semé.

Pour ce dernier, l'opéra d'Ambroise Thomas était un des plus brillants atouts qu'il avait encore à jouer lorsqu'il fut contraint de renoncer à une tâche artistique par trop lourde. Sur son radeau de Méduse, il entrevoyait *Psyché* au fond d'un sombre horizon, comme la voile lointaine qui pouvait assurer son salut en lui ramenant, peut-être, les recettes fantasmagoriques de *Paul et Virginie*. Pour cette partie suprême, il tenait en réserve une interprétation hors ligne : Heilbron, Engally et Bouhy. Bref, il comptait la jouer à coup sûr.

M. Carvalho, qui sait ouvrir les mains à propos lorsqu'il s'agit de prendre le bien où il se trouve, ne s'est pas contenté de s'emparer de la partition, il a engagé en même temps Heilbron et Engally. Il est vrai qu'il fut moins heureux du côté de Bouhy; mais, à défaut de ce dernier, enlevé par l'Opéra, il possédait dans sa troupe un jeune baryton, M. Morlet, que ses débuts dans la *Surprise de l'Amour* avaient mis hors de pair, et il se hâta de lui confier le rôle de Mercure.

On comprend donc l'empressement du public à la première de ce soir et l'impatience avec laquelle on a attendu jusqu'à neuf heures moins un quart le lever du rideau annoncé pour huit heures.

Le ministre de l'instruction publique et des beaux-arts assistait à la représentation dans une avant-scène.

Ainsi que je viens de le dire, bien que l'œuvre de M. A. Thomas ait été représentée en 1857, nous avons plutôt assisté ce soir à une première qu'à une reprise.

Tout dans *Psyché*, poëme et partition, a été complétement refait : on a supprimé le dialogue pour lui substituer des récitatifs; les scènes ont été transformées, des tableaux ajoutés, deux rôles autrefois tenus par Prilleux et Sainte-Foy et qui semblaient mauvais, — est-ce parce qu'ils étaient comiques? — ont été réduits en figurations.

Enfin, on a tant arrangé, tant diminué par-ci, tant augmenté par-là, tant retaillé partout, que *Psyché* est aujourd'hui un opéra aussi inédit que possible.

Depuis le poëme de La Fontaine, Psyché a inspiré de nombreuses œuvres et aux poëtes et aux musiciens.

Ce fut d'abord la fameuse tragi-comédie-ballet en cinq actes, à laquelle travaillèrent Molière, Quinault et Pierre Corneille, et dont la musique fut composée par Lulli.

En 1678, l'Académie royale de musique joua une autre tragédie lyrique en cinq actes, avec prologue. Attribuée d'abord à Thomas Corneille, elle fut ensuite revendiquée par Fontenelle. Lulli en avait également fait la musique.

En 1842, M. V. de Laprade, de l'Académie française, a publié un poëme sur Psyché.

Il en existe encore plusieurs de valeurs diverses, et

je crois même qu'au moment syndicologique, les directeurs de la salle Taitbout se disposaient à monter une *Psyché* quelconque, aujourd'hui sans asile.

Dans l'après-midi, on avait eu une vive émotion à l'Opéra-Comique.

M<sup>lle</sup> Heilbron avait fait dire qu'il lui était impossible de chanter.

M. Carvalho se désolait comme un homme qui ne connaît pas bien sa jolie pensionnaire. Son ex-confrère Vizentini était autrement aguerri contre les incidents de ce genre.

Il était au courant des frayeurs *in extremis* de la chanteuse, les jours de premières.

M<sup>lle</sup> Heilbron adore son métier, mais elle voudrait ne jamais avoir de premières. Malheureusement, comme elle ne peut commencer par la seconde, sa terreur la reprend à chaque occasion nouvelle.

Les jours de création, son esprit se frappe, se surexcite à ce point que cette seule influence morale suffit généralement pour la rendre malade et provoquer un malaise qui ne laisse pas que d'augmenter encore son embarras.

De là, des bulletins à sensation comme celui que M. Carvalho a reçu aujourd'hui au dernier moment.

Il est vrai que tout s'arrange à la fin et qu'une fois bien en règle avec sa propre tradition, M<sup>lle</sup> Heilbron reprend courage et revient aisément sur une première décision.

Elle nous a paru fort jolie l'aimable chanteuse, quand elle a fait son entrée, toute de blanc habillée, en tunique blanche et une couronne de roses blanches dans ses cheveux noirs. De vifs applaudissements ont salué son entrée, et nous nous sommes rappelé alors l'époque, pas bien lointaine en somme, où Marie Heilbron, une petite fille à peine connue, sortant de l'école de Duprez, débutait à ce même Opéra-Comique dans je ne sais quel lever de rideau. Que de changements, depuis ce temps-là, n'est-ce pas, mademoiselle ?

M<sup>me</sup> Engally aussi a été reçue par le public de l'Opéra-Comique comme une ancienne connaissance, bien qu'elle n'ait jamais chanté rue Favart. L'ex-pensionnaire du Théâtre-Lyrique porte avec une certaine désinvolture la tunique courte et le bonnet phrygien d'Eros. Mais elle ne sait toujours pas marcher en scène et je crains bien que cet art-là ne lui soit jamais familier.

On ne lui a pas marchandé les ovations ce soir, et, pendant qu'on l'acclamait, plus d'un spectateur du balcon s'est tourné instinctivement vers la loge de M. Halanzier.

M. Carvalho a fait des frais sérieux de costumes et de décors. Celui du palais de Psyché, peint par Rubé et Chaperon, est joli. A la place du grand ballet écrit par M. Ambroise Thomas pour sa nouvelle partition, on nous en a servi un tout petit et pas bien méchant. Il est vrai que les danseuses font totalement défaut à l'Opéra-Comique, et que l'on ne peut malheureusement pas en recruter au Conservatoire comme on y a recruté des chanteuses pour le fameux chœur des Nymphes, un des rares morceaux qui restent de l'ancienne partition.

Pendant les entr'actes, j'ai assisté à une petite scène qui s'est renouvelée plusieurs fois et qui me paraît digne d'être racontée.

Il y a, au foyer du public, un piano qui sert probablement aux répétitions. Un piano assez ordinaire, en palissandre, comme on peut en rencontrer dans les loges des portiers les moins élégants.

Devant ce piano on avait mis un garde municipal en faction.

Toutes les fois que quelqu'un s'approchait de l'instrument et s'y appuyait machinalement, la garde s'avançait en s'écriant :

— Ne touchez pas au piano, s'il vous plaît!

On se reculait, un peu surpris, et quand on interrogeait le municipal, quand on lui demandait si ce piano était donc bien extraordinaire, il répondait en se frisant la moustache :

— Que je ne sais pas s'il est extraordinaire ou pas, mais que je sais que c'est ma consigne!

Drôle de consigne, tout de même! M. Carvalho s'est-il figuré, par hasard, que l'on pourrait, en s'en allant, emporter ce piano pour se jouer des airs de *Psyché* en voiture?

---

## LE CHAT BOTTÉ.

*18 mai.*

Les féeries nouvelles sont rares. Tout le monde n'est pas disposé à risquer sa fortune — voire même celle des autres — sur une seule carte. Je sais bien que le succès sourit assez généralement à ces sortes de spectacles, mais enfin on peut — une fois par hasard — ne pas mettre dans le mille, et les insuccès sont désastreux.

M. Weinschenck, le nouveau directeur de la Gaîté, a dû se faire ce raisonnement quand il a pris possession de son théâtre. Mais comme il est absolument impossible de jouer à la Gaîté autre chose que des pièces à décors et à costumes, son parti a été vite pris. M. Vizentini, quand il a dû mettre bas les armes, avait commencé à monter une féerie en trois actes et une quantité énorme de tableaux ; M. Weinschenck a poursuivi l'œuvre de son prédécesseur.

Le *Chat botté*, de MM. Ernest Blum et Tréfeu, était d'ailleurs — dans le principe — une féerie assez simple, n'ayant plus rien de commun avec les féeries modernes de ces dernières années — scientifiques ou autres — une féerie bonne enfant avec des trucs bons enfants — des lits qui s'agrandissent, des fauteuils qui se haussent sur leurs quatre pieds, et des arcs-de-triomphe qui se transforment en table toute servie — des notaires bons enfants qui se flanquent par terre lorsqu'ils arrivent pour signer le contrat, et des génies bons enfants qui mènent le tout à la baguette.

Mais peu à peu le cadre s'est agrandi. On a multiplié les ballets, les cortéges, les apothéoses, et quand la toile s'est levée ce soir, le nouveau directeur a pu se dire avec fierté qu'il avait dépensé une forte somme pour en arriver là.

Lorsqu'un directeur prend possession d'un théâtre qui change absolument de genre, la plus grande difficulté qu'il rencontre est tout d'abord de former une troupe.

Le nouvel impresario de la Gaîté n'a pas eu cette peine. L'obligeant M. Bertrand, qui ne demande qu'à prêter une partie de ses artistes aux directeurs dans l'embarras, et qui a déjà tenté une première expérience de ce genre aux Menus-Plaisirs avec M. Durécu, a offert avec empressement ses pensionnaires à M. Weinschenck, qui lui donne en retour, outre une somme fixe tous les soirs, une part quelconque sur la recette.

Nous avons donc retrouvé à la Gaîté un certain nombre d'artistes des Variétés :

M$^{lle}$ Gabrielle Gauthier qui aborde pour la première fois l'emploi des Peschard et des Zulma Bouffar, et qui éprouvait ce soir l'émotion inséparable d'un premier pantalon;

M$^{lle}$ Berthe Legrand, à laquelle Grévin (est-ce bien Grévin?) a dessiné un costume de sorcière en chambre qui lui va très-mal et qui la vieillit, alors qu'elle arrive à l'âge où les femmes sont encore jeunes;

M^lles Lynnès, — la cadette, une très-mignonne enfant qui, après avoir joué une fille de roi dans une reprise du *Voyage dans la Lune*, en rejoue une ce soir dans le *Chat botté*; puis l'aînée, que l'on aperçoit à peine dans un rôle effacé, si bien que l'on disait dans la salle :

— Elle a abandonné son droit d'aînesse à sa sœur !

Enfin, les deux Baretti, si jolies et si séduisantes. Elles n'ont à la vérité pas grand'chose à dire, mais leur beauté parle pour elles.

La plus jeune me semble destinée à remplacer avantageusement les Mariani et les Derval (ne pas confondre avec l'excellent secrétaire du Gymnase) qui avaient monopolisé dans les féeries l'emploi des lutins sortant des murs.

Je retrouve également à la Gaîté : Dailly, Germain et Guyon, ces trois chevaliers errants de la troupe de M. Bertrand, que l'on déménage du boulevard de Strasbourg à Monaco, de Monaco aux Arts-et-Métiers, que l'on voit partout enfin, sauf aux Variétés, et qui parlent de mettre, sur leurs cartes de visite, cette qualification :

ARTISTES DES PRINCIPAUX THÉATRES DE PARIS

Enfin, un nouveau pensionnaire des Variétés : Grivot.

Celui-là, par exemple, n'est pas absolument enchanté de reparaître dans une féerie. Je ne sais si ce genre, parfois amusant, a jamais été l'objet de sa vocation, mais il est certain qu'il l'a pris en horreur depuis qu'il a chanté des romances et des ensembles *pour de vrai* dans les représentations de l'ex-Théâtre-Lyrique.

Passé au grade de chanteur sérieux, il n'avait déjà

repris son rôle de Mercure, lors de la dernière apparition d'*Orphée*, qu'avec des larmes dans la voix, et, peu de temps après, ayant rencontré un camarade sur le boulevard Montmartre :

— Qu'as-tu donc? tu sembles tout joyeux, lui demanda ce dernier.

— Ce que j'ai!... répliqua Grivot en se frottant les mains, j'ai que je vais changer d'air! Cette maudite Gaîté peut ressusciter maintenant, on ne m'y verra plus ; je ne jouerai plus dans les féeries.

— Ah bah! Pourquoi?

— Dame, c'est tout à fait impossible : je viens de signer avec Bertrand, je suis des Variétés!

L'infortuné trial oubliait qu'il ne suffit pas de signer avec le directeur des Variétés pour *être* des Variétés.

Et, amère fumisterie de la destinée, c'est sur la scène dont il était plus que rassasié que son nouveau directeur lui fait remplir — à lui artiste à peu près lyrique — le rôle d'un *chat!*

J'arrive aux décors, aux trucs et aux costumes.

Je n'ai, du reste, à parler de *la pièce* qu'à ce point de vue extérieur et pittoresque, qui est, à vrai dire, le plus important dans ce genre spécial.

Sous ce rapport, il y a, dans le *Chat botté*, des effets ratés et des effets réussis. Il m'est doux de commencer par ces derniers.

Citons donc, parmi les bonnes choses du premier acte, le finale dansé des lumières. Cet effet n'est pas absolument inédit : nous avons déjà vu *quelque part* des danseuses et des figurantes se trémousser en portant des lanternes vénitiennes montées sur manche à balai, mais comme il réussit toujours, on ne peut qu'y applaudir quand il est bien mis en scène. La toile du fond, représentant dans le lointain une ville illuminée, a été très-remarquée.

Dans ce premier acte, j'aime moins, mais beaucoup moins le cortége des prétendants. Un malveillant me jure que les costumes en ont été dessinés par Grévin, mais ils laissent tant à désirer — surtout comme fantaisie — que j'ai peine à croire cette petite calomnie, car, en vérité, tous ces prétendants ne peuvent guère prétendre à l'originalité du costume.

Autre critique. Pourquoi nous montrer, à la Gaîté, un nouveau ballet des Mouches, après celui que nous venons d'y revoir tout récemment?

On me dira que ce ballet est intitulé, sur l'affiche, « Ballet des Fleurs animées. » Mais malgré la présence de quelques fleurs, c'est encore l'élément mouche qui domine.

C'est dans le second acte que l'on a essayé d'accumuler les attractions.

On y voit le fameux troupeau de moutons articulés — un joli truc acheté par Offenbach à Londres et qu'il avait l'intention d'intercaler dans son *Don Quichotte*; la ville de fer, avec des manœuvres exécutées par des amazones complétement vêtues de perles de toutes couleurs; la ville d'or — trop de jaune! — et enfin le ballet des Monnaies.

C'est la grande surprise de la soirée. Et il y a vraiment bien de quoi. Jugez-en.

Le mauvais génie vient d'enlever la fille du roi. Et tout à coup, pour célébrer cet enlèvement, on voit entrer des femmes-drapeaux, pavillons de toutes les nations, russes, anglais, autrichiens, italiens, américains, belges, prussiens mêmes, et enfin le drapeau tricolore. Au fond, au milieu des soleils tournants et au-dessous d'une immense guirlande de femmes suspendues, on voit... Quoi? Je vous le donne en mille : la colonnade du Trocadéro!

Ce ballet des Monnaies est le ballet de l'Exposition.

O Perrault, qu'en penses-tu?

Grâce à la durée des actes, durée qui n'est dépassée que par celle des entr'actes, il est plus de minuit quand commence le troisième acte.

Je me sauve... comme un chroniqueur.

Ce qui me console un peu, c'est que je ne perdrai pas tout.

Un ami dévoué, qui veut bien rester jusqu'au bout, me fait une douce promesse :

Il me racontera l'apothéose !

---

ENTRE DIRECTEURS.

27 mai.

Vous savez ce que l'on nous prépare ? Si la loi sur le droit des pauvres n'est pas immédiatement mise en discussion à la Chambre, si la réduction demandée n'est pas accordée, MM. les directeurs viennent de décider, dans une réunion suprême, qu'ils se mettraient immédiatement en grève. Plus un théâtre ouvert pendant l'Exposition. Les étrangers réduits aux seuls cafés-chantants et forcés de rester à l'hôtel les soirs de pluie.

Je reviendrai sur les résultats assez imprévus que pourrait avoir cette mesure radicale ; pour le moment, ce qui m'a surtout frappé, ce n'est pas l'entente des directeurs se réunissant contre l'ennemie commune : l'Assistance publique ; ce sont les épisodes assez piquants qui ont dû signaler cette assemblée d'impresarii.

Après tout — au droit des pauvres près — ces messieurs ont des intérêts diamétralement opposés les uns aux autres. Ils n'échappent pas — en général — à ce petit sentiment de jalousie qui se développe tant dans le milieu des gens de théâtre. Évidemment, les conversations qui se sont tenues à la réunion de l'autre jour ont dû se signaler par une forte dose de perfidie, et j'en ai imaginé quelques-unes, à titre d'exemples.

## PREMIÈRE CONVERSATION

M. CARVALHO, directeur de l'Opéra-Comique,
et M. HALANZIER, directeur de l'Opéra.

M. Carvalho. — Ainsi, mon cher confrère, vous comptez jouer l'Opéra pendant toute la durée de l'Exposition?

M. Halanzier. — Sans doute.

M. Carvalho (*pressant tristement la main de M. Halanzier*). — Je vous plains bien sincèrement.

M. Halanzier. — Pourquoi?

M. Carvalho. — Parce que vous allez manger beaucoup d'argent.

M. Halanzier (*surpris*). — C'est-à-dire que j'encaisserai chaque soir le maximum.

M. Carvalho (*avec amertume*). — Allons donc! Votre théâtre n'est pas fait le moins du monde pour exploiter un genre nécessitant des frais aussi immenses que le Grand-Opéra...

M. Halanzier (*avec un soupir*). — Il est vrai que ça coûte cher. Ainsi, pour le *Polyeucte*, de Gounod, que je répète en ce moment..

M. Carvalho. — Parbleu! Croyez-en mon expérience. Laissez-moi là Gounod et *Polyeucte*. Renoncez aux *Huguenots*, à l'*Africaine*, à *Faust*. Ne voyez-vous donc pas que cette musique sérieuse casse la tête du public? Il préfère la musique joyeuse, facile... et après tout, il vient surtout pour votre escalier!

M. Halanzier. — Pourtant, mon cahier des charges...

M. Carvalho. — Un cahier des charges est fait pour être violé. Voyez nos confrères. Croyez-moi, n'hésitez pas, allez trouver Cantin et demandez-lui carrément l'autorisation de reprendre la *Fille de Madame Angot.*

## DEUXIÈME CONVERSATION

M. PERRIN, directeur de la Comédie-Française, et
M. BALLANDE, directeur du Troisième-Théâtre-Français.

M. Ballande. — Mon cher confrère, je suis désolé de vous le dire, mais la Comédie-Française est dans une très-mauvaise voie.

M. Perrin. — Vous n'y pensez pas ? Jamais, au contraire, elle n'a été dans un pareil état de prospérité...

M. Ballande. — Méfiez-vous. Cette prospérité cache un abîme.

M. Perrin. — Nous faisons salle comble tous les soirs.

M. Ballande (*avec un rire satanique*). — D'autres aussi ont fait salle comble. Ils ne s'en sont pas moins ruinés. Croyez-moi, renoncez d'abord à exploiter votre répertoire classique. La tragédie vous tuerait. Ensuite, ne vous adressez plus à des auteurs comme Augier ou Dumas. Laissez la comédie dramatique qui a fait son temps et abordez franchement la farce.

M. Perrin. — Vous voulez que la Comédie-Française ?...

M. Ballande. — Savez-vous ce que je ferais à votre

place? Je m'adresserais à Hennequin et je lui demanderais une pièce avec des portes. Je voudrais que toutes mes pièces nouvelles eussent des couplets dont je confierais la musique à des compositeurs en vogue. Voilà le seul moyen de sauver la Comédie-Française.

## TROISIÈME CONVERSATION

M. CASTELLANO, directeur des Théâtres-Historique et du Châtelet, et MM. RITT et LAROCHELLE, directeurs de la Porte-Saint-Martin.

M. Castellano. — Votre situation m'inspire de sérieuses inquiétudes.

MM. Ritt et Larochelle (*effrayés*). — Lesquelles?

M. Castellano. — On assure que vous voulez continuer à jouer le drame.

M. Ritt et Larochelle. — Sans doute. Notre théâtre n'est-il pas un théâtre de drame? Nos acteurs ne sont-ils pas des acteurs de drame?

M. Castellano. — Et qu'importe? Ne voyez-vous pas que le drame se meurt, que le drame est mort?

MM. Ritt et Larochelle. — Tel n'est pas notre avis. D'ailleurs, nous varions notre programme. C'est ainsi que nous reprenons le *Tour du Monde*, une féerie.

M. Castellano. — Ah! mes pauvres amis, quelle folie! Je vous en conjure, il en est temps encore, renoncez à ce funeste projet. Reprendre le *Tour du Monde*, mais c'est insensé! Vous allez faire des frais considérables pour réaliser des recettes infimes!

MM. Ritt et Larochelle. — Il faut bien pourtant que nous jouions quelque chose!

M. Castellano (*d'un air fin*). — Ah! si j'étais directeur d'un magnifique théâtre comme le vôtre, je sais bien ce que je ferais.

MM. Ritt et Larochelle. — Que feriez-vous?

M. Castellano. — J'y monterais immédiatement l'opéra. Ne voyez-vous pas que ce qui manque aujourd'hui, ce sont les théâtres lyriques? Ce que veut le public, c'est de la musique, toujours de la musique, encore de la musique!

## QUATRIÈME CONVERSATION

M. COMTE, directeur des Bouffes-Parisiens, et
M. KONING, directeur de la Renaissance.

M. Comte. — Mon cher confrère, je ne vous dissimulerai pas que c'est avec un véritable chagrin que je vous vois persister à jouer l'opérette.

M. Koning (*surpris*). — Pourtant, mes recettes sont excellentes.

M. Comte. — Pour le moment peut-être. Mais si vous continuez, vous finirez infailliblement par vous ruiner.

M. Koning. — Rien ne le prouve. J'ai de nombreux traités avec Lecocq, Meilhac et Halévy, ils ont des engagements avec moi; je possède une étoile qui en vaut bien une autre : Jeanne Granier...

— M. Comte. — C'est précisément là ce qui m'effraye pour vous. Supposez un instant que Lecocq tombe malade, que Meilhac et Halévy cessent d'écrire, que M<sup>lle</sup> Granier perde sa voix. Voyez votre situation, elle est terrible. En moins d'un an, vous êtes ruiné de fond en comble.

M. Koning. — Selon vous, que devrais-je faire?

M. Comte. — A votre place, je renoncerais à l'opérette. Du reste, c'est un genre condamné! Voilà dix ans que Sarcey annonce toutes les semaines que l'opérette vient de rendre le dernier soupir. Croyez-moi, abordez la comédie dramatique.

Les directeurs ainsi conseillés suivront-ils les excellents avis de leurs confrères?

Entre nous, il est permis d'en douter.

# JUIN.

### REPRISE DU *TOUR DU MONDE*.

1er juin.

Etant donnée l'énorme réputation dont le *Tour du Monde en 80 jours* jouit à l'étranger, les directeurs de la Porte-Saint-Martin ont pensé qu'une reprise de cet ouvrage, pendant la période *exceptionnelle*, devait forcément être fructueuse. Ils ont fait graisser les roues du fameux train du Pacifique, ils ont renouvelé les anneaux de leurs serpents, redoré leurs indiens et signé un nouvel engagement avec l'éléphant qui, lors du déjeuner donné à l'occasion de la trois-centième représentation, eut l'extrême bonne grâce de venir partager notre repas au Grand-Hôtel et que, depuis ce jour, nous avons toujours un peu considéré comme un confrère.

Cependant, MM. Ritt et Larochelle ont voulu ajouter aux attraits déjà bien suffisants du drame à spectacle quelques clous nouveaux. Non-seulement ils ont agrandi leur ballet, mais ils ont engagé un dompteur de la famille des Delmonico, pour exhiber cinq lions magnifiques et d'un caractère peu commode, s'il faut s'en rapporter à leur réputation.

M. d'Ennery a raconté, lui-même, la façon étrange

et romanesque dont les fauves ont été capturés. Il ne me reste donc que peu de détails à donner à leur sujet.

Voici comment le tableau de la forêt de Samarang se trouve arrangé.

Une énorme cage prend presque toute la scène de la Porte-Saint-Martin. Ses barreaux sont dissimulés tant bien que mal par les branches des arbres, le feuillage et les lianes.

Dumaine, Lacressonnière, Alexandre, M$^{mes}$ Patry et Marie Laure se trouvent en scène, escortés par le nègre Macamo.

Un rugissement formidable se fait entendre. Les voyageurs s'enfuient épouvantés. Seul, Macamo reste et attend. A ce moment, dans les coulisses, on approche une petite cage de la grande et, par un double jeu de portes, on donne aux fauves un semblant de liberté.

Ils entrent en gambadant comme des écoliers à l'heure de la récréation, mais aussitôt le regard et aussi la cravache du dompteur gâtent tout leur plaisir et les rappellent à leur triste position.

L'effet produit par le roi du désert et sa famille, présentés dans une cage vingt fois plus grande que toutes celles qu'on avait vues jusqu'à ce jour, a été assez grand.

Les amateurs d'émotions fortes ont regretté seulement que Dumaine et Lacressonnière aient « lâché » ce bon Macamo au moment du danger. L'idée de voir Dumaine terrasser un vrai lion a mis l'eau à la bouche de bien des gens.

Ce qui a été difficile à régler, par exemple, c'est le rugissement qui doit donner l'éveil aux héros de la pièce.

Le lion joue au besoin à saute-mouton ; il fait le beau comme un simple caniche, il va même, — quand on le lui demande — jusqu'à traverser des ronds en papier, comme une écuyère du Cirque. Mais on n'est point encore parvenu à lui inculquer les principes les plus élémentaires de l'art dramatique.

On a eu beau prendre le fauve le plus intelligent de la société Macamo, on n'a jamais pu lui faire comprendre ce que c'est que la réplique, et le rugissement demandé partait, tantôt trop tôt, tantôt trop tard, parfois même, il ne partait pas du tout.

Alors on a eu recours aux moyens extrêmes.

Quand le lion doit pousser son cri, on lui enfonce je ne sais quoi dans les flancs et, la douleur aidant, il joue son rôle avec un naturel que les plus grands artistes eux-mêmes n'ont pas toujours rencontré.

Je me demandais ce soir en voyant l'influence que cinq lions peuvent avoir sur une reprise, pourquoi on ne jouerait pas éternellement le *Tour du Monde*?

Les directeurs de la Porte-Saint-Martin, leurs successeurs et les successeurs de leurs successeurs pourraient lui assurer la perpétuité de la vogue et en faire le plus inépuisable de tous les succès inépuisables du passé, du présent et de l'avenir en renouvelant les tableaux sans en modifier sensiblement l'action.

Le sujet se prête merveilleusement à toutes les combinaisons géographiques que l'esprit humain peut engendrer.

La pièce faisant dérouler devant nos yeux des tableaux représentant diverses étapes du voyage de Philéas Fogg, on comprend aisément qu'il sera facile de reproduire successivement, dans les reprises futures, des régions non encore parcourues par les voyageurs de la Porte-Saint-Martin.

Ainsi, il est certain que la Chine et le Japon — dont il est question dans le célèbre roman de Jules Verne — fourniront des tableaux et des ballets merveilleux.

Lorsque la fête indienne du deuxième acte aura terminé sa longue et brillante carrière, il suffira de transporter l'action à Siam pour faire avec le public un nouveau bail de cent représentations. On pourra même conserver l'éléphant à la seule condition de le badigeonner en blanc, afin de lui refaire à lui aussi, une virginité de popularité.

De même l'acte du chemin de fer pourrait faire place à une scène de caravane dans le désert, la fête en Malaisie passer la main à une autre fête donnée par les chercheurs d'or de Californie et les dompteurs de tigres succéder aux dompteurs de lions.

D'ailleurs, notre globe possède, en fait de mise en scène, un répertoire qu'on n'aura jamais le temps d'épuiser d'ici le jour, sans doute encore éloigné, de la fin du monde et du Jugement dernier.

L'itinéraire seul deviendrait peut-être quelque peu fantaisiste, mais à la rigueur et pour motiver, par exemple, une petite excursion au milieu des glaciers du pôle Nord ou tout autre prétexte à décoration, on en serait quitte pour intituler la pièce de MM. d'Ennery et Verne :

*Le Tour du Monde en 160 jours !*

---

SALLES D'EXPOSITION : LA SALLE DU VAUDEVILLE.

4 juin.

C'est aujourd'hui le moment ou jamais d'étudier l'aspect du public cosmopolite et départemental qui remplit les théâtres et prive tant de Parisiens de billets de faveur.

J'ai essayé, bien des fois, de dépeindre à mes lecteurs la physionomie spéciale d'une salle de spectacle, les soirs de première.

Je crois y être parvenu. Tout le monde sait aujourd'hui que le Président de la République assiste quelquefois aux premières de l'Opéra et jamais à celles du Troisième-Théâtre-Français, que Sarcey se ronge les ongles dès qu'une pièce a cessé de lui plaire, que Bisschofsheim est un excellent client pour les bouquetières, qu'il ne faut pas dire trop de bien de Koning devant M. Comte, ni de Cantin devant M. Koning, que M. un tel — ne le nommons pas — se fait volontiers remplacer à sa place de critique par M<sup>lle</sup> une telle — ne la nommons pas davantage — et que ce sont généralement les amis de l'auteur qui débinent la pièce nouvelle dans les couloirs.

Ce que j'ai fait pour les salles de premières, je voudrais le faire pour les salles d'Exposition.

Seulement, comme chaque salle a ses spectateurs spéciaux, j'ai pensé que la plupart d'entre elles présenteraient une physionomie spéciale, et j'ai commencé aujourd'hui, par le Vaudeville, une série que j'espère continuer à loisir.

Les directeurs sont généralement aux petits soins pour *leurs étrangers*, mais je doute qu'aucun d'eux ait poussé la prévenance aussi loin que le Triumvirat du Vaudeville:

MM. Roger, Deslandes et Bertrand, désireux de faciliter au public international l'opération intéressante qui consiste à vider une partie de son porte-monnaie au profit de leur bureau de location, ont fait placarder à l'entrée du Vaudeville l'indication de toutes les places de la salle en russe, en italien, en espagnol, etc.

On s'imagine la stupéfaction des spectateurs parisiens à la vue des inscriptions de ce genre :

*Chairs at the orchestre and first gallery.*

*Plazas clamados banos.*

*Piazze chiamate castelli.*

Sans compter le russe, que la typographie se refuse à reproduire.

La direction ne s'en tiendra pas là. Déjà les Javanais dont le langage pittoresque n'est pas représenté, ont fait entendre des réclamations auxquelles il faudra bien faire droit. Les différents patois manquent encore à la collection, et le chinois ne brille que par son absence regrettable.

Les provinciaux sont en majorité au Vaudeville.

L'étranger — malgré le luxe de plaques dont je viens de parler — est plus rare.

Du reste, pour certains visiteurs de province, le théâtre a tant soit peu la saveur du fruit défendu.

Dans les petites villes, ce genre de plaisir est généralement *mal porté* et *la société* — comme dirait M. Sardou — reste claquemurée lorsqu'une troupe quelconque vient donner des représentations dans la salle de la place des Acacias ou de la rue de Paris.

Beaucoup de provinciaux ne vont donc au théâtre que lorsqu'ils font un voyage à Paris. Aussi n'est-il pas étonnant que leurs impressions nous paraissent étranges, à nous autres boulevardiers.

— Quelle est cette actrice? demande une dame en voyant M^lle Pierski, la nouvelle Clarisse Trabut.

— Céline Montaland, répond le mentor du groupe en consultant un *Entr'acte*, qui le renseigne sans doute depuis huit jours.

— Par exemple!... je ne l'aurais jamais reconnue!

— Comme elle a maigri depuis 1867!

— Et puis, quelle manie de ce teindre en blonde, ça ne l'embellit guère.

— (*Montrant M^lle Kalb.*) Et celle-ci?

— (*Cherchant son programme.*) M^lle Massin!...

— Ah! oui!... celle qu'on disait si élégante dans le courrier de l'*Indépendant*. Le fait est qu'elle s'habille à ravir.

— Il y a de bonnes couturières à Paris, maintenant.

— On ne ferait pas mieux chez nous. On dirait que cette robe a été faite par les sœurs Barillet, de la rue Française.

D'autres comparent les types que Sardou a mis en scène aux notabilités politiques et autres de leur connaissance.

On entend des dialogues de ce genre :

— Ce Brochat! Est-il assez nature? C'est tout le portrait de l'oncle Barnabé!

— Et Trabut! Comme c'est bien notre ancien maire Toupinel!

— Et M<sup>me</sup> Cotteret! c'est tout à fait la femme de l'avoué Brigard!

— Et M<sup>me</sup> de Saint-André! C'est la cousine Octavie en personne!

— Et le journaliste Séchard, c'est le rédacteur de notre *Echo!*

— Comme Clavajol ressemble à notre sous-préfet!

Tous sont bien persuadés que c'est leur ville natale que Sardou a voulu peindre lorsqu'il a écrit les *Bourgeois de Pont-Arcy*.

Pendant ce temps, derrière moi, un monsieur ne cesse de parler avec animation, en anglais, à son compagnon attentif.

Après avoir patienté quelques instants, je ne puis m'empêcher d'inviter du geste ce bavard à se taire complétement.

— Pourquoi voulez-vous que je me taise? me dit-il aussitôt dans un français dépourvu de toute espèce d'accent.

— Parce que vous êtes ici comme tout le monde : pour écouter.

— Au contraire, je n'y suis que pour parler.

— C'est trop fort !... vous vous moquez de moi à présent !

— Pas du tout... je suis interprète : il faut bien que je traduise la pièce à ce gentleman, puisqu'il me paye pour ça !

---

PREMIÈRE INAUGURATION DU THÉATRE DES NOUVEAUTÉS.

10 juin.

M. Brasseur a pensé qu'une seule inauguration ne suffisait pas pour un théâtre autour duquel, avant sa naissance, on a déjà fait tant de bruit. Il nous a invités à une inauguration en deux parties. Hier soir, on est venu voir la salle; demain on viendra voir la pièce.

Le directeur de la nouvelle salle des Nouveautés a pris, il me semble, un parti fort sage. On aurait eu demain, en admirant l'architecture, des distractions qui n'auraient pas manqué de nuire à *Coco;* tandis que maintenant, la connaissance avec le cadre étant faite, on se préoccupera uniquement de ce qu'il peut contenir. Et je puis ajouter, sans crainte de contradiction, que si l'un répond à l'autre, M. Brasseur peut, pour ses débuts, compter sur un joli succès.

Il n'y a pas, à Paris, un seul théâtre de genre qui puisse se vanter de posséder une aussi jolie salle.

On n'entendait, hier, que des exclamations de surprise et des compliments dont l'architecte profitait.

— Comment ! On est arrivé à faire cela sur l'ancien emplacement des Fantaisies-Parisiennes !

— C'est merveilleux !

— Il paraît qu'on peut y jouer des féeries !

— Les artistes ne sont pas beaucoup moins bien logés qu'à l'Opéra !

— Le foyer, à lui seul, paraît plus grand que tout l'ancien local !

La façon dont M. Brasseur est arrivé petit à petit à mettre les Nouveautés dans des meubles aussi somptueux ne laisse pas que d'être assez curieuse.

On sait que l'excellent et sympathique comédien avait l'habitude de faire tous les ans une tournée artistique en province. Le succès de cette tournée périodique lui donna l'idée, lorsqu'il quitta le Palais-Royal, de chercher à Paris une sorte de pied-à-terre dramatique pour y donner des représentations pendant une partie de l'année. On lui offrit alors la salle vacante des Fantaisies-Oller.

— Avec 25,000 francs, lui disait l'architecte, on vous arrangera quelque chose de très-coquet.

— Et ce sera une vraie salle de théâtre ?

— Dame ! il y aura bien une galerie, des loges, mais ce ne sera pas un théâtre dans toute l'acception du mot. Un véritable théâtre vous entraînerait à des frais bien plus grands !

— Et combien coûterait-il, votre véritable théâtre ?

— Il vous faudrait bien compter 120,000 fr.

— Ce serait très-joli, alors ?

— Ce serait bien, mais... vous comprenez... pour 120,000 fr. vous ne pouvez pas avoir la plus jolie salle de Paris.

— Ma foi, cela me conviendrait assez d'avoir la plus jolie... Voyons, vous qui avez fait la Renaissance, vous ne pourriez donc pas me construire quelque chose d'aussi bien ?

— Oh ! parfaitement. Seulement... la Renaissance... ce n'est pas peu de chose, et si 220,000 fr. ne vous font pas peur ?

— Hum !... enfin, puisque c'est nécessaire, marchez !

Et M. de Lalande marcha.

Et il arriva, ce qu'il arrive toujours en pareil cas : les devis furent de beaucoup dépassés.

Bref, — détail qui ne surprendra aucun de ceux qui ont fait construire ; — cette salle que M. Brasseur avait prise avec l'intention d'y dépenser 25,000 fr. n'en a pas coûté moins de 350,000 fr.

Il paraît même que M. le directeur doit s'estimer heureux d'en être quitte à si bon marché.

Les représentants des principaux journaux de Paris, des auteurs, des artistes, ont assisté à l'ouverture d'hier soir.

En fait de discours officiels, nous n'avons eu qu'un prologue rimé par Clairville, et spirituellement débité par M$^{lle}$ Cécile Montaland. Après quoi la plupart des artistes présents se sont succédé sur la scène. On a ri, on a applaudi, on a même un peu dansé au foyer, puis les gens de l'inauguration ont regagné leurs foyers, les uns en carrosse, les autres à pied, en souhaitant heureuse chance à Monsieur le Directeur.

---

*COCO.*

12 juin.

La jolie salle des Nouveautés était trop petite ce soir pour contenir tous ceux qui auraient voulu assister à la première de *Coco*. Plus d'un a payé fort cher le droit d'entrer... au foyer. On tenait à pouvoir dire : « J'y étais ! » Une vraie solennité de derrière les fagots.

Dans la pensée du directeur, le vaudeville de MM. Delacour, Clairville et Grangé a surtout pour but de montrer au public les artistes du nouveau théâtre, le personnel militant, l'orchestre, les décorateurs, les machinistes, je dirais même le maître de ballet, si je pouvais croire que l'étourdissant pas espagnol dansé par Céline Montaland, Silly et Brasseur a été réglé par un professeur de chorégraphie quelconque.

Je vais donc, si vous le voulez bien, imiter la direction du nouveau théâtre et vous faire rapidement passer en revue les grandes et les petites individualités dont il se compose.

Mesdames et messieurs, j'ai l'honneur de vous présenter :

Brasseur. — Vous le connaissez. Qui sait, peut-être même, l'imitez-vous quelquefois? On peut dire que la moitié des jeunes gens de Paris consacre une heure ou deux par semaine à l'art d'imiter Brasseur. Depuis qu'il est directeur, l'artiste s'est étrangement modifié. Quand les auteurs de *Coco* lui ont apporté leur pièce, il n'a fait qu'une seule observation :

— Mon rôle n'est pas assez mauvais!

Les auteurs furent stupéfaits. Brasseur a toujours passé pour un acteur assez difficile à contenter.

— Mon rôle n'est pas assez mauvais, continua-t-il pourtant. Vous comprenez bien que je ne veux pas avoir l'air d'un directeur qui profite de la situation pour accaparer les bonnes créations. Je demande qu'on me sacrifie, je veux être sacrifié!

On conçoit que ces messieurs aient hésité avant de se rendre à la volonté de Brasseur. Quand on a un comique de cette valeur sous la main, on tient généralement à lui ménager des effets. Mais toutes les fois qu'on lui en ajoutait un, Brasseur — au rebours de ses anciennes habitudes — poussait un soupir en murmurant :

— Allons, décidément, il n'y a rien à faire! Je vais avoir un bon rôle!

Christian. — Vous le connaissez. Avant de l'engager, Brasseur lui a fait prêter serment. Il a juré qu'il respecterait scrupuleusement, et toujours, la prose des auteurs. Plus de calembours, pas même un petit. Christian poussera-t-il l'amour du jeu de mots jusqu'à se parjurer ? C'est ce que l'histoire impartiale nous dira un jour.

Numa. — Vous le connaissez. C'est lui qui, dans *Andréa*, de Sardou, joua si drôlement une scène de gandin ivre. Il a quitté le Palais-Royal en même temps que Brasseur. Les deux comédiens s'en sont allés bras dessus bras dessous. A titre d'ancien camarade, Brasseur l'a mis troisième sur son affiche — en attendant la vedette.

Richard. — Vous le connaissez probablement. Ce n'est pourtant pas celui qui joue au Théâtre-Français, ni celui qui a joué à l'Odéon. On l'a vu un peu partout. Depuis Cluny où il a débuté, jusqu'à la Comédie-Française, où il a tenu l'emploi de Coquelin pendant la Commune. Il a passé au Gymnase, au Vaudeville, et abandonne momentanément la comédie pour le genre plus léger des Nouveautés.

Martin et Seiglet. — Si vous les connaissez, c'est bien sans vous en douter. Ces deux acteurs de province ont joué, pendant quinze ans, côte à côte, aux Célestins, de Lyon ; puis, l'un est entré au Gymnase, l'autre à l'Ambigu. Ils sont heureux de se retrouver ce soir.

Blanche. — Vous ne le connaissez pas... A moins que le hasard ne vous ait conduit cet hiver à une matinée de la Gaîté, où il donnait la réplique à Coquelin, dans le *Matamore*, de Cyrano de Bergerac. Cependant, l'apparition de ce débutant était assez escomptée dans le monde des artistes, où il a déjà une certaine notoriété.

Reyar. — Vous ne le connaissez certes pas. Il excelle à imiter le cor de chasse avec son nez.

Mais si c'était un inconnu pour vous avant la soirée d'aujourd'hui, il était connu, bien connu, dans le quartier Latin où sous son véritable nom de Falinski, il se livra, pendant plusieurs années, à des mystifications qui lui ont fait une réputation légendaire entre la rue Saint-Jacques et le carrefour de l'Odéon. Il était alors étudiant honoraire en médecine.

Céline Montaland. — Vous la connaissez. Les nouveaux théâtres peuvent remplacer les anciens, les directions peuvent changer, les auteurs se rouiller, les genres se modifier, elle est, elle sera toujours jolie, toujours jeune, toujours charmante. L'opérette l'a possédée aussi bien que le drame, la féerie et la comédie. L'autre soir, à la fête d'inauguration des Nouveautés, elle nous a dit les vers de Clairville, comme bien des soubrettes, à la Comédie-Française, ne disent pas les vers de Molière. Elle a tenu à les redire ce soir.

Silly. — Vous la connaissez, mais vous l'avez certainement vue plus souvent dans la salle que sur la scène. On ne la retrouve qu'à de longs intervalles. Toutes les fois qu'elle paraît elle réussit, et pourtant son succès n'a jamais été suivi d'un engagement durable. Espérons que M. Brasseur aura l'intelligence de rompre avec cette tradition.

Juliette Darcourt. — Vous la connaissez. Elle a chanté partout où l'on chante. C'est elle qui a fermé les Fantaisies-Oller, c'est elle qui ouvre le théâtre des Nouveautés. Elle est jolie. Mais où diantre achète-t-elle ses chapeaux ?

Blanche Méry. — Vous la connaissez. Jusqu'ici — au théâtre du moins — elle n'a fait que des créations peu importantes. Mais elle veut arriver. Et ce que femme veut...

Aubrys. — Vous la connaissez peu. Une des actrices les plus opulentes de Paris — au point de vue du corsage — a passé par une foule de théâtricules, depuis les Folies-Marigny jusqu'aux Bouffes du Nord. Une des rares artistes qui consentent à jouer les duègnes sans avoir atteint la quarantaine.

Dareine. — Vous ne la connaissez guère, bien qu'elle ait porté le maillot à la Gaîté et à la Renaissance. Ne demande qu'à se faire connaître.

Il n'est pas bien utile de vous présenter les autres pensionnaires féminins de la troupe Brasseur. Il y en a de gentilles, d'autres qui le sont moins, d'autres qui ne le sont pas du tout.

Quand il recruta ce bataillon enjuponné, M. Brasseur reçut, entre autres visites, celle d'une « jeune » personne qui s'est exhibée sur des scènes d'ordre tout à fait inférieur. Lui ayant demandé ce qu'elle savait faire, il reçut cette réponse :

— J'ai 300,000 francs de diamants !

Cela parut original au directeur, qui lui accorda une audition.

Elle se fit entendre dans plusieurs morceaux de son répertoire.

Quand l'audition fut terminée :

— Tout cela est fort bien, répondit Brasseur, mais où sont les diamants ?

— Ah ! monsieur, répliqua la « jeune » personne, ma mère vient d'être très-malade... les diamants sont au *clou*. Mais vous comprenez que si vous m'engagez... au bout de quinze représentations, je serai à même de les dégager... j'en fais mon affaire !

Brasseur n'alla pas plus loin. Il refusa formellement de se prêter, même indirectement, à cette petite industrie.

Cette anecdote suffira pour prouver, je l'espère, qu'au Théâtre des Nouveautés on ne tient pas seulement au physique, mais encore au moral.

Quelques présentations rapides du personnel administratif suffiront pour compléter le tableau.

Un grand nombre des employés viennent du Palais-Royal.

M. Castel, le régisseur, a longtemps rempli les mêmes fonctions au théâtre de la rue Montpensier.

Il en est ainsi du chef-machiniste, M. Colombier, des six musiciens de l'orchestre et du concierge du théâtre.

Quand je vous aurai dit que le chef d'orchestre est M. Lindheim, qui était, l'an dernier encore, chef d'orchestre aux Variétés, et qui a conduit la plupart des grandes opérettes d'Offenbach; que le secrétaire est M. Achille Desouche, et le contrôleur en chef M. Boieldieu, ancien secrétaire du Vaudeville de la place de la Bourse, vous connaîtrez les Nouveautés aussi bien que Brasseur lui-même.

Il me reste pourtant à vous parler du décorateur. Ce n'est — excusez du peu — que Robecchi.

*Ce nom seul me dispense, etc.*

de vous en dire plus long sur les charmants décors de *Coco*.

Je tiens cependant à signaler spécialement le bateau à vapeur qui a eu les honneurs de la soirée. Ne vous récriez pas!... C'est un véritable bateau à vapeur, exécuté avec une perfection et un réalisme extraordinaires.

On assiste même à toutes les péripéties du voyage de ce paquebot étonnant, grâce à un panorama qui se déroule sur le fond de la scène : d'abord le départ, avec la foule sur la jetée du Havre; puis, la côte de Sainte-Adresse, les phares, et enfin ce que M. Prud'homme appelle l'immensité des flots.

L'illusion est complète, et si les spectateurs n'en ont pas eu le mal de mer, c'est une attention délicate dont il faut savoir gré à M. Robecchi.

---

### LE SECRET DE MISS AURORE.

15 juin.

Après avoir joué *Populus* beaucoup plus longtemps qu'ils n'ont l'habitude de jouer les autres drames, les sociétaires du théâtre du Château-d'Eau, sur lesquels la manne de l'Exposition ne tombe guère, ont compris la nécessité de frapper un grand coup pour se faire, eux aussi, un public d'étrangers.

Ils se sont dit que le seul attrait d'une bonne pièce ne suffirait peut-être plus en ce moment. Le *Tour du Monde* vient, en effet, de retrouver un regain de grand succès, grâce à ses lions, et la plupart des autres théâtres qui prospèrent font surtout de l'argent, soit par leurs étoiles, soit par un clou de mise en scène.

Ils ont donc cherché tout d'abord dans le répertoire mélodramatique une pièce aussi intéressante que possible, mais présentant avant tout un tableau à sensation, une attraction irrésistible, un effet mirobolant, quelque chose comme le fameux incendie de la *Madone des Roses*, par exemple.

Dans cet examen laborieux, ils ont successivement passé en revue le plafond mobile de la *Maison du Baigneur*, le célèbre truc anglais de la noyade du *Lac de Glenaston*, le décor descendant de *Jean la Poste*, la locomotive homicide de l'*Affaire Caverley*, le rêve du fumeur d'opium de la *Prise de Pékin*, le passage du

Mont-Saint-Bernard, de *Marengo*, et jusqu'à l'invisible *Tremblement de terre de Mendoce*.

Seulement, pour être fort précieuse, la bonne volonté ne laisse pas que d'être insuffisante en pareil cas. Il ne suffit pas de découvrir un clou, il faut avoir *les moyens* de l'enfoncer. Les artistes du Château-d'Eau n'étant pas riches, devaient se contenter d'un clou aussi bon marché que possible, d'un décor à sensation au plus juste prix.

Ils se sont rappelé à propos le *Secret de Miss Aurore*.

Cette pièce jouée pour la première fois, le 3 juillet 1863, au théâtre du Châtelet, avait été arrangée par Lambert Thiboust, d'après une traduction de M. Bernard Derosne. C'était la mise au théâtre du célèbre roman de miss Braddon, qui, on le sait, est à George Sand ce que Dickens était à Balzac.

La pièce obtint alors un grand succès auquel contribua, pour une large part, le truc des spectres impalpables.

Aujourd'hui, ce truc est fort connu. On a pu l'apprécier et l'applaudir à peu près partout. Il est d'une application simple et peu coûteuse. En voici la recette :

Vous placez dans le fond du théâtre une immense glace sans tain ; vous faites descendre dans les dessous une demi-douzaine de figurants revêtus de suaires ; un lampiste, placé à une distance calculée, braque sur eux une lanterne — avoir soin de l'éclairer ; — les figurants gesticulent comme des spectres et vous obtenez, par ce moyen, un effet saisissant.

Cependant, même pour présenter le truc relativement modeste des spectres impalpables, il faut une somme plus forte que pour remonter une pièce de Bouchardy ou d'Anicet Bourgeois. Or, comme je viens déjà de le dire avec regret, les artistes du Château-d'Eau ne sont pas millionnaires. Aussi ont-ils dû, pour monter le *Secret de Miss Aurore*, se livrer à toute une série de privations, et je ne sais rien de plus touchant que l'émulation et l'esprit de sacrifice dont ils ont fait preuve.

Ainsi, M. Bessac, l'administrateur, qui avait besoin d'un chapeau gibus, y a renoncé momentanément, et nous avons pu le voir au contrôle coiffé d'un simple melon.

M. Gravier, qui, depuis plusieurs mois, emplissait une tirelire pour s'acheter une pipe en écume de mer, en a généreusement versé le contenu à la masse; M. Péricaud, qui écrit de nombreuses saynètes pour les cafés-concerts, en a pondu ce mois-ci une demi-douzaine de plus qu'à l'ordinaire; enfin, M$^{lle}$ Daudoird s'est privée de New-Moon-Hay, ce qui est un sacrifice au moins aussi dur que les autres.

Grâce à cette entente, que je n'ai pas l'intention de railler ici — bien au contraire — les artistes sont arrivés à produire ce soir, à l'acte-clou des apparitions, un effet de terreur suffisamment respectable.

Par exemple, je les engage à surveiller leur personnel s'ils veulent éviter les incidents du genre de celui-ci, qui se passa au Châtelet, en 1863, pendant une représentation du *Secret de Miss Aurore*.

Une jeune et trop sensible figurante avait depuis quelques jours accordé le plus clair de son estime à un Don Juan machiniste. Les deux amoureux, obligés de fuir la surveillance d'un mari jaloux, ne pouvaient guère se rencontrer que dans les dessous du théâtre.

Ce soir-là, au moment même où l'entretien arrivait à son maximum d'intérêt et d'animation, alors que les tourtereaux oubliaient le monde entier et l'endroit même où ils se trouvaient, la trappe qui les recouvrait s'ouvrit brusquement pour l'effet des apparitions et le couple amoureux, se reflétant sur la glace, apparut subitement aux yeux du public stupéfait.

Les spectateurs de cette représentation eurent toutes les peines du monde à croire que les spectres étaient aussi impalpables que le promettait l'affiche.

---

19 juin.

Tous les soirs, de neuf heures à minuit moins deux, les passants peuvent voir errer tristement et la tête baissée, sous les arcades du Théâtre-Français, un certain nombre de personnages assez décemment mis et qui semblent accablés par une grande douleur.

Ce sont les anciens Romains de la maison de Molière.

Subissant, à l'heure du spectacle, une impulsion dont ils ne sont pas maîtres, ces infortunés viennent et reviennent tourner autour du théâtre dont ils se croyaient les accessoires les plus indispensables, et d'où pourtant on vient de les bannir.

Les opinions sont tellement partagées sur cette grave question de la claque, que je m'abstiendrai soigneusement de laisser pressentir la mienne pour ne pas compliquer le débat.

On ne sait même pas au juste ce qui a motivé la décision du comité de la Comédie.

Il y a bien un prétexte apparent :

— Cette institution est immorale, humiliante pour les artistes, aurait dit un fougueux tragédien au nom de ses camarades.

Si on voulait s'arrêter à cet argument et prendre la peine de le discuter, il suffirait, je crois, de poser la question suivante :

— Si la claque est une immoralité, pourquoi fonctionne-t-elle depuis si longtemps... sans qu'on en ait fait justice ?

Je crois qu'il faut chercher la véritable raison de la disparition des claqueurs dans un ordre d'idées purement administratif.

Dans notre année d'Exposition, il devenait urgent, par suite de la cherté des denrées nécessaires à l'alimentation des classes laborieuses, d'améliorer un peu la situation des malheureux sociétaires, qui n'ont chacun que trente ou quarante mille francs de bénéfices annuels pour vivre.

C'est dans ce but charitable qu'on aura songé au supplément de recette assez considérable que l'on trouve en remplaçant par des spectateurs ordinaires les préposés aux applaudissements qui meublaient le parterre.

Et pour quelques-uns ou quelques-unes des artistes, ce n'est pas, voyez-vous, un petit sacrifice que la suppression de la claque.

Le concours de cette institution immorale n'était pas toujours inutile à la naissance ou au maintien d'une réputation. Avec la claque, on pouvait se consoler de l'humeur inégale du public ; on avait, tout comme les camarades plus en vue, son petit succès : *bravos, murmures, rappels, entrées, sorties* ne manquaient jamais à qui savait se concilier les bonnes grâces de ces messieurs.

Il se trouve, il est vrai, des enragés de scepticisme qui osent affirmer que, le plus souvent, ces témoignages flatteurs n'étaient pas désintéressés, et que certains comédiens, pour avoir des petits *cris spontanés*, étaient obligés de les solder en faisant la commande. On considère même cette dépense comme l'une des plus lourdes charges du petit budget personnel de quelques actrices, à l'article intitulé « dragées. »

Tous ces propos me paraissent le résultat d'une malveillance éhontée, et, pour mon compte, je ne puis y croire.

Admettre que des comédiens, ennemis des institutions humiliantes et immorales, aient salarié des claqueurs !...

Allons donc !

C'est trop invraisemblable, n'est-ce pas ?

Mais quelle perturbation dans l'existence des abonnés romains qui avaient contracté la douce et régulière habitude de venir *chauffer* le spectacle tous les soirs.

A part deux ou trois commis salariés, les claqueurs payaient une petite redevance dont la modicité leur permettait de revenir souvent. Les plus fidèles obtenaient même la gratuité absolue au bout d'un certain temps.

Ces braves gens étaient de tenue modeste, mais plus convenable toutefois que celle des claqueurs d'autre part. On en citait deux ou trois qui, depuis un quart de siècle, n'avaient manqué aucune représentation. Beaucoup d'entre eux ne pouvaient parler de Rachel qu'avec des larmes dans la voix.

Les jours de première, les *anciens* formaient, au centre du groupe, un petit cénacle de critiques, et il leur arrivait de faire mentalement plus d'une remarque sévère pour l'auteur... tout en applaudissant à tour de bras par devoir professionnel.

C'est aux résultats qu'on juge toutes les réformes humaines.

Jusqu'à présent, en ce qui concerne celle-ci, on ne peut même pas les préjuger.

Le public ordinaire, habitué à se laisser guider, a encore tout un apprentissage à faire : souvent, ses manifestations se produisent d'une façon tellement inattendue, que les artistes en sont décontenancés.

Le plus piquant, c'est la recrudescence de jalousie que le caprice du public provoque entre les comédiennes. Celles-ci se soupçonnent mutuellement, me dit-on, d'avoir, à défaut de feu la claque officielle, leur petite claque officieuse.

Ce qu'il y a de plus clair, c'est que la plupart des intéressés ne savent encore s'ils doivent se réjouir de la nouvelle mesure.

Par exemple, une chose les préoccupe déjà pour la prochaine saison d'hiver.

Avant que la claque fût licenciée, les *mardis* se terminaient. On n'a donc pas pu juger de l'effet produit ce jour-là par le nouvel état de choses.

Aussi les artistes, sachant à quel point les abonnés sont peu expansifs, se demandent-ils avec une certaine inquiétude ce que deviendront pour eux les représentations hebdomadaires, lorsque les seuls applaudissements qu'on y entendait leur feront défaut.

A combien de degrés au-dessous de zéro ces représentations glaciales vont-elles encore dégringoler ?

*LES BOHÉMIENS DE MOSCOU.*

20 juin.

Je les avais entendus deux fois : avant-hier au *Figaro*, à l'occasion de la visite de S. M. le Schah de Perse ; hier chez M. de Villemessant, qui s'était donné le luxe de les faire venir chez lui, dans son hôtel de l'avenue du Bois de Boulogne. Mais l'impression que m'avaient laissé leurs chansons d'une saveur exquise, leurs chœurs étranges, leurs danses bizarres, était si vive que j'ai voulu les entendre une troisième fois, ce soir même, aux concerts de l'Orangerie, où ils sont engagés pour un mois.

Ils sont quarante. Vingt-cinq femmes et quinze hommes. Yeux vifs, brillants, perçants comme ceux de l'oiseau de proie, nez crochus, chevelures épaisses, dents blanches et aiguës; ils ont gardé sur leur visage le hâle du soleil égyptien, bien qu'ils soient nés dans le pays des neiges. Ce sont les enfants de Bohême, de la grande famille errante, qu'on retrouve gitanes en Espagne, tziganes en Hongrie, zingari à Naples, gypsies en Afrique. Frères, oncles, neveux, tantes, mères, fils et filles, tous se ressemblent, et on retrouve dans la vieille, fardée, peinte, éteinte, comme un dernier reflet de la jeunesse, de la fraîcheur, de la pétulance qui vous charme dans la fille de seize ans que l'on voit à ses côtés.

Les voilà groupés; les femmes assises, couvertes de soie aux couleurs brillantes, les tuniques frangées d'or et d'argent, des fleurs dans les cheveux, chargées de bijoux extravagants; les hommes debout, graves, l'œil fixé sur le chef qui se tient au milieu, une guitare à la main.

C'est Nicolas Chichkine, fils d'Ivan Chichkine, chef suprême de la bande, un des dix-neuf Chichkine que l'on compte dans le chœur. Un beau garçon, à l'air intelligent, amoureux de musique comme tous les siens. Il fait un geste imperceptible, un signe de tête, et le chœur éclate, tour à tour vif, enlevant, sauvage comme un cri de révolte ou doux, langoureux, plaintif comme un murmure d'amour.

Aux voix graves des contraltos se mêlent les timbres suraigus des soprani, tandis que les basses profondes des hommes grondent en soutenant un point d'orgue sans fin. A des chansons comiques, populaires, qui vont courir Paris avant quinze jours, succèdent des romances pleines de tendresse; puis les ensembles deviennent pressés, une jeune fille se détache, presque une enfant, qui danse en s'accompagnant de la voix, tandis que charmés, conquis, rêvant au passé, nous évoquons la gracieuse Esmeralda et que nous cherchons instinctivement la chèvre absente.

*<br>* *

Cette troupe, appelée, croyons-nous, à un succès considérable, est une des meilleures des cinq ou six bandes chantantes que possède la Russie. Les *Rossignols de Koursk* — c'est ainsi qu'on les nomme — sont, là-bas, de toutes les grandes fêtes. La cour impériale les protége. On les mande souvent au palais de l'Empereur. Dans les restaurants de nuit de Saint-Pétersbourg, aux Iles, à l'Ermitage de Moscou, les boyards, après dîner ou après souper, se paient les bohémiens à raison de cent roubles l'heure. Très-choyés, grassement rémunérés, ces artistes demeurent à Moscou dans un quartier spécial, appelé Jyvoderka, où ils sont propriétaires de leurs habitations. Ce sont, comme on voit, des musiciens rangés et suffisamment cossus. *Bohémien* n'est pas du tout synonyme de *bohême*.

La direction des Concerts de l'Orangerie avait chargé M. Kazynski, un violoniste russe de beaucoup de talent, commissaire aux auditions musicales de l'Exposition, d'engager ces chanteurs qui, généralement, se reposent pendant l'été, et à les emmener à Paris.

On ne peut rien rêver de plus comique que l'épopée de leur voyage.

C'était la première fois que les rossignols de Koursk quittaient leur pays. On avait eu grand'peine à les y décider. Enfin ils partirent. Ceux qui ont parcouru la Russie en chemin de fer savent que le tunnel y est totalement inconnu. Aussi les bohémiens supportèrent-ils fort gaillardement le trajet de Moscou à la frontière allemande. Mais au premier tunnel, une scène inattendue se produisit. Les frères, les sœurs, les mères, les tantes, les fils et les filles se jetèrent à genoux en poussant des cris de terreur.

Vainement, le pauvre M. Kazynski essaya-t-il de les calmer. Ils refusèrent de l'entendre et l'accablèrent d'injures. La nuit soudaine qui les enveloppa, le bruit du sifflet prolongé par les échos du souterrain, la fumée rouge de la machine qui pénétrait dans les wagons en les suffoquant à moitié; tout cela les rendit littéralement fous.

— Misérable! crièrent-ils au malheureux violoniste-solo, tu nous conduis en enfer! Damné! Satan! Nous voulons retourner à Moscou!

Et après avoir donné libre cours à leur colère, ils se mirent tous, à l'unisson, à murmurer une prière.

— Laissez-moi vous expliquer, leur dit Kazynski, laissez-moi vous faire comprendre ce que c'est qu'un tunnel. Le souterrain que nous traversons est creusé dans une montagne...

— Aïe! Hou! hou! firent les femmes en pleurant, nous sommes perdues! Nous avons une montagne sur la tête.

Et les injures durèrent tant que dura le tunnel.

\*
\* \*

Enfin le jour revint. On arriva à la douane allemande.

Un employé ouvrit la portière de l'immense wagon de troisième classe qu'occupaient les musiciens et leur guide.

— Tout le monde descend pour la visite des bagages, dit l'employé en allemand.

— Jamais nous ne descendrons, s'écrièrent les Bohémiens avec cet ensemble que l'on apprécie tant dans leurs chants.

Et il fallut avoir recours à des moyens quasi violents pour les y contraindre.

Ils finirent cependant, au bout d'une douzaine d'heures de trajet, par se familiariser avec les tunnels et les changements de wagon, quand une autre question vint jeter le trouble parmi eux : la question du change des monnaies.

En Allemagne, ils venaient, à chaque buffet, se plaindre à leur impresario, sous prétexte qu'on leur avait fait payer un bock trente marcs — c'est-à-dire trente-sept francs cinquante ! — confondant avec les pfennings. Ils commençaient à comprendre la valeur de la monnaie allemande quand il leur fallut, en Belgique, faire connaissance avec le système décimal. Le nickel leur parut joli. Les Bohémiens aiment tout ce qui brille. Ils étaient heureux de recevoir, en échange de leurs pfennings de cuivre, une quantité égale de pièces qui leur semblaient d'un métal précieux. Ils s'en emplirent les poches et, à peine entrés en France, ils furent tout étonnés de voir que le nickel y est absolument proscrit. C'est naturellement M. Kazynski qui leur parut responsable des dures épreuves auxquelles ils se trouvèrent exposés depuis leur départ de Moscou. Ah ! que ce pauvre violoniste-solo a donc eu de choses à se faire pardonner !

Vainement essaye-t-il, en ce moment, de leur faire accepter un engagement à Londres où on leur fait des propositions magnifiques.

— Notre religion nous défend d'aller en mer ! lui répondent-ils.

Tout le nickel des deux mondes ne les ferait pas revenir sur leur décision.

\*
\* \*

Très-religieux, d'ailleurs, et de mœurs fort sévères, ces Bohémiens.

Les femmes, avec leurs sourires provoquants, leurs yeux pleins de promesses, leurs allures pleines d'abandon, qui vous lancent des regards si drôles entre deux bouffées de cigarette, restent — malgré les apparences — fidèles à leur tribu. On en cite une seule qui a « déserté » pour devenir princesse. Mais ce funeste exemple n'a jamais été suivi par d'autres.

Il est bon d'ajouter que la Bohémienne en question avait été achetée trente mille roubles au chef de sa troupe par le prince G... Au bout de fort peu de temps, le prince, de plus en plus épris, se décida à épouser son emplette. Les cancans de la Perspective Newski prétendent que le prince n'est pas précisément un heureux époux et que sa femme — gâtée par une déplorable éducation de famille — lui témoigne sa reconnaissance en lui administrant de temps en temps ce qu'en langage de boulevard on appelle « une volée ».

*.*

On voit par tout ce qui précède que, pour être des chanteurs agréables, des artistes de race, les Bohémiens de Moscou, malgré le milieu raffiné dans lequel ils ont l'habitude de vivre en Russie, ne sont pas accessibles à tous les bienfaits du progrès et de la civilisation modernes.

A Paris, ils sont installés dans un hôtel plus que modeste des Batignolles. En attendant le soir, ils passent leur temps à dormir, à fumer et à prendre du thé. Le thé joue dans leur existence un rôle considérable, et les vins les plus exquis leur semblent fades auprès de leur breuvage favori.

Mais si sauvages qu'ils soient, certains échos de nos mœurs parisiennes sont cependant arrivés jusqu'à eux, et, l'autre soir, au *Figaro*, quand on leur a montré Offenbach, quelques-unes des Bohémiennes — les plus jolies — se sont mises à fredonner, très-gentiment, la lettre de la *Périchole*.

Il est vrai que la musique d'Offenbach est répandue dans l'univers entier, et que les anthropophages eux-mêmes, au dessert, chantent peut-être le « tout tourne » de la *Vie Parisienne* ou l'air à boire des *Bavards*.

---

SALLES D'EXPOSITION : LE THÉATRE - FRANÇAIS.

27 juin.

Un fait qui prouvera mieux que tout le reste l'importance de la Comédie Française aux yeux du public *expositionnel*, c'est que, malgré la chaleur, les recettes n'y ont presque pas baissé.

On pourrait croire que ce sont surtout les provinciaux de passage à Paris qui forment, en ce moment, la clientèle du théâtre de la rue Richelieu ; ce serait une erreur. Les étrangers y sont également nombreux. Notre grande scène classique jouit d'une réputation universelle. Paris, la Chronique, les boulevardiers créent de temps en temps des types dont on parle ensuite, un peu partout, au Nord et au Sud, comme s'il s'agissait de quelque personnage de renom. M<sup>lle</sup> Croizette, par exemple, est célèbre dans les pays les plus lointains. Aussi y a-t-il parmi nos visiteurs internationaux, des gens nullement initiés à notre langue et qui, néanmoins, vont aux Français — quelques-uns pour voir M<sup>lle</sup> Croizette, comme si elle avait été construite par M. Garnier.

Le foyer surtout présente un spectacle curieux.

On s'y promène comme dans un musée.
Des groupes de provinciaux stationnent autour des bustes.
On entend des exclamations.

— Tiens, regarde donc celui-là, comme il a le nez crochu.

— A la bonne heure... là-bas... voilà un joli garçon !

— Je trouve qu'il a l'air fier !

— Il y a bien de quoi... Avoir son buste ici, cela équivaut aux plus grands honneurs.

Un père de famille s'arrête devant le marbre représentant Ponsard.

Il se retourne vers sa femme et ses deux filles en frappant dans ses mains :

— Chapeau bas ! leur dit-il, voici Ponsard, le plus grand auteur moderne. Il était de Vienne, en Isère.

Puis avec orgueil :

— De la même ville que nous !

Le monsieur raconte ensuite une foule d'anecdotes;

Il a connu un ami de Ponsard, et il a aperçu Ponsard lui-même plus d'une fois, quand il rentrait chez lui comme un simple mortel. Il avait, malgré son immense talent, une mise des plus modestes. Plus d'une fois, il a failli faire la partie de dominos avec lui.

La femme et les deux filles écoutent avec recueillement.

Le père, en examinant le buste de l'auteur de *Lucrèce*, a les yeux remplis de larmes.

Les huissiers du foyer, Picard et Lesage, ne doivent pas être enchantés de ce public de passage. Habituellement, leur existence, au milieu des spectateurs parisiens, est exempte de tout tracas ; il est bien rare qu'on ait à leur demander un renseignement, car, à l'orchestre comme à la dernière galerie, on est plus ou moins des habitués de la maison. Ils peuvent donc, chaque soir, goûter les douceurs d'une somnolence que nul ne songe à troubler.

Mais, en ce moment, ils sont sans cesse aux prises avec de braves gens qui veulent absolument avoir des indications sur les pièces, les artistes et surtout sur Molière.

Et vous voyez de quel air les deux huissiers peuvent recevoir en pleine poitrine des questions de ce genre :

— Alors, c'est bien ici la maison de Molière?

— C'était ici son salon, n'est-ce pas?

— Et sa chambre à coucher, peut-on la voir?

— Nous sommes bien sous son toit?

— On a dû faire des réparations depuis sa mort?

— N'est-ce pas, Monsieur, que c'est en argent massif, la chaîne que vous avez autour du cou?

— Savez-vous des histoires sur Molière?

— Vous devriez vendre des petites médailles comme celle que j'ai achetée aux Invalides.

— Il avait du bien, n'est-ce pas, à part cette maison?

— Sa maison n'a jamais été hypothéquée, n'est-ce pas?

— C'était un homme d'ordre?

— Cela a été une bien grande perte pour la littérature, hein?

Un autre provincial, qui a lu dans un journal une série d'articles sur le foyer de la Comédie-Française que l'on cite comme étant le rendez-vous d'un grand nombre de célébrités artistiques, demande avec une certaine stupéfaction, à l'huissier, comment il se fait qu'il ne voie ni M. Delaunay, ni M. Got, ni M. Maubant, ni M. Coquelin, ni aucun des sociétaires se promener avec des peintres ou des journalistes.

Il croit avoir droit à cette exhibition, et il est presque tenté de réclamer au contrôle.

Inutile de dire que le grand succès de curiosité est pour la fameuse statue de Voltaire, devant laquelle on entend les propos les plus bizarres.

— Je trouve qu'il ressemble à notre ancienne bonne, dit un brave rural de Pont-Arcy ou d'ailleurs.

— Comme il a les mains maigres! comme il a l'air maladif pour un homme qui vient de mourir centenaire!

Autre réflexion, entendue sous le péristyle d'en bas.

— Voilà la statue de Talma!
— Il est bien peu vêtu!
— Dame, tu comprends, à cette époque-là, les artistes ne gagnaient pas encore ce qu'ils gagnent aujourd'hui!

# JUILLET.

LE CAPITAINE FRACASSE. — PETITE CORRESPONDANCE.

1<sup>er</sup> juillet.

Dans certains quartiers de Paris, à certaines heures de la journée, les sergents de ville ont beau tenter d'inutiles efforts, il leur est impossible d'éviter les encombrements de voitures.

De même, les directeurs de théâtres, à certaines époques de l'année, en plein hiver par exemple, n'arrivent pas toujours à empêcher que deux ou trois premières aient lieu le même soir.

Mais aujourd'hui, en juillet, alors que les pièces nouvelles sont plus rares qu'un cocher complaisant, ou aurait pu, avec un tout petit peu de bonne volonté, s'arranger de façon à ne pas nous inviter dans deux endroits à la fois.

On ne l'a pas voulu. Le Gymnase a refusé de céder le pas au Lyrique, et le Lyrique a tenu à ne pas s'effacer devant le Gymnase. Si bien qu'il a fallu partager la soirée entre le vaudeville de MM. Hennequin et de Najac et l'opéra-comique de MM. Catulle Mendès et Pessard.

Au Gymnase, on attendait avec une légitime impatience la pièce nouvelle des auteurs de *Bébé*. Ces messieurs avaient promis un pendant à leur grand succès de l'année dernière, et, pour succéder à *Bébé*, ils préparaient *Nounou*. Mais *Nounou* est restée en route. De Najac et Hennequin s'étaient engagés à la livrer pour la fin du mois de mars. Les jours se passèrent. *Nounou* ne venait pas. Le Gymnase s'épuisait à reprendre toutes les comédies de son répertoire, les auteurs ne donnèrent même pas signe de vie. Un beau matin on apprit — boulevard Bonne-Nouvelle — qu'ils étaient partis pour la campagne. La campagne!... En plein hiver!... On ne savait même pas où ils étaient allés. M. Montigny parlait de les faire afficher en promettant une bonne récompense à celui qui les rapporterait au Gymnase.

Enfin ils revinrent comme ils étaient partis : brusquement, sans dire d'où ils venaient. Au lieu de *Nounou*, ils apportèrent au directeur les deux premiers actes de *Petite Correspondance*. Personne ne songea à s'étonner de cette substitution ; on tenait enfin l'ouvrage nouveau des pères de *Bébé*, peu importait le nom et le sujet !

Il s'agit des correspondances en style plus ou moins télégraphiques que le *Figaro* a eu l'idée d'importer en France.

Aussi est-il constamment question de ce journal.

— Je viens du *Figaro !*

— Je vais au *Figaro !*

— Avez-vous lu le *Figaro ?*

— Lisez le *Figaro !*

Tout d'abord, c'est au *Figaro* même, dans la salle des abonnements, que devait se passer le second acte. Mais les auteurs ont trouvé que cette salle manquait de portes et vous savez que sur une scène sans portes Hennequin est comme un navire sans boussole, comme un tambour-major sans canne, comme un éléphant sans trompe, comme Sarcey sans lunettes, comme Grandville sans Magnier. On a donc remplacé l'intérieur de l'hôtel de la rue Drouot par un simple salon capitonné.

Le premier acte se passe au parc Monceau. Les auteurs vont faire à cette jolie promenade une réputation peut-être imméritée. Si l'on était sûr d'y rencontrer, le soir, des veuves pour cause de verrou telles que M$^{lle}$ Legault et des veuves pour cause de décès telles qu'Alice Regnault, des soubrettes bleues comme M$^{lle}$ Giesz et des soubrettes roses comme M$^{lle}$ Zélie Reynold, ce parc deviendrait avant peu l'endroit le le plus fréquenté de Paris.

Parti après le second acte de *Petite Correspondance*, je suis arrivé au Théâtre-Lyrique tout juste à temps pour voir M$^{lle}$ Gabrielle Moisset se déshabiller en scène.

Ce spectacle est, à lui seul, assez attrayant pour attirer beaucoup de monde à la salle Ventadour, les soirs de représentations françaises, mais le *Capitaine Fracasse* possède encore bien d'autres *clous*.

L'opéra-comique d'Emile Pessard a couru bien des aventures depuis le jour où M. Catulle Mendès reçut de Théophile Gautier l'autorisation de transporter son admirable roman au théâtre. Il serait trop long de les raconter toutes. Ce pauvre capitaine a été recueilli un peu partout : aux Folies-Dramatiques du temps où M. Cantin rêvait de changer le genre de son théâtre, à l'Opéra-Comique par M. de Leuven, au Lyrique par M. Vizentini, toujours sur le point d'être joué et voyant toujours de nouveaux obstacles lui barrer le chemin.

Aussi que d'impatiences, que de déceptions, que de découragements éprouvés par les auteurs, et que le public serait injuste s'il ne leur en tenait pas compte !

M. Escudier, dont l'activité mériterait de trouver sa récompense, n'a reculé devant aucun sacrifice pour monter l'ouvrage aussi bien que possible.

Ainsi, à l'acte du Pont-Neuf, il nous a montré un chariot traîné par un bœuf vivant, fait sans précédent sur la scène des Italiens où les accessoires — quand on se donne la peine d'en avoir — sont généralement en carton.

Ce n'est pas tout. L'arbre dans lequel paraît le capitaine Fracasse est un vrai arbre — un arbre du Bois de Boulogne — gracieusement *prêté* au directeur du théâtre Lyrique par M. Alphand.

J'ai parlé de M<sup>lle</sup> Moisset et de son gracieux *déshabillage*. La jolie artiste nous a montré, ce soir, sans compter plusieurs toilettes charmantes, un grand amour pour son art.

M<sup>lle</sup> Moisset, en effet, pourrait vivre bien tranquillement loin du théâtre, n'ayant à se soucier ni de la critique, ni du public, ni des répétitions, ni de rien. Elle pourrait, l'été, fuir le soleil de Paris, et passer ses journées, paresseusement, au bord de la mer. Mais la rampe l'attire, le travail du théâtre a pour elle des charmes toujours nouveaux. Quand elle ne chante pas à Paris, elle passe la mer et s'en va en Amérique, à la Nouvelle-Orléans, je ne sais où. Tantôt on la trouve acclamée à la San-Fenice, de Venise, tantôt on la voit remplacer M<sup>me</sup> Carvalho, à l'Opéra. Et notez qu'elle n'aborde une création nouvelle qu'au prix, non-seulement d'un travail acharné, mais d'inquiétudes mortelles ; qu'elle a peur de tout et de tous, et que pourtant rien ne l'ennuierait autant que de ne pas connaître ces ennuis. O cœur de femme, abîme insondable ! — comme on dit dans le monde de M. Catulle Mendès.

Le nom de Vallombreuse, l'un des héros du roman de Gautier, a été changé en celui de Rochembreuse.

Ce changement s'est fait sur la demande du commissaire du gouvernement M. Vaucorbeil, auquel plusieurs membres du Jockey-Club s'étaient adressés à cet effet. M. de Vallombreuse fait partie du cercle aristocratique et est parent par alliance du maréchal de Mac-Mahon.

A propos du roman de Gautier, on me raconte le fait suivant, connu seulement de ceux qui ont vécu dans l'intimité du grand poète.

Vous savez, — tout le monde sait — quel est le dénouement du *Capitaine Fracasse*.

Sigognac s'est battu avec Vallombreuse, père d'Isabelle, et il l'a grièvement blessé ; mais Vallombreuse guérit de sa blessure, Sigognac épouse Isabelle et rentre triomphalement dans son château restauré, qui a été le *château de la misère* et qui est devenu le *château du bonheur*.

Tel est le dénoûment *heureux*, qui termine, à la satisfaction de tous, le roman de Gautier, et auquel se sont conformés naturellement les auteurs de l'opéra-comique que l'on vient de représenter.

Eh bien ! cette fin satisfaisante n'est point celle qu'avait primitivement conçue Théophile Gautier.

Dans la pensée première de l'illustre écrivain, Vallombreuse ne guérissait pas, Sigognac ne pouvait épouser la sœur de celui qu'il avait tué, et le triste capitaine Fracasse rentrait seul dans le château de la misère, où il retrouvait plus mornes, plus maigres le vieux chien Miraut, le vieux chat Belzébuth, le vieux maître d'armes Pierre !

Sûr de son admirable palette, le poète-peintre reprenait la description déjà si désolée du château de la misère.

Il mettait plus de toiles d'araignée dans les angles, plus de poussière sur les meubles rompus, plus de tristesse dans les yeux des ancêtres peints.

Les jours se passaient horriblement moroses. Le chien mourait, le chat mourait ; un matin, le vieux serviteur ne se relevait plus de son grabat dans la salle basse, et Sigognac pauvre, délaissé, oublié par Isabelle elle-même, se mourait d'inanition dans le *Château de la misère*, devenu le *Château de la famine*.

Pourquoi Gautier a-t-il changé son dénouement primitif? A-t-il été vaincu par le préjugé des dénouements heureux? A-t-il cédé à quelques conseils? Je l'ignore.

Quant à dire s'il a eu raison ou tort, si la version publiée est préférable à la version rêvée, cela me paraît bien inutile. L'œuvre est lancée, l'ouvrier est mort.

## LE CRITIQUE INOCCUPÉ.

2 juillet.

Il n'y a pas à dire, nous sommes au calme plat. Depuis quelque temps, les théâtres chôment.

Pas de nouvelles dramatiques, aucune première importante à l'horizon; toujours les mêmes pièces, faisant les mêmes recettes, et par conséquent aucun espoir de les voir remplacer de sitôt sur l'affiche.

Le chroniqueur théâtral, comme votre serviteur, s'en tire encore, en flânant çà et là dans les foyers, dans les coulisses, pour recueillir au vol ce qu'il peut rester de racontars. Mais le critique, le lundiste, le pontife hebdomadaire que sa grandeur attache au rivage, et qui est forcé de faire, une fois par semaine, son métier de juge dramatique, de distribuer, aux uns et aux autres, les bons et les mauvais points, de constater officiellement le mouvement théâtral, celui-là, voyez-vous, se trouve bien embarrassé lorsqu'il s'agit d'élaborer son interminable feuilleton. De quoi voulez-vous qu'il parle? Sur quelle tête de Turc peut-il exercer son poing redoutable?

Parmi ceux qui se trouvent chaque semaine aux prises avec ce genre de difficulté, il en est quelques-uns — les plus consciencieux — qui parlent de la façon dont Got interprète aujourd'hui le personnage d'André dans *Les Fourchambault*, essayant de noter les sous-détails et demi-nuances introduits par l'éminent et consciencieux artiste, dans son rôle, depuis le jour de la première. D'autres — les fantaisistes — remontent au déluge, sans raison apparente, et prenant l'art dramatique à son point de départ présumé, dans l'arche de Noé, terminent avec gravité par un fort éreintement des théâtres sous Louis XI. Enfin, quelques-uns — les poètes — ne se mettent même pas en quête d'un sujet défini, et, laissant courir la plume au hasard fantasque de leur inspiration, brodent, à tort et à travers, sur n'importe quoi : sur les prés, les champs, les bois, les torrents et les vertes collines, sur la pluie et le beau temps, sur les papillons, sur les vers luisants et sur la fragilité des choses d'ici-bas.

Mais, il en est un, terrible entre tous — c'est du moins la réputation qu'il s'est laissé faire — qui, pour remplir son mandat sans modifier sa manière habituelle, a trouvé un moyen des plus commodes.

Voici comment il procède :

Il écrit les noms de tous les directeurs de Paris sur des petits papiers ;

Il plie ces petits papiers et les jette pêle-mêle dans un chapeau généralement crasseux ;

Il saisit le couvre-chef et le secoue fortement pour donner ce qu'il appelle « le coup de sac. »

Puis il tire un petit papier au hasard et, par une de ces coïncidences qu'il serait puéril d'analyser, amène toujours le même nom : celui du directeur de l'Odéon.

Ce directeur de l'Odéon est l'objet constant des saintes colères officielles du critique Croquemitaine.

Au fond, il ne lui en veut peut-être pas. Il pense que

13.

c'est un aimable homme et, à l'occasion, il ne se fait pas trop prier pour le dire. Mais, que voulez-vous ? Il faut bien parler de quelqu'un à ses lecteurs. Le sort a décidé, et le farouche lundiste part en guerre, le cœur léger et la main lourde.

D'habitude, les arguments par lesquels il combat la direction de M. Duquesnel ne varient guère.

Très-proche parent — par les femmes — du fameux critique Anatole Le Grincheux, que j'ai eu l'honneur de vous présenter à toutes les premières de la rive gauche, il trouve toujours mauvais ce qui se fait à l'Odéon.

Mais cette semaine, modifiant ses formules, il a voulu frapper un grand coup, et, ce soir encore, dans les théâtres, on se montrait l'article où il met le ministre des beaux-arts en demeure de remplacer M. Duquesnel.

A propos du choix d'un successeur à ce dernier, notre foudre de critique théâtrale pose en principe que, pour être directeur de l'Odéon, il faut réunir les deux conditions suivantes :

1° Jouir d'une grande fortune ;
2° Avoir envie d'être décoré !

En lisant cette théorie sur le choix d'un directeur pour le Second-Théâtre-Français, une foule de noms se présentent d'abord à l'esprit. MM. de Rothschild, Pereire, André, le chocolatier Menier lui-même remplissent parfaitement la première partie du programme. Malheureusement ils sont tous décorés. On ne peut donc pas penser à eux.

Quant aux gens riches désirant le ruban rouge, ils sont en très-grand nombre, et M. Bardoux, s'il veut suivre les avis du critique inoccupé, n'aura que l'embarras du choix.

Mais ledit critique ne me paraît pas avoir prévu ce qui arriverait si son programme était adopté.

Admettons qu'un homme riche, pouvant justifier de son désir d'être décoré, vienne remplacer M. Duquesnel.

Il arrive, il s'installe, il dirige, il demande des pièces aux inconnus, il les monte, il les joue...

Au bout de quelques années, on le décore.

Seulement, à force d'avoir dirigé l'Odéon, il a mangé beaucoup d'argent.

Alors le ministre des Beaux-Arts se voit obligé de sévir à nouveau, puisque son directeur de l'Odéon :

1° Cesse de jouir d'une grande fortune ;

2° Etant décoré, cesse d'avoir envie de l'être.

On tournera donc éternellement dans le même cercle, et ce que le critique inoccupé appelle « la question de l'Odéon » n'est pas près d'être résolu. Cela, d'ailleurs, fait parfaitement son affaire. Le jour où M. Duquesnel se retirerait, le lundiste en question se trouverait aussi malheureux qu'un chat auquel on aurait retiré sa souris.

Il demande tout haut le remplacement du directeur de l'Odéon, mais, à part lui, il fait des vœux pour qu'on ne le remplace jamais.

---

### SALLES D'EXPOSITION : L'AMBIGU.

*6 juillet.*

La physionomie de la salle de l'Ambigu ne rappelle aucune autre. C'est le grand rendez-vous des paysans. Il en vient du Nord et du Midi, depuis le Picard jusqu'au Basque, en passant par l'Auvergnat et le Limousin. Venu à Paris par un train de plaisir, il est descendu chez des « pays, » et quand il a demandé ce qu'il y avait de plus beau dans les théâtres, on lui a répondu qu'il fallait voir les *Deux Orphelines.*

Aussi, chaque soir, devant l'Ambigu, aperçoit-on de longues files de paysans et de bons villageois. Ils arrivent par bandes, serrés les uns contre les autres, ne se quittant pas d'une semelle, les hommes vêtus de redingotes luisantes et de pantalons qui leur viennent à la cheville ; les femmes en bonnets à fleurs, rouges, essoufflées, serrées dans des corsets trop étroits.

Habitués à compter leurs petits écus, on les voit s'arrêter devant le second bureau, se consultant entre eux sur la dépense. Les uns trouvent que c'est trop cher et proposent tout uniment d'aller faire une promenade au Bois de Boulogne... à pied naturellement ; d'autres, plus audacieux, vont jusqu'à marchander, et l'un d'eux, envoyé en parlementaire par ses camarades, disait ce soir au contrôleur en chef, dans un patois que je renonce à écrire :

— Nous sommes douze en tout. Cela fait trente francs. Est-ce que vous ne pourriez pas nous passer cela pour une pièce de vingt ?

Pendant le spectacle, on n'aperçoit aux galeries supérieures que des têtes effarées, stupéfaites, et contemplant avec surprise les acteurs qui vont et viennent sur la scène. Excellent public, d'ailleurs, qui, d'instinct, épouse tout de suite la bonne cause, s'éprend d'amitié pour les personnages sympathiques et déteste cordialement les coquins et les traîtres.

Vers neuf heures, une forte odeur de saucissons à l'ail se répand tout à coup dans la salle.

Les paysans, qui ont l'habitude de déjeuner sur le coup de midi, et qui, pour ne rien perdre du drame, n'ont pas pris le temps de dîner avant de venir, commencent à souper avec ce charmant sans-gêne qui leur est particulier.

On retire des poches les provisions de bouche : pain,

saucisson, fromage, et bientôt, chacun, armé de son couteau, se met à manger avec appétit. Au bout d'un instant, au moment de l'entr'acte, les cavaliers vont à la découverte du liquide et reviennent munis de litres que la société se fait passer tour à tour en buvant à la régalade.

Vers dix heures, à la fin du quatrième tableau, le foyer de l'Ambigu présente un agréable coup d'œil.

La digestion commençant à se faire, le public se met à son aise. Les dames dégrafent volontiers quelques boutonnières de leurs corsages, tandis que les messieurs, toujours galants et empressés, s'étant mis eux-mêmes en *bras de chemise*, s'efforcent de les rafraîchir à l'aide d'éventails improvisés.

Les causeries s'animent, les discussions commencent. On échange ses impressions. On se demande, non sans une certaine anxiété, si les deux jeunes filles qui ont toutes les sympathies finiront par se retrouver. La Frochard est de plus en plus l'objet de la réprobation universelle. Les malins disent en clignant de l'œil que ce Pierre le Rémouleur, qui a l'air si doux et si tranquille, pourrait bien finir par se fâcher et par faire un coup de tête.

Mais la sonnette de l'entr'acte, qui retentit, vient mettre un terme aux commentaires, et chacun regagne hâtivement sa place, désireux de savoir ce qui va se passer.

A partir de ce moment, l'action se corsant, les spectateurs des galeries supérieures se livrent à une étrange pantomime.

Emus, haletants, empoignés, ne s'inquiétant plus du tout du public qui les entoure, ils se mettent à se déshabiller — afin de supporter plus facilement les anxiétés que leur cause le drame.

Après le quatrième tableau, ils avaient déjà enlevé leurs redingotes; à la fin du cinquième, ils défont leurs cravates; enfin, quand, à l'émouvant tableau du bouge, une rixe terrible s'engage entre les deux frères, ils n'y tiennent plus et quittent leurs gilets.

Heureusement qu'au huitième tableau tout s'arrange, le comte pardonne à sa femme, le chevalier épouse Henriette et le docteur promet à Louise de lui rendre la vue. Mais sans cet heureux dénouement, qui calme et apaise tous les esprits, on se demande avec un certain effroi jusqu'où l'émotion entraînerait les spectateurs et quel vêtement indispensable ils quitteraient encore!

8 juillet.

Le théâtre du Château-d'Eau, où le drame vient d'être soudainement remplacé par le vaudeville et où les *Femmes de Paul de Kock* succèdent sans transition au *Secret de Miss Aurore*, le théâtre du Château-d'Eau, dis-je, vient de se signaler par une innovation des plus originales et des plus imprévues. Voulant fêter à sa façon l'Exposition nationale, il publie, sur son affiche, l'avis suivant :

*Entrée libre*

*Pour la Presse française et étrangère.*

On comprendra avec quel empressement j'ai profité, en ce qui me concerne, de cette invitation collective.

Dès mon arrivée au contrôle, j'ai appris avec plaisir que de nombreux confrères remplissaient déjà une partie de l'immense salle de la rue de Malte.

— Toute la presse est là, me dit le contrôleur en chef.

— Vraiment!... la presse étrangère aussi?

— Oh! monsieur, surtout la presse étrangère! Vous allez voir.

Au premier abord, je suis bien un peu étonné que les airs nouveaux de M. Chautagne aient produit tant d'empressement de la part de mes confrères. Mais, une fois entré, il me suffit d'un simple coup d'œil pour comprendre la nature de ce phénomène.

Je vois, en effet, des spectateurs qui représentent d'une façon très-exacte et très-pittoresque des corporations telles que les portiers, les ressemeleurs, les tondeurs de chiens-professeurs de coupe d'oreilles, les rétameurs, les vitriers, les fontainiers, les charbonniers, les zingueurs et les racleurs de parquets, mais de journalistes, pas l'ombre.

Je retourne au contrôle :

— Que me disiez-vous donc? où diable prenez-vous la presse? où voyez-vous des journalistes dans cette salle?

— Partout, en haut, en bas... il est vrai que vous ne les connaissez peut-être pas tous. Nous avons *le National*, de Monaco; *le Moutardier*, de Dijon; *le Sous-Indépendant de Montélimart*; *la Cloche*, de Corneville; *la Pastille*, de Mantes, que sais-je, moi?

— Vous m'en direz tant!

— Tenez, ces deux messieurs qui passent... la presse étrangère : l'un est correspondant du *Canalisatore de Venizia* et l'autre du *Bouchon*, de Liége.

Au même instant, les deux confrères étrangers passent auprès de moi et je saisis ces bribes de dialogue :

— Eh bien! et ce ballet des gosses, est-ce assez bath!

— J't'écoute!...

Dussé-je arracher des illusions toutes neuves aux administrateurs du spectacle actuel du Château-d'Eau, je leur dirai que, jusqu'à présent, leur invitation n'a dû servir qu'à procurer l'entrée gratuite à tout ce que le boulevard Richard-Lenoir peut posséder d'amateurs de théâtre, mais que la presse s'est évidemment abstenue.

Du temps où certaines baraques foraines n'accordaient l'entrée libre qu'à MM. les militaires, la fraude était impossible. Mais comment s'y prendra-t-on pour distinguer un journaliste d'un simple ferblantier ?

Je crois que l'administration fera bien de prendre ses précautions et d'exiger des garanties. Pour avoir droit d'entrer au théâtre du Château-d'Eau, à titre de publiciste, il faudra, ou se faire présenter par des parrains littéraires notoirement connus, tels que MM. Victor Hugo, Emile Augier, Jules Sandeau, Octave Feuillet, Dumas et Sardou, ou bien apporter la collection complète des articles qu'on a publiés.

Les étrangers, ne pouvant déplacer les illustrations littéraires de leur pays, devront tout simplement se faire présenter au contrôle de la rue de Malte, par leurs ambassadeurs respectifs. Ces derniers, pour la circonstance, devront, en outre, revêtir leur costume officiel.

Du reste, l'invitation adressée par la direction temporaire du Château-d'Eau à la presse de l'univers ne doit pas avoir seulement pour but de faire une gracieuseté. Il y a bien là-dessous quelque arrière-pensée d'exhibition. On se sera dit rue de Malte :

La Porte-Saint-Martin a ses lions, nous, nous aurons nos journalistes !

A ce point de vue la spéculation, pour être ingénieuse, ne peut produire, en tout cas, un résultat appréciable qu'autant que le public, alléché par l'affiche, pourra, une fois entré, nous contempler à son aise.

Pour cela, il ne suffit pas de constater au contrôle l'identité des journalistes, il faut grouper ceux-ci dans une tribune spéciale bien en vue.

Il y aurait lieu aussi d'inviter nos confrères étrangers à se mettre en costume national. Un reporter écossais, par exemple, devrait avoir la tenue des choristes de la *Dame blanche* et montrer ses mollets, sous peine d'être rigoureusement éconduit.

De plus, les journalistes parisiens devraient porter des insignes ou se pavoiser de petits drapeaux indiquant la nuance des feuilles qu'ils représenteraient, afin que le public des galeries surélevées sache bien à qui il a affaire et ne puisse prendre un rédacteur du *Rappel* pour un rédacteur de la *Gazette de France*.

Il ne faut pas qu'un seul trognon de pomme se trompe d'adresse.

---

*PEPITA.*

18 juillet.

Un homme bien ému, ce soir, c'était M. Delahaye, l'aimable secrétaire général de l'Opéra. D'abord, comme auteur du livret dont l'Opéra-Comique nous a donné la première représentation, il ressentait ces appréhensions bien légitimes auxquelles les vétérans du théâtre eux-mêmes n'échappent jamais les jours de première; ensuite, comme père du musicien auteur de la partition il attendait avec une anxiété non moins explicable l'arrêt du public.

Il y a je ne sais quoi de touchant dans cette collaboration du père et du fils. Le fils veut associer le nom de son père à sa première œuvre sérieuse; le père ne veut pas que son fils livre sans lui sa première bataille importante. Tous les deux commandent la sympathie. Il suffit de jeter un coup d'œil sur la salle pour comprendre qu'on va accueillir le compositeur nouveau comme un ami.

Car M. Delahaye fils est un nouveau, un jeune, un des rares jeunes qui se piquent de ne pas appartenir à la jeune école; il apprécie et aime le wagnérisme... chez les autres, mais il se garde bien de le pratiquer pour son propre compte.

Elève d'Ambroise Thomas, ayant obtenu le premier prix d'harmonie à la classe de Bazin, le premier prix de piano à celle de Marmontel, M. Delahaye débute ce soir à l'Opéra-Comique... par un opéra-comique.

La chose peut paraître étrange, risquée même dans un théâtre où M. du Locle ne se tenait pas d'aise quand il était arrivé — comme il le disait — à faire douze cents francs avec la *Dame blanche;* sur une scène où M. Carvalho semble avoir pour les œuvres purement lyriques une prédilection marquée, mais l'audace est une qualité qui sied à la jeunesse. C'est donc à M. Delahaye fils, aidé de MM. Nuitter et Delahaye père, que revient la gloire d'avoir, en l'an de grâce 1878, fait revivre sur la scène de Favart, de Boieldieu et d'Adam, les alcades galants et les toreros amoureux, et surtout d'avoir accusé ce retour aux saines traditions en faisant chanter à l'heure du repas, par M<sup>lle</sup> Ducasse, le refrain suivant, repris en chœur par les convives :

> Dans la libre Angleterre,
> Où chaque ménagère
> Garde son décorum,
> Ce qu'il faut savoir faire,
> C'est le pudding au rhum !

Voici, du reste, dans quelles conditions spéciales *Pépita* est arrivée jusqu'au théâtre que dirige M. Carvalho.

La difficulté de faire recevoir une œuvre dramatique quelconque est encore plus grande pour un opéra-comique que pour un drame ou une comédie. L'exemple de Berlioz a même prouvé que, pour les compositeurs, le plus sûr moyen de se faire apprécier était de quitter ce monde pour celui qu'Hamlet lui-même a déclaré ne pas connaître.

Mais M. Delahaye est de ceux chez lesquels le bonheur n'attend pas le nombre des années. Par suite d'un enchaînement providentiel de circonstances heureuses, sa partition était reçue d'avance, en quelque sorte, par le directeur de l'Opéra-Comique.

On se rappelle sans doute que M. Carvalho, avant de songer à reprendre un sceptre directo-musical, occupait, dans ces dernières années, à l'Académie nationale de musique, un poste artistique très-élevé.

A cette époque, le jeune Delahaye venait quotidiennement à l'Opéra pour faire entendre de nouveaux fragments de *Pépita* à l'auteur de ses jours et du livret de cette pièce. Pour cela, les deux collaborateurs se rendaient dans le cabinet de M. Carvalho, où il y avait un piano.

M. Carvalho qui n'avait eu garde de manquer une seule audition et duquel le jeune compositeur avait déjà reçu des compliments très-flatteurs, s'écria un beau jour :

— Vraiment, mes amis, je ne regrette qu'une chose : c'est de n'être plus directeur de théâtre, car je serais heureux de monter cette pièce-là !

Ce propos n'avait alors d'autre portée que la vive satisfaction qu'il causa à M. Delahaye, vu l'autorité de celui qui le tenait. M. Carvalho ne soupçonnait pas qu'il reprendrait encore une direction.

Cependant la bonne fée qui préside ostensiblement aux destinées de la famille Delahaye veillait sur *Pépita*. C'est elle sans doute qui valut à M. Carvalho sa direction de l'Opéra-Comique. Quand il y fut installé, il voulut convoquer MM. Delahaye père et fils pour leur demander le fruit de leurs veilles collectives.

Mais il fut devancé par une visite du jeune musicien.

— Je vous apporte l'opéra-comique que vous avez bien voulu me recevoir pour le théâtre que vous ne dirigiez pas encore, lui dit ce dernier en entrant.

Et il se mit au piano — il y en a toujours un dans le cabinet de M. Carvalho — pour faire entendre de nouveau à celui-ci quelques-uns des airs qu'il avait remarqués lors des auditions fortuites à l'Opéra.

Tous ceux qui s'occupent de théâtre savent combien il est difficile de placer son action dans un milieu original. On a usé et abusé de tout, des vallons de l'Helvétie et des plaines fertiles de Longjumeau, des lagunes vénitiennes et des landes provençales.

Eh bien! il me semble que MM. Nuitter et Delahaye ont imaginé un moyen bien simple pour trouver un cadre nouveau à leur ouvrage.

— Comment! vous récriez-vous, est-ce que *Pépita*, par hasard, se permettrait de se passer ailleurs qu'en Espagne?

— Non.

— Alors?

— Attendez donc. *Pépita* se passe en Espagne, il est vrai, mais... à Gibraltar. Il en résulte un mélange d'Anglais et d'Espagnols tout à fait inédit. Remarquez, je vous prie, que la combinaison peut être d'une énorme utilité aujourd'hui que la Grande-Bretagne est en train de s'annexer platoniquement un tas d'îles plus ou moins pittoresques.

Il est clair, par exemple, qu'on va pouvoir refaire la *Reine de Chypre*.

Et voyez comme la combinaison est bonne.

Naturellement, dans cette action quasi-espagnole, on chante une sérénade. C'est bien usé, les sérénades espagnoles au théâtre. Eh bien! grâce à Gibraltar, les voilà renouvelées. La sérénade de *Pépita* s'exécute non-seulement avec des guitares, des tambours de basque et des castagnettes, mais avec des fifres.

Un boléro qui rappelle le *God save the Queen*. Est-ce assez imprévu ?

---

### AIDA.

*(Traduction française.)*

31 juillet.

Le Théâtre-Lyrique — ne pas confondre avec les Italiens — vient de nous offrir une traduction française d'*Aïda*.

On ne découvre peut-être pas tout de suite ce qu'il y a d'original dans cette idée, mais — après quelque réflexion — on se demande pourquoi M. Escudier — ayant donné pendant deux hivers, *Aïda*, en italien, devant un public essentiellement parisien — s'est décidé tout à coup à servir cette *Aïda*, en français, à des spectateurs venus à Paris pour l'Exposition et dont la majeure partie se compose naturellement d'étrangers ?

Vous répondrez à cela qu'il n'y a rien d'ennuyeux comme la logique et vous aurez raison. *Aïda* a été le grand cheval de bataille du directeur du Théâtre-Italien ; il est bien juste que le directeur du Théâtre-Lyrique l'enfourche à son tour. Et comme, sur cette scène subventionnée, la musique italienne n'est tolérée qu'à la condition d'être abîmée par des paroles françaises, il a bien fallu se résigner à traduire le livret qui a inspiré à Verdi une de ses plus admirables partitions.

Il est vrai qu'il s'agit cette fois d'une restitution ou de quelque chose d'approchant. Le premier poëme d'*Aïda* a été écrit en français par M. du Locle. Il fallut le traduire en italien pour le donner au compositeur. C'est de cette traduction que M. Nuitter est venu, à son tour, faire la traduction qu'on nous a offerte aujourd'hui.

Chose étrange! Toutes les fois que j'ai entendu chanter l'opéra de Verdi dans la langue de « l'Italia irredenta » je l'ai parfaitement compris. Et pourtant je ne sais pas un mot d'italien. Ce soir, au contraire, j'ai dû avoir recours à la brochure imprimée.

Assez amusantes — disons-le en passant — les brochures de la maison Calmann Lévy. Elles se compliquent d'un système d'annonces que des personnes mal renseignées confondent volontiers avec le texte.

Ainsi, à la première page de la brochure d'*Aïda*, on lit en gros caractères :

*La Belle Jardinière.*

Bien des gens sont partis, convaincus que c'est là le titre français de l'ouvrage. Et ils se demandent encore pourquoi?

Deux mots sur la salle.

Il serait, d'ailleurs, difficile d'en dire trois. Le fameux presque tout Paris des premières de Ventadour n'y a été représenté par aucune notabilité. Les Parisiennes élégantes ont cédé la place aux grandes dames du high life provincial, et j'ai remarqué quelques types variés de percepteurs ou de maîtres d'école ruraux. Pas mal d'étrangers reconnaissables, comme toujours, à leurs chapeaux de feutre, à leur linge multicolore et à leurs costumes bariolés. Bref, une assistance à remettre la lorgnette dans son étui, au bout d'un quart d'heure d'examen.

Au second acte, un monsieur tout de gris habillé, placé devant moi, s'écrie en voyant le ballet des petits Nubiens :

— Comme on se moque du public à Paris! j'ai déjà vu ça hier à la Porte Saint-Martin !

Ce spectateur avait cru reconnaître Mariquita.

On a recruté un peu partout, dans les théâtres des départements et de l'étranger, les nouveaux interprètes d'*Aïda*.

Il en est deux cependant que le public parisien connaît déjà : M. Nouvelli et M$^{lle}$ Emilie Ambre, tous deux anciens pensionnaires de la salle Ventadour.

M$^{lle}$ Ambre, que j'ai eu occasion de présenter à mes lecteurs lors de ses débuts dans la *Traviata*, a bien la physionomie un peu sauvage exigée par le rôle de l'esclave éthiopienne. Son costume qu'elle a certainement ordonné elle-même, dénote une femme de haut goût. On m'affirme qu'elle venait aux répétitions, couverte de diamants — vous n'ignorez pas qu'elle en possède beaucoup. Mais le personnage d'Aïda ne comporte pas tant de luxe : la cantatrice s'est contentée, ce soir, d'une simple bague en brillants. Par exemple, elle s'est rattrapée sur les cheveux : des flots de cheveux noirs qui lui font une sorte de traîne. Quel luxe! On voit que M$^{lle}$ Ambre ne recule devant aucune dépense.

Maintenant expliquez-moi, si vous pouvez, pourquoi l'Africaine que représente l'aimable chanteuse a les bras et les mains d'un noir consciencieux, tandis que la figure est quasiment blanche? Je ne me charge pas, quant à moi, d'approfondir ces mystères.

C'est comme le cas de M$^{lle}$ Bernardi chargée du rôle d'Amnéris.

Il paraît que cette grosse chanteuse s'appelle réellement Bernard.

Elle a italianisé son nom pour venir chanter *Aïda* en français.

Cela ne manque pas d'une certaine fantaisie.

Et maintenant, sans réserve aucune, faisons l'éloge

des costumes, flambant neufs et très-brillants : un ensemble d'un coloris chaud, chatoyant au possible. Cela nous rappelle que nous sommes au Lyrique, car on n'a jamais assisté à ces fêtes des yeux aux Italiens.

Et cependant le souvenir de ce malheureux théâtre doit être quand même évoqué.

La machinerie fonctionne lamentablement.

Rien ne va, aucun changement ne peut se faire sans un accident quelconque. Dès qu'un portant se déplace on entend de la salle le vacarme d'un effondrement ou le cliquetis des verres brisés. Même lorsque tout est en place, les bruits de coulisses continuent à donner la réplique aux chanteurs inquiets.

S'il est vrai que les machinistes de Ventadour sont nombreux et grassement rétribués, on se demande ce qu'ils étaient devenus ce soir. Certes, étant donnés leur nombre et leurs habitudes locales de lazzaroni, ils ont dû compter les uns sur les autres. Il y a tant de façons d'occuper son temps par une belle soirée d'été.

Etaient-ils allés lire les dernières nouvelles des journaux à la lumière électrique de l'avenue de l'Opéra ?

Faisaient-ils un tour au Bois ?

Etaient-ils en extase devant les photographies d'actrices du passage Choiseul ?

S'offraient-ils ce rafraîchissement du prolétaire qui consiste à flâner sur le boulevard en contemplant les *dirigeants* qui prennent des glaces au Napolitain et chez Tortoni ?

Ou bien — plus positifs dans leurs plaisirs — fredonnaient-ils gaiement le « Tout tourne » de la *Vie parisienne*, en *faisant* des litres aux tourniquets des marchands de vin d'alentour ?

# AOUT.

### REPRISE D'*ORPHÉE AUX ENFERS*.

*4 août.*

Une manie, bien compréhensible et bien excusable en ce temps d'Exposition, semble s'être emparée de tous les directeurs parisiens : celle d'éblouir les provinciaux et les étrangers à grands coups de chiffres et de ne reprendre que des pièces déjà jouées un nombre incommensurable de fois.

A ce point de vue, le directeur de la Gaîté vient du coup d'enfoncer tous ses confrères dans le troisième dessous. Les 666 représentations du *Tour du Monde*, les 193 du *Petit Duc*, les 170 de *Niniche*, les 450 des *Cloches de Corneville*, et même les 412 des *Canotiers de la Seine*, la pièce aquatique si amusante et si rafraîchissante que le Théâtre-Cluny vient de reprendre avec tant de bonheur et d'à-propos, pâlissent à côté des NEUF CENTS représentations d'*Orphée aux Enfers*.

Et notez, s'il vous plaît, que le chiffre, pour être fantastique, n'est pas du tout fantaisiste. Il ne s'agit pas ici d'un chiffre en l'air, d'un chiffre sophistiqué pour les besoins des colonnes Morris.

Il résulte, au contraire, d'un pointage dix fois refait,

vérifié et contrôlé par tout le personnel de l'agence Peragallo, que nous venons d'assister bien réellement à une neuf-centième représentation.

On a célébré solennellement, dans le temps, la millième de la *Dame blanche*. Mais Boïeldieu était mort depuis longtemps. Offenbach, lui, vient d'assister, vivant et bien vivant, à l'apothéose d'une de ses meilleures œuvres.

Car, disons-le tout de suite, de tout ce qu'il a produit, c'est *Orphée* qu'Offenbach aime le mieux. C'est la pièce dans laquelle il a prodigué le plus d'inspirations heureuses et où sa muse badine a le plus souvent côtoyé le grand art. L'Europe entière — que dis-je ? l'univers entier — a quadrillé aux sons de cette musique endiablée, et il n'y a pas de chanteuse qui ne se soit attaquée, au moins une fois dans sa vie, au superbe *Evohé* de la bacchante.

Offenbach a fait partager sa prédilection à M. Weinschenck. Celui-ci — ayant sous la main une partie de la troupe des Variétés — n'ayant pas grand'chose à faire pour renouveler les costumes et les décors, s'est lancé plein de confiance et plein d'espoir dans cette affaire, qui paraît lui assurer, jusqu'à la fin de l'Exposition, une série de splendides recettes.

L'un des *clous*, l'une des curiosités les plus attractives de cette reprise, c'est la présence du compositeur Hervé sur la scène illustrée par Christian.

En reprenant le *Tour du Monde*, les directeurs de la Porte-Saint-Martin ont eu l'heureuse idée de *rajeunir* cette pièce en y intercalant une demi-douzaine de lions flanqués d'un dompteur ; Hervé sera à lui tout seul le lion de la reprise d'*Orphée*.

Le fait paraîtra peut-être ordinaire aux étrangers ; il ne pourra avoir — aux yeux des bourgeois de Pont-Arcy et d'ailleurs — qu'un intérêt médiocre ; pour les Parisiens, il est extraordinairement piquant.

Afin de l'apprécier à sa juste valeur, il faut remonter à une dizaine d'années. Hervé jouissait alors, comme faiseur d'opérettes, d'une grande vogue. Il est certain qu'il n'avait ni la distinction, ni l'originalité, ni la spirituelle gaieté d'Offenbach. Mais, à tort ou à raison — selon moi : à tort — on commençait à le comparer à l'auteur de la *Belle Hélène*. Offenbach, jusqu'à ce moment, avait régné en maître dans l'empire de la musique bouffe. Il n'avait pas de rival. Puis, tout à coup, il en vit surgir un. Des gens taquins et jaloux — agacés des trop nombreux triomphes de maître Jacques — étaient enchantés de lui jeter ce concurrent dans les jambes. Bref, on fit alors pour Hervé ce qu'on fait aujourd'hui pour Lecocq : au lieu de classer à sa valeur ce musicien de talent, on voulut absolument s'en servir pour renverser un roi qui se croyait très-solide sur son trône.

Et c'est pourquoi il est si amusant de voir l'auteur du *Petit Faust*, ce rival d'autrefois, prêter aujourd'hui l'appui de sa fantaisie à l'auteur d'*Orphée*.

C'est, paraît-il, sur les instances du nouveau Jupin qu'Offenbach s'est décidé à conduire l'orchestre pendant le deuxième acte.

— Puisque je deviens votre interprète, lui demanda l'ex-compositeur toqué, faites-moi les honneurs de votre partition.

Ce qui fut aussi gracieusement accordé que courtoisement sollicité.

Offenbach, d'ailleurs, n'a pas eu à se plaindre de son apparition au pupitre du chef d'orchestre. Après l'ouverture-pot-pourri, transportée pour la circonstance avant le second acte, le public lui a fait une triple ovation. La salle était bondée, curieusement composée comme toutes les salles d'aujourd'hui. On y voyait les quelques Parisiens endurcis qui restent à Paris malgré tout, Christine Nilsson, de passage parmi nous, quelques journalistes... de province, un chef arabe, trois ou quatre petites actrices de petits théâtres, et énormément d'étrangers. Tout ce monde a acclamé le maestro avec une unanimité touchante.

A côté d'Hervé, on a revu avec plaisir Léonce, dans le rôle de Pluton, une de ses meilleures créations.

L'excellent pensionnaire des Variétés avait gardé de ce rôle des souvenirs ineffaçables.

— C'était le bon temps ! disait-il toutes les fois qu'il y pensait.

Il y donnait la réplique à Désiré d'une façon si imprévue, les deux compères avaient des moyens si drôles de renouveler le dialogue tous les soirs ! Bref, à dater de cette époque, toutes les fois que Léonce remportait un succès, il se disait avec amertume :

— C'est égal, cela ne vaut pas celui de Pluton !

Il avait bien entendu parler du nouvel *Orphée* de la Gaîté et de sa fortune prodigieuse, mais il n'y était jamais allé voir : il voulait s'épargner le crève-cœur de voir jouer Pluton par un autre.

Jugez de sa joie quand M. Bertrand lui parla de lui rendre ce rôle.

Il arriva à la Gaîté, tout bouillant, plein d'enthousiasme.

Hélas ! Que vit-il ? Des décors étonnants, une mise en scène grandiose, des défilés sans fin, des trucs, des ballets, des feux électriques !

Ce n'était plus l'*Orphée* qu'il avait connu, l'*Orphée* intime, l'*Orphée* de la bonbonnière du passage Choiseul. Il a eu bien du mal à se faire au nouveau. Sans compter que le pauvre Léonce a horreur des trappes et qu'*Orphée* en est plein. Bref, ce soir encore, malgré les bravos qui l'ont accueilli à plusieurs reprises, il secouait la tête en murmurant :

— Eh bien, non, ce n'est pas mon *Orphée*... à moi !

Par exemple, M<sup>lle</sup> Angèle a été bien moins contente, elle, de reprendre son rôle de Vénus, un rôle dont le costume lui va si adorablement bien qu'on peut dire en toute sécurité que c'est celui-là qui l'a révélée aux Parisiens.

Angèle, en ce moment, vit à la campagne. Elle s'est retirée à Nogent-sur-Marne, où elle s'est littéralement éprise du viaduc. Elle passait des heures entières à contempler cette admirable construction. A tous ceux qui venaient lui rendre visite, elle posait invariablement cette question :

— Comment trouvez-vous mon viaduc ?

Un véritable fanatisme.

Les répétitions d'*Orphée* l'ont privée de son viaduc pendant plusieurs semaines, et voilà que les représentations vont l'empêcher de voir le soleil se coucher à travers les arceaux de sa construction tant aimée.

S'en consolera-t-elle en pensant aux bravos qui ont, ce soir, salué son entrée. Peut-être.

Elle chante :

> Je suis Vénus et mon amour
> A fait l'école buissonnière ;
> Je reviens au lever du jour
> D'un petit voyage à Cythère !

Derrière moi, un provincial :

— Comment, de Cythère ? Elle revient de Cythère ?

Un Parisien :

— Eh bien, oui. Elle en revient tous les jours. Elle a pris un abonnement au mois !

*Orphée aux enfers* a déjà fait une énorme consommation de Cupidons.

Une douzaine de jeunes et même de vieilles personnes, depuis Mᴸᴸᵉ Cora Pearl, qui joua le rôle au passage Choiseul, jusqu'à Mᴸᴸᵉ Piccolo, qui l'interprétait à la dernière reprise, ont successivement paru sous les traits du fils de Vénus.

Aujourd'hui encore, on nous offre un nouveau Cupidon.

Mᴸᴸᵉ Saget, une toute mignonne débutante, était, il y a quelque temps encore, simple danseuse du corps de ballet de la Gaîté, ne songeant uniquement qu'à faire des jetés-battus et des ronds de jambe, lorsqu'elle fut remarquée par Offenbach, qui lui fit quitter la danse pour le chant. Le nouveau Cupidon paraissait ce soir fort ému. Elle s'est retrouvée dans son élément au dernier acte, au moment du galop infernal, où elle a esquissé avec l'amusant Germain ce que Sarcey ne manquerait pas d'appeler *un chahut pommé*.

Grivot et Meyronnet ont gardé leurs rôles; quant à Peschard — la meilleure des Eurydices passées, présentes et à venir — on lui a lancé une couronne d'une taille si gigantesque qu'il a fallu s'y atteler à plusieurs pour l'emporter.

Ce que le public ne saura jamais, c'est le nombre de compétitions féminines qui se produisent à chaque reprise d'*Orphée*.

Les rôlets sont fort nombreux, et il n'est pas une petite figurante assez bien tournée qui ne cherche à monter en grade en se faisant distribuer le personnage plus ou moins déshabillé d'une déesse de 3ᵉ classe.

Le directeur, plus que circonvenu par tout ce petit monde, n'a pas trop de tout son sang-froid pour faire bonne contenance et contenter les solliciteuses.

Il est vrai que plus d'une privilégiée ne se rend pas toujours compte de la haute mission qu'on lui confie.

Ainsi, il y a huit jours, l'une de ces ambitieuses satisfaites arrive d'un air triomphant dans la chambre des figurantes :

— Mesdames, Weinschenk m'a donné un rôle, s'écrie-t-elle en entrant.

— Et lequel ? demande une petite amie.

— Celui de Grain d'Orge !

La malheureuse voulait dire Pandore !

Une situation enviée entre toutes, c'est celle de la ameuse pendule.

On sait que cette pendule se compose d'une *suspension* immobile solidement fixée à une tige du haut de laquelle elle semble faire mouvoir un balancier.

La créatrice, une superbe blonde agréablement dodue, a eu toutes les peines du monde à conserver *son rôle*.

— J'y tiens absolument, répétait-elle sans cesse, il n'y a que moi qui connaisse bien les traditions !

---

DANSEURS ESPAGNOLS AU GYMNASE.

7 août.

Ce n'est pas la première fois que le Gymnase, faisant diversion à son genre de programme, présente au public des danseurs transpyrénéens. Les castagnettes ont déjà retenti sur la scène du boulevard Bonne-Nouvelle.

Sans parler du divertissement intercalé dans le *Don Quichotte* de Sardou, il y eut, en 1852, un spectacle dont une troupe de danseurs espagnols était le principal attrait. La partie littéraire se composait exclusivement d'une charmante pièce en un acte, de Barrière, intitulée *Midi à Quatorze heures.*

Ces ballets, très-variés, très-pittoresques, eurent un grand succès, et, grâce à eux, tout Paris courut au Gymnase pendant une longue série de représentations.

Leur vogue eut même une conséquence des plus heureuses pour Barrière. En pareil cas, la totalité des droits est acquise à l'auteur de la pièce, si peu de place que celle-ci tienne dans le programme de la soirée.

*Midi à Quatorze heures* bénéficia donc des dix pour cent que le théâtre paya chaque soir, pendant assez longtemps, sur les brillantes recettes que fit la troupe espagnole, et ce vaudeville rapporta à son auteur plus d'argent que certaines comédies en cinq actes.

Souhaitons au Gymnase que la nouvelle série de représentations chorégraphiques soit aussi fructueuse et permette au directeur de monter à loisir des pièces avec lesquelles il puisse retrouver sa veine d'autrefois.

Chargé de s'entendre avec don Manuel Guenero, M. Derval eut d'abord l'idée d'apprendre l'espagnol, mais pressé par le temps, il dut y renoncer.

Aussi, est-ce avec une certaine difficulté qu'il a pu correspondre avec la troupe espagnole.

Néanmoins il y arriva. Partant de ce principe qu'il faut appeler tous les hommes « senors » et toutes les femmes « senoritas; » que la plupart des mots se terminent par les syllabes en o ou en a, l'excellent administrateur du Gymnase a fini par apprendre un espagnol de fantaisie qui lui permet tant bien que mal de se faire comprendre des artistes de don Manuel.

Un homme auquel l'apparition des danseurs espagnols au Gymnase a également causé beaucoup de tourment, c'est M. Victor Chéri, chef d'orchestre du théâtre.

Habitué à guider les acteurs qui, dans les matinées, chantent les couplets de Scribe sur l'air de : *J'en guette un petit de mon âge*, M. Chéri, dont l'orchestre a, du reste, été renforcé pour la circonstance, s'est vu contraint de suivre toutes les répétitions de la troupe espagnole.

Pendant que don Manuel guidait ses artistes, M. Victor Chéri conduisait ses musiciens. Par malheur, l'impresario et le chef d'orchestre étaient en perpétuel désaccord, et à chaque instant une nouvelle discussion éclatait entre eux.

Ils avaient d'autant plus de mal à s'entendre que M. Victor Chéri ne sait parler que le français, tandis que le maître de ballet ne peut s'exprimer qu'en espagnol.

On voit d'ici les scènes renouvelées de la Tour de Babel, auxquelles donnaient lieu de semblables discussions!

C'est alors qu'intervenait généralement M. Derval : se servant du peu d'espagnol de fantaisie qu'il avait appris, il essayait de calmer les deux adversaires et d'apporter quelque ordre dans la discussion.

Il disait par exemple à M. Chéri :

— Don Manuel prétend que vous n'allez pas assez vite.

— Je suis dans le mouvement, répondait M. Chéri.

S'adressant alors à Don Manuel, M. Derval traduisait :

— *Il senor Cherito lui existero in movimento!*

D'ailleurs, depuis l'arrivée des danseurs au Gymnase, tout le théâtre s'est espagnolisé.

On ne peut plus passer devant la loge du concierge sans y voir ce dernier jouer du tambour de basque, tandis que sa femme l'accompagne avec des castagnettes.

Au foyer du théâtre, les actrices attendant le moment de jouer *le Monde où l'on s'amuse*, essayent des pas de deux, drapées dans des manteaux espagnols, tandis que les acteurs font le simulacre de jouer de la guitare.

Avant de traiter avec le Gymnase, ces danseurs se sont offerts, ou plutôt ont été offerts, par l'agent qui leur sert de cornac théâtral, à plusieurs directeurs parisiens.

Partout, ces propositions ont été d'abord très-bien accueillies, mais leurs prétentions parurent excessives et leur séjour à Paris faillit se borner à une simple visite d'Exposition.

M. Koning fut le premier qui reçut la visite de l'entrepreneur espagnol.

Comme il se récriait sur le prix demandé :

— Ce n'est pas cher, allez, lui répliqua l'agent, avec un accent délicieux, pensez donc que mes danseuses sont les plus *zoulies* femmes de l'Europe... oui, les plus *zoulies!*

Cet argument parut tout d'abord faire une vive impression sur les instincts d'artiste et de metteur en scène du directeur de la Renaissance.

— Sont-elles vraiment aussi bien que ça?

Demanda-t-il à la façon de Desclauzas dans le *Petit Duc.*

— S'il vous faut ma parole, la v'là.

Lui répliqua le tentateur en levant la main et en crachant par terre avec conviction.

— Diable!... Si c'était vrai!... Mais encore faudrait-il les voir.

— J'ai leurs portraits... jugez vous-même.

Et M. Koning parcourut avidement les cartes qu'il venait de saisir d'une main fébrile.

— Mais, c'est une plaisanterie, s'écria-t-il aussitôt, elles ne sont pas si jolies que vous le dites... en voici une qui est même tout à fait laide... et les autres ne sont guère mieux.

— Bah! riposta notre Espagnol sans se déconcerter, la photographie.... ça n'a aucun rapport!

---

### BOUHY DANS *HAMLET*.

12 août.

M. Halanzier, en convoquant la presse pour les débuts de Bouhy, montre l'importance qu'il attache à cette seconde apparition du successeur de Faure. Il lui fait vraiment les honneurs superbes et... onéreux d'une hospitalité princière.

On n'ignore pas, en effet, qu'en ce moment l'Opéra est assiégé à ce point que les recettes se quadrupleraient si les dimensions de la salle le permettaient. C'est un empressement inouï, extraordinaire, qui dépasse les prévisions les plus optimistes et justifie ce mot d'un habitué du lundi :

— L'opéra!... c'est le plus grand succès de M. Krantz.

Eh bien! voilà deux fois que M. Halanzier en faisant le service de la presse diminue son maximum de plus de 5,000 francs pour nous faire entendre Bouhy dans la *Favorite* et dans *Hamlet*.

Coût : 10,000 francs!

Quelle réponse aux esprits chagrins qui affirment, du matin au soir, que ce directeur sacrifie les intérêts de l'art musical à ses propres intérêts!

C'est la première fois que je vais à l'Opéra depuis la suppression de la claque.

Personnellement, j'ai lieu de me réjouir de cette exécution.

Le fauteuil que j'occupe ordinairement est situé au milieu du dernier rang de l'orchestre; j'étais donc si près de la claque et de son tapage assourdissant que comme les artilleurs chargés de mettre le feu aux pièces de canon, j'avais contracté, à la fin de chaque soirée, un commencement de surdité très-pénible.

J'assistais forcément à toutes les évolutions du chef. de claque, M. David fils. Le gazouillement à l'aide duquel il avertissait ses lieutenants, ses appels réitérés, sa façon d'encourager les timides et de gourmander les indifférents, aucun de tous ces mouvements ne m'échappait, et j'ajouterai qu'ils m'agaçaient terriblement.

On comprend donc quelle joie sans mélange m'a causée ce soir la disparition de la claque. Je ne sais pas si c'est par prévenance pour moi que M. Halanzier a opéré cette révolution, mais qu'il me permette de l'accabler ici de mes bénédictions. Je lui voue pour cette bonne action une éternelle reconnaissance.

D'ailleurs, je dois le constater, les interprètes d'*Hamlet*, Bouhy en tête, paraissaient partager mon ravissement. En effet, quoi de plus stimulant, de plus encourageant pour un artiste que de s'entendre applaudir et de penser qu'au lieu de provenir d'obscurs gagistes les bravos viennent du vrai public!

Pendant que j'étais en train de m'extasier sur cette mesure nouvelle qui supprime la claque, je me suis informé du résultat d'une autre innovation : les visites gratuites du dimanche.

Selon son habitude constante, M. Halanzier n'a voulu laisser à personne le soin de les organiser.

Ainsi, c'est lui qui, la première fois, a présidé aux distributions des cartes. Il eut même, ce jour-là, de vives émotions. Les deux mille cartes avaient été enlevées d'assaut et la foule des blackboulés s'était presque révoltée; des groupes de gens furieux partirent en proférant de vagues menaces.

M. Halanzier se demanda ce qui se passerait le dimanche suivant, jour d'inauguration des ascensions dominicales de son escalier : une attaque de vive force semblait à craindre.

Véritable général, il prit des dispositions militaires, augmenta l'effectif des agents et des municipaux de service et, le dimanche matin, après une harangue énergique à tout son personnel, il se campa résolûment en avant-garde devant le pavillon des abonnés.

Est-ce grâce à de salutaires réflexions ou à l'effet de ces mesures stratégiques, mais les mutins ne se présentèrent pas, laissant la place aux seuls porteurs de carte, *gens du quartier pour la plupart.*

Le seul incident fut un bain de pied pris par un visiteur myope qui n'avait pas remarqué le bassin du bas de l'escalier.

Depuis, les dimanches se sont succédé, tous plus calmes les uns que les autres. Les promeneurs parcourent silencieusement l'escalier et les foyers, tâtant la pierre, le bronze et le marbre pour voir *si c'est bien vrai* et n'essayant même pas de franchir les barrières qui leur défendent l'accès des couloirs et de la salle.

Belle salle... surtout au point de vue de l'affluence. Comme composition, elle est aussi brillante que le permet la saison. Le tout Paris qui n'a pas déserté la capitale se trouve là. L'élément étranger y représente, par une tenue toujours variée, les modes voyantes de l'ancien et du nouveau monde. Citons toute une loge bondée de Japonais — en costume européen malheureusement.

Du côté officiel, M. Bardoux. Notre zélé ministre de l'instruction publique ne pouvait prendre la parole pour faire un de ces discours qu'il prodigue avec tant de bonne grâce, cependant il a tenu à féliciter chaudement, sur la musique d'*Hamlet*, M. Ambroise Thomas qui, après la carrière déjà parcourue par son opéra, ne s'attendait pas sans doute à cette effusion rétrospective.

Au foyer de la danse, le ministre regardait d'un air très-intrigué la petite bonne bretonne — en costume *national* — qui accompagne toujours Mlle Beaugrand. Il paraissait se demander — sans pouvoir se répondre — ce qu'elle pouvait bien faire dans *Hamlet*.

Il est fort heureux pour M. Halanzier que son nouveau baryton se soit séparé du cheval qu'il affectionnait tant lorsqu'il était pensionnaire de la Gaîté.

Cet animal, de bonne famille et d'excellente race, gâtait toutes ses qualités natives par un amour immodéré de la campagne : c'était une bête rurale dans toute l'acception du mot : nos rues, nos boulevards, nos hautes maisons lui déplaisaient au-dessus de tout. Malgré le caractère fantasque du quadrupède, le maître, qui demeure à Auteuil, le faisait toujours atteler au tilbury qu'il conduisait lui-même pour se rendre au théâtre.

Au départ, l'animal se laissait mener avec docilité. Mais dès que la voiture arrivait dans Paris, il devenait méchant et se livrait à toutes sortes de fantaisies et d'excentricités, escaladant les trottoirs, accrochant les fiacres et les camions, soulevant des conflits avec les omnibus, terrorisant les passants et prenant, à tout instant, les allures d'un cheval emballé. Ce jeu avait sans doute pour but de faire prendre la capitale en grippe par son maître, mais celui-ci ne tenait nul compte de ces manifestations et continuait de se servir du cheval récalcitrant.

Cependant, il ne se dissimulait pas qu'un jour ou l'autre ces incidents dégénéreraient en accident et se

termineraient par un fait divers plus ou moins ef-
froyable. Souvent, en arrivant dans sa loge, il s'écria
avec la conviction de Jenneval :

— Sauvé encore une fois!... merci, mon Dieu !

Quant aux contraventions, il les collectionnait par
centaines; mais un chanteur touchant de si gros ap-
pointements chez M. Vizentini pouvait bien n'y pas
regarder de très près.

Un jour qu'il *le conduisait* à une répétition du
*Bravo*, le cheval qui, probablement, voulait en finir
une bonne fois, avisa, rue Réaumur, une charrette à
bras et, prenant un élan formidable, l'escalada d'un
seul bond. De là, tumulte, embarras de voitures, mo-
nologues de cochers, etc., etc.

Bouhy sortit sain et sauf de cette expérience de haute
école, mais à peine relevé, il eut maille à partir avec
le conducteur de la petite voiture. Un peu bousculé,
le bonhomme n'avait rien de cassé, mais sa marchandise — un lot de camemberts — était en piteux état.
Les fromages avaient fusionné dans un mutuel écrasement, et répandaient dans toute la rue leurs émana-
tions odoriférantes.

— Je suis ruiné!... gémissait l'homme à la charrette, qui me prendra mes fromages dans cet état?

— Moi, riposta le chanteur, en faisant briller des
louis.

Et le marché fut conclu séance tenante.

Devenu propriétaire de quatre cent cinquante camemberts, Bouhy se trouva tout d'abord très-embar-
rassé. Il eut alors une inspiration subite :

— Voici cinq francs en plus, dit-il au marchand de
fromages, mais à une condition : vous allez me conduire tout cela à la Gaîté.

Et le soir même, l'artiste fit distribuer ses camemberts aux figurants, aux machinistes, aux choristes et

à tous les petits employés du théâtre, à titre de gratification exceptionnelle.

On devine la joie de ces pauvres gens auxquels la situation terrible que traversait le Théâtre-Lyrique ne permettait pas toujours d'acheter pour leur table des fromages aussi chers que ceux-là.

# SEPTEMBRE.

2 septembre.

En revenant d'une excursion rapide à Jersey, je me trouve en présence d'un arriéré suffisamment considérable, et dont je demande la permission d'opérer la liquidation par petits à-compte.

Je suis resté à Paris pendant tout l'été, attendant avec une certaine impatience le renouvellement des spectacles. Attente vaine. En fait de nouveautés, on nous offrait la reprise de la *Fille de Madame Angot*. Je m'en vais pour une semaine et tout aussitôt les premières se succèdent sans interruption ; des théâtres rouvrent que l'on croyait à jamais fermés ; Hamburger transformé en directeur essaie d'implanter le drame dans une salle bâtie pour l'opérette, et des étoiles chantantes se révèlent à Beaumarchais, sur la scène qui eut l'honneur — il n'y a pas bien longtemps — d'être foulée par M. Jenneval lui-même. Autant d'événements extraordinaires qu'il me serait impossible de ne pas enregistrer. Je commence ce soir par celui qui m'a paru le plus gros de tous : la conversion du théâtre Beaumarchais au genre léger que maudit Sarcey.

Quelle révolution ! On ne se doute pas de l'influence que peut avoir la *Croix de l'Alcade* sur les masses qui ont tant versé de larmes à la « Croix de ma mère ! »

Et, d'abord, il est bien convenu qu'il n'y a rien au monde d'aussi démoralisateur que l'opérette.

Depuis que MM. Vast-Ricouard, Favin et le jeune compositeur Henri Perry ont entrepris de pervertir les populations austères et démocratiques du quartier de la Bastille, les chaudronniers de la rue de Lappe, les tourneurs de bâtons de chaises de la rue Sedaine, les sculpteurs sur bois de l'avenue de la Roquette sont tous en proie à une sorte de vertige.

A peine les aimables Fantaisies-Parisiennes ont-elles, depuis quelques jours, remplacé le farouche Beaumarchais qu'on voit les *purs* du faubourg Antoine et les *démocs* de la rue de Lyon *boulevarder*, le soir, aux alentours du théâtre en s'entretenant avec animation du dernier scandale parisien du boulevard Richard-Lenoir.

Les sous-chefs de rayon des environs ont pris le haut du pavé. Grâce à leur funeste exemple, la corruption va faire des progrès effroyablement rapides. Déjà l'on peut admirer ces gommeux locaux, dans les loges des Fantaisies, en compagnie des plus célèbres impures de brasseries, donnant aux électeurs de M. Floquet le signal des applaudissements.

Le contrôleur de l'endroit m'a assuré, en outre, que plusieurs membres influents de la chambre syndicale des fabricants de siéges auraient l'intention de louer des fauteuils à l'année.

Enfin — et ce dernier détail montrera l'étendue de la contagion — les limonadiers du quartier parlent d'augmenter leurs bocks de cinq centimes et de diminuer la portion de sucre de leurs mazagrans.

*La voilà bien l'influence néfaste de l'opérette!* (Lire à haute voix le texte souligné en imitant la voix de Dupuis.)

Naturellement la salle est aux trois quarts pleine. Elle le serait tout à fait si les places n'étaient pas si chères. Le directeur, M. Debruyère, me semble avoir trop compté sur l'Exposition et sur sa manne bienfaisante. D'étrangers, il n'en aura guère. Peut-être, de temps en temps, s'en trouvera-t-il quelques-uns qui s'arrêteront chez lui en revenant d'une visite au Père-Lachaise, mais ceux-là n'apporteront qu'un faible appoint à la recette.

Il faut reconnaître d'ailleurs que les fauteuils — s'ils sont cotés cent sous — sont aussi confortables que possible. Le nouveau théâtre est élégant, vaste et éclairé avec une prodigalité incroyable : trois lustres, plus une quantité de girandoles, de candélabres et de branches dont l'éclat est malheureusement synonyme de chaleur.

C'est probablement ce luxe de lumières qui va à tout jamais effaroucher le titi, cet oiseau de paradis qui nichait encore à Beaumarchais, son dernier refuge.

J'en ai vainement cherché ce soir. Les galeries supérieures en étaient complétement dépourvues. Quand — au premier acte de l'opérette — quelques vagissements de nourrisson se sont fait entendre, au lieu du classique « asseyez-vous dessus » une voix d'en haut a crié : « Mais sortez-le donc, s'il vous plaît ! » O décadence !

On a déjà dit que les costumes de la *Croix de l'Alcade* sont de Grévin et que la troupe, hâtivement recrutée, des Fantaisies-Parisiennes, a de l'entrain et de l'ensemble.

Ce n'est pas tout. Afin de semer plus sûrement le trouble dans le cœur du pauvre ouvrier laqueur, si facile à pervertir, le nouveau théâtre — pour se faire à toutes les traditions de l'opérette — a son étoile : M$^{lle}$ Maria Thève.

M$^{lle}$ Thève est jeune, sinon jolie ; elle manie avec goût une voix suffisamment fraîche. On l'acclame, on la bisse, on la fête bruyamment. Il paraît que, le premier soir, on lui a *trissé* des couplets. Pour moi, ce qui m'a surtout semblé extraordinaire dans cette petite et maigrelette personne, c'est le nez. Quelles dimensions, juste ciel! M<sup>lle</sup> Thève est la M<sup>lle</sup> Hyacinthe des chanteuses d'opérettes.

La *Croix de l'Alcade* est un succès. M. Debruyère rentrera facilement dans ses frais, et il ne se repentira pas, je pense, d'avoir rompu avec le drame, quitte à engloutir avec lui la vertu des faubourgs.

On m'objecte que le théâtre des Fantaisies se trouve un peu loin.

Cela dépend de la manière de voir. Pour ceux qui arrivent de Lyon ou de Marseille, par exemple, il est beaucoup plus près que les Variétés.

---

LES HANLON-LEES.

6 septembre.

Il n'y a pas à dire, c'est aux Folies-Bergère qu'il faut aller chercher l'un des plus grands succès de la saison théâtrale de l'Exposition. Les Hanlon-Lees s'imposent avec autant d'autorité que Judic, Dupuis, Granier et l'escalier de l'Opéra ; leur vogue est telle que le Parisien ne s'intéresse pas moins maintenant à leur personnalité qu'à celle des étoiles à la mode.

Et cependant il a l'habitude de les désigner sous cette appellation collective des Hanlon ; il les confond tous dans le même applaudissement et il ne sait d'eux que ce qu'il en voit. Il m'a paru intéressant d'offrir à la curiosité parisienne des détails plus précis sur cette raison sociale et artistique, et de dire ce que sont ces artistes, éminents dans leur genre, et véritables créateurs de toute une école nouvelle.

Ce qui suit est donc une notice biographique ou quelque chose d'approchant. J'espère qu'elle sera lue avec attention par tous ceux que les inventions bouffones et les cocasseries abracadabrantes des Hanlon ont tant amusés.

Les Hanlon sont d'origine irlandaise. Ils étaient, paraît-il, prédestinés à la profession périlleuse qui les a illustrés, car une irrésistible vocation se manifesta chez eux dès la plus tendre enfance. Ils entrèrent dans la vie en cabriolant au nez de l'accoucheur, après avoir fait preuve, dans le sein de leur mère, d'une turbulence déplorable ; puis, ils firent leurs premiers exploits de futurs gymnastes en escaladant de mille façons originales les robustes appas de leurs diverses nourrices. Plus tard, leurs dispositions se manifestèrent de plus belle, à ce point qu'un célèbre professeur, D. Jean Lees, séduit par leur vigueur et leur agilité précoces, n'hésita pas à se charger de leur éducation et décida les parents à les lui confier.

Sous la direction de cet éminent disloqué, ils parcoururent l'ancien et le nouveau monde à un âge où les moutards ordinaires commencent à peine à savoir se moucher. On les fêta partout. Enfants, ils eurent des succès que bien des hommes ne connaîtront jamais. En Espagne, ces petits prodiges, dont l'aîné n'avait pas huit ans, furent, à un moment, les héros de la saison. On ne se contenta pas de les applaudir dans les cirques, on les accueillit dans les maisons les plus aristocratiques. La reine Isabelle les combla de cadeaux. Un jour la comtesse de Théba — qui fut depuis l'impératrice Eugénie — les prit dans sa voiture et se montra avec eux sur la promenade du Prado.

En Turquie, à Constantinople, ils donnèrent au sérail une représentation à laquelle assistèrent, dissimulées derrière des tapisseries et des persiennes, toutes les femmes du Sultan. Vu leur jeune âge, celui-ci les autorisa même à pénétrer dans le harem... sans conditions d'aucune sorte. Les odalisques leur firent une réception splendide, les examinèrent avec curiosité et ne les renvoyèrent qu'après les avoir comblés de caresses, de cadeaux et de douceurs.

Les Hanlon d'aujourd'hui évoquent encore,— et toujours avec émotion — ces souvenirs de leurs premières années. On conçoit, d'ailleurs, qu'ils n'aient pas oublié le temps où les grandes dames les promenaient dans leurs voitures et où les sultanes daignaient leur passer la main dans les cheveux.

Ils commençaient à grandir lorsque Lees, leur professeur et leur guide quasi-paternel, mourut à la Havane. Non content de leur laisser les saines traditions de son art, ce sauteur de bien légua à ses élèves, qu'il reconnaissait comme ses véritables associés, la totalité de sa fortune s'élevant à plus de trois cent mille francs. Mais les légataires, sachant que le défunt laissait des parents pauvres, firent spontanément à ceux-ci l'abandon de la moitié de l'héritage.

Je n'oserais pas affirmer qu'il faut savoir marcher sur les mains et faire du trapèze pour avoir de bons sentiments, mais que de commerçants, de magistrats et d'entrepreneurs dans ce monde ne voudraient pas en faire autant!

Abandonnés à eux-mêmes, ils continuèrent leurs pérégrinations autour de la machine à peu près ronde, en ajoutant à leur nom de Hanlon celui de leur regretté professeur, voulant associer ainsi la mémoire de ce dernier à leurs futurs succès.

Il serait fastidieux et difficile à la fois de raconter ici tous leurs triomphes cosmopolites. Qu'il me suffise de rappeler que, malgré des concurrences terribles, ils révolutionnèrent l'Amérique, et qu'il se fonda partout, aux Etats-Unis, de nouvelles écoles de gymnastique, où les jeunes clowns de l'avenir et même les vétérans du métier, s'exerçaient à s'assimiler leur genre.

Car on dit d'un gymnasiarque : « C'est un Hanlon-Lees, » comme on dit d'une artiste : « C'est une Déjazet. »

Enfin, se trouvant encore très-jeunes à la tête d'une jolie fortune, ils eurent l'idée de se reposer. Dans ce but, ils achetèrent, sur les bords de l'Hudson, une immense propriété, dans laquelle ils accueillirent tous leurs parents. Ils étaient alors bien décidés à couler des jours paisibles dans ce milieu patriarcal.

Mais au bout d'un an de cette vie dissolvante, ils eurent la nostalgie du trapèze et de la corde raide. Et puis, habitués à se mouvoir dans les airs, ils ne pouvaient s'habituer à marcher comme tout le monde. Ils étaient, à terre, lourds et maladroits, et faisaient des chutes sans nombre; pour sûr, il leur serait arrivé un accident.

Ils renoncèrent donc aux délices du *far niente* et recommencèrent à sillonner les deux mondes, stupéfiant les spectateurs de toutes nuances, entretenant toujours d'excellentes relations avec les puissances du globe et se laissant décerner, par le général Sherman, avec une médaille d'or exceptionnelle, le titre de champions des Etats-Unis d'Amérique; bref, acclamés partout et traités à la fois comme de grands artistes et de parfaits gentlemen.

C'est à Marseille que M. Sari traita une première fois avec eux pour les Folies-Bergère, où ils retrouvèrent la grande faveur qui les avait toujours accueillis à Paris.

Ici se place la particularité la plus intéressante de leur existence artistique.

Un soir, sans y attacher plus d'importance qu'à une sorte de passe-temps accidentel, ils eurent l'idée de corser leur programme d'exercices gymnastiques en paraissant dans une courte pantomime presque improvisée.

Cette tentative sans prétention obtint — et pour ainsi dire contre leur attente — le succès que l'on sait : phénomène inouï, ils y furent bissés. Ce succès, prenant des proportions plus considérables de jour en jour, leur inspira une idée nouvelle :

— Pourquoi continuer à risquer notre existence dans les tours que nous faisons depuis si longtemps, se dirent-ils à l'unanimité, quand le hasard nous trace une nouvelle voie triomphale?

Et de gymnastes, ils devinrent *pantomimistes*, creusant leur nouvel art et lui ouvrant des horizons inconnus, grâce à leur originalité, à la bizarrerie de leurs inventions et aux qualités foudroyantes d'exécution dont ils ont le monopole.

Aujourd'hui, les cinq frères forment une troupe complétement organisée à tous les points de vue, chacun d'eux étant investi d'une mission spéciale en dehors de sa part dans l'interprétation générale du répertoire :

Georges, l'aîné, est directeur administratif; c'est lui qui signe les engagements et discute les intérêts de la communauté; il règle toutes les dépenses et recrute le personnel d'employés ;

William est l'auteur, il passe sa vie à chercher des situations fertiles en culbutes. Ses scénarios dénotent un tempérament dramatique qui en fait le Sardou du genre. Il sait sacrifier à propos une gifle ou un coup de pied faisant longueur ou ne rentrant pas dans le cadre de l'action ;

Edward est chef des accessoires; il fut longtemps l'unique machiniste, mais aujourd'hui les trucs sont construits — sous sa direction — par un machiniste spécial, attaché à la troupe et l'accompagnant partout;

Alfred est non-seulement le maëstro de l'association chargé de la partie musicale, mais aussi le facteur de ces instruments étranges de *Do, mi, sol, do*, que n'a pas encore adoptés l'orchestre de M. Halanzier ;

Quant au jeune Frédéric, il passe pour être le collaborateur de William, ce qui ne lui laisse peut-être pas grand'chose à faire ; grâce à son oisiveté relative, on pourrait l'appeler le plus heureux des cinq.

Depuis quelque temps, les Hanlon se sont adjoint le jongleur Agoust, qu'ils considèrent comme l'homme le plus adroit de l'Europe, le seul, en tout cas, qui soit parvenu à se mettre au niveau de leur fantaisie.

Arrivés à leur apogée, las de gagner des sommes folles, rassasiés de gloire, possédant un peu partout, en Amérique, des propriétés considérables, leur joie est de se retrouver dans leur maison de Blumingsdael-Road, à New-York, au milieu de leur riche collection de cadeaux de toute sorte, qui constitue pour eux un véritable musée des souverains.

Là sont déposés les cachemires du rajah de Mysore, les costumes brodés d'or du rajah de Singapoor, le jeu d'échecs de la reine d'Espagne, le nécessaire en écaille de la reine de Portugal, et enfin — cadeau magnifique mais peut-être insuffisant pour cinq — une pipe d'une valeur de 500 dollars, offerte par don Pedro, empereur du Brésil !

Pour le moment, ils ne songent pas à retourner en Amérique, et d'ailleurs le public parisien ne semble pas disposé à les y laisser partir de si tôt.

## LE MARI D'IDA.

19 septembre.

La direction du Vaudeville comptait terminer sa saison d'Exposition avec la comédie annoncée depuis si longtemps : *Cherchez la femme*, de MM. Delacour et Hennequin. Les rôles étaient distribués, la pièce allait entrer en répétition, lorsque, pour des raisons qu'il serait trop long de raconter ici, la représentation fut ajournée d'un commun accord.

Le Vaudeville se trouva donc pris au dépourvu. Par traité, la reprise de *Montjoie* ne devait avoir lieu que cet hiver, et d'ailleurs ce n'est que vers le mois de novembre que Dupuis, retour de Russie, doit reprendre le rôle créé par Lafont, dans la pièce de M. Octave Feuillet.

Les triumvirs de la Chaussée-d'Antin, sans perdre une minute, se mirent à opérer les fouilles les plus minutieuses dans leurs cartons bondés de manuscrits. Ils exhumèrent de la fosse commune vaudevilles et comédies, drames et farces, dont quelques-uns avaient probablement été enfouis un peu précipitamment, puisque l'on ne désespérait pas de leur résurrection. Tous les soirs, chacun de ces messieurs emportait avec lui une pile de pièces qu'il lisait dans la nuit, et le lendemain, lorsqu'ils se retrouvaient au théâtre, tous trois s'interrogeaient avidement :

— Eh bien, avez-vous trouvé ?

Hélas ! La réponse fut constamment négative.

Au bout de quelques semaines, horriblement fatigués, surexcités, le cerveau malade, ils allaient renoncer à ce travail que je considère pour ma part comme beaucoup plus fatigant que ceux auxquels se livra jadis le nommé Hercule.

C'est alors que tout à coup M. Raymond Deslandes se souvint d'une comédie dont l'histoire était même assez curieuse.

Il l'avait trouvée sur son bureau pendant une des répétitions du *Club*. Il en avait commencé la lecture et avait été enchanté du premier acte, tandis que le second lui avait paru plus faible. Aussitôt il avait écrit à l'auteur, M. Mancel, lui disant que son œuvre était bourrée de qualités et qu'elle n'avait qu'à être remaniée par une main habile pour présenter de grandes chances de succès.

Etonnement de M. Mancel. Jamais, au grand jamais il n'avait présenté de pièce au Vaudeville.

Le malentendu fut bientôt expliqué. M. Mancel avait remis son manuscrit à M. Cohen, l'un des auteurs du *Club*, avec prière de le faire lire par son collaborateur Gondinet, et c'était M. Cohen qui l'avait laissé par mégarde sur le bureau de M. Deslandes.

Ce dernier, fort à propos, se rappela l'anecdote et déclara à ses associés que, pour se tirer d'embarras, on n'avait qu'à mettre M. Mancel en rapport avec l'un des auteurs de la maison. La chose fut proposée à M. Delacour, et voilà comment nous avons assisté, ce soir, à la première représentation du *Mari d'Ida*.

M. Mancel est, comme Cohen, un auteur amateur, homme du monde, bien connu des boulevardiers, le fils d'un médecin de Paris et le neveu de ce fameux Hippolyte Royer-Collard dont la réputation d'originalité sera évidemment transmise aux âges futurs.

Très-parisien, très-spirituel, M. Mancel fut — il y a dix ans — l'un des principaux rédacteurs de la *Vie parisienne*. Il publia, dans le journal de M. Marcelin, toute une série d'articles remarqués qu'il signa du pseudonyme de Loth. *Le Mari d'Ida* est même né d'un de ces articles, intitulé, je crois, *Guérison radicale*.

Ce n'est pas la première fois qu'il aborde le théâtre. Il a fait plusieurs petits actes dans des théâtres secondaires, et, à l'Athénée, un opéra-comique : *la Dot mal placée*, dont la musique fut de M. Lacome.

Sans être positivement brillante, la salle offre un coup d'œil assez agréable. Ce n'est pas encore le monde des premières au complet, mais c'est déjà le demi-monde. Par exemple, on ne s'habille pas. On arrive au théâtre, le plus tard possible, en redingote, et pour ainsi dire à regret. Il est vrai que les soirées sont si belles et que l'aspect des rues de Paris, en ce moment, est si amusant !

Quelques étrangers sont parvenus, à prix d'or, à se procurer des fauteuils d'orchestre. On leur a tant parlé des premières parisiennes ! Il y en a deux, derrière moi, coiffés de feutres mous et cravatés de jaune, auxquels un guide complaisant est en train d'*expliquer* les journalistes. Ils ont l'air de bien s'amuser !

M<sup>lle</sup> Réjane, qui me plaît énormément et que je revois toujours avec plaisir, me permettra-t-elle de lui faire observer que sa première toilette, très-claire et très voyante, n'est pas précisément celle d'une femme mariée qui va à un rendez-vous d'amour ? L'aimable artiste me répondra peut-être qu'elle ne sait pas, qu'elle n'a pas l'habitude de ces sortes d'affaires. Mais alors pourquoi ne demande-t-elle pas conseil à des personnes plus expérimentées ?

J'ai signalé — il y a environ un an — les débuts d'une charmante petite fille dans une petite pièce nouvelle jouée, en présence de quelques rares spectateurs, sur une petite scène peu connue : la scène de l'Athenæum. J'exprimais l'espoir de revoir bientôt cette jolie enfant dans un théâtre plus important. Cet espoir s'est réalisé. M<sup>lle</sup> Jeanne Goby a débuté ce soir au Vaudeville.

Son engagement s'est même fait assez drôlement.

Lors des derniers concours du Conservatoire, M{llé} Goby avait été fort remarquée. On lui avait décerné un second accessit de comédie.

Il y a quelques jours, un élève du Conservatoire ayant obtenu une audition au Vaudeville pria sa jeune camarade, M{llé} Goby, de bien vouloir lui donner la réplique. Celle-ci accepta. L'audition eut lieu et les directeurs s'empressèrent d'engager... M{llé} Goby en priant l'élève dont elle avait été la partenaire de repasser plus tard.

La débutante est, me dit-on, la petite-fille de Deburau, le célèbre Pierrot.

Quelques mots ont amusé.

Un fabricant de savons raconte qu'il a exposé.

— Et, ajoute-t-il, j'attends le 21 avec une impatience !

Le même fabricant vient d'acheter, à l'Hôtel des ventes, un horrible paysage au prix de 19 fr. 50 c. — frais compris.

— Le commissaire priseur m'a assuré, dit-il, que pas plus tard qu'hier le même sujet... signé Berghem... s'est adjugé pour 6,000 fr. !

Les auteurs n'ont fait qu'esquisser une scène qui méritait un plus grand développement.

Un valet de chambre, chargé de dresser une collation, raconte à son maître qu'il a pris les petits fours chez Joséphine, les fruits chez Fontet, les fleurs chez Labrousse...

Pendant qu'il y était, il aurait pu nous nommer le tapissier qui avait meublé l'appartement, la maison qui avait fourni le linge de table et autres détails de la même nature.

Jamais Molière n'aurait songé à une scène pareille. Il est vrai que depuis *Tartufe* la publicité a fait de bien grands progrès.

En sortant, un « mari d'Ida » — je ne garantis pas le nom de la femme — m'aborde en disant :

— Voyons... franchement... croyez-vous qu'il y ait des maris aussi bêtes que cela ?

Eh bien, non, monsieur, je ne le crois pas !

---

## LES DROITS DE D'ENNERY.

*12 septembre.*

Ce soir, je rencontre un homme pâle, amaigri, courbaturé, se soutenant à peine ; son visage ne me semble pas inconnu. Je m'approche de lui avec intérêt.

Ce n'est pas sans une certaine stupeur que je reconnais Peragallo.

Comme il est changé !

A quel labeur le malheureux agent de la Société des auteurs vient-il de se livrer ?

Quelles fatigues a-t-il affrontées ?

Qui a pu le mettre en un pareil état ?

Je le questionne, il me répond d'une voix faible :

— J'ai payé, hier, les droits de d'Ennery !

Quel travail !

Comment se fait-il qu'on n'ait pas encore inventé, au milieu des merveilles de la mécanique moderne, une machine à payer les droits de d'Ennery ?

Comment un homme, même bien constitué, peut-il suffire à une aussi écrasante besogne ?

Et remarquez que ledit travail, déjà si grand, si difficile à accomplir tous les mois, se double en temps d'Exposition.

En effet, tous les journaux, sans distinction de nuances, ont raconté en même temps que d'Ennery avait touché, pour ses seuls droits du mois dernier, une somme qui donne le vertige.

Le renseignement est exact.

C'est hier, 10 septembre, que l'auteur s'est présenté chez son fidèle agent.

Disons tout d'abord que, depuis plusieurs jours, d'Ennery s'était soumis à un régime préparatoire, à une sorte d'entraînement. Voulant donner de la vigueur à ses muscles, il s'était habitué, dès le 5 du courant, à porter des fardeaux : chaque matin, il faisait deux heures d'haltères; puis faisant emplir d'or des sacs de diverses dimensions, il s'exerçait à porter successivement des sommes de 10,000, de 20,000, de 50,000 francs et au-dessus.

Outre ce travail gymnastique, il avait repassé son arithmétique : multipliant les multiplications, faisant des preuves par neuf et totalisant des additions interminables.

Le 10 arrive.

Il se lève de bonne heure, fait un déjeuner frugal, et se rend, d'un pied agile, de l'avenue du Bois-de-Boulogne au numéro 30 de la rue Saint-Marc.

De son côté, Peragallo avait pris ses dispositions pour ce grand jour.

Les comptes étaient prêts.

Maréchal, Ador, Mercklin, Bonnieuil avaient compulsé les bulletins, feuilleté les registres, dépouillé la correspondance de la province et de l'étranger.

En outre, Peragallo, sachant que le dramaturge tient à être payé en or, s'était adressé directement à la Monnaie, où l'on avait frappé pendant trois jours et trois nuits des louis pour d'Ennery. Bref, toutes les mesures étaient prises. On avait même demandé une escouade de municipaux pour le service d'ordre dans la rue Saint-Marc et les rues avoisinantes.

Onze heures sonnent.

D'Ennery est signalé.

Il débouche place de l'Opéra-Comique.

L'animation du quartier est à son comble !

Les bureaux de l'agence sont évacués ; quelques désordres regrettables se produisent.

D'Ennery entre dans la maison ; il gravit les escaliers.

Il pénètre dans le cabinet de Peragallo.

La porte se referme sur ces deux hommes et l'on n'entend plus que le bruit produit par le ruissellement de l'or.

. . . . . . . . . . . . . . . . . . .

Six heures après, la porte se rouvre.

Enfin !

Pliant sous le poids des sacs gorgés de louis, d'Ennery quitte l'agence.

Il reprend le chemin de sa demeure.

Tout le long du parcours, la population l'attend.

La circulation est interrompue.

Les omnibus s'arrêtent ; les voyageurs d'impériale sont debout et frémissants.

Sur les portes, les concierges louent des chaises aux curieux.

Les fenêtres font prime.

Les arbres du boulevard sont remplis de gamins perchés sur les branches.

Bref, tout Paris a voulu voir passer *les droits de d'Ennery.*

Ah ! les droits de d'Ennery ! ces droits que de Jallais a dû voir si souvent dans ses rêves !

Voulez-vous connaître quelques détails relevés par un de nos plus habiles statisticiens ?

Empilés en pièces de vingt francs, les droits de d'Ennery dépasseraient de quelques mètres la hauteur à laquelle peut s'élever le ballon captif lorsque son câble est entièrement détendu ;

Les mêmes pièces d'or placées à la suite en cercle, reproduiraient exactement le tour du monde ;

Converties en un seul bloc, elles rempliraient la grande salle des fêtes du Trocadéro.

Pour extraire l'or nécessaire au paiement des droits de d'Ennery, il faudrait toute l'existence de quinze mille six cent quarante-neuf Californiens (plus une fraction) ;

Enfin — coïncidence bizarre — en additionnant les droits perçus par tous les autres auteurs dans ces dix dernières années et en multipliant ce total par le nombre des représentations du *Tour du Monde*, ou n'obtiendrait encore que les *sept douzièmes* des intérêts de la somme perçue pendant le mois d'août pour le compte de d'Ennery seul.

Et la statistique n'a pas dit son dernier mot !

---

14 septembre.

En passant devant le Gymnase j'ai vu, non sans surprise, je l'avoue, une queue fort longue, encombrante même, se dérouler sous la marquise du théâtre et déborder sur les boulevards comme aux plus beaux soirs des pièces de Dumas et de Sardou.

Une simple reprise a suffi pour redonner au péristyle cher à M. Derval l'aspect animé d'autrefois. Et voyez comment il est difficile de prévoir en matière de direction : depuis quelques mois, M. Montigny a fait un certain nombre de reprises qui, toutes autant que *Froufrou*, méritaient d'être fructueuses ; la jolie comédie de Meilhac et Halévy, a même reparu plusieurs fois sur l'affiche depuis sa première carrière si brillante et si productive ; pourquoi est-ce seulement aujourd'hui, et avec cette pièce plutôt qu'avec d'autres, que la vogue semble revenir au théâtre du boulevard Bonne-Nouvelle ? C'est ce que personne ne saurait expliquer, mais ce dont la direction du Gymnase doit être fort aise de profiter — en attendant qu'elle comprenne.

On sait que M<sup>lle</sup> Legault joue dans la présente reprise le rôle de parisienne moderne, capricieuse, nerveuse, mondaine, fantasque, qui, en un jour d'emportement, trompe son mari et meurt ensuite de l'avoir trompé. Desclée avait laissé sur ce rôle — qui est, pendant les trois premiers actes du moins, un des plus jolis du théâtre moderne — l'empreinte de son immense talent.

La vue de celle qui succède aujourd'hui à la grande artiste m'a rappelé certaine fable de La Fontaine.

Je l'ai paraphrasée à son intention et je me permets de la lui dédier très-humblement.

## LEGAULT QUI VEUT SE FAIRE AUSSI GRANDE QUE DESCLÉE

### FABLE

*(Imitée de La Fontaine)*

Legault voulut jouer *Froufrou*,
Disant : le rôle est à ma taille !
Sachant qu'elle est gentille et mignonne surtout,
De paraître plus grande elle essaie et travaille
Pour égaler la Desclée en grandeur,
Disant : Voyez, mon directeur,
Est-ce assez ? dites-moi ; n'y suis-je point parfaite ?
— Nenni. — M'y voici donc ? — Point du tout. — M'y voilà ?
— Vous n'en approchez point. La mignonne fillette
Au lieu de grandir éclata.

Le monde est plein de gens qui ne sont pas moins drôles.
Tout acteur veut avoir sa scène à diriger,
Coquelin n'a qu'un but : de nous faire pleurer,
Les enfants veulent de grands rôles.

Un débutant qui a été remarqué à cette reprise — non par la presse, car il n'a joué que trois ou quatre soirs après la convocation officielle de MM. les critiques — mais par le public, ce qui vaut tout autant sinon mieux — c'est M. Cosset, successeur de celui qu'on commençait à appeler l'inamovible M. Pujol.

M. Cosset, qui a de sérieuses qualités dramatiques, arrive en droite ligne du Théâtre-Historique, où il jouait je ne sais quoi dans *Marceau*.

S'il n'avait pris une brusque résolution, il risquait fort de ne pas arriver de sitôt au Gymnase. Son engagement chez M. Castellano devait finir avec *Marceau*. C'était bien vague et peut-être même bien lointain. Depuis deux mois, en effet, l'affiche du Théâtre-Historique promet irrévocablement les six dernières de la pièce militaire, et les caractères qui doivent annoncer les vraies dernières de ces six dernières ne sont pas encore fondus.

La transition a dû paraître bien brusque à M. Cosset, qui, de la scène où les tambours battent et où la fusillade crépite, passe subitement sur les planches bourgeoises et tranquilles de l'ancien Théâtre de Madame.

Comme l'odeur de la poudre doit lui manquer!

### SIMPLE HISTOIRE.

*18 septembre*

Je me trouvais tantôt dans la loge de Judic. C'est un des rares endroits des théâtres de Paris où l'on vient encore causer un peu. Maintenant surtout que les soirées commencent à redevenir fraîches, le petit cercle de journalistes, d'auteurs et d'amis qui s'y réunit à certaines heures va se reformer de nouveau.

Mais, ce soir, nous n'y étions que deux, un de mes confrères, moitié journaliste, moitié auteur dramatique, charmant garçon, spirituel et sympathique, ne disant du mal de ses prochains que juste assez pour rendre sa conversation intéressante — et moi.

Niniche venait d'entrer en scène. Marquise, la petite chienne argentée de la diva, qui accompagne sa maîtresse au théâtre, jappait plaintivement. La pauvre bête a beau subir tous les soirs les épreuves d'une séparation momentanée, elle n'y est pas encore habituée. C'est toutes les fois un chagrin nouveau.

Nous entendions, après les premiers couplets, les applaudissements d'une salle bondée, puis de grands éclats de rire et cette sorte de houle spéciale au succès à laquelle les habitués de coulisses ne se trompent jamais. Soudain, Isabelle souleva la portière de la loge et vint déposer sur le canapé un immense bouquet de roses. Nous vîmes aussi passer l'épaisse silhouette de l'administrateur des Variétés qui, vers le milieu de chaque représentation, compte à l'artiste une pile d'or en échange de sa soirée.

— Savez-vous, dis-je à mon confrère, qu'une pièce comme *Niniche* représente quelque chose comme cent vingt mille francs pour Judic ?

— C'est à quoi je pensais, me répondit-il. Cette vie de théâtre offre des contrastes si terribles. Vous me regardez... vous me demandez pourquoi j'éprouve le besoin de formuler cette vérité à la façon de celles de M. de La Palisse... Eh bien, c'est parce que j'ai encore présente à la mémoire une histoire dont j'ai été témoin il y a quinze jours...

— Où cela ?

— A \*\*\*. (Il me nomma un petit pays des environs de Paris.) Ici surtout... dans cette loge d'actrice fêtée, heureuse, riche... mon histoire me paraît, quand j'y songe, bien plus navrante encore.

— Voyons, racontez.

— Je veux bien, d'autant plus que cela n'est pas bien long.

« J'étais donc à \*\*\*, me raconta mon confrère, avec quelques amis. Je devais y passer une huitaine. Or, comme vous le savez sans doute, il y a un théâtre à \*\*\*, une sorte de baraque avec une scène grande comme la main, et une troupe qui se renouvelle sans cesse. On y joue de tout, l'opérette et la grande comédie, les pièces des Bouffes et des Français. Un soir qu'il pleuvait, nous y entrâmes, décidés à nous amuser comme s'amusent les Parisiens quand ils vont dans les petits théâtres de province.

« On annonçait la *Princesse Georges*, pour les débuts de M<sup>lle</sup> Thérèse.

« C'était du nanan, comme vous voyez.

« Le spectacle commença. Je ne vous dirai rien des acteurs qui représentaient les personnages du plus grand monde en habits râpés et en pantalons trop courts ; ces choses-là ne se racontent pas. Toute notre attention était d'ailleurs concentrée sur la débutante, sur M<sup>lle</sup> Thérèse. Nous avions encore Desclée devant les yeux, élégante, élancée, nerveuse, grande dame jusqu'au bout des ongles. Il est évident que nous ne nous attendions pas à rencontrer une émule de la grande artiste dans cette baraque quasi-foraine, mais le grotesque même a des limites que M<sup>lle</sup> Thérèse nous semblait dépasser singulièrement.

« Elle était petite, mon ami, et grosse ; elle avait certainement atteint la quarantaine. Un visage ridé, ratatiné, très-pâle. Et quelle toilette ! Le Temple n'en voudrait pas. Elle avait la parole lente, difficile ; de temps en temps, elle s'embrouillait et s'embarrassait, finissant la phrase au hasard. Puis, il nous semblait que sa démarche était chancelante. A un certain moment, je la vis s'appuyer contre un meuble pour ne pas tomber.

« — On dirait qu'elle est grise, murmura un de nos amis.

« — Parbleu, c'est honteux ! riposta un autre.

« Et comme le désaccord entre sa personne et le plancher semblait s'accentuer davantage, l'un de nous s'écria à haute voix :

« — Mais calez-la donc !

« C'était fini. La glace était rompue. A partir de ce moment, M$^{lle}$ Thérèse ne put faire un pas, ni ouvrir la bouche, ni esquisser un geste, sans essuyer nos plaisanteries. Elle parla de ses millions, et nous nous tordions. A l'acte de la soirée, en la voyant reparaître dans la même toilette, à laquelle on avait ajouté quelques couronnes vertes de distributions de prix, notre hilarité ne connut plus de bornes. Elle nous parut plus chancelante que jamais. Notre attitude hostile gagna nos voisins.

« — La malheureuse est complétement ivre ! se dit-on.

« Et peu à peu, las de rire, on se fâcha. Ce furent d'abord des murmures, puis des exclamations, puis des sifflets. On dut baisser le rideau au milieu de l'acte, et tout le monde s'en alla furieux.

« Moi, je voulus voir jusqu'au bout. Je pénétrai dans ce qu'on appelle les coulisses. On y était fort ému. M$^{lle}$ Thérèse était une nouvelle venue. Elle n'était là que depuis le matin. On la connaissait à peine. On savait seulement qu'elle avait eu... jadis... des succès en province et même à Paris, disait-on. Soudain, une forte rumeur nous attira vers l'endroit qui servait de loge à la princesse. Ah ! mon ami, quel spectacle ! Figurez-vous un cabinet où il y avait à peine place pour deux personnes. Sur une planchette, une lampe à pétrole, du rouge, du blanc, une patte de lièvre et un petit morceau de glace ; au milieu, affaissée sur une chaise, les yeux fermés, horriblement pâle, avec de grosses taches de fard sur les joues, Thérèse, dans son ignoble défroque enguirlandée. Elle s'était évanouie. On lui jeta de l'eau au visage, on la dégrafa, tout en l'accablant d'injures et en la rendant responsable du scandale de la soirée.

« Elle finit par ouvrir les yeux.

« — On t'en donnera... des cachets de dix francs ! lui cria celui qui faisait l'office de directeur. Quand on se met dans des états pareils, on ne joue pas la comédie !

« Thérèse ne semblait pas comprendre.

« — Je te conseille de faire la bête, continua le directeur, tu ne pouvais pas te tenir en scène... Tu es soûle comme une...

« C'est pour le coup que M$^{lle}$ Thérèse ouvrait de grands yeux, et je n'oublierai jamais l'accent avec lequel elle répondit :

« — Non, monsieur, vous vous trompez... Seulement... voyez-vous... j'ai faim !...

« Elle avait faim, comprenez-vous ? Elle n'avait pas mangé depuis deux jours. Elle avait eu honte d'avouer la chose plus tôt. Elle attendait ses dix francs pour s'acheter du pain — et elle avait cru qu'elle aurait la force d'aller jusque-là. La malheureuse ! ah ! je vous jure qu'elle avait cessé d'être grotesque à mes yeux et que je me suis bien promis de ne plus jamais me laisser entraîner à siffler les débutantes dans les petits théâtres de banlieue... »

A ce moment, Judic revint dans sa loge, souriante, brillante, suivie d'Isabelle qui portait de nouveaux bouquets, joyeusement accueillie par Marquise qui lui faisait fête, tandis que Chavannes apparaissait au fond du couloir, son reçu d'une main et ses louis de l'autre.

## LE DOMPTEUR AMOUREUX.

20 septembre.

C'est pourtant vrai que la richesse ne fait pas le bonheur et que les apparences sont trompeuses.

La profonde sagesse de ces deux axiomes m'a encore sauté aux yeux, ce soir, à la Porte-Saint-Martin.

Il vous semble, n'est-ce pas, que les deux directeurs de ce théâtre peuvent, à bon droit, être considérés comme deux veinards ? Au moment de passer la main, ils viennent de trouver une nouvelle série comme les joueurs les plus heureux n'en rencontrent que rarement dans toute leur existence. Il paraît, au premier abord, que MM. Ritt et Larochelle doivent descendre gaiement, en se tenant par la main, ce qu'on appelait, il y a cinquante ans, « le fleuve de la vie. »

Et cependant, un fait grave se passe, en ce moment, qui mêle d'amères angoisses à leur félicité.

En peu de mots, je vous aurai mis au courant.

Il est certain que l'adjonction du nègre Macamo et de ses lions n'a pas peu contribué à la vogue nouvelle du *Tour du Monde*. MM. les directeurs sont persuadés que l'apparition des fauves que l'affiche prétend « en liberté » est actuellement le clou le plus sérieux de leur spectacle. A tort ou à raison, ils croient que sans lions ils cesseraient de faire des recettes léonines.

Eh bien! le sort de cette collection de rois des animaux est entre les mains d'une faible femme !

Elle est blonde, blanche, petite, maigre, pas très-jeune, pas très-jolie. C'est une des ballerines de la *Fête en Malaisie*. Macamo, le dompteur noir, en est amoureux fou. Et voyez à quoi tient la destinée : *elle* est honnête, mère de famille, adorant son mari et ne pratiquant la danse que pour mettre un peu de beurre dans les épinards du ménage. Franchement, ce Macamo n'a pas de chance, et il aurait bien dû prendre ses renseignements avant de se laisser pincer ainsi !

On ne se doute pas de l'impétuosité des passions chez ces natures sauvages. Depuis le jour où il a vu une déclaration brûlante absolument repoussée, le malheureux nègre dépérit et se consume. Des connaisseurs prétendent qu'il est d'une pâleur mortelle. Il mange à peine, il ne parle plus. Quand de temps en temps il ouvre la bouche, c'est pour murmurer :

— Belle blanche, pas aimer moi, moi mourir de chagrin !

Tout le monde sait que M. Ritt est un administrateur d'une vigilance rare. Le piteux état de Macamo ne lui a donc pas échappé longtemps. Aussitôt, il s'est mis en mesure de consoler le dompteur amoureux.

— Mon ami, lui a-t-il dit, soyez calme. L'amour est un mal bizarre qui disparaît aussi vite qu'il vient. Consolez-vous par le travail. Lisez des livres philosophiques ; je vous apporterai Platon. Celle que vous aimez n'est pas mal...

— Belle blanche ! Existe pas plus belle blanche !

— Je suis de votre avis, elle est superbe... Mais enfin, il y en a d'autres, de moins farouches, et si vous vouliez...

— Moi pas aimer autres... Moi aimer belle blanche qui pas aimer moi, moi mourir de chagrin !

Ritt prit la main de Macamo, et, la secouant fortement :

— Et vos lions, s'écria-t-il, il vous reste vos lions !

Alors le nègre fit un bond, poussa un rugissement, et, se dressant en face de son directeur, menaçant, terrible :

— Puisque belle blanche pas aimer moi, moi donnerai poison à mes lions et me ferai manger après !

Ritt resta comme pétrifié. Quel drame ! Quelle perspective ! L'engloutissement complet et simultané du dompteur et des domptés !

A partir de ce moment, l'associé de M. Larochelle se livra à des démarches étranges et dont, au théâtre, on cherchait vainement la signification.

On le vit tous les jours passer une heure, puis deux, puis trois devant la cage des lions.

D'abord il leur apporta du sucre, que les animaux repoussèrent du reste avec un dédain des plus marqués.

Le sucre ne réussissant pas, et évidemment décidé à les prendre par les douceurs, on le vit présenter aux élèves de Macamo du raisin magnifique, du chasselas de première qualité. Les lions n'y goûtèrent même pas.

On l'entendit ensuite leur chanter des romances, des cantilènes plaintives, des barcarolles pleines d'entrain et des mélopées orientales du répertoire de Félicien David.

Les mélopées firent leur effet. Les fauves paraissaient enchantés de la façon délicate dont M. Ritt s'y prenait pour leur rappeler leur pays. Ils s'asseyaient sur leurs pattes de derrière, faisant les beaux comme des caniches, et manifestaient de mille manières la joie que leur causaient les mélopées du directeur.

Mais quel était le but de M. Ritt ?

On l'a su ce soir.

A neuf heures, Macamo n'était pas encore arrivé au théâtre. L'inquiétude régnait partout dans les coulisses. Larochelle s'arrachait les cheveux. Soudain, la porte du cabinet s'ouvrit, et il vit paraître son associé qui portait un pot de cirage.

— Mon ami, lui dit Ritt, il faut sauver la recette, prenez ce cirage et noircissez-moi.

— Que signifie ?

— Il y a longtemps que je m'attendais à ce qui nous arrive ce soir ; je m'attendais même à pis que cela. Macamo est amoureux. Il veut tuer ses lions et mourir après. Mais je les ai surveillés — les lions. Quant au dompteur, son fatal amour l'aura terrassé. Il faut sauver la recette !

— Comment ?

— Noircissez-moi, mon ami, j'entrerai dans la cage des lions !

— Vous ?

— Moi !

— Vous oseriez ?...

— Je crois que j'en sortirai sain et sauf — grâce à mes petites chansons — mais si je succombais... demain vous prendriez ma place !

— C'est juré ! avant tout, sauvons la recette !

— Peut-être faudrait-il prévenir d'Ennery pour qu'il vous succédât dans la cage...

— Et Verne...

— Et Cadol qui touche des droits...

— Et de Najac qui en touche aussi...

— Heureusement, nous ne manquerons pas d'hommes !

— Nous sauverons la recette !

— Noircissez-moi !

Larochelle s'empara du pinceau, qu'il trempa à plusieurs reprises dans le pot à cirage. A ce moment, on entend des coups de feu sur la scène.

— Qu'y a-t-il ?

— C'est Macamo qui finit ses exercices! répondit le régisseur.

— Il est donc venu ?
— Certainement.

Les deux associés avaient oublié l'heure. Ils se pressèrent les mains en silence.

— Nous sommes sauvés ce soir, murmura Ritt, mais demain, mais après... Tant que Macamo sera amoureux, nous ne sommes sûrs de rien !

— Allons, répondit Larochelle en poussant un soupir, je verrai la danseuse, je lui causerai, je lui ferai... de la morale !

---

## LE MILLION DU *PETIT DUC*.

21 septembre.

### I

Dans le cabinet directorial du théâtre de la Renaissance, quatre hommes sont réunis ; des hommes jeunes encore, bien mis, et paraissant absorbés par la recherche d'un problème insoluble.

Que cherchent-ils ainsi, tandis que la pâle lumière de la lampe éclaire leurs visages intelligents ?

Serait-ce la dernière devinette du *Masque de Fer* ?

— Que fait-on ce soir... aux Variétés ? demande tout à coup l'un d'eux.

— Il ne s'agit pas de ce que l'on fait aux Variétés, répond le plus petit et peut-être le plus gros des quatre, mais bien de ce que l'on a fait à la Renaissance. Car, vous l'avez lu, mes chers amis, par une singulière coïncidence tous les journaux du matin l'ont annoncé en même temps : le *Petit Duc* a réalisé son million. En 238 représentations, nous avons fait un million de recettes !

Ici les trois auteurs du *Petit Duc* et le directeur de la Renaissance — nos lecteurs les ont déjà reconnus — s'embrassent avec effusion.

## II

Mais ce moment d'émotion passé, ils se retrouvent en présence du point d'interrogation qui semblait tant les préoccuper tout à l'heure.

Que vont-ils faire tous quatre avec leur part si respectable de ce million ?

Chacun émet un avis différent.

— Moi, dit charitablement Lecocq, j'ai bien envie de fonder une maison de retraite pour les compositeurs démodés.

— Il n'y aurait pas assez de lits pour tous, réplique Victor Koning.

— Surtout, mes amis, s'écrie Meilhac, pas de femmes, comme dit Granier.

— Des placements, fait le sage Halévy, du terrain !

— Quant à moi, s'écrie Koning, je suis fort embarrassé... j'ai envie de consulter Cantin.

## III

Un homme entre sans saluer.

C'est M. Krantz.

Il a lu les journaux du matin.

— Messieurs, dit-il à nos quatre héros, sans préambule et avec la franchise toute militaire d'un homme qui ne l'a jamais été, arrivons au fait : Je sais que vous êtes embarrassés, vous êtes empêtrés d'un million, vous ne savez comment le dépenser; moi, ça me connaît. Croyez-moi, prenez d'abord pour 500,000 fr. de billets de ma loterie nationale.

En proie à une légitime indignation, les quatre hommes se lèvent brusquement.

Pour toute réponse, ils désignent la porte à cet audacieux.

## IV

Le calme se rétablit et la discussion recommence.

— Une idée, s'écrie Meilhac.

— Voyons, ne nous emballons pas, dit Halévy inquiet.

— Une idée généreuse, continue Meilhac : si nous nous cotisions pour fonder un prix destiné à encourager les directeurs à jouer les jeunes? Nous l'appellerons le prix Meilhac.

A ce moment, la porte s'ouvre de nouveau.

Un second visiteur paraît sur le seuil.

Il tient sous le bras un immense portefeuille.

— Messieurs, leur dit M. Léon Say — car c'est le ministre des finances en personne — je me charge de vous opérer du million qui vous gêne. Voici des coupures de 15 fr. de mon 3 o/o amortissable, et si vous voulez...

Le ministre n'achève pas...

Huit bras vigoureux l'ont précipité par la fenêtre.

## V

Après un silence prolongé, Meilhac, qui a déjà renoncé à sa précédente idée, s'écrie de nouveau :

— Achetons du Mobilier!

— Hein!... des mobiliers, fait Halévy, qui n'a pas

très-bien entendu ; gaspiller son argent chez des tapissiers, chez des ébénistes.

— Mais non, des actions du Mobilier.

Et il va développer ses théories financières, lorsque la porte se rouvre pour la troisième fois.

Deux vigoureuses commères, hautes en couleur, riches d'appas, fortes en gueule, font irruption dans le cabinet directorial.

Toutes deux parlent à la fois.

— Allons, mes petits agneaux, prrrenez-moi des billets de la grrrande loterie nationale, dit l'une.

— Par ici, mes petits anges, j'ai de belles petites coupures d'Amortissable.

Horreur !... les quatre associés reconnaissent Krantz et Léon Say qui n'ont pris que le temps de se travestir dans le magasin du théâtre.

Ils se hâtent de les reconduire avec le manque d'égards qui leur est dû.

## VI

Cette fois nos quatre héros vont s'enfermer.
Mais l'huissier du directeur lance un nom magique.
Il annonce Gambetta !

— Gambetta chez moi ! — s'écrie Koning — il a daigné venir jusqu'ici avec ses propres pieds, il faut le recevoir au foyer, comme un souverain. Que toutes ces dames descendent. A moi la mise en scène !

Mais Gambetta entrant l'arrête d'un mot.

— Non, enfant, pas de fétichisme ; pas de ces démonstrations qui gênent ma modestie : laissons-les aux peuples esclaves. La moindre des choses : des drapeaux ; quelques arcs de triomphe ; pas trop de fleurs, un gueulleton à tant par tête, et la fraternité de l'année de la comète pour arroser le tout.

Puis le tribun se tournant vers les jeunes filles de la Renaissance costumées à la hâte en tricolore, les embrasse à la pincette à plusieurs reprises avec une bonhomie des plus touchantes.

— Et maintenant, amis, reprend le leader gaucher, parlons des affaires du pays : vous le savez, je ne suis pas partisan de la conversion, vous pouvez prendre du 5 0/0.

Ici la scène change, le charme est rompu, la colère succède à l'enthousiasme.

On flanque Gambetta à la porte comme un simple Krantz ou le premier Léon Say venu.

ÉPILOGUE

Idée de Koning :

— A quoi bon tant discuter, mes amis? convertissons donc tout simplement le million du *Petit Duc* en bonnes rentes... à 10 0/0, si c'est possible. Cela vaudrait encore mieux que du *trois* ou du *cinq*.

Henri, Ludovic, Charles et Victor s'embrassent de nouveau, avec une nouvelle effusion, tandis qu'on entend au loin le public qui bisse le chœur des pages.

---

L'AUTEUR QUI NE VEUT PLUS FAIRE DE BONNES PIÈCES

25 septembre.

Je puis en parler, maintenant que tout danger sérieux est écarté : nous venons de l'échapper belle.

Un de nos auteurs les plus parisiens, fantaisiste charmant et fin observateur, le père d'une foule d'œuvres exquises — je ne le nomme pas parce que tout le monde le reconnaîtra — a pris, il y a fort peu de temps, une résolution terrible et qui paraissait irrévocable. Il avait juré, solennellement juré, juré devant Dieu et devant les hommes, qu'il ne voulait plus faire de bonnes pièces.

Cette idée avait tout à coup germé dans son cerveau. Il est vrai qu'elle n'y était entrée qu'au bout de plusieurs mois d'une exaspération facile à comprendre. L'auteur en question n'est pas précisément jaloux, mais il n'aime pas que ses confrères réussissent à côté de lui. Or, depuis l'ouverture de l'Exposition, la plupart des théâtres nagent dans l'opulence. L'auteur a lui-même plusieurs pièces sur l'affiche, qui profitent naturellement de la prospérité générale. Mais les siennes font de l'argent, tout naturellement. Elles sont bonnes. Ce qu'il ne comprend pas, ce qu'il n'admet pas, c'est que l'on en fasse autant, et même plus, avec celles des autres !

Peu à peu, sa fureur, d'abord sourde, est devenue plus expansive. Enfin, un beau soir, on l'a entendu s'écrier :

— C'est bien ! Puisque le public se rue à des opérettes banales, à des comédies médiocres, à des vaudevilles sans queue ni tête, puisqu'il se contente de n'importe quoi, je vais le servir selon ses goûts. Oui, c'est fini, à jamais fini. — A partir de ce soir — je le jure — je ne ferai plus de bonnes pièces !

Le serment fut fait publiquement — dans je ne sais quel foyer. On conçoit la consternation de ceux qui en furent les témoins. Le bruit de cette fatale détermination se répandit petit à petit dans le monde des coulisses. Il l'avait dit, il l'avait juré, il ne ferait plus de bonnes pièces !

Le directeur d'un théâtre de genre fut le premier à s'en émouvoir. Il accourut chez l'auteur en vogue.

— Qne m'apprend-on, lui dit-il, que vous renoncez à faire de bonnes pièces ?

— Pour toujours !

— Mais vous n'y pensez pas, ce n'est pas possible. Vous en avez une chez moi pour l'hiver prochain !

— Elle sera mauvaise.

— Allons donc ! Je connais le scénario... il me plaît énormément.

— Je changerai le scénario.

— Votre point de départ est original, neuf, hardi...

— Je changerai le point de départ.

— Vous ne ferez pas cela ?

— Si, je le ferai ! Et d'ailleurs, que vous importe, puisque maintenant le succès sourit à ceux qui font de mauvaises pièces ; je puis bien ne plus faire de bonnes pièces !

Le lendemain, le collaborateur — l'inséparable collaborateur — arrive à l'heure ordinaire. Il ne se doute de rien encore.

— As-tu fait la scène convenue ? demande-t-il avec confiance.

— Oui, lis.

Et notre auteur tend au collaborateur un papier que celui-ci se met à examiner attentivement. Mais aussitôt ses traits se contractent.

— Eh ! quoi, s'écrie-t-il, c'est toi qui as osé faire cela ?

— Parfaitement !

— Comment, au moment où le jeune premier va s'asseoir, tu lui fais retirer sa chaise, par le domestique, et il se flanque par terre !

— Eh ! bien, après ?

— Toi... le plus fin... le plus Parisien...

— Je ne suis plus rien de tout cela ; je veux être commun et bête, je ne veux plus faire de bonnes pièces !

Il est, de par le demi-monde, une jeune personne à laquelle notre auteur confie depuis longtemps le soin de charmer ses loisirs et dont la beauté et l'élégance ont à chaque première le don de surexciter les lorgnettes du fameux tout Paris.

Elle connaît la triste nouvelle. Aussi accueille-t-elle son ami avec une certaine froideur.

— Est-ce vrai ce que l'on m'a dit, lui demande-t-elle, tu ne veux plus faire de bonnes pièces ?

— C'est vrai ! plus une seule ! Et avec l'aide de Dieu, j'y arriverai... tu verras !

— Pardonne au public ?

— Il est indigne de pitié, le misérable !... Je ne veux plus qu'il voie une bonne pièce !

— Je t'en prie... encore une bonne ?... Fais ça pour moi !... Que deviendrai-je, moi ?... On connaît notre estime réciproque ; chaque fois que tu as un succès, j'en suis fière, j'en prends ma part... Ton bonheur est le mien. Quand ça ne marche pas, au contraire — c'est rare, bien rare, mais enfin cela s'est vu — si tu savais comme ma situation devient pénible le soir de la première, quand j'entends les curieux se réjouir de ton accident... Et tu me condamnerais à l'humiliation perpétuelle ! Mais alors je ne pourrais plus me montrer dans une avant-scène... ce serait horrible !... Ah ! mon Dieu ! que je suis malheureuse !

L'auteur en vogue reste inflexible. Tout en s'efforçant d'arrêter les pleurs qui coulent de ces jolis yeux et qu'il a l'habitude de remplacer par des perles, il répète avec une sorte de fureur sauvage !

— Je ne ferai plus de bonnes pièces... je n'en ferai plus !

Ce soir-là, après avoir parcouru machinalement les théâtres ; après s'être renseigné, avec une sorte de volupté amère, sur le chiffre fantastique des recettes de toutes les pièces qu'il trouve aussi mauvaises que celles qu'il se promet de faire, l'auteur en vogue regagne tristement son domicile, vers une heure et demie du matin.

Il arrive à sa porte.

Fait sans précédent, le concierge ne tire pas le cordon à son premier appel. Il pose, lui, l'auteur qui n'a encore que l'intention de ne plus faire de bonnes pièces !

Enfin, il entre; le voilà dans son escalier. Un spectacle inattendu lui barre le passage, c'est la famille de son concierge qui s'est réunie pour l'attendre, en compagnie du vieux chat, qui fait gros dos.

— Voilà ce qui vous menace tous les soirs, si vous *ne nous faites* plus voir de bonnes pièces, lui dit ce digne fonctionnaire avec sévérité.

Le locataire pâlit, chancelle, puis, surmontant ce premier moment de faiblesse, il traverse le groupe en s'écriant d'une voix ferme :

— Soit... je ne veux plus faire de bonnes pièces !

Deux heures moins vingt.

Le sommeil a fui sa paupière. Il arpente sa chambre d'un pas fiévreux, se disant encore :

— Je ne veux plus faire de bonnes pièces !

Tout à coup, son regard s'arrête sur un journal illustré reproduisant le dernier tableau de Vibert, l'*Apothéose de M. Thiers*. Tout en regardant cette gravure, il commence à dire au premier Président de la République :

— Je ne...

Mais la parole s'arrête sur ses lèvres... Sous l'influence d'une hallucination étrange, il lui semble que l'image entière s'anime... La France, la France en deuil le regarde les yeux baignés de larmes... Il l'entend !... Elle lui parle :

— Eh quoi ! c'est au moment où la Patrie a besoin d'hommes, où par des œuvres durables, par les triomphes de la paix, elle doit reprendre dans l'univers le rang qu'elle avait autrefois, c'est en un tel moment que tu déserterais ton poste de combat et que tu cesserais de faire de bonnes pièces?

Cette fois, la corde patriotique a vibré, et, nouveau saint Paul, l'auteur tombe la face contre terre, en s'écriant avec la conviction de l'enthousiasme :

— Ah! ma mère!... Pardonne. J'ai tort. Je me dois à mon pays, je me dois à la France... Oui, pour toi, pour toi seule, je renonce à ma résolution... Je veux encore faire de bonnes pièces!

# OCTOBRE.

### REPRISE DE *LA DAME AUX CAMÉLIAS*.

1<sup>er</sup> octobre.

Voilà bien des fois que l'on reprend la *Dame aux Camélias* et bien des fois que ma chronique tourne autour de ces reprises. Il ne me reste donc que peu de chose à glaner. L'histoire de cette œuvre adorable, œuvre de jeunesse, œuvre de passion, pour laquelle Alexandre Dumas fils semble avoir gardé une prédilection marquée, — son histoire est connue.

On sait comment Dumas, le fils du romancier le plus populaire que nous ayons possédé, personnellement connu par des livres remarqués et notamment par le roman de la *Dame aux Camélias* dont le succès fut énorme, frappa à la porte de tous les théâtres sans pouvoir se les faire ouvrir.

M. Henri de la Pommeraye, dans une brochure qu'il a publiée, il y a cinq ans, et qu'il a dédiée *Aux Jeunes*, a raconté avec force détails les démarches et les déboires de l'auteur. Repoussé de partout, de la Gaîté, du Gymnase, de l'Ambigu et du Vaudeville, Dumas eut l'idée de faire patronner son drame par les actrices que le rôle de Marguerite séduirait.

Il s'adressa à M<sup>lle</sup> Page, puis à Rachel qui — le soir fixé pour la lecture — s'en alla tranquillement faire une partie de loto chez une de ses amies, sans se soucier autrement de l'auteur et de son manuscrit, puis enfin — en désespoir de cause — à Déjazet. La spirituelle actrice s'enthousiasma pour la pièce, mais elle comprit qu'elle ne pouvait l'interpréter qu'au prix de mutilations fatales. Elle renonça au rôle — à regret. Enfin, quand Bouffé eut pris le Vaudeville, la pièce ayant trouvé grâce devant le nouveau directeur, le rôle de Marguerite fut confié à M$^{lle}$ Fargueil.

Ici se placent quelques histoires de coulisses qu'on m'a racontées ce soir, et que M. de la Pommeraye, dans sa brochure, n'a rapportées qu'à moitié, sans doute pour ne pas faire de peine à des artistes de grande valeur, et dont le talent m'est d'ailleurs aussi sympathique qu'à lui.

Dès les premières répétitions de la *Dame aux Camélias*, Fargueil se montra maussade. Le rôle de Marguerite lui déplut.

— Mon cher Dumas, dit-elle un jour à l'auteur; il faudra que vous me donniez bien des indications, car enfin, tout cela se passe dans un monde que je ne connais pas.

L'interpellation de Fargueil est connue. La réponse de Dumas l'est beaucoup moins.

— Ma chère amie, répondit l'auteur de la *Dame aux Camélias* à sa Marguerite, du moment que vous ne le connaissez pas... à votre âge... vous ne le connaîtrez jamais !

Déjà, à cette époque-là, en 1849, la réponse parut tellement piquante, que M$^{lle}$ Fargueil refusa définitivement de se charger du rôle.

On comprend la désolation de Bouffé.

Fargueil ne jouant pas, la pièce lui paraissait irrémédiablement compromise.

— Comment ferons-nous ? disait-il en levant les bras au ciel.

— Mon Dieu ! cela n'est pas bien difficile ! répliqua Dumas, agacé, nerveux.

— Pas difficile ? Et qui va remplacer Fargueil ?

— La première venue, pourvu qu'elle soit jolie, élégante, et qu'elle ait des diamants !

— Et pas de talent ?

— Pas de talent, si vous voulez, elle n'en a pas besoin.

— Oh ! mais alors, s'écria Bouffé comme frappé par une inspiration subite, alors nous avons M^me Doche !

Je ne fais ici que métier d'historien théâtral. Le directeur du Vaudeville d'alors n'était pas précisément un aigle. M^me Doche, avant sa création de la *Dame aux Camélias*, n'avait pas non plus l'autorité qu'elle a si justement acquise à partir de ce moment. Elle s'attela avec ardeur aux études de ce rôle, et prouva à Dumas que le talent de l'héroïne, s'il n'était pas indispensable au succès de la pièce, pouvait en tout cas lui être utile.

Aux répétitions, Doche posa pourtant — et souvent même — des questions qui rappelaient celles de Fargueil sur le monde spécial où régnait Marguerite Gauthier.

— Voyons, disait-elle à Dumas, au premier acte... quand je reviens de l'Opéra... quelle toilette dois-je avoir pour être bien dans mon personnage ?

— Eh bien, répondit l'auteur après un court moment d'hésitation, habillez-vous tout simplement comme vous avez l'habitude de le faire en pareil cas !

Revenons à la présente reprise et aux débuts intéressants qui s'y produisent.

Depuis Mme Doche et jusqu'à M^lle Aimée Teissandier, que le Gymnase nous a montrée ce soir, les Marguerite Gauthier qu'on a successivement vues à Paris, sont : au Vaudeville, M^lle Page, M^lle Eugénie Saint-Marc; au Gymnase, Rose Chéri, M^lle Pierson, Tallandiéra ; aux Folies-Dramatiques, M^lle Duvergier ; enfin, M^lle Ida Delaroche... au Théâtre-Molière !

La dernière Marguerite, la débutante de ce soir, M^lle Teissandier, porte le prénom d'Aimée — comme Desclée.

Rien de plus intéressant que l'histoire de la nouvelle Marguerite Gauthier, rien de plus sympathique que les efforts persévérants qu'elle n'a cessé de faire depuis ses débuts pour se créer une personnalité dramatique.

Elle commence le théâtre, il y a quelques années, sans savoir ni lire, ni écrire ; fait d'abord en très peu de temps les études indispensables, et débute à Bordeaux dans les *Brebis de Panurge* : sifflets unanimes ; au lieu de se décourager, elle continue bravement ses débuts dans la *Dame aux Camélias* : cette fois, grand succès. Sans désemparer, elle s'attaque successivement, avec bonheur, aux grands rôles des pièces modernes ; abordant tous les genres, elle se montre dans les personnages les plus divers; entre autres ceux de Charlotte Corday, et de Jack Scheppard des *Chevaliers du Brouillard*.

De là, elle passe à Bruxelles, puis de Bruxelles à Reims, où elle ne fait qu'une courte apparition, suffisante cependant pour qu'Offenbach la remarque au passage et lui fasse signer un engagement pour la Gaîté.

C'est dans ce théâtre que nous l'avons vue, jouant d'abord un petit rôle dans le *Gascon*, puis Agnès Sorel, dans *Jeanne d'Arc*. Alors, elle n'eut pas, comme elle l'espérait, lorsqu'on lui fit apprendre en double, dans le drame lyrique, le rôle de Lia Félix, l'occasion de se faire apprécier par le public parisien.

Un peu dépitée, elle part pour le Caire, y reste trois ans et revient à Bordeaux, sur la scène de ses débuts, pour y jouer, avec un véritable succès d'enthousiasme, la *Comtesse Romani*. En dernier lieu, elle joue à Dieppe le *Demi-Monde* et la *Dame aux Camélias*. Sur les instances de M. Godfrin, un artiste bien connu dans le monde théâtral, Dumas va l'entendre, et, véritablement empoigné, la signale à M. Montigny, qui l'engage sans retard, sur cette toute-puissante recommandation.

Du reste, M. Godfrin était encore plus ému ce soir, que ne l'est la débutante, dont il a guidé les premiers pas à Bordeaux, où il était directeur, et à laquelle il avait prédit le plus brillant avenir.

M. Guitry — le nouvel Armand Duval — est ce jeune homme de dix-huit ans, en rupture de Conservatoire, autour duquel on a fait tant de bruit il y a quelque temps.

Je n'ai pas à apprécier l'artiste, mais je l'engage fortement à changer de coiffeur.

S'il avait espéré que, comme Bressant et comme Capoul, il donnerait son nom à une coiffure, il doit — dès maintenant — renoncer à cet espoir.

Qu'il se résigne à porter ses cheveux comme tout le monde. Il en est temps encore. Le conseil que je lui donne est bien plus sérieux qu'on ne pourrait le croire. On se figure pas quelle influence peut avoir une coiffure sur les destinées d'un jeune premier.

Le double début de ce soir constituait, pour les habitués des premières, une de ces attractions dont on est privé depuis trop longtemps.

Comme tout le monde, j'avais cherché à me renseigner sur l'effet produit aux répétitions, et je m'étais adressé aux artistes.

Voici les renseignements que j'ai pu obtenir des pensionnaires de M. Montigny.

Les artistes du sexe laid étaient unanimes :

— Teissandier sera superbe... Vous verrez !

— Et Guitry ?
— Le petit !... Oh ! pas trop mal !

En revanche, il n'y avait qu'une voix parmi les actrices :

— Guitry ! Ah ! Guitry... étonnant, admirable !
— Et Teissandier ?
— Euh ! euh !

---

### JENNEVALIANA.

2 octobre.

Pendant qu'on reprenait la *Dame aux Camélias* au Gymnase, le Théâtre-Cluny nous rendait le *Vieux Caporal* avec l'illustre Jenneval.

Il n'y a pas d'acteur de province, pas d'agent théâtral, pas d'auteur de mélodrames qui ne puisse vous raconter au moins une anecdote amusante de la vie de cet étonnant artiste.

Une promenade d'un quart d'heure sur le boulevard Montmartre m'a suffi, ce soir, pour faire ma petite récolte.

Voici donc une série de Jennevaliana.

Jenneval a été, dans toute l'acception du mot, un véritable bourreau des cœurs. Partout où il a passé, il a vaincu. Paris, la province, la banlieue sont peuplés de ses conquêtes. La banlieue surtout. Aujourd'hui encore — bien qu'il ait dépassé la cinquantaine — il est capable de jeter le trouble dans l'âme de toutes les dames de comptoir et de toutes les sous-maîtresses de pension qui forment la clientèle féminine du Théâtre-Cluny.

Ses allures cavalières et ses grands gestes étaient, paraît-il, irrésistibles.

Un soir, une spectatrice, en le voyant, dit à son mari d'un ton de doux reproche :

— En voilà un au moins qui doit savoir battre sa femme !

Jenneval jouait à Marseille dans je ne sais quel drame historique.

Il remplissait un rôle d'évêque.

On le siffla outrageusement.

Indigné, furieux, il s'avance vers le trou du souffleur, prend la croix qu'il portait sur sa poitrine, et, montrant le Christ au public :

— Oser donc aussi siffler celui-là ! s'écrie-t-il.

Jenneval, dirigeant une troupe ambulante, arriva dans une petite ville.

Aussitôt il fit coller sur les murs d'énormes affiches ainsi conçues :

« Habitants, réjouissez-vous !

« Jenneval, le seul, le vrai, l'incomparable Jenneval

« est dans vos murs ! »

La formule est resté célèbre, mais c'est lui qui en est l'inventeur.

Jenneval joua *Mandrin* en province.

Le jour de la représentation il fit promener, à travers les rues, la roue sur laquelle le fameux bandit devait être écartelé au dernier acte de la pièce.

Jenneval jouait la *Tour de Nesle*.

Il endossait bravement le costume de Buridan et se promenait ainsi dans la ville, tranquillement, comme si c'était la chose la plus naturelle du monde, s'asseyant au café et ne dédaignant pas d'y faire une partie de domino.

Quant aux artistes de sa troupe, tous ceux qui avaient été passibles d'une amende étaient contraints, pendant ce temps, à s'arrêter devant les affiches en s'écriant :

— Comment, Jenneval est ici ! Le grand Jenneval !

Le rival de Frédérick Lemaître ! Quel honneur pour la ville !

Jenneval arriva à Dijon pour y donner des représentations.

Ses affaires marchaient mal.

Il résolut de frapper un grand coup.

Le jour même de son arrivée, il sollicita du général commandant l'autorisation de faire venir quelques soldats au théâtre.

Il en avait, disait-il, besoin pour la pièce qu'il montait, et dont la première représentation était fixée à la fin de la semaine.

— Des artilleurs surtout, qu'on m'envoie beaucoup d'artilleurs ! Je n'en aurai jamais assez !

La nouvelle s'ébruita bien vite que l'illustre Jenneval venait jouer à Dijon une pièce militaire.

— Il y aura au moins douze artilleurs ! se disait-on à la ronde.

Les badauds firent la haie pour voir entrer les soldats au théâtre, à l'heure de la répétition.

De temps en temps on entendait le bruit des feux de peloton et même de la canonnade.

Deux jours avant la représentation, toutes les places étaient louées. On avait triplé les prix.

Enfin, le samedi, quelle ne fut pas la surprise des Dijonnais quand, sur l'affiche du théâtre, ils virent annoncé...

Quoi ?

*La Fiammina !*

## LE PREMIER PAS.

5 octobre.

Ceci pourrait même s'intituler le premier... faux pas.

C'est le simple récit d'un petit roman très-parisien, qui s'est déroulé dans les sphères élevées du monde dramatique.

Ma réserve habituelle ne me permet pas d'en désigner la jeune héroïne et j'espère que, de son côté, le lecteur sera assez discret pour ne pas deviner le nom que je lui cache.

Ce que je puis dire, c'est que par sa grâce, sa jeunesse et son beau talent, *Elle* est intéressante et sympathique entre toutes. Il y a dix ans que nous la connaissons. Elevée dans un milieu prédestiné, au sein d'une famille où la réputation artistique se transmet de mères en filles et de tantes en nièces, elle prit, le soir même de ses débuts, sa place au premier rang. Depuis, ses triomphes se sont accumulés ; elle a parcouru la carrière la plus brillante, on ne sait plus le nombre de ses créations, et, pourtant, elle n'est encore que dans sa vingt-sixième année !

Entrée d'une façon aussi éclatante dans une troupe d'artistes d'élite, elle n'excita cependant autour d'elle aucune jalousie, aucun sentiment de vanité blessée. On la considéra comme l'enfant de la maison, et ce titre, on le lui donne encore aujourd'hui.

Rien de ce qui la concerne ne peut être indifférent au public qui l'a tant acclamée. Telle révélation, qui semblerait puérile sur une autre personnalité, devient intéressante par le seul fait qu'il s'agit d'elle.

Comme je viens de le dire, c'était une enfant le jour de ses débuts — elle n'avait pas seize ans — mais, dès ce moment, on commença à parler de son futur établissement.

— Elle se mariera bientôt, disait-on.

Malgré la malveillance et le scepticisme des Parisiens à l'égard des actrices en général, il ne serait venu à l'idée de personne de lui prédire d'autres débuts.

Et certes on avait raison alors de préjuger la pureté des intentions de cette gracieuse fillette, dont l'ingénuité était empreinte d'un charme et d'un naturel si touchants.

Dévouée avant tout à son art, elle résista sans peine aux séductions qui l'entouraient. Sous ce rapport, son attitude ne se démentit pas pendant de longues années.

Son idée fixe était de se marier, et, disons-le, les prétendants, voire même les prétendus officiels, ne lui manquèrent pas. Successivement, plusieurs de ses jeunes camarades se mirent sur les rangs, et les journaux prirent l'habitude d'annoncer périodiquement son mariage, tantôt avec l'un, tantôt avec l'autre.

Aucun de ces projets ne se réalisa ; quelques année: se passèrent sans qu'elle eût l'occasion de prononcer l *oui* sacramentel. Y eut-il de sa faute ou de celle d tous ses futurs ? Je ne saurais le dire, ni même le sup poser, car je pense que le caractère de M$^{lle}$ X... es aussi charmant que sa personne. Toujours est-il que la fatalité intervenant sans doute dans ses tentative matrimoniales, elle les manqua toutes avec une régu larité désespérante.

En dernier lieu, pourtant, on put croire pendan quelque temps qu'elle allait enfin se laisser conduire l'autel.

Elle était fiancée depuis fort longtemps.

Le choix qu'elle avait fait était des plus sérieux. L futur était un artiste jeune, applaudi et doué d'u grand talent. Chacun voyait avec faveur une union qui réunissait deux époux d'une telle valeur, et rien, cette fois, ne pouvait faire prévoir une rupture.

Malheureusement, ce futur-là était un baryton aussi volage que le plus volage des ténors! Certes, il aimait sincèrement sa fiancée, mais l'intimité platonique, les menues privautés autorisées par sa situation, ne pouvaient, paraît-il, lui suffire. Tout en faisant sa cour, il cherchait d'autre part des distractions qu'il trouvait sans peine, et ses incartades furent soigneusement rapportées par de bonnes gens à celle qu'il allait épouser.

Une rupture se produisit.

Cette déception suprême causa un violent chagrin à la jeune actrice. Un jour, cependant, elle voulut faire preuve de courage en assistant à la première représentation d'un opéra, dans lequel son ex-fiancé remplissait un rôle important.

Mais elle avait trop présumé de ses forces, et, quand à un moment donné le chanteur se trouva acclamé par la salle entière, M<sup>lle</sup> X... s'évanouit. On dut l'emporter.

A partir de ce jour, elle renonça absolument à ses intentions matrimoniales.

M<sup>lle</sup> X... avait sa destinée.

Un jour, il y a quelques mois, elle se trouvait au foyer avec un grand nombre de ses camarades.

Elle prit la parole, et, d'une voix émue :

— Mes bons amis, dit-elle, vous savez tout ce que j'ai fait d'efforts pour me marier, j'ai dû y renoncer...Je vous ai toujours tout dit, je serai franche jusqu'au bout avec mes vieux camarades... je vais changer mon existence, et pour que vous n'en éprouviez aucune surprise, aucune gêne à mon égard, je me promets, d'ici peu de jours, de vous présenter officiellement le meilleur de mes amis.

Connaissez-vous rien de plus touchant, de plus

loyal que cette déclaration faite par M^lle X... à sa famille artistique ?

Quel allait être le meilleur ami de l'ingénue ?

Deux adorateurs étaient sur les rangs pour obtenir sa main... gauche.

Tous deux, jeunes, élégants, appartenant au meilleur monde.

Il fallut faire un choix.

Elle en fit un.

. . . . . . . . . . . . . . . . . . . . . . .

L'adorable jeune fille avait fait place à une charmante femme.

Ici, je tiens à me montrer de plus en plus discret.

Je suis d'autant moins disposé à violer la loi Guilloutet et à franchir le mur de M^lle X..., que ce mur s'est considérablement exhaussé, depuis que l'ingénue d'hier a fait l'acquisition d'un petit hôtel sur la lisière du Bois de Boulogne. Ne pouvant plus vivre dans la maison de verre du sage, elle devait quitter sa chambre de jeune fille.

Je ne veux même pas faire allusion à tout ce qu'on raconte. L'artiste est momentanément éloignée de la scène qui l'a vue débuter. On la dit un peu souffrante. Mais j'espère bien que, dans deux ou trois mois au plus tard, nous pourrons fêter sa convalescence au bruit de nos applaudissements.

---

REPRISE DE *LA GRANDE-DUCHESSE*.

5 octobre.

Si jamais reprise a été attendue avec curiosité, c'est bien celle-là.

Depuis huit ans les auteurs se disaient, toutes les

fois qu'on puisait une pièce ancienne dans leur riche répertoire :

— Quel dommage qu'il soit impossible de remonter la *Grande-Duchesse!*

Puis, tout à coup, ils ont jugé que la grande proscription avait été suffisamment longue et qu'il y avait prescription de la proscription.

Les recettes mirobolantes que l'Exposition laisse tomber dans les caisses directoriales étaient bien faites, d'ailleurs, pour raviver les regrets de MM. Meilhac, Halévy et Offenbach. *La Grande-Duchesse,* — on s'en souvient — avait été la *Niniche* des Variétés en 1867. Quel dommage de laisser finir le « grand tournoi pacifique » sans remonter cette opérette où la guerre et les guerriers sont si complétement ridiculisés! Ce que je ne comprends pas, c'est qu'on ait attendu jusqu'à ce soir, 5 octobre, pour arriver à cette reprise.

Les connaisseurs avaient à peine jeté un coup d'œil sur l'entrée des Bouffes qu'ils se sont écriés :

— Voilà la première première de la saison !

C'est la première fois, en effet, depuis la rentrée, que nous voyons la majorité des spectateurs en habit, les spectatrices en toilettes de fête, Isabelle distribuant des gardénias et pas la moindre tête de provincial.

A cinq heures du soir, dans une agence, un riche étranger a offert mille francs d'une avant-scène. Il ne l'a pas eue.

La salle offre un coup d'œil charmant. J'y vois quelques-unes de nos plus aimables actrices : Pierson, Bianca, Théo, Legault, Chaumont, Massin, Gauthier, Humberta, Marie Albert, Fanny Robert, Helmont et M<sup>lle</sup> Montchanin de l'Opéra.

Beaucoup d'entrain. Des conversations bruyantes. On paraît content de se retrouver. Puis tout le monde souhaite un succès à M. Comte.

Une avant-scène s'ouvre au moment où le chef d'orchestre Thibault monte à son pupitre. Toutes les lorgnettes se tournent vers cette avant-scène. On pressent une entrée à sensation. D'abord apparaît M<sup>lle</sup> Alphonsine Demay, en toilette noire avec une énorme guirlande de fleurs grimpant le long du corsage. Mais ce n'est évidemment pas elle qui est cause de l'émotion manifeste du public. Non, sur le seuil de la porte qui donne accès dans la loge, on vient d'apercevoir la silhouette de la première grande-duchesse, la vraie, M<sup>lle</sup> Hortense Schneider.

Schneider entre en cherchant à se dérober aux regards. Elle se cache à moitié derrière la draperie en velours qui encadre l'avant-scène. Salut à l'Altesse d'autrefois, qui nous a paru ce soir plus charmante, plus jeune que jamais !

Quelques minutes avant le lever du rideau, la maison Brandus, qui ne recule devant aucune dépense, fait distribuer aux critiques présents des partitions de poche de *la Grande-Duchesse*.

Cette attention délicate leur permet de suivre l'opérette d'Offenbach sur la partition, absolument comme si c'était la musique de Wagner.

On comprendra sans peine que Paola Marié ait été en proie à une très-vive émotion au moment de paraître dans une reprise ainsi attendue et surtout sous les traits de la grande-duchesse de Gérolstein. Avant d'entrer en scène, elle était littéralement affolée, ne voyant personne, ne sachant plus ce qu'elle faisait.

Mais, lorsqu'elle se trouva devant la salle, lorsqu'elle aperçut sa majestueuse devancière, dans l'avant-scène, elle resta tout d'abord interdite, les yeux obstinément fixés sur la terrible loge, et ce n'est que par un violent effort de volonté qu'elle parvint enfin à surmonter cette émotion. En la voyant ainsi médusée, comme un conscrit devant son général, nous avons tous cru qu'elle allait faire le salut militaire.

— C'est curieux, disait un doux jeune homme placé devant moi, de voir ainsi deux duchesses en présence.

— Ne confondez pas, répliqua son voisin, l'une est pour le moins archiduchesse.

Disons-le, la grande Schneider n'a cessé d'applaudir tous les artistes et surtout sa vaillante héritière.

On n'est pas meilleure princesse.

Jolly, qui joue le prince Paul, a eu un grand effet d'entrée.

Son costume de marié est excellent.

Et il porte la fleur d'oranger avec une conviction exemplaire.

J'engage Offenbach à surveiller la façon dont ses pièces sont annoncées sur les colonnes Morris.

Il y verra que les paroles de la *Grande-Duchesse* sont de MM. Meilhac et Halévy, tandis que la musique est de Jacques Offenbach tout court.

Cette suppression du *Monsieur* est une politesse qu'on réserve généralement aux morts.

Ainsi, sur l'affiche de l'Opéra par exemple, on annonce le *Faust* de M. Gounod et les *Huguenots* de Meyerbeer.

Vrai, à la place d'Offenbach, je surveillerais le secrétaire de la rédaction des affiches.

Je jette un rapide coup d'œil en scène, juste ce qu'il faut pour apercevoir Ludovic Halévy conduisant, avec conviction, mais avec une mesure aussi fantaisiste que celle des Hanlon-Lees, les chœurs de coulisse du troisième acte.

Voilà des aptitudes musicales qu'on ne soupçonnait guère chez le collaborateur de Meilhac et Offenbach.

Le premier décor du troisième acte m'a paru manquer un peu trop de gaieté. Lorsque Paola Marié entre, rêveuse, en scène, ce décor semble tellement grave, tellement triste même qu'on se croirait dans les fameux souterrains d'Aix-la-Chapelle, devant le tombeau de Charlemagne.

L'illusion aidant, le public a pu croire que Paola, se tournant vers l'avant-scène de Schneider, allait s'écrier à l'instar de Charles-Quint :

Être
Grande-Duchesse... Ne pas l'être. O rage !

Aucun des artistes de la création ne joue actuellement dans *la Grande-Duchesse*.

On cite cependant une ancienne figurante des Variétés, aujourd'hui aux Bouffes, qui a joué jadis le rôle muet de l'une des demoiselles d'honneur.

Elle disait même ce soir, avec un certain orgueil :

— Il n'y a que moi qui suis de la création.

On affirmait dans les couloirs que mon confrère Albert Millaud aurait l'intention d'exiger la reprise de *Madame l'Archiduc* aussitôt que la *Grande-Duchesse* fera le maximum.

---

*POLYEUCTE.*

8 octobre.

Une œuvre capitale comme celle de ce soir se passe facilement des réclames à coups de grosse caisse et des annonces bruyantes dont les directeurs aiment à faire précéder leurs premières à sensation — sortes de parades modernes dans lesquelles des courriéristes trop complaisants jouent trop souvent le rôle de pitres.

Le directeur de l'Opéra est d'ailleurs l'ennemi de toute publicité préventive.

Il la trouve plutôt nuisible qu'utile à son exploitation.

Il est de ceux qui comptent, pour vaincre au théâtre, sur la surprise du public.

Aussi s'est-il trouvé complétement d'accord avec les auteurs, quand ces messieurs ont décidé que leur répétition générale aurait lieu à huis-clos.

M. Halanzier poussait même la réserve jusqu'à répondre à ceux qui lui demandaient ce qu'il pensait de *Polyeucte* :

— Eh ! eh ! il faudra voir !
— On dit que l'acte du baptême est magnifique ?
— Peut-être... je crois... je ne sais pas...
— Que le ballet est ravissant ?
— Pas mal... c'est possible...
— Que les décors et les costumes sont superbes ?
— Il faudra voir !

Et voilà tout ce qu'on en pouvait tirer.

*\*\**

M. Halanzier, dont la grande expérience en matière théâtrale est incontestable, s'est toujours trouvé bien de cet excès de prudence.

Il me racontait dernièrement comment un jour, à Strasbourg, il s'y prit pour faire accepter un ténor, doué d'une voix superbe, mais tout petit, fort gros, avec des jambes trop courtes et un ventre trop proéminent : un vrai poussah enfin.

Quand la saison d'opéra reprit, à Strasbourg, les abonnés furent naturellement curieux de savoir ce que M. Halanzier leur préparait de nouveau. L'habile directeur s'empressa d'en mettre quelques-uns dans la confidence.

— J'ai engagé, leur disait-il, un ténor excellent, mais par exemple il faudra que vous vous retourniez pour l'entendre.

— Ah ! bah ?

— C'est un vrai monstre ! On n'a jamais rien vu de plus horrible !

La nouvelle se répandit bien vite, dans Strasbourg, que M. Halanzier allait faire débuter, dans les *Huguenots*, un ténor excellent qui était en même temps un phénomène de monstruosité.

Le soir de la première, au moment où Raoul allait faire son entrée, un frémissement parcourut toute la salle. Quelques dames fermèrent instinctivement les yeux.

Le ténor entra. On le regarda et on se regarda avec étonnement.

Comment ! c'était là ce monstre qui devait faire peur aux jeunes filles.

Quelle exagération !

Mais ce garçon-là n'était vraiment pas mal du tout. Sa belle voix acheva de lui conquérir tous les suffrages. Après le premier acte, les abonnés entourèrent Halanzier :

— Que nous aviez-vous donc dit, que c'était un monstre ?

— Dame... il m'avait semblé...

— Certainement, il est un peu petit, un peu gros, un peu rond, mais... il a une tête charmante !

\*\*\*

Revenons à *Polyeucte* et commençons par constater que, malgré l'heure (huit heures moins le quart) à laquelle a commencé l'opéra, la salle était à peu près pleine au moment du lever du rideau.

Salle extrêmement brillante d'ailleurs, où le tout Paris littéraire et artistique se mêlait aux abonnés du Lundi et à tout cet élément mondain et ultra-élégant, qu'on est sûr de retrouver aux solennités théâtrales.

Mais la salle n'est pas précisément ce qui m'occupait

ce soir. J'ai tenu avant tout à faire, en sortant du théâtre, rapidement, au courant de la plume, un compte-rendu aussi complet que possible des décors, des costumes, du ballet et de la mise en scène, de tout ce cadre superbe enfin dans lequel l'œuvre de Gounod a été présentée au public.

*<br>* *

Comme metteur en scène M. Halanzier mérite d'être placé parmi les premiers. Jamais, à aucune époque, on n'a fait plus beau, jamais on n'a fait mieux. Le directeur de l'Opéra a su s'entourer d'artistes spéciaux d'un grand mérite, de chercheurs patients, de travailleurs obstinés. C'est grâce à leurs efforts combinés que notre première scène lyrique est maintenue au point de vue matériel, à une hauteur sans égale. Et on ne se figure pas ce que les décors et les costumes d'un grand opéra tel que *Polyeucte*, exigent d'études, de recherches, de démarches, d'essais.

Avec cela, la scène de l'Opéra est, pour les machinistes, la scène la plus incommode de Paris. Il est tel effet qu'on obtiendrait sans effort à la Gaîté ou au Châtelet et auquel il faut renoncer à l'Opéra, parce que le théâtre n'est pas suffisamment machiné. C'est pour cela que le chef-machiniste, M. Brabant, n'est pas toujours à même d'exécuter les programmes rêvés par les auteurs.

Je serais embarrassé s'il fallait décerner une médaille d'or au peintre qui s'est distingué ce soir par le meilleur décor.

Tous ont fait preuve d'un talent considérable.

On a également remarqué :

Les Remparts de Mélithène, de Daran ;

Le Site agreste, de Chéret ;

Le Forum, de Rubé et Chaperon ;

Les Arènes, de Lavastre jeune.
Voici la description de ces quatre tableaux.

Au premier acte, les Remparts de Mélithène, par Daran. C'est dans ce décor que se meuvent les innombrables personnages qui assistent ou prennent part au défilé de l'entrée de Sévère. Quatre-vingts figurants supplémentaires sont venus grossir le contingent déjà si considérable du personnel de l'Opéra. Il fallait donc réserver, pour ces masses, un espace très-grand. Cependant le peintre, quoique n'ayant que peu de bois et de plantations à utiliser, a vaincu la difficulté de façon à obtenir des effets saisissants.

Rien de plus majestueux que l'arc de triomphe monumental qui occupe les premiers plans de droite faisant face aux remparts. La toile de fond offre une perspective infinie, avec la vue des temples et des maisons campés dans l'éloignement, sur les montagnes.

Dialogue entre deux stalles, pendant le défilé du premier acte :

— Quel butin ! Voyez donc ces trophées, ces vases luxueux, cette vaisselle d'or et d'argent !

— Et ces amphores, ces statuettes, ces bijoux, il y a de tout.

— On dirait des gros lots pour la Loterie nationale.

— Peuh !... M. Krantz ne serait pas dégoûté !

Pour le deuxième acte, Chéret a exécuté un site sauvage d'un réalisme à la fois simple et grandiose. D'énormes rochers se dressent sur les bords d'une nappe d'eau bleue, dans laquelle se reflètent les étoiles du ciel.

Au troisième acte, se trouve le grand tableau du Forum, avec ses arcs-de-triomphe enguirlandés de fleurs, son péristyle du temple de Jupiter et tout un peuple de statues en pied et de statues équestres, les unes en marbre ou en pierre, les autres en or ou en argent; celle de Jupiter est gigantesque et atteint presque en hauteur les frises du théâtre. Certes nous n'en avons pas encore vu de semblables à Paris, n'en déplaise à tous nos grands hommes de pierre, de bronze et de marbre. Un immense velum plane sur toutes ces merveilles.

Dialogue entre deux « couloirs debout ».

— Quel superbe arc de triomphe, au fond!
— Et les chevaux de bronze qui le surmontent!
— On dirait ceux du Carrousel!
— C'est à s'y tromper, il ne leur manque que le ballon captif derrière.
— Les décorateurs l'auront oublié.

*⁎*

Le grand décor des Arènes (5ᵉ acte) a été confié à M. Lavastre jeune, élève de Cambon. Cet artiste est incontestablement, de tous les décorateurs de la jeune école, le plus remarquable et le mieux doué. Aussi n'a-t-on pas hésité à lui confier cet important tableau final. Le décor des Arènes sera l'une des grandes attractions décoratives de l'œuvre.

Tout d'abord, cet admirable tableau était précédé d'une place publique. Le livret publié porte même cette division. Mais il en résultait que le public y perdait presque complétement la vue des Arènes. Il les voyait tout juste le temps d'entendre chanter ces deux vers :

LE CHŒUR

A la mort! à la mort! qu'ils meurent sous nos yeux!

POLYEUCTE ET PAULINE
C'est Dieu qui nous éclaire et nous appelle aux cieux.

On a trouvé avec raison, que c'était bien peu de temps pour voir une composition de cette valeur et l'on s'est résigné à supprimer la place pour laisser l'acte entier dans les arènes.

Dialogue entre deux directeurs associés :
— C'est joli, ce cirque !
— Oui, mais ça manque de lions !

*
\* \*

M. Eugène Lacoste a eu une fois de plus l'occasion de prouver qu'il est un artiste d'un immense mérite.

Ce n'était pas chose commode de trouver des effets avec des costumes romains. M. Lacoste en a produit d'énormes, et à chaque instant, dans les huit tableaux de *Polyeucte*.

Ses efforts se sont surtout portés sur l'entrée de Sévère et sur la fête païenne.

Le cortége de Sévère est absolument splendide. Les trompettes, les porte-étendards, les porteurs de trophées, les soldats de l'armée auxiliaire et ceux de l'armée romaine, les princes arméniens, les édiles, tout cela forme une escorte imposante et magnifique au triomphateur romain, qui fait son entrée sur un quadrige traîné par quatre chevaux blancs, que des esclaves admirablement costumés tiennent par la bride. C'est un miroitement incessant de pierreries, de cuirasses d'or, d'armes étincelantes, un tableau de maître supérieurement réglé.

Détail assez piquant : les quatre chevaux blancs du quadrige sont loués à l'Opéra par l'administration des pompes funèbres, Le cheval ne s'émeut guère de ces brusques transitions dont sa vie est pleine. Il traîne avec la même résignation le corbillard d'une jeune fille et le char en carton doré d'un triomphateur d'Opéra !

\*\*\*

Dialogue entre deux fauteuils :
— Comment trouves-tu Lassalle sur son char ?
— Superbe ! et grand ! c'est Lassalle... de l'Hippodrome.

\*\*\*

Les costumes de la fête païenne sont tout différents de ceux de l'entrée de Sévère.

Les uns sont le triomphe de la force, les autres le triomphe de la grâce.

M. Mérante, dont le divertissement a fait une diversion bien agréable, a trouvé, cette fois encore, en M. Lacoste, un collaborateur précieux.

Avant le ballet, une animation extraordinaire régnait au foyer de la danse, envahi par tous les abonnés de l'orchestre. Les charmantes guerrières faisaient porter leurs boucliers et leurs lances à leurs amis, qui paraissaient enchantés. Tous les regards s'arrêtaient curieusement sur une danseuse qui se tenait à la barre d'appui en faisant des ronds de jambe.

— C'est la nouvelle ! chuchotait-on.

C'était, en effet, la nouvelle étoile dansante que M. Halanzier est allé chercher à la Scala de Milan, où un engagement la rappelle cet hiver.

M<sup>lle</sup> Rosita Mauri est espagnole; bien qu'elle nous arrive d'Italie. Elle est brune, assez jolie et appelée à un avenir brillant. On l'a beaucoup applaudie. Sa danse est d'une sûreté étonnante. Elle n'a pas cru devoir changer la couleur de ses cheveux pour représenter Vénus.

On a beaucoup remarqué qu'après le « tournoi pacifique » dans lequel les jolis petits guerriers de Bellone et les ravissants légionnaires exécutent des pas qui sont aussi des passes d'armes, la déesse de la guerre, sous les traits de Delphine Marquet, est venue, sans doute pour ne mécontenter personne, distribuer des palmes à tous les combattants.

Quelle leçon pour les jurés de l'exposition !

⁂

Un excellent musicien me fait une observation que je soumets à M. Lamoureux, l'éminent chef d'orchestre de l'Opéra.

— Pour bien entendre la partie si importante des violoncelles, me dit-il, on est obligé d'avoir une loge d'avant-scène. Nos violoncelles, se trouvant contre la balustrade de l'orchestre, et tournant le dos aux spectateurs, envoient nécessairement le son de leurs instruments vers la scène. De la salle on les entend à peine. A Vienne, c'est tout le contraire. Les violoncelles sont adossés à la scène, et grâce à cette disposition si simple, les effets d'orchestre sont doublés.

M. Lamoureux, homme d'initiative, ne pourrait-il essayer à Paris ce qu'on fait en Autriche ?

⁂

Dialogue dans une loge, pendant l'acte de la prison :
— Alors, ce pauvre Polyeucte, on va l'immoler ainsi sans jugement ?
— Dame ! on ne pouvait pas rééditer le jugement de Salomon.

⁂

La représentation, qui a commencé à huit heures moins quinze minutes — *chronométriquement* — a fini avant minuit.

Ah! si tous les directeurs de Paris pouvaient imiter l'exemple de M. Halanzier.

Quand le régisseur, M. Colleuille, est venu nommer les auteurs, Gounod, Barbier, Carré, Mérante, les décorateurs, le dessinateur des costumes et même Corneille, une partie de la salle a voulu *voir* Gounod.

Mais Gounod n'a pas reparu.

Vous verrez qu'il y aura des gens qui diront qu'ils n'en ont pas eu pour leur argent!

---

RÉOUVERTURE DE L'AMBIGU.

11 octobre.

Après dix-sept jours de fermeture, l'Ambigu rouvre ce soir ses portes avec *la Jeunesse de Louis XIV*.

Lorsqu'il y a quelques mois M. Chabrillat signait le bail par lequel il devenait directeur de ce théâtre, on lui demanda de vouloir bien agrandir à ses frais le poste des pompiers, qui était, paraît-il, trop étroit.

Il y consentit. Or, quand un directeur se met à réparer, il sait bien quand il commence, mais jamais quand il finit.

Pendant qu'on travaillait au poste des pompiers, le directeur se dit :

— Si je profitais de l'occasion pour faire réparer les loges?

Comme on était en train de réparer les loges, le directeur remarqua que les fauteuils étaient bien étroits.

— Bah! pensa-t-il, changeons aussi les fauteuils !
On se mit à changer les fauteuils.

— Maintenant que j'ai des fauteuils tout neufs et des loges fraîchement décorées, se dit encore Chabrillat, la salle va paraître bien terne. Faisons redorer les galeries.

Une fois les galeries redorées, la salle étant en bel état, le directeur jugea qu'il ne fallait pas s'arrêter en si beau chemin.

— Pendant que j'y suis, s'écria-t-il, faisons également réparer le foyer !

Tout l'intérieur de l'Ambigu avait bientôt pris un aspect superbe. Mais c'est l'extérieur qui n'était plus à la hauteur.

Chabrillat fit repeindre la façade, il fit placer une élégante marquise à la porte, des tapis dans tous les couloirs, des portières à toutes les entrées, des rideaux à toutes les fenêtres.

Et voilà comment l'antique Ambigu, triste, froid, enfumé, étroit, incommode, a fait place à une salle neuve, gaie, pimpante, où tout le monde est bien assis. Les fauteuils ont été élargis. On y circule à l'aise. Les ignobles banquettes du parterre, transformé en parquet, ont disparu. Enfin, chose inouïe, étonnante, jusqu'ici inconnue, le paradis lui-même, ce paradis où ont défilé tant de générations de pâles voyous, le paradis a été rembourré.

Cet ensemble brillant met tout le monde de bonne humeur. On n'entend que des cris de surprise.

— Quel luxe !
— Quelle prodigalité !
— Nous ne sommes pas à l'Ambigu, mais à la première des *Amants de Vérone* !

La salle est d'ailleurs fort élégamment composée. Le contenu répond au contenant. On me montre une étoile dramatique de Saint-Pétersbourg, M$^{lle}$ Marie

Savine, du théâtre Alexandre. Plusieurs « belles dormeuses » dans les avant-scènes. *Belles dormeuses* désigne, paraît-il, des « actrices » de petits théâtres dont les diamants sont plus gros que le talent. Le mot est inventé d'hier. Je ne sais s'il réussira.

Un timbre placé à la porte d'entrée de l'Ambigu avertit le public de la fin de l'entr'acte.

Ce timbre a été l'objet d'une lutte épique entre le nouveau directeur et le limonadier qui tient le café du théâtre.

Quand on voulut l'essayer une première fois, on s'aperçut, non sans surprise, que le fil correspondant avec la sonnette avait été adroitement coupé. Il fut rétabli aussitôt. Le lendemain, on le trouva de nouveau coupé. On le *rerétablit*, on le *rerecoupa*.

Alors, une surveillance spéciale fut établie. On parvint à pincer le coupeur de fils en flagrant délit. C'était le cafetier du théâtre.

Pour s'excuser, le coupable prétendit que ce timbre ruinait son industrie.

— En effet, dit-il, on venait consommer chez moi uniquement pour entendre la sonnette de l'entr'acte ; dès l'instant où vous établissez un timbre en dehors, je n'ai qu'à fermer boutique !

Cafetier, mon ami, vous vous trompez. L'Ambigu reste un théâtre de drame, et, quand on a fini de verser des larmes, on éprouve généralement le besoin de se faire verser à boire.

*La Jeunesse de Louis XIV* ayant émigré de l'Odéon à l'Ambigu avec ses décors, ses costumes, sa mise en scène, ses chasseurs, ses sonneurs de cors, sa meute et son cerf éventré, je n'ai pas à revenir sur l'exactitude historique, le luxe et le goût qui ont présidé à la confection du côté matériel de la pièce.

Ainsi que les chiens, un certain nombre d'artistes viennent aussi de l'Odéon.

Sans parler de Gil-Naza qui a jadis joué au Second-Théâtre-Français le rôle du cardinal Mazarin et qui appartient aujourd'hui à la troupe de l'Ambigu, M. Duquesnel a prêté à son confrère de la rive droite M<sup>lles</sup> Léonide Leblanc, Antonine, Samary et Marie Kolb, ainsi que MM. Valbel, Clerh, Rebel, et Ernest, le légendaire Ernest, qui n'a pas voulu céder « le rôle » de porteur de falot muet qu'il avait eu l'honneur de créer.

M. Rebel, qui joue Molière, a fait ce qu'il a pu pour ressembler à l'auteur de *Tartufe*. A force de consulter des portraits du temps, de prendre un nez à celui-ci, une bouche à celui-là, il est parvenu à une ressemblance assez satisfaisante.

— On aurait envie de lui commander une pièce ! dit Koning.

M<sup>lle</sup> Marie Kolb, l'accorte soubrette de l'Odéon, s'est retrouvée, comme chez elle, sur la scène de l'Ambigu.

Quand elle était petite fille, bien avant de suivre les cours du Conservatoire, elle y a joué les rôles d'enfant.

M<sup>lle</sup> Kolb, était, il y a dix ans, la petite Cécile Daubray de l'endroit.

Ah ! qu'elle a fait verser de larmes, elle qui fait tant rire aujourd'hui !

Afin de rompre une bonne fois avec la tradition des grands seigneurs aux mains sales, M. Chabrillat a confié les rôles les plus insignifiants à des artistes d'un certain mérite, et l'on m'assure que, parmi les personnages de la cour du grand roi, il se trouve des jeunes gens qui, comme M. Guitry, du Gymnase, sont en rupture... de Conservatoire.

Je ne veux pas trahir leur incognito. Le farouche M. Bardoux serait capable de leur réclamer une somme de quinze mille francs à titre d'indemnité. Avec les trente sous qu'on leur alloue tous les soirs, ils n'auraient peut-être pas de quoi payer.

Enfin, les figurants eux-mêmes ne sont pas recrutés au hasard. J'ai reconnu, dans le lot, un ancien acteur des Délassements, de Déjazet et de Taitbout, et on m'en a montré un autre qui serait le fils de M. Vavasseur, l'élégant artiste des Folies-Dramatiques. Il n'est pas étonnant que celui-ci sache bien porter une épée de cour, cela tient de famille.

Et maintenant, voici, sans autre transition, l'incident capital de la soirée.

A quatre heures de l'après-midi, un monsieur au visage souriant se présenta dans le cabinet directorial.

— Que désirez-vous ? lui démanda Chabrillat.

— Monsieur... je suis médecin...

— Vous voudriez des places pour ce soir ? Il n'en reste plus une seule !

— Je suis le médecin de M$^{lle}$ Léonide Leblanc...

Le visage de Chabrillat se rembrunit.

— M$^{lle}$ Léonide Leblanc, continua le médecin dont le visage devint de plus en plus souriant, M$^{lle}$ Leblanc vient d'être prise d'une indisposition subite et très-sérieuse...

— Ah ! mon Dieu...

— Elle est dans l'impossibilité de jouer.

On comprend la consternation du pauvre directeur. Quoi faire ? Comment se tirer de là ?

— Ah ! s'il pouvait faire remplacer Léonide par M$^{lle}$ Heilbron. Mais il n'y fallait pas songer. Déjà, Chabrillat songeait à coller sur ses affiches la bande fatale des relâches imprévus, quand le régisseur de l'Odéon vint lui rendre un peu d'espoir. Il y avait une M$^{lle}$ Clairval, récemment engagée par M. Duquesnel, une bonne recrue de province, jeune, assez jolie, qui savait le rôle. Elle ne l'avait jamais répété, il est vrai, mais avec quelques raccords hâtifs, elle s'en tirerait tout de même.

Le régisseur sauta dans un fiacre, se fit conduire chez M$^{lle}$ Clairval, eut la chance de la trouver chez elle, la fit monter en voiture sans lui donner aucune explication et la ramena triomphalement à l'Ambigu.

M. Chabrillat peut se vanter d'avoir eu une certaine veine.

Après le quatrième acte, à minuit, un cocher se présente chez la concierge de l'Ambigu.

C'est le cocher du fiacre dans lequel on a été chercher M$^{lle}$ Clairval.

Il est là depuis cinq heures. Dans le désarroi causé par l'indisposition de M$^{lle}$ Leblanc on a oublié de le payer.

— Bah ! dit Chabrillat, qui est enchanté d'en être quitte à si bon marché, qu'on lui donne un bon pourboire !

*LES AMANTS DE VÉRONE.*

12 octobre.

Enfin, voici un théâtre lyrique dont le directeur ne sera jamais embarrassé pour trouver un ténor.

M. Capoul est sûr d'avoir dans sa troupe au moins un chanteur qui ne *bronchera* pas.

Il est vrai que ce métier de directeur-ténor, s'il présente de grands avantages, a aussi de nombreux inconvénients. Ce n'est pas une petite affaire que de faire face à la fois aux préoccupations multiples d'une direction et aux études d'un grand rôle.

Ce cumul de fonctions si opposées doit forcément produire des lassitudes et des énervements qui, à la longue, pourraient devenir dangereux pour le chanteur.

Heureusement, Capoul possède en Gailhard un Pylade qui, pour la circonstance, s'est transformé en impresario à poigne, prenant pour lui seul les tracas administratifs et la besogne matérielle et arrivant, petit à petit, à force d'empiétements amicaux, à reléguer son sympathique camarade dans ses seules fonctions de ténor.

Ayant remarqué que l'animation avec laquelle Capoul s'occupait pendant toute la journée des moindres détails d'intérieur pouvait exercer une influence fâcheuse sur les bronches du partenaire de M$^{lle}$ Heilbron, Gailhard ne lui permettait plus d'ouvrir la bouche pour répondre à qui que ce soit.

— Pas un mot ! — s'écriait-il, en couvrant Roméo de son large corps, dès que celui-ci faisait mine d'aller au devant d'un visiteur — ne t'occupe pas de cela, prends garde de t'enrouer... tes affaires ne regardent que moi !...

Le jour où M$^{lle}$ Heilbron déclara qu'elle était dans l'impossibilité de chanter, Capoul — on le devine — partageait l'émotion générale.

Mais Gailhard lui ordonna de rester calme.

— Toi, lui dit-il, tu n'as pas besoin de t'émouvoir, de t'exciter ; fais atteler, va faire ton tour ordinaire au bois et arrive ce soir au théâtre comme si tout devait se passer régulièrement.

C'est grâce à ces précautions si sages que Capoul a pu mettre sa voix à l'abri des fortes secousses de la semaine.

\*
\* \*

La « très excellente et lamentable tragédie de Roméo et Juliette » ainsi qu'elle est intitulée par Shakespeare lui-même, va s'augmenter, pour les âges futurs, d'une légende nouvelle :

La légende des *Amants de Vérone.*

Car à coup sûr l'histoire de cet opéra deviendra légendaire.

Voici comment on pourrait la transmettre à nos petits-neveux.

« Il était une fois un marquis qui avait nom d'Ivry.

« C'était un homme jeune, artiste convaincu, musicien inspiré, poète plein de flamme.

« Il n'avait qu'un seul tort : celui d'être marquis et de ne pas s'en cacher.

« En ce temps-là, bien qu'on parlât beaucoup d'égalité, d'émancipation — on ne croyait pas qu'un marquis, ayant la faiblesse de tenir à son titre, pût avoir du talent.

« On le relégua donc, sans autre examen, dans la classe encombrante des musiciens-amateurs qui vous invitent à leurs soirées pour vous faire entendre leur musique ou qui, pour faire jouer trois fois un opéra dont tout le monde rira, donnent de l'argent aux directeurs malheureux.

« Cependant, ledit marquis, ayant vainement cherché un librettiste pour dramatiser ses inspirations, eut l'excellente pensée de s'en passer et de faire son livret lui-même — ce qui devait lui épargner les ennuis de la collaboration et augmenter notablement ses droits d'auteur.

« Il emprunta à Shakespeare l'amoureuse tragédie de *Roméo et Juliette.*

« Après plusieurs années de travail, comme il venait de terminer son dernier acte, il s'en fut trouver le directeur du Théâtre-Lyrique qui était alors un nommé Carvalho.

« Ce Carvalho reçut les propositions du marquis

avec un sourire de pitié, lequel sourire s'expliqua d'autant mieux que déjà il venait de recevoir un opéra sur le même sujet dont la musique était d'un maître célèbre, Charles Gounod.

« On se figure la mine déconfite du pauvre marquis. La lutte lui parut impossible. Il y renonça momentanément.

« Mais, pendant douze ans, au lieu de faire un autre opéra, il promena celui-là partout. Il en fit exécuter des fragments dans certains salons, devant des publics choisis. Il le fit recevoir dans tous les théâtres lyriques qui s'ouvrirent pour se refermer peu après. Enfin, c'est grâce à la courageuse initiative d'un ténor nommé Capoul, épris à bon droit de son rôle de Roméo, se transformant en directeur pour la circonstance et faisant lui-même les frais de l'ouvrage, que le marquis parvint à faire représenter son œuvre.

« Voilà la très-véridique légende des *Amants de Vérone.* »

*\*\**

Un monde fou dans cette jolie salle de Ventadour, qui mériterait bien de retrouver sa vogue d'autrefois.

On aurait loué, si l'on avait voulu, des places dans les couloirs, à côté des ouvreuses.

Je puis citer au hasard de la lorgnette, la duchesse de Newcastle, la marquise de Casariera, l'ambassadeur d'Espagne, la comtesse de Béchevet, Prodgers, Stern, Edouard André, de Camondo, le comte Armand, le préfet de police, le ministre des Beaux-Arts, la baronne de Caters, la comtesse de Rosencoët, de Beauplan, les princes Troubetzkoï et Galitzine, la duchesse de Sesto, M<sup>me</sup> Standish, le comte d'Aramon, Raphaël Bischofsheim qui inaugurait son ruban de la Légion d'honneur et que l'on complimentait fort, le prince de Sagan, le duc de Montmorency, le comte et la comtesse de Ganay, de Pomereu, le marquis de Las Marimas, le comte Walewski, de Tanlay, Favrot, la comtesse de Brigode, Mme Bernadaki, la comtesse de Gouy d'Arsy, la duchesse de Valombrosa, M. et Mme de Castelbajac, Charles Haas, Arthur Meyer, le marquis du Lau, Béhic, la baronne de Poilly, le duc de Mouchy, le duc de Banos, de Miranda, de Fitz-James, Offenbach, d'Ennery, Coppée, Halanzier, Perrin, Carvalho, Rossi, Worms, Lassalle, Mme Abeille, Mme Pelouze, Mme de Sylvéra et Mmes Krauss, Sangalli, Moisset, Ambre, Schneider, Théo, Rosine Bloch, Daram, Marie Sass, Marimon, Zulma Bouffar, Fargueil, Humberta, Lasseny, Rousseil, Pierson, Chaumont, Massin, sans compter les *et cœtera* de tous les mondes.

⁂

Beaucoup d'animation au foyer pendant les entr'actes.

Un musicien, qui a de l'esprit, surtout quand il ne fait pas de musique, m'y donne cette jolie définition de *Polyeucte* que je reproduis parce qu'elle est amusante quoique injuste :

« POLYEUCTE ? Un grand saint, créé par Corneille, martyrisé par Donizetti et enterré par Gounod. »

⁂

La direction n'a rien épargné pour rendre les décors et les costumes dignes de l'œuvre.

L'ensemble est plus que satisfaisant.

Quelques costumes sont remarquables. Celui de Dufriche, notamment, dessiné par Vibert. Avec son magnifique vêtement de velours cramoisi, on ferait facilement tout un mobilier de salon.

Quant au duel du troisième acte, c'est un des plus émouvants qu'il nous ait été donné de voir au théâtre depuis la *Dame de Montsoreau*. Inutile d'ajouter qu'il a été réglé par M. Desbarolles.

*\*\**

Les costumes de M^lle Heilbron sont assez jolis pour que l'on puisse décrire les principaux.

La robe de bal du premier acte est fort riche. C'est une robe princesse en brocart blanc, bordée dans le bas de la jupe de bandes d'or et de perles fines, retroussée d'un côté avec des plaques en diamants.

La coiffure est en satin bleu avec perles et une ferronnière en diamant.

On a énormément apprécié le costume du deuxième tableau du second acte — dans la scène du mariage — la jupe en brocart vert d'eau, la robe en crêpe de Chine, gris-perle, brodée d'or et doublée de satin rose pâle. Manteau en cachemire blanc, brodé d'or et doublé de rose. Garniture d'émeraudes et de diamants. Pour coiffure, une toque rose, entourée d'une guirlande de feuilles d'or.

Vous me direz que ce n'est pas précisément le costume d'une jeune fille qui va se marier en cachette, mais à Venise — en ce temps-là — les jolies patriciennes n'y regardaient probablement pas de si près.

Enfin, au troisième acte, Juliette porte une jupe en satin paille, bordée de chenille mauve avec paillettes de nacre violette. Sur le côté de la jupe, des quilles en perles fines et des chenilles blanches; tunique en crêpe de Chine bleu ciel, brodée entièrement de fleurs paille et de nacre violette. Manches en satin mauve. Coiffure : résille d'or et perles.

Tous ces costumes, fort brillants, fort réussis, ont été exécutés d'après les dessins du comte Lepic et les croquis de M. Jules Marre.

* * *

Du dissentiment passager qui a pu exister entre Capoul et M<sup>lle</sup> Heilbron, il nous a semblé qu'il ne restait pas trace.

La fille des Capulets a pu, sans frémir, tendre la main à l'héritier des Montagus.

Et il est vraiment fort heureux que la science du docteur Love ait pu dompter les bronches récalcitrantes de M<sup>lle</sup> Heilbron, — avec une bonne lorgnette on découvrait encore, sur la poitrine de la charmante artiste les traces de *rigolos* récents — car le public de la première aurait été fort dérouté en voyant Capoul roucouler des duos d'amour avec une autre chanteuse.

Le couple Capoul-Heilbron s'est élevé, depuis *Paul et Virginie*, à la hauteur vertigineuse d'une véritable institution artistique. Le ténor impresario et la jolie diva personnifient ensemble le groupe d'amoureux le plus complet — au point de vue dramatique — qu'on puisse imaginer. Après nous avoir restitué l'amour naissant et candide des sublimes enfants de Bernardin de Saint-Pierre, ils nous montrent aujourd'hui l'amour romanesque et persécuté de Roméo et de Juliette ; nous les verrons sans doute parcourir ensemble toutes les étapes de la passion sous les traits des amants célèbres de tous les temps.

Et plus tard, lorsqu'ils en auront épuisé la série et que l'âge n'aura laissé en eux que les restes d'une voix tombante et d'une ardeur qui s'éteindra, ils pourront encore, dans une double création suprême, nous montrer, sous les traits de Philémon et Baucis, l'amitié conjugale succédant à l'amour du même nom.

En attendant, ils en sont à leur incarnation la plus fougueuse et rien ne saurait donner idée de la conscience avec laquelle, dans la fameuse scène du balcon, chacun d'eux exécute sa partie. Le long baiser d'amour qu'ils échangent à la fin du duo du quatrième acte est d'un réalisme qui fait au moins rêver! C'est à croire, non pas seulement que « c'est arrivé », mais que « ça arrive ».

— Ce Capoul! quel feu! disait une jeune dame à côté de moi.

— Et Heilbron donc! — ajouta le voisin de ma jolie voisine — comme elle est à la réplique!

— L'illusion est complète!

— C'est vécu!

Après ce duo, on a apporté un gigantesque bouquet à la chanteuse. Capoul m'a paru heureux de le tendre à sa pensionnaire. C'est ce qu'on pourrait appeler le bouquet de la réconciliation.

---

18 octobre.

On reprenait, il y a quelques jours, dans un théâtre du boulevard, un petit acte à deux personnages qui fut joué pour la première fois, il y a deux ans.

La pièce n'ayant qu'une médiocre importance, la reprise a eu lieu sans tambour ni trompette, et aucun de nos confrères n'en a parlé. Comme eux j'aurais certainement gardé le silence sur ce mince événement dramatique, s'il ne me fournissait ce soir la matière d'une assez piquante anecdote.

Il y a deux ans, époque à laquelle fut jouée pour la

première fois la bluette en question, elle était interprétée par deux jeunes artistes. L'un était un jeune premier, à la tournure élégante, au maintien distingué, possesseur d'une fort belle chevelure noire et relevant avec fierté les pointes d'une fine moustache; l'autre une mignonne ingénue qui avait les plus beaux yeux du monde et dont toute la personne respirait la grâce et la candeur.

La pièce n'était guère qu'un petit duo d'amour pendant lequel les personnages échangeaient les plus aimables propos et se faisaient en termes tendres les serments les plus doux. Les jeunes gens ne tardèrent pas à prendre leurs rôles au sérieux. A la cinquantième représentation, ils étaient sincèrement épris l'un de l'autre; le jeune premier poussait des soupirs à fendre l'âme, et l'ingénue, autrefois si gaie, était devenue triste, languissante, mélancolique.

Comme toute comédie qui se respecte, celle que jouaient avec tant de naturel nos deux artistes finissait par un bon mariage.

Qu'arriva-t-il? Entrant tout à fait dans l'esprit de leurs rôles, les deux interprètes finirent par s'épouser.

Dans les premiers jours, tout alla bien. On ne vit jamais lune de miel plus douce. Mais, hélas! il n'y a rien de plus facile à troubler que les ménages d'artistes. Les époux étant tous deux jeunes, charmants, entourés de mille séductions, les scènes de jalousie d'abord, puis les reproches amers, les comparaisons blessantes ne tardèrent pas à éclater. On s'accusa mutuellement d'infidélité, de trahison, de perfidie. Il y eut des accès de colère, des crises de nerfs, des bris de glace et de porcelaine. On en vint aux menaces, et des médisants prétendent même qu'un certain nombre de gifles furent échangées. Bref, les deux époux, qui jadis s'adoraient, en vinrent bientôt à se haïr, et à se détester cordialement.

Ne pouvant même plus se voir en face ni habiter sous le même toit, ils se séparèrent, se jurant bien de ne plus jamais s'adresser la parole. Monsieur alla de son côté. Madame fit du sien ce que bon lui semblait. Néanmoins, comme un engagement les liait pour un certain nombre d'années, ils furent contraints de rester au même théâtre.

Tout allait pour le mieux, et ils s'étaient habitués à cette vie nouvelle, lorsque, tout dernièrement, on remit précisément sur l'affiche la pièce qui, jadis, avait servi de trait d'union aux deux époux. L'un et l'autre durent reprendre leur rôle.

Or vous voyez d'ici leur embarras, leur ennui, ennui que comprennent les initiés de l'orchestre, et qui paraît beaucoup les amuser. C'est tous les soirs une petite comédie féconde en péripéties.

Se détestant franchement, madame ayant envie de griffer monsieur, monsieur éprouvant l'irrésistible besoin de tourner le dos à madame, les voilà contraints de se sourire avec tendresse, d'échanger les plus doux propos et de simuler un amour qui, depuis longtemps, s'est changé dans leur cœur en haine véritable !

Et il faut voir les variantes bizarres dont ils ornementent la pièce.

Se jetant à genoux, il fait une déclaration passionnée ; se penchant vers lui, elle l'écoute avec amour ; émue, rougissante, elle semble boire ses paroles, puis, tout à coup, les spectateurs les plus rapprochés de l'orchestre sont stupéfaits d'entendre les deux amoureux articuler à mi voix ce dialogue, qui n'est pas dans le texte :

— Monstre !
— Misérable !
— Gredin !
— Traîtresse !

Il prend sa main dans les siennes et la regardant doucement dans les yeux.

— Répétez-moi encore que vous m'aimez!... lui dit-il, de sa voix la plus douce.

— Aïe! fait-elle tout à coup.

Il vient de lui serrer la main de façon à la lui briser.

— Oui, mon ami! je vous aime, lui répond-elle à son tour et de sa voix la plus câline.

— Oh! ne peut-il s'empêcher de s'écrier :

Elle vient de le pincer avec force.

A la fin de la pièce, il se trouve même un certain passage où l'acteur, enhardi et emporté par l'excès de sa passion, doit embrasser l'actrice.

Avant la reprise de la pièce, l'époux qui redoutait vivement ce jeu de scène est allé trouver son directeur, et après lui avoir exposé les faits, lui a demandé avec instance de couper le baiser final. Comme le directeur paraissait surpris :

— Non, voyez-vous, lui dit l'acteur, si à la représentation je suis obligé d'embrasser ma femme, je prévois d'avance ce qui arrivera.

— Quoi donc?

— Je la mordrai!

---

MA DISTRIBUTION DES RECOMPENSES.

21 octobre.

Nous avons à réparer une grosse injustice. Depuis six mois nous répétons à satiété que les théâtres ont leur large part dans le succès de l'Exposition. Il est certain qu'en arrivant à Paris on y venait un petit peu pour les merveilles du Trocadéro et du Champ-de-Mars et beaucoup pour l'Opéra, pour les Français, pour les scènes d'opérette et de féerie. Cependant nos artistes parisiens, s'ils ont largement contribué à l'éclat du fameux tournoi pacifique, n'ont pas eu le bonheur de voir leurs noms inscrits sur le livre d'or des récompenses. On a récompensé des ingénieurs, des architectes, des chocolatiers, des tisserands, des fabricants de cirage et il n'y a rien eu pour les acteurs, ni pour les actrices.

S'il en est temps encore, nous voulons combler cette lacune. Dans la mesure de nos moyens, bien entendu.

Voici, sans plus de préambules, ma distribution de récompenses :

### Beaux-Arts.

SARAH BERNHARDT, grand prix.
PIERSON, médaille d'or.
DUDLAY, médaille d'argent.
JEANNE ANDRÉE, mention honorable

### Art rétrospectif.

FARGUEIL, très-grand prix.
ADÈLE PAGE, grand prix.
JENNEVAL, assez grand prix.
SUZANNE LAGIER, petit grand prix.
JEAULT, grand prix d'encouragement.

### Arts industriels.

LEA D'ASCO (de la Renaissance), grand prix.
MARGUERITE (des Variétés), grande médaille d'or.
DE CLÉRY (du Palais-Royal), Moyenne médaille d'or.

Miette (du Palais-Royal), petite médaille d'or.
Laget (de la Gaîté), mention honorable... ou à peu près.

### Jouets et bimbeloterie.

Juliette Girard, grand prix.
Jeanne Samary, médaille d'or.
Baretta, diplôme d'honneur.
Luce, médaille d'argent.

### Articles de Paris.

Judic, grand prix.
Granier, grande médaille (module de la *Marjolaine*.)
Croizette et Céline Chaumont, médaille d'or.
Théo, médaille d'argent.
Céline Montaland, médaille de bronze.
Alice Lody, mention honorable.

### Instruments de précision.

Marie Heilbron, grand prix unique.

### Éducation et Enseignement.

Lea d'Asco, médaille d'or.
Helmont, médaille d'argent.
Silly, médaille de bronze.

### Imprimerie et librairie.

Rousseil, mention honorable.

### Appareils et procédés de chauffage et d'éclairage.

Alice Regnault, grand prix.
Massin, médaille d'or.
Juliette d'Arcourt, diplôme d'honneur.
Elluini, médaille d'argent.

*Cuirs et Peaux.*

Rose Marie, rappel de médaille d'argent.

*Industries extractives.*

Fanny Robert, médaille de platine.

*Produits de la Chasse.*

Lea d'Asco, grand prix.
Becker (de l'Hippodrome), médaille d'or.
Blanche Quérette, médaille d'argent.

*⁎*
⁎

*Nota.* — Les titulaires des récompenses ci-dessus mentionnées pourront tenter de retirer leurs diplômes et médailles, en s'adressant au commissariat général de l'Exposition (se présenter entre six et sept heures du matin).

---

25 octobre.

Le Vaudeville a repris, la semaine dernière, une comédie philosophique de M. Legouvé, la *Séparation*. Cette pièce avait été jouée plusieurs fois au même théâtre, dans les matinées d'hiver. Lors de cette première apparition, la critique rendit compte de l'œuvre, et la conférence faite par l'auteur en révéla l'histoire et le but social.

La reprise de cette année, qui a eu lieu surtout parce que les directeurs du Vaudeville en avaient pris l'engagement, ne me laissait donc pas grand'chose à glaner, et je n'aurais pas songé à en dire un mot, sans une particularité au moins étrange, qu'il est impossible de ne pas relever.

Voici ce que chacun peut lire sur l'affiche du Vaudeville :

## LA SÉPARATION

Comédie en 4 actes, de M. Legouvé, *de l'Académie française.*

Autant qu'il m'en souvienne, c'est la première fois qu'un auteur dramatique fait suivre son nom d'une mention de cette nature. M. Legouvé n'est pourtant pas le seul académicien dont les œuvres voient le feu de la rampe; Victor Hugo, Augier, Sandeau, Feuillet, Dumas, Sardou, ne sont pas moins immortels que lui, et cependant les affiches d'*Hernani*, des *Fourchambault*, du *Demi-Monde* ou de *Dora* n'ont jamais fait mention de cette qualité.

Si le système inauguré par M. Legouvé venait à être adopté par tous ses confrères, il n'est pas un auteur qui ne se croirait obligé de flanquer son nom d'une qualification quelconque; et comme tous ne sont pas encore de l'Académie, comme ceux mêmes qui en font partie voudraient peut-être se distinguer de M. Legouvé, nous verrions, dans un avenir plus ou moins prochain, des affiches d'une rédaction assez piquante.

Voici, en effet, de quels titres très-justifiés les auteurs pourraient faire suivre leur nom :

Augier (Émile) O ✻, ex-bibliothécaire du duc d'Aumale;

Busnach (William), ex-directeur de l'Athénée-Comique;

Cadol (Édouard), ex-employé du chemin de fer du Nord;

Chatrian, employé du chemin de fer de l'Est;

Chivot (Henri), ex-employé du chemin de fer P. L. M. ;
Clairville ✻, membre du Caveau ;
Cœdès, ex-souffleur de musique à l'Opéra ;
Coppée (François) ✻, archiviste à la Comédie-Française ;
Cormon ✻, ex-directeur du Vaudeville ;
Davyl (Louis), ex-imprimeur du Corps législatif, sous l'Empire ;
De Bornier (Henri) ✻, bibliothécaire à l'Arsenal ;
Decourcelles (Adrien) ✻, inspecteur des cimetières de Paris ;
Delacour ✻, médecin non pratiquant ;
Delibes (Léo) ✻, ex-accompagnateur au Théâtre-Lyrique ;
Denayrouze ✻, ingénieur ;
D'Ennery (Adolphe) O ✻, ex-maire de Cabourg ;
Deroulède (Paul) ✻, officier de chasseurs ;
De Rillé (Laurent) O ✻, orphéoniste en chef ;
Doucet (Camille) C ✻, secrétaire perpétuel de l'Académie française ;
Dumas (Alexandre) O ✻, membre de la Société protectrice des animaux ;
Duru (Alfred), ancien employé d'agent de change ;
Feuillet (Octave) C ✻, bibliothécaire démissionnaire des anciennes résidences impériales ;
Gondinet (Edmond) ✻, ancien sous-chef de bureau au ministère des finances ;
Gounod (Charles) C ✻, membre de l'Institut ;
Halévy (Ludovic) ✻, ancien secrétaire-rédacteur au Corps législatif ;
Hennequin (Alfred), ex-secrétaire du bourgmestre de Bruxelles ;
Hugo (Victor) O ✻, sénateur.
Labiche (Eugène) O ✻, maire de Souvigny (Loir-et-Cher).

Leterrier (et Vanloo), membres de l'Association amicale des anciens élèves du lycée Charlemagne;

Liorat (Armand), chef de bureau à la préfecture de la Seine;

Manuel (Eugène) ✻, ancien secrétaire de M. Jules Simon;

Maquet (Auguste) O ✻, président de la Société des auteurs;

Massé (Victor) O ✻, ex-chef des chœurs de l'Opéra;

Massenet (Jules) ✻, professeur au Conservatoire;

Masson (Michel) ✻, ancien figurant-danseur au théâtre Mont-Thabor;

Meilhac (Henri) ✻, ex-employé de librairie;

Meurice (Paul), rédacteur en chef du *Rappel*;

Nuitter (Charles) ✻, bibliothécaire à l'Opéra;

Offenbach (Jacques) ✻, ex-chef d'orchestre de la Comédie-Française;

Pailleron (Édouard) ✻, gendre de feu Buloz.

Sandeau (Jules) O ✻, rédacteur de la *Revue des Deux-Mondes*;

Sardou (Victorien) O ✻, riche propriétaire à Marly-le-Roy;

Serpette (Gaston), prix de Rome;

Siraudin (Paul), ex-confiseur, prédécesseur de Reinhardt;

Vacquerie (Auguste), associé de Paul Meurice;

Vanloo (et Leterrier). Voir plus haut.

Vasseur (Léon), organiste à l'église de Versailles;

Verne (Jules) ✻, capitaine de yacht;

Vibert (Georges) ✻, peintre d'histoire.

## REPRISE DU *SPHINX.*

28 octobre.

Pendant toute la saison théâtrale, saison fructueuse, sinon brillante, notre littérature dramatique a été surtout représentée par des auteurs qui jouissent sans doute à juste titre d'une vogue et d'un mérite incontestables, mais que nul ne songe, eux moins que personne, à classer dans la petite pléiade des gloires littéraires du théâtre contemporain.

Seuls, Hugo avec *Hernani*, Augier avec les *Fourchambault*, ont eu leur part des bravos cosmopolites de cette saison exceptionnelle. Quant aux autres, ils ont été fort négligés et ce n'est que pendant le dernier mois de l'Exposition que leurs noms glorieux ont enfin reparu sur les afiches théâtrales.

Ce n'est, en effet, que depuis quelques jours que Dumas a fait sa réapparition au Gymnase avec la *Dame aux Camélias;* ce soir, seulement, Feuillet nous revient avec le *Sphinx*, et ce n'est que demain que *Dora* nous ramènera Sardou.

Et pourtant, en ce qui concerne le *Sphinx*, je ne connais pas de pièce qui, plus que celle-là, eût été capable de surexciter la curiosité des étrangers.

Outre ses grandes qualités littéraires, dont je n'ai pas à m'occuper ici, elle contient cette scène à attraction spéciale que recherche et qu'a recherchée partout le public des six derniers mois.

La fameuse agonie du quatrième acte si bien *exécutée* par M<sup>lle</sup> Croizette, aurait, je crois, parfaitement pu rivaliser soit avec les exercices de Macamo et de ses cinq lions du *Tour du Monde*, soit avec la curée aux flambeaux de la *Jeunesse de Louis XIV*.

En un mot, il est inouï que l'on n'ait pas songé plus tôt, rue Richelieu, à reprendre un drame contenant un clou, plus clou que tous les autres clous réunis.

Ce qui rend cet oubli encore plus extraordinaire, c'est que seule la Comédie-Française est à même de montrer au public l'agonie du *Sphinx*, la seule, la véritable agonie qui ne peut être rendue que par Mlle Croizette.

On aurait tort de s'imaginer qu'une autre actrice serait capable d'agoniser ainsi. C'est une spécialité, un monopole, pour lequel Mlle Croizette aurait pu prendre un brevet. Il est même fâcheux qu'elle n'y ait pas pensé, car cela eût évité à la province de bien fâcheuses et de bien singulières contrefaçons.

En effet, après le retentissant succès de l'agonie de Mlle Croizette, toutes les jeunes premières n'eurent plus qu'une pensée : *piocher la mort violente.* Certaines d'entre elles poussèrent même la conscience jusqu'à expérimenter sur leurs personnes les effets de divers corrosifs.

Et de même qu'il y a dix ans, lors du succès de Thérésa, on avait vu toutes les jeunes chanteuses de café-concert aborder les excentricités vocales et les déhanchements bizarres de la *Femme à Barbe*, de même après le *Sphinx*, il n'y eut pas une seule élève du Conservatoire, pas une seule actrice départementale qui ne voulût simuler devant le public les exercices plus ou moins gracieux auxquels se livrent généralement les jeunes personnes qui viennent d'avaler un ou plusieurs paquets d'allumettes chimiques.

De telle sorte, qu'à peu près partout, ailleurs qu'à la Comédie-Française où la mort de l'héroïne produit un effet si saisissant, cette même scène obtenait généralement un succès d'hilarité prolongée.

Agonie à part, la reprise du *Sphinx* m'a paru éveiller une curiosité assez vive pour réunir, ce soir, aux Français, le dessus du panier des grandes premières.

La représentation avait été d'abord fixée à samedi dernier. Mais le prince de Galles avait exprimé le désir d'y assister et un grand dîner officiel retenait Son Altesse à l'Élysée. On a donc retardé la pièce de deux jours et de trois quarts d'heure, car le rideau ne s'est levé qu'à neuf heures et demie, au moment où l'héritier de la couronne d'Angleterre et la princesse de Galles ont fait leur entrée dans la grande avant-scène de gauche.

Au-dessous de cette avant-scène, dans la loge de M. Perrin, se trouvait le commandeur Nigra, ambassadeur d'Italie à Saint-Pétersbourg, et, au rez-de-chaussée d'en face, dans la loge du ministère de l'instruction publique, on remarquait le marquis et la marquise de Molins, accompagnés d'une grande dame espagnole : la comtesse Guaqui. Le prince et la princesse de Joinville occupaient la baignoire du duc d'Aumale. Tout à côté, dans une baignoire également, se trouvait M. Gambetta auquel, pendant quelques instants, est venu se joindre le citoyen Coquelin aîné. S. Exc. l'ambassadeur d'Angleterre était dans une loge de face, et, un peu plus loin, sur la gauche, une fort jolie et fort gracieuse personne, la comtesse de Lancey, la nouvelle châtelaine de Louveciennes, qui est en train de reconstituer, dans son château, avec les moyens que lui donne une grande fortune mise au service d'un goût sûr, l'époque si intéressante de la Dubarry.

On voit que les lorgnettes ont eu fort à faire ce soir.

Tandis que dans les loges on disait beaucoup de bien de la jolie toilette, d'une excentricité voulue, mais d'une grande originalité de tons, que Mlle Bianca a produite au second acte, il n'était question dans les couloirs que de l'embonpoint de Croizette et de la robe de bal de Sarah Bernhardt.

M<sup>lle</sup> Croizette nous a montré un Sphinx nouvelle manière, un Sphinx considérablement augmenté. Elle est si grasse maintenant, si bien portante, que ses amis eux-mêmes se demandent avec inquiétude si le moment ne serait pas venu où il faudrait mettre un terme à tant d'envahissement. Dans le drame d'Octave Feuillet, cet embonpoint fâcheux et trop précoce se trouve d'autant plus accentué que l'énigmatique comtesse de Chelles est presque constamment en scène à côté de M<sup>lle</sup> Sarah Bernhardt.

Cette dernière a paru absolument adorable dans sa délicieuse toilette du premier acte, un fouillis ravissant de rubans, de dentelles, de jais, de mousseline et de tout ce qu'il faut pour séduire enfin. Mais Sarah ne s'est pas contentée de séduire, ce soir : elle a voulu étonner. Elle y est parvenue. J'ai dit que sa robe de bal a été, pendant tout un entr'acte, le sujet de toutes les conversations. Or, ce n'est pas précisément de la robe que l'on parlait. Elle est jolie cette robe, mais il est bien probable qu'on n'en aurait pas fait tant de cas si elle ne s'était distinguée par une particularité tout à fait imprévue. La robe de bal de M<sup>lle</sup> Sarah Bernhardt était décolletée, mais décolletée pour de vrai, franchement, de façon à surprendre tout le monde. Car ce qui paraîtrait fort naturel chez toute autre personne surprend quand il s'agit de M<sup>lle</sup> Sarah Bernhardt. La charmante artiste vient de se révéler à nous sous un jour nouveau et après lequel il est permis de ne plus douter de rien.

# NOVEMBRE.

### LA GRACE DE DIEU.

(Musique nouvelle de M<sup>me</sup> Loïsa Puget.)

5 novembre.

Pour renouveler son programme
Par un spectacle bien nourri,
Monsieur Weinschenck cherchait un drame
Et se rendit chez d'Ennery.
— « Je viens vous faire une prière,
Dit-il à ce sublime auteur,
De Weinschenck soyez le Molière,
Cela vous portera bonheur ! »
    D'Ennery dit : « Mon vieu,
      J'ai la *Grâce de Dieu !*
    Mon vieu,
    J'ai la *Grâce de Dieu !* »

« N'auriez vous pas des *Orphelines*
Dans votre esprit quelque pendant,
Une pièce à sombres machines
D'où le public sorte en pleurant ?
Vous pourriez me faire avec Verne
Un drame d'un effet certain,
Une pièce de goût moderne,
Comme à la Porte-Saint-Martin ? »
    D'Ennery dit : « Mon vieu,
      J'ai la *Grâce de Dieu !*
    Mon vieu,
    J'ai la *Grâce de Dieu !*

« C'est par faveur que j'autorise
Et pour vous seul, je le promets,
Cette irrésistible reprise
Dont je garantis le succès.
Sans regarder à la dépense,
Montez la pièce avec éclat ;
Mettez-y même de la danse
Et des costumes de Clédat.
  Soyez digne, mon vieu,
  De la *Grâce de Dieu !*
  Mon vieu,
  De la *Grâce de Dieu !* »

Dans sa demeure somptueuse,
Weinschenk s'en fut trouver Schneider,
Et, d'une voix bien douccreuse,
Lui dit : « Je veux vous payer cher,
Mais vous rentrerez au théâtre,
Renonçant au genre folichon,
Et devant la foule idolâtre
Vous viendrez créer ma Chonchon ! »
  Schneider lui dit : « Mon vieu,
  A la grâce de Dieu !
  Mon vieu,
  A la grâce de Dieu ! »

Schneider dans son coupé se jette
Et, prompte alors comme l'éclair,
Elle va sonner chez Planquette
Pour qu'il lui fasse un nouvel air.
Il satisfait à sa demande
Et se met à son piano ;
Puis improvise la *Gourmande*,
Qu'elle a chantée au *Figaro*.
  Un triomphe, pardieu,
  Pour la *Grâce de Dieu !*
  Pardieu,
  Pour la *Grâce de Dieu !*

Pour revoir la Grande-Duchesse
Sous les habits de la Chonchon,
La foule à la porte se presse
Afin d'obtenir un coupon.

Et les marchands pleins de malice,
Voulant se faire un fort butin,
Prélèvent un gros bénéfice
Sur le plus petit strapontin,
  Disant : « J' n'ai qu' ça, môssieu,
  Pour la *Grâce de Dieu !*
   Môssieu,
  Pour la *Grâce de Dieu !*


On a remarqué dans la salle
Peschard, Théo, Capoul, Gailhard,
Rousseil, Demay, Lagier, Lassalle,
Desclauzas et Zulma Bouffar,
Gauthier et de L'Izy (Delphine),
Et puis la gentille Humberta,
Belot, le prince Galitzine,
Blanche Méry, d'Asco (Léa),
  Tous s'amusaient un peu
  De la *Grâce de Dieu !*
   Un peu
  De la *Grâce de Dieu !*


Pour jouer la jeune Marie,
On voit, à côté de Schneider,
Une brunette assez jolie,
Fille de l'illustre Fechter.
Cette créature angélique
A fait pleurer comme un oignon ;
Et c'est à l'Opéra-Comique
Qu'elle a débuté dans *Mignon.*
  Allant de chez Boïeldieu
  A la *Grâce de Dieu !*
   ïeldieu,
  A la *Grâce de Dieu !*


Schneider a des atours superbes,
Des costumes en brocart blanc,
Tout garnis de perles en gerbes :
C'est un reflet d'or et d'argent.
Son amazone est surprenante,
Elle est toute en velours grenat,

On y voit — chose étourdissante !
— Vingt-huit brillants de fort carat.
　Ah ! quel luxe, mordieu,
　Pour la *Grâce de Dieu !*
　　Mordieu,
　Pour la *Grâce de Dieu !*

Comme mise en scène nouvelle,
On a celle de Buisseret,
Qui nous montre Polichinelle
Cabriolant dans son ballet.
C'est un ballet carnavalesque
Et — sans éloges superflus
— Disons — ce qui suffira presque
— Que la musique en est d'Artus.
　Ça fait bien au milieu
　De la *Grâce de Dieu !*
　　Quel feu,
　Pour la *Grâce de Dieu !*

Au moment où tombe la toile,
Weinschenck semble tout ahuri,
Il félicite son étoile
Ainsi que monsieur d'Ennery.
Caressant ses moustaches grises,
Celui-ci lui dit sans effort :
« Revenez me voir... les reprises...
*Quand n'y en a plus y en a encor !*
　En attendant, mon vieu,
　T'as la *Grâce de Dieu !*
　　Mon vieu,
　T'as la *Grâce de Dieu !* »

*MONSIEUR CHÉRIBOIS.*

6 novembre.

Une comédie nouvelle, en trois actes, de l'auteur de la *Maîtresse légitime*, était bien faite pour exciter la curiosité des amateurs de premières. Cependant, durant toute la journée d'aujourd'hui, des lettres sont arrivées au secrétariat de l'Odéon, dans lesquelles on renvoyait des coupons de places, avec prière de les réserver pour un autre soir.

Que se passait-il donc de si extraordinaire ailleurs qu'au second Théâtre-Français?

Donnait-on la préférence à la reprise des *Pirates de la Savane*, que l'excellent M. Castellano, par une gracieuse attention pour MM. les journalistes, qui ne sauraient lui en être trop reconnaissants, avait tenu à ne pas retarder de vingt-quatre heures?

La vue si attrayante de M$^{me}$ Océana, dépouillée de tout costume gênant et attachée ainsi sur un cheval en liberté, primait-elle les émotions fort différentes qu'on pouvait attendre d'une pièce littéraire, complétement dépourvue de chevaux emportés et de jolies femmes en maillot?

Non.

Le retour inattendu d'un si grand nombre de billets avait une autre cause.

Des rédacteurs en chef de grands journaux, des députés, des personnages politiques et même purement mondains renvoyaient leurs places en prévision d'une séance de nuit qui devait avoir lieu à Versailles.

Entre les deux spectacles, on n'hésitait pas. Les tirades parlementaires les plus banales trouvent maintenant un public plus empressé que les effets les plus dramatiques de M^me Marie Laurent. Le dialogue le plus spirituel, la scène la mieux traitée, l'action la plus intéressante ne valent pas deux députés qui se jettent des injures à la tête. Si les membres de la Chambre voulaient donner des représentations régulières, tous les soirs, les directeurs de théâtre pourraient fermer boutique. C'est une entreprise que je recommande au gouvernement et qui rapporterait dix fois autant que les loteries nationales.

En attendant, plus de quatre-vingts places ont été renvoyées à l'Odéon parce qu'il avait été question, vaguement, le matin, d'une séance de nuit qui n'a pas eu lieu.

Généralement, quand on vient voir une pièce nouvelle, on rencontre au contrôle du théâtre, ou à la porte, ou dans les couloirs, des gens plus ou moins informés qui viennent au-devant de vous en vous disant à l'oreille d'un air mystérieux :

— C'est très-bien, vous verrez !

Ou :

— Cela ne vaut pas grand'chose.

Mais les pièces de M. Louis Davyl ont cette particularité qu'elles manquent complétement de prophètes, et cela pour cette excellente raison que, jusqu'à la dernière minute, jusqu'au moment extrême où le rideau va se lever, l'auteur y fait des changements.

Il y a des auteurs qui, comme d'Ennery, apportent leurs pièces toutes faites au directeur qui doit les jouer ; M. Davyl n'appartient pas à cette catégorie.

Depuis la lecture jusqu'à la première, ses ouvrages passent par une série de transformations incroyables. Durant le cours des répétitions, l'auteur refait toutes ses scènes les unes après les autres : il supprime un personnage, en ajoute deux, coupe un acte, remanie, corrige, rogne, jamais satisfait et furieux de ne pas pouvoir retarder indéfiniment le moment où son œuvre doit appartenir au public.

Le personnage de Chéribois, par exemple, devait — selon les rêves de M. Davyl — personnifier non-seulement l'égoïste, mais le gourmand. D'aucuns prétendent que l'un ne va pas sans l'autre.

— Et tenez, dit-il un jour à M. Duquesnel, tout à l'heure, en passant au Palais-Royal, je regardais l'enseigne de Corcelet. Le gourmand ventru qui s'y épanouit en dévorant un jambon tout entier m'a frappé. Voilà comment je me figure mon Chéribois.

On se mit donc à chercher des acteurs obèses. On commença par s'adresser à Pradeau, qui refusa la création qu'on lui proposait; alors, pendant quinze jours, on vit défiler à l'Odéon les acteurs les plus gros de Paris et de la province. Aucun ne semblait répondre à l'idéal qu'avait rêvé Davyl.

Désespérant de réussir, Davyl changea d'idée.

— J'ai mon affaire! dit-il à Duquesnel.

— Ah! bah?

— Georges Richard!

— Mais c'est l'acteur le plus maigre qu'il soit possible de rêver.

— Justement! M. Chéribois sera un maigre! Il y a des gourmands maigres! Toute réflexion faite, il vaut même mieux qu'il en soit ainsi... Richard sera un gros mangeur... affligé du ver solitaire.

Parmi les mots de la pièce, il en est un qui a fait beaucoup d'effet, d'autant plus que — dans les ouvrages dramatiques modernes — les noms de personnages vivants sont généralement proscrits par la censure.

Le père Chéribois dit à son fils, qui vient de perdre cent mille francs à la Bourse :

— Est-ce qu'on joue cent mille francs! M. de Rothschild, l'homme le plus riche de France, ne les jouerait pas!

— Et encore, ajoute Porel, l'homme d'esprit de la pièce, s'il les jouait il ne les perdrait pas... Il a une chance énorme!

*Monsieur Chéribois* est une pièce intime et bourgeoise qui a, en outre, le bonheur de se passer en province.

Je dis : le bonheur, parce qu'il me semble que cela nous repose des comédies à toilettes tapageuses, où les actrices sont obligées de ne reculer devant aucun sacrifice pour subvenir aux frais de leurs robes.

Quand on a vu, ce soir, la blonde M$^{lle}$ Kekler en robe de laine grise, et la débutante, M$^{lle}$ Caron, en robe de cachemire blanc, on a poussé un soupir de satisfaction comme en poussent les Parisiens quand, — après plusieurs mois de fêtes, de bals et de soupers, — ils vont se refaire un peu à la campagne.

---

### LES PIRATES DE LA SAVANE.

9 novembre.

Hier, M. Castellano, profitant avec une précision rare de ce que l'Odéon donnait la première représentation de *Monsieur Chéribois*, nous convoquait pour la reprise des *Pirates de la Savane*. Je me borne aujourd'hui à signaler le fait, me promettant de revenir sur une question que messieurs les directeurs feraient peut-être bien de creuser : celle des égards qu'ils pourraient avoir pour la presse; et je ne m'occuperai aujourd'hui que du drame de MM. Ferdinand Dugué et Anicet Bourgeois.

Une reprise des *Pirates de la Savane* n'est pas un

de ces événements dramatiques qui se voient tous les jours; cette pièce ne peut se remettre à la scène aussi facilement que *Bébé* ou que le *Courrier de Lyon*. Pour ces dernières œuvres, il ne faut que des artistes ayant du talent, autant que possible, mais pour les *Pirates*, il faut un Léo, c'est-à-dire une femme réunissant toutes les qualités mimiques, plastiques et acrobatiques qu'exige ce rôle muet et travesti. Or, de ces créatures si remarquablement douées, il n'en surgit pas beaucoup plus que de grands capitaines dans un seul siècle.

Nous avons eu autrefois Adah Menken, pour laquelle ce personnage fut intercalé dans l'action; quelques années après, le jour même de la mort de la superbe créatrice, une pauvre fille de structure imparfaite échouait piteusement dans une reprise faite au Châtelet, et nous n'aurions peut-être plus revu le fameux drame mexicain sans Océana, qui vient à son tour de se montrer dans l'indiscret maillot de Léo, maillot bien léger... et pourtant bien lourd à porter.

Il est à remarquer que ledit rôle de Léo a une influence très-favorable sur l'industrie de la photographie. On se rappelle les innombrables portraits de Menken, ils sont restés légendaires; Mlle Océana, sans poser en groupes animés, comme sa devancière, a fait néanmoins son apparition dans les vitrines de marchands de cartes d'actrices, dès que ses débuts au Théâtre-Historique ont été annoncés. Nous l'avons vue dans toutes les poses, sous toutes ses faces et dans tous ses costumes: en écuyère, en jongleuse et en femme du monde. Victor Hugo lui-même n'a jamais été tiré à un si grand nombre d'épreuves.

Ce n'est pas tout, et nous pouvons nous attendre à la contempler bientôt dans ses nouveaux costumes des *Pirates de la Savane*; elle y est vraiment trop jolie pour ne pas compléter la collection. Lorsqu'en simple maillot, elle est attachée sur le cheval noir qui l'emporte dans sa course affolée à travers les roches noires, un murmure d'admiration échappe à tous les connaisseurs de la salle et, ce soir, ils m'ont semblé bien nombreux.

Son coursier — rendons à chacun la justice qui lui est due — galope son rôle d'une façon merveilleuse : il brûle les planches. Océana, cependant, ne l'a accepté pour *partenaire* qu'après de longues hésitations. Tout d'abord, la jolie transfuge du Cirque voulait imposer une bête à elle; mais son cheval, malgré tous les efforts tentés à coups de cravache auprès de sa bonne volonté, ne voulut jamais escalader les praticables; impossible de lui faire comprendre le théâtre et les nécessités de la mise en scène. Ce n'était pas un tempérament dramatique.

Celui qui tient actuellement le *rôle*, au contraire, est un véritable cabotin dans le genre quadrupède; il a du métier. Et pourtant, ce n'est encore qu'à l'aide d'un truc ingénieux qu'on a pu le dresser.

Voici le procédé employé pour le faire monter jusqu'aux frises; à l'extrémité de chaque pente, se trouve un panier plein de carottes, et ce n'est que pour dévorer successivement ces diverses portions de légumes que l'animal se décide à aller jusqu'au bout.

C'est fort bien imaginé, mais qu'arriverait-il le soir où le cheval, blasé sur les carottes à force d'en avoir absorbé, n'aurait plus aucun stimulant pour gravir les Roches-Noires?

Ces chevaux de théâtre ne sont généralement pas des Adonis dans leur espèce, et celui de M. Castellano particulièrement laisse quelque peu à désirer sous le rapport des avantages extérieurs. Cependant, il faut lui donner à tout prix l'aspect d'un animal fougueux, plein de feu et d'ardeur sauvage. On y parvient assez bien, grâce à un savant maquillage et à l'emploi d'une fausse crinière et d'une rallonge en crins à la queue. Cette opération est, paraît-il, fort curieuse à observer : on croirait voir M$^{lles}$ X..., Y..., Z... dans leur loge, mettant leur perruque blonde en présence de plusieurs collets noirs.

A côté d'Océana et de sa cruelle monture, et dans une toute autre note artistique, Dumaine et la petite Cécile Daubray sont les principaux interprètes de la reprise actuelle.

Dumaine est enchanté de donner encore la réplique à sa très-jeune camarade : il l'a vue débuter dans la *Cause célèbre;* dans les *Misérables*, il a eu l'avantage de la sauver un certain nombre de fois, et c'est avec un nouveau plaisir qu'il retrouve, place du Châtelet, l'occasion de la préserver contre des dangers encore plus terribles. Dans cette note émouvante et sympathique, il y a pour les jeunes dramaturges tout un répertoire à créer pour ces deux artistes inséparables.

Depuis qu'elle est acceptée comme personnalité dramatique, M$^{lle}$ Daubray montre des prétentions qu'elle croit sans doute à la hauteur de son précoce talent, mais qui, en tout cas, ne sont guère en rapport avec sa très-petite taille.

Quand on parle devant elle de la Comédie-Française, elle répond imperturbablement :

— C'est un théâtre impossible !... Sarah Bernhardt et Croizette accaparent toutes les créations !

REPRISE DE *MONTJOYE*.

12 novembre.

La reprise de *Montjoye* donnait ce soir, à la salle du Vaudeville, tous les aspects d'une véritable salle de première. Cela s'expliquait par de nombreuses raisons. Malgré le succès retentissant qu'obtint cette œuvre remarquable lorsqu'elle fut créée, il y a quinze ans, au Gymnase, ce théâtre ne l'avait jamais reprise. Même depuis que la mauvaise fortune le poursuit et l'oblige à recourir successivement à toutes les œuvres connues de son répertoire, M. Montigny, faute de pouvoir trouver un successeur à Lafont pour le principal rôle, n'a pu remettre *Montjoye* à la scène.

Cette comédie a donc, par elle-même, un grand attrait de nouveauté pour toute une génération qui n'a pu que la lire. Au Vaudeville, elle nous offre, en outre, la rentrée d'un acteur presque inconnu de la plupart d'entre nous, M. Dupuis. Cet artiste a quitté Paris, il y a déjà longtemps; il était alors en pleine vogue, et l'écho de ses innombrables succès a fait accroître encore sa grande réputation.

On conçoit donc le double intérêt provoqué par la reprise de l'œuvre et la réapparition sur une scène parisienne de son principal interprète.

M. Dupuis s'est créé en Russie une telle situation; ses relations dans la haute société de Saint-Pétersbourg sont si sérieusement établies, qu'il est plus que probable qu'il s'y serait fixé pour toujours, sans une circonstance touchante qui l'a décidé à rester parmi nous.

Chaque fois qu'il revenait à Paris pendant ses quatre mois de congé, les directeurs lui faisaient les propositions les plus séduisantes, et, cette année encore, toutes les instances auraient été vaines sans l'intervention de sa vieille mère, qui ne pouvait se résigner à le voir s'éloigner encore.

— J'ai quatre-vingt-neuf ans, lui disait-elle, et j'aurais bien peur de ne plus te revoir si tu partais de nouveau.

Et comme l'artiste, ému, se montrait hésitant :

— Pense donc! ajouta la pauvre mère, à mon âge, on a peur de quitter ceux qu'on aime... tandis que si tu restais avec moi, il me semble que cela me porterait bonheur.

L'amour filial l'emporta.

Dès qu'on sut que Dupuis ne retournait plus là-bas, les sollicitations directoriales recommencèrent autour de lui. L'artiste, désireux de faire à Paris une rentrée digne de sa réputation, ne savait quelle proposition accepter au milieu de celles qu'on lui faisait de toutes parts, lorsqu'un soir qu'il se trouvait dans une maison amie avec M. Roger, l'un des directeurs du Vaudeville et son ancien camarade de Saint-Pétersbourg, celui-ci lui offrit à brûle-pourpoint de reprendre *Montjoye*, spécialement pour lui.

Tous les assistants applaudirent à cette excellente idée ; seul, Dupuis se montra récalcitrant.

— Montjoye!... murmura-t-il, j'ai joué ce rôle en Russie, mais ici, je n'oserai jamais!

— Pourquoi ?

— Lafont y a laissé de si grands souvenirs!

On eut toutes les peines du monde à vaincre des scrupules fort honorables sans doute, et que connaissent seuls les artistes de cette valeur, mais qui, poussés à l'excès, auraient le grave inconvénient de supprimer les œuvres capitales du répertoire moderne, à la mort de leurs principaux interprètes.

Ce soir encore, lorsque Dupuis était sur le point d'entrer en scène, cette préoccupation le poursuivait.

Comme je me trouvais dans le petit groupe qui l'entourait à ce moment décisif, il se retourna vers moi, en me disant, d'une voix pleine d'émotion :

— Surtout, dites bien que je n'ai jamais vu le rôle par Lafont...

MM. les directeurs du Vaudeville sont des administrateurs d'une intelligence notoire. Ils savent, par exemple, que le public, surtout le public des premières, aime la variété, le changement, que ce goût s'étend jusqu'aux personnes et que même dans les théâtres dont tous les artistes lui sont sympathiques, il aime apercevoir, de temps à autre, de nouveaux visages sur la scène.

Cependant, on ne peut exiger d'une direction qu'elle engage de nouvelles recrues pour chaque changement de programme. Les triumvirs de la Chaussée-d'Antin ont donc imaginé mieux que cela. A l'occasion de la reprise d'aujourd'hui, ils ont dit à chacun des interprètes de Montjoye qui entourent M. Dupuis :

— Surtout, faites-vous une tête qui vous rende méconnaissable... intriguez le public !

Et le fait est que tous y ont réussi à souhait.

Quand Delannoy, Parade et Dieudonné ont fait leur apparition, nous avons été sur le point de nous demander :

— Quels sont donc ces débutants ?... d'où viennent-ils ?

Et Sarcey, peu méticuleux de sa nature, en a, par extraordinaire, nettoyé les verres de sa lorgnette.

Delannoy, avec sa *tignasse* inculte et son horrible barbe poivre et sel, avait l'air d'un vieil orateur gaucher ; Parade, grâce à sa longue chevelure blanche retombant sur le collet de sa redingote, nous restituait feu Garnier-Pagès. Quant à Dieudonné, il s'était rajeuni à ce point que bon nombre d'excellents esprits — comme dirait M. Bardoux — croyaient voir un autre Dieudonné, un Dieudonné tout jeune, un Dieudonné en pleine adolescence.

— C'est son fils, a dit auprès de moi une voisine très-convaincue et non moins jolie, je n'aurais jamais supposé qu'il eût un enfant de cet âge.

Mais la métamorphose la plus complète a été celle de Joumard. Il lui a suffi de paraître en péruvien, avec son teint de brique, ses yeux en boule de loto et ses immenses favoris noirs pour provoquer aussitôt les éclats de rire de toute la salle.

L'illusion était telle qu'en l'apercevant dans le foyer, les autres artistes l'ont pris tout d'abord pour un intrus et voulaient le faire expulser.

Tous ceux qui connaissent Octave Feuillet savent à quel degré de sensibilité peuvent arriver les nerfs de l'éminent académicien, lorsqu'il faut répéter une de ses comédies.

Or, pendant les études nécessitées au Vaudeville par cette reprise solennelle, l'auteur de *Montjoye* souffrait particulièrement, mais sans se plaindre, parce que Dupuis ne répétait pas. En disant que l'artiste « ne répétait pas, » je n'entends nullement insinuer que, comme cela arrive parfois à son capricieux homonyme des Variétés, le nouveau pensionnaire du Vaudeville manquait les répétitions. Non, M. Dupuis était au contraire fort exact, mais il récitait son rôle tout bas, en réservant tous les effets.

C'est un procédé familier à beaucoup d'artistes qui, possédant une autorité réelle, étant tout à fait sûrs d'eux-mêmes, évitent de se livrer aux répétitions afin de ne pas se blaser sur leurs propres effets et d'éviter aussi les avis qui pourraient les séduire et les entraîner à modifier la composition de tout un rôle.

Mais Feuillet, obsédé par le souvenir de Lafont, et ne se rappelant pas très-bien ce que pouvait faire Dupuis, était un peu inquiet.

Une circonstance fortuite vint le rassurer.

Il y a deux jours, l'un des directeurs du théâtre amena à la répétition une jeune femme charmante, dont je ne crois pas devoir dévoiler le nom ici et qui occupe dans les hautes régions du monde dramatique une situation, que lui assure la triple auréole du talent, de la jeunesse et de la beauté. La salle était absolument vide sauf cette unique spectatrice, qui se plaça dans une loge.

Ce jour-là, pour la première fois, Dupuis joua complétement le rôle en y mettant toute sa conscience et tout son talent.

Il s'y montra si remarquable qu'à un moment donné, les machinistes et les employés du théâtre éclatèrent en applaudissements frénétiques.

Le comédien se tourna vers ceux qui venaient de l'interrompre d'une manière si flatteuse.

— Mes amis, leur dit-il, n'applaudissez pas ainsi, ce n'est pas pour vous que je joue... c'est pour Madame!

Les rôles de femmes sont nombreux dans *Montjoye*. Le seul important est celui de M<sup>lle</sup> Bartet. Il m'est malheureusement interdit de reproduire ici toutes les exclamations élogieuses que j'ai été à même de noter dans les couloirs, au sujet de cette charmante artiste; en le faisant j'empiéterais sur le domaine du compte rendu. Mon voisin de stalle, M. Edouard Fournier, me racontait ce soir, tandis que la salle entière faisait à Bartet une ovation fort méritée, que la jeune pensionnaire du Vaudeville était la petite-fille d'une ouvreuse de loges de la Comédie-Française.

— Elle a été élevée dans les couloirs des Français!

Je gagerais qu'on l'y reverra bientôt — sur la scène.

En attendant, je m'empresse de rendre justice au goût exquis de ses toilettes.

Je ne connais pas, à Paris, d'actrice qui s'habille comme elle.

On aurait volontiers applaudi sa première robe faite dans un châle de cachemire ancien drapé avec une originalité remarquable sur une jupe en satin bleu.

Quant à celles des deux derniers actes — l'une en cachemire gris, style Directoire ; l'autre en cachemire uni couleur acajou — ce sont des chefs-d'œuvre d'élégance.

La rosière du second acte est jouée par une gentille petite blonde, M<sup>lle</sup> Stairs. Si je signale ce personnage épisodique, dont le rôle entier ne comporte que deux répliques, c'est parce qu'il a été créé, au Gymnase, par une jeune actrice, qui arrivait alors des Folies-Marigny, je crois, et qui, depuis, a beaucoup fait parler d'elle.

La rosière du Gymnase était M<sup>me</sup> Céline Chaumont.

Combien y a-t-il aujourd'hui de débutantes de la valeur de la petite Chaumont d'alors, qui voudraient se charger d'une pareille figuration ?

## LA REVUE DES VARIÉTÉS.

*14 novembre.*

Pour peu que vous soyez joueur et que vous croyiez à la série, vous comprendrez la confiance illimitée avec laquelle M. Bertrand vient de monter sa Revue de fin d'année.

Jusqu'à présent, le directeur des Variétés ne nous avait pas habitués à tant de luxe pour ces sortes de spectacles.

Il donnait tous les ans timidement, bourgeoisement,

pour ne pas manquer à la tradition, une petite revue de proportions modestes, qui durait une heure au plus et dans laquelle on pouvait admirer trois décors, dont deux toiles de manœuvre. Quelques rares costumes et le dessous du panier de la troupe, c'était, aux yeux de M. Bertrand, plus qu'il n'en fallait pour payer son tribut aux amateurs de flonflons, d'imitations et de parodies.

Mais cette fois le directeur des Variétés n'a voulu reculer devant aucune dépense.

*Niniche* lui avait créé de longs loisirs et lui avait fait empocher de gros bénéfices; ce sont les auteurs de la Revue qui en ont profité.

Plus le succès du vaudeville de Hennequin et Millaud se prolongeait et plus M. Bertrand tenait à prodiguer les tableaux, les trucs, les changements à vue, les effets de costume.

M. Raoul Toché, un débutant en fait de revues, associé à M. Ernest Blum, un vétéran du genre, a eu le bonheur de faire ses premiers pas sur un terrain où tous, directeur, administrateur, régisseur, décorateur, costumier, artistes, s'ingéniaient à semer des fleurs.

Ajoutez à cela la chance inappréciable qu'il a eue d'arriver bon premier, avant tous les autres *reviewers* concurrents, d'avoir eu à exercer sa verve sur les mille et un événements pittoresques d'une année exceptionnellement remplie, et vous reconnaîtrez que notre jeune confrère peut se vanter d'être gâté par le sort.

Bien que les décors et les costumes jouent, dans la *Revue des Variétés*, un rôle naturellement fort important, on ne s'attend pas, de ma part, à une description fidèle et détaillée des dix-sept tableaux de M. Robecchi et des costumes fort réussis de Draner.

On sort des Variétés avec l'impression d'un monsieur qui aurait vu les bonhommes de Cham, les caricatures du *Journal Amusant*, les dessins de la *Vie Pa-*

*risienne* s'animer subitement pour se livrer autour de lui à une sarabande animée.

Dans l'album de M. Robecchi, une page a fait sensation : celle de l'ascension du ballon captif qui reproduit, dans le sens vertical, l'effet du navire de *Coco*.

Par une manœuvre ingénieuse, tandis que l'aérostat paraît s'élever lentement, majestueusement dans les airs, les maisons disparaissent dans le dessous du théâtre, et on aperçoit, à vol d'oiseau, le panorama de Paris qui, peu à peu, s'illumine et finit par nous montrer le spectacle grandiose de la ville tel qu'on aurait pu le voir, dans la soirée du 30 juin, de la nacelle du ballon Giffard.

L'effet est curieux. Il s'est trouvé, dans la salle, des personnes qui ont eu le vertige comme il y en a, à *Coco*, qui ont le mal de mer.

— M. Bertrand, disait-on, aurait pu profiter de la circonstance pour mettre toutes ses places à un louis !

Avec la *Cigale* et *Niniche* l'élément féminin de la troupe des Variétés était visible partout — excepté aux Variétés. Les petites étoiles étaient passées à l'état d'astres errants. On les exilait tantôt au boulevard de Strasbourg, tantôt au square des Arts-et-Métiers ; les coulisses du théâtre du boulevard Montmartre étaient tristes, désertes.

Voilà le mouvement, voilà la vie revenus !

Rarement une revue aura réuni autant d'artistes charmantes.

Elle sert de rentrée à Céline Chaumont, à M. et M<sup>me</sup> Grivot, à M<sup>me</sup> Delessart.

Chaumont n'a été introduite dans la revue qu'à la veille de la première. Je puis me dispenser de raconter comment on l'a décidée à accepter cette intercalation, puisqu'elle se charge elle-même d'en faire le récit au public. La spirituelle artiste a carrément empiété ce soir sur les terres réservées de la *Soirée théâtrale*. Cependant, ce qu'elle n'a pas dit, c'est que l'idée d'avoir Chaumont dans la Revue était caressée, depuis longtemps, par les auteurs et le directeur, mais que personne n'osait lui en parler. Chacun des auteurs s'est présenté plus de vingt fois devant elle, a ouvert la bouche, puis s'est enfui sans aborder le sujet.

M$^{me}$ Grivot, qui appartient depuis un an à la troupe des Variétés, où elle n'a pas encore eu l'occasion de se produire, nous revenait aujourd'hui. Au tableau du ballon captif, c'est à elle que les auteurs ont confié la délicate mission de représenter Sarah Bernhardt. Il paraît qu'en vue de cette création, Mme Grivot avait essayé de se faire maigrir. Elle n'a jamais pu y réussir.

M$^{me}$ Delessart nous revient de Russie. On ne l'avait pas vue sur une scène parisienne depuis le *Roi Candaule* au Palais-Royal, où elle jouait encore sous le nom de M$^{me}$ Priston. M$^{me}$ Delessart est restée la jolie femme que vous savez. Son costume de bouquetière tricolore lui sied à ravir, et à l'acte des théâtres elle s'est crânement planté un éventail dans les cheveux en guise de peigne. Cet éventail est une vraie trouvaille.

Quant à Grivot — n'ayant pas à l'apprécier comme comédien — je veux constater du moins qu'il a apporté aux auteurs de la Revue le concours de sa dislocation précieuse. A côté de Guyon, de Germain et de Daniel Bac, tous nés avec l'instinct de la pantomime, il tombe, bondit, reçoit et distribue les gifles avec une précision dont à partir de ce soir les Hanlon n'ont plus le monopole.

Parmi les costumes, il en est quelques-uns qui méritent une mention particulière.

Celui d'Angèle en « vin espagnol » par exemple. Ah ! si les bouteilles de l'Exposition espagnole avaient eu ces formes-là !

Gabrielle Gauthier représente le *Touriste* — le petit

vapeur-restaurant qui naviguait entre Paris et Saint-Germain. J'ai peu vu de matelottes aussi appétissantes.

— Savez-vous, me demande un voisin distrait qui pense évidemment au bateau en regardant la femme, savez-vous si l'on déjeune toujours à son bord ?

— Non, monsieur, je ne sais pas !

M{^lle} Beaumaine est gentille à croquer dans son costume de trois pour cent amortissable. On en prendrait — jugez un peu !

Les petits bouts de rôle ont, notamment, une scène de bars français et étrangers, spécialement dédiée aux fauteuils d'orchestre. Au besoin, on pourrait charger les ouvreuses de glisser de temps en temps à l'oreille de MM. les gommeux ces simples paroles, qui paraîtront toutes naturelles dans la bouche d'une ouvreuse :

— N'oubliez pas les petits *bars*, s'il vous plaît !

M{^lle} Angèle, déjà nommée, a eu un grand effet d'entrée dans un costume reproduisant aussi exactement que possible, l'un de ceux que porte Capoul dans Roméo.

Quand Angèle, ainsi travestie, est descendue pour la première fois sur le théâtre, elle a fait sensation parmi ses petites camarades. Machinalement, une des plus jolies demoiselles de la maison, s'effaçant sur son passage pour lui faciliter son entrée, lui a dit :

— Par ici, joli garçon !

On comprend que le phonographe n'a pas été oublié dans la revue. Il y en a trois qui jouent une scène dans la salle. Les instruments sont en carton, et on en fait sortir la voix à l'aide de cornets acoustiques placés sur la scène. L'illusion est complète. D'ailleurs, pour installer ces faux phonographes, les auteurs sont allés chercher notre confrère Pierre Giffard, le cornac du phonographe Edison à Paris. M. Giffard, ce soir, était au moins aussi ému que les auteurs.

— Il me semble, nous disait-il, que je vais assister aux débuts d'un des miens !

Entre le second et le troisième acte, Judic est descendue sur la scène. Avant de quitter Paris, elle a voulu offrir du champagne à ses camarades et aux musiciens de l'orchestre des Variétés.

On a bu au succès de *Niniche*, à Bruxelles.

Et un peu aussi à celui de la *Revue des Variétés*, à Paris.

15 novembre.

En donnant hier, vendredi 15 novembre, un spectacle coupé, comprenant trois pièces inédites en un acte, M. Montigny a manqué à ses plus chères habitudes. Généralement, il réserve les programmes de ce genre pour l'époque de la canicule. Les exceptions sont assez rares pour être remarquées, et celle-ci, entre autres, doit avoir sa raison d'être.

Je crois que ce n'est pas seulement pour cause d'Exposition que le spectacle coupé et annuel du Gymnase nous arrive cette fois avec les frimas. Il paraîtrait que la direction attache à celui-là une certaine importance. Outre les éléments dont il se compose déjà avec la *Dédicace*, la *Navette* et les *Bottes du Capitaine*, il sera renforcé, dès la semaine prochaine, d'un acte inédit de Gondinet... et un acte de Gondinet, vous savez que ça peut mener loin.

Par suite d'une nouvelle coïncidence de premières que MM. les aimables directeurs du Gymnase et des Variétés ont bien voulu nous ménager pour hier, je n'ai pu me rendre que ce soir boulevard Bonne-Nouvelle.

L'une des trois pièces que j'y ai entendues, la *Na-*

*vette*, est certainement appelée, comme les quelques œuvres connues de son auteur, à provoquer dans la salle du Gymnase ce que la sténographie parlementaire intitule : « des mouvements prolongés. » C'est une spécialité de M. Becque; cet écrivain très-intermittent affectionne les sujets scabreux. Pour lui le succès d'une pièce n'est pas dans le nombre de représentations qu'elle obtient, mais dans le tapage qui se fait autour d'elle. Sous ce rapport, *Michel Pauper*, d'orageuse mémoire, est resté son chef-d'œuvre. Sans m'arroger le droit de juger la *Navette*, je crois que M. Montigny a dû escompter un peu les vives critiques que cette peinture de mauvaises mœurs ne manquera pas de soulever dans la presse, lorsqu'il l'a fait entrer dans la composition de son affiche actuelle.

Ce n'est certainement pas un mauvais calcul.

Encore voué, dans la *Navette*, à un rôle qui rappelle, en l'accentuant, sa remarquable création de *Monsieur Alphonse*, Achard est, paraît-il, désolé d'être toujours choisi pour représenter un pareil type. On lui doit assurément une compensation morale, et son directeur aurait promis de lui donner un rôle d'amant ou même de mari trompé dès que l'occasion s'en présentera.

La *Dédicace* de MM. Georges Petit et Hippolyte Raymond, était reçue au Gymnase depuis plusieurs années déjà. Les auteurs, las d'attendre, ne songeaient plus à cet acte lorsqu'ils reçurent un premier bulletin de répétition. Au premier abord, ils crurent qu'il s'agissait d'une comédie en trois actes qu'ils ont également fait recevoir au Gymnase. En apprenant au théâtre qu'on ne les avait convoqués que pour leur vaudeville, ils éprouvèrent une certaine déception. Mais ce premier mouvement de contrariété se dissipa bien vite, car ils se dirent que de cette façon, du moins, ils pourraient attendre plus patiemment la mise à l'étude de leur grande pièce.

On ne travaille jamais très-vite au Gymnase, mais la *Navette* et la *Dédicace* surtout se sont répétées longuement. A force de redire chaque jour, depuis trois mois, le dialogue de ces deux pièces, les artistes, voulant rompre la monotonie de ce travail, en étaient arrivés à introduire certaines variantes dans le texte primitif.

C'est ainsi qu'un jour, les auteurs de la *Dédicace* entrant dans le foyer où se répétait leur pièce, furent tout surpris d'entendre les artistes chanter les scènes principales.

Ils crurent qu'on avait transformé leur pièce en opérette sans les consulter.

L'un d'eux, M. Georges Petit, adonné au culte du drame et de la comédie, ne peut justement souffrir ce genre qui lui inspire une haine aussi féroce qu'au farouche lundiste du *Temps*.

En revanche, la pièce de M. Paul Parfait, *les Bottes du Capitaine*, a été lue et montée au dernier moment, en moins de deux semaines.

Du reste, notre sympathique confrère avait trouvé un moyen très-spirituel de harceler M. Montigny, à partir du jour de la réception. D'abord, la pièce était intitulée : *Les Godillots du Troupier*. Voyant qu'elle restait dans les cartons encombrés du Gymnase, M. Paul Parfait se mit à monter une scie à son directeur.

Un jour, il entra comme une bombe dans le cabinet de M. Montigny de l'air d'un homme inspiré :

— Il faut changer le titre de ma pièce, s'écria-t-il ; si nous appelions cela les *Bottes du Sergent !*... Un simple pioupiou, c'est bien peu pour un théâtre comme le vôtre !

Naturellement le directeur, flatté dans son amour-propre, accepta le sergent.

A partir de ce moment, Parfait fit chaque semaine

une démarche semblable ayant pour but de faire monter en grade le personnage principal de sa pièce, de sorte qu'il a bien fallu arrêter ce manége au grade de capitaine, sans cela l'auteur ne se serait pas lassé dans la voie des promotions.

— Au besoin, disait-il hier, j'en aurais fait un maréchal de France!

---

18 novembre.

Le Gymnase vient de compléter son spectacle coupé en y ajoutant un acte de M. Edmond Gondinet.

Il est question, dans les *Cascades*, d'un fait qui se présente assez fréquemment dans le monde où on ne s'ennuie pas : un portrait donné à une jolie grignoteuse de pommes par un grave personnage.

Dans la nouvelle comédie de Gondinet, le grave personnage est un magistrat de province. L'auteur aurait pu avec tout autant de vraisemblance, choisir son modèle dans les hautes sphères du parlementarisme, car il n'y a pas très-longtemps encore qu'un député de la gauche s'est vu dans une position analogue à celle de Landrol.

Comme ce dernier, notre législateur galant avait accordé toute son estime à une charmante actrice. La belle enfant semblait follement éprise de lui et ne cessait de lui réclamer sa photographie.

— Cela m'aidera à supporter les douleurs de l'absence, lui disait-elle de sa voix la plus câline; chaque fois que tu me lâcheras toute la journée pour t'occuper de ta République, je pourrai, du moins, contempler ton image.

Comment résister à un désir si tendrement exprimé? Le député, pour satisfaire sa petite amie, se fit tirer à douze exemplaires, dont un treizième en plus, selon l'usage, — par un photographe qui lui fit prendre devant l'objectif la pose célèbre de Mirabeau tonnant.

L'actrice reçut l'un de ces portraits avec une dédicace des plus expressives.

Rien n'est éternel en ce monde, pas même les liaisons galantes des personnages politiques. Il y avait déjà quelques mois que le député de la gauche avait rompu avec la belle, lorsque un jour il croisa, dans les couloirs de la Chambre, un député de la droite, qui s'arrête brusquement en lui disant à brûle-pourpoint:

— A propos, mon très-cher collègue, il paraît que vous êtes chargé par la 158e commission du rapport sur mon élection dans la Bièvre-Inférieure?

— En effet, répliqua l'homme de gauche un peu embarrassé, j'aurais même été fort heureux de vous être favorable, mais...

— Vous proposerez l'invalidation, n'est-ce pas?... Cela doit vous être très-pénible... On vous dit si bon enfant!... Tenez, hier encore, une de mes meilleures amies, la petite Z..., me parlait de vous en termes plus que flatteurs.

— La petite Z..., balbutia le rapporteur féroce en entraînant vivement son interlocuteur dans un coin plus désert, vous connaissez la petite Z...?

L'entretien se continua à voix basse. Le député monarchique eut soin de raconter à son collègue d'en face que le portrait de celui-ci ornait l'alcôve de l'actrice en question. Il voulut bien même se charger de faire disparaître de cet endroit une pièce de conviction aussi dangereuse pour le prestige d'un représentant de la nation.

En revanche, lorsque vint le jour de la vérification des pouvoirs du député si complaisant, le rapporteur, à la grande stupéfaction de ses coreligionnaires politique, proposa carrément la validation et la fit même voter après des efforts d'éloquence dont on ne l'aurait jamais cru capable.

Cette petite historiette parisienne prouve que les hommes les plus divisés en apparence peuvent toujours avoir un point de contact.

La charmante actrice fut enchantée d'un résultat qui lui était bien dû, en somme. Toutefois, cette joie ne fut pas sans mélange, et la pauvre enfant s'écria bien des fois depuis avec l'élan d'un cœur généreux :

— Que n'ai-je pu sauver tous ceux qu'ils ont invalidés!

Enfouie au fond d'une baignoire bien obscure, j'aperçois Jeanne Granier.

C'est la première fois depuis dix mois qu'elle ne joue pas et cette seule idée la rend toute triste. Au besoin, elle oublierait la fatigue dont elle se plaignait, il y a quelques jours encore, pour recommencer une nouvelle série de représentations du *Petit Duc*. Ce repos qu'elle a tant désiré, elle en est lasse dès le premier jour.

— Ce soir, à sept heures, en rentrant chez moi, me dit-elle, les larmes aux yeux, j'ai commencé à me maquiller selon mon habitude pour aller à la Renaissance... c'était plus fort que moi.

Ce qui contribue à expliquer les regrets de Granier, c'est qu'hier soir, à l'occasion de la dernière représentation du *Petit Duc*, elle a été l'objet de manifestations à la fois touchantes et flatteuses. Après son fameux rondeau du second acte, plus de vingt bouquets lui ont été jetés sans préjudice de tous ceux qui ont été envoyés dans sa loge; dans le nombre, il en était un qui formait un immense oreiller tout en roses rouges, blanches, jaunes et roses, groupées par couleur et tenues aux quatre coins par de grands nœuds en satin.

Mais bien qu'on ait tenté d'adoucir pour elle le moment navrant des adieux, Granier contemple la mignonne, la charmante Legault d'un œil d'envie.

— Elle est bien heureuse, murmure-t-elle, elle *joue!*

Malgré cette rapide nostalgie des planches, la petite diva de la Renaissance est décidée à prendre un peu de repos ; à moins pourtant qu'un impresario tentateur lui fasse de ces offres brillantes qui décident les étoiles à changer de firmament.

J'ai revu la *Navette*. La pièce de M. Becque, avec le monde qu'elle met en scène, et surtout avec le langage cynique de ses personnages, produit dans la salle des impressions bien curieuses à observer.

— Je suis bien content, s'écrie devant moi un jeune homme d'ailleurs fort distingué, je suis bien content de n'avoir pu trouver qu'une place. Pensez donc que j'ai failli venir avec ma maîtresse !

---

*LES NOCES DE FERNANDE.*

19 novembre.

Le compositeur de la partition des *Noces de Fernande* est incontestablement ce qu'on peut appeler un musicien intéressant. Depuis que M. Deffès a remporté son prix de Rome — et cela remonte à l'an de grâce de 1847 — il s'en faut, hélas ! que le sort l'ait récompensé en raison de ses efforts opiniâtres.

La carrière musicale est déjà bien ardue, mais il semble qu'il suffise d'être prix de Rome pour la parcourir avec plus de peine encore. Voyez la liste de tous nos grands compositeurs en renom, presque tous ont eu la chance d'échapper à cette distinction d'un si funeste présage. M. Deffès, né sous une mauvaise étoile, ne pouvait l'éviter. Son mérite, il est vrai, n'a jamais été reconnu. Il est de ceux desquels on a pris l'habitude de dire :

— Il paraît qu'il ne manque pas d'un certain talent!

M. Deffès a lutté, toujours et partout. On l'a même vu, pendant quelque temps, accepter une place de premier violon à l'orchestre des Folies-Dramatiques, où il trouva, du reste, parmi les compagnons que la fortune adverse lui imposait, les égards dus au courage malheureux.

Une fois seulement, il y a quelques dix-huit ans, la chance sembla lui sourire, en lui faisant connaître Meilhac, alors tout jeune et presque débutant au théâtre. Le futur Oreste de Pylade-Halévy n'avait jamais fait jouer d'ouvrage à musique; il en avait un dans ses cartons : le *Café du Roi* pour lequel il demandait un musicien à tous les échos. Il rencontra Deffès et, ravi de trouver pour collaborateur un prix de Rome, il lui confia son petit acte. La collaboration fut heureuse; le *Café du Roi* eut un tel succès au Théâtre-Lyrique que plus tard, on le remonta salle Favart, où cette reprise servit de début à M<sup>me</sup> Heilbron, alors toute mignonne, toute timide, mais qui depuis a perdu, sous tous les rapports, la gaucherie et l'inexpérience que chacun lui reconnaissait à cette époque.

Comme on le voit, le *Café du Roi*, qui est la seule vraie joie de l'existence artistique de M. Deffès, a encore plus porté bonheur aux autres.

Quand Sardou est dans une affaire, à un titre quelconque, il est rare qu'il n'en résulte pas des péripéties généralement intéressantes.

Ainsi, j'ai recueilli ce soir même, à l'Opéra-Comique, une anecdote fort piquante au sujet de sa collaboration à la pièce nouvelle.

Lorsqu'on discuta la distribution des *Noces de Fernande*, Sardou, après avoir examiné avec soin les ressources que présentait la troupe, constata qu'elle ne possédait pas l'artiste qu'il avait rêvée pour le rôle travesti de l'Infant. L'auteur de *Dora* ne saurait se contenter *d'à peu près;* il sait mieux que personne ce qu'il faut au public parisien et surtout de quel côté les auteurs doivent rechercher les éléments de succès. Sans hésiter, il proposa donc à l'administration du théâtre de prendre la principale interprète sur l'une de ces scènes, qui, depuis quelques années, semblent avoir hérité des anciennes traditions de l'Opéra-Comique et finalement, il demanda Zulma Bouffar pour jouer l'Infant.

Ceux auxquels l'auteur des *Pattes de Mouches* faisait cette proposition faillirent se trouver mal. Quoi! Zulma Bouffar! une chanteuse qui a fait la fortune d'une foule d'ouvrages lyriques d'un genre non subventionné et qui, de plus, a l'inconvénient de coûter horriblement cher!... Mais c'était contraire à tous les bons principes.

Sardou, qui a pour principe de plaire au public, de l'amuser et de s'en faire applaudir, ne se laissa pas toucher par tous ces arguments archéologiques. Il tint bon et adressa au ministre des beaux-arts une lettre très-spirituelle, me dit-on, dans laquelle il défendit une idée excellente, et qui, d'ailleurs, n'avait même pas besoin, en haut lieu, de cette éloquente plaidoirie.

A partir de ce moment, tous les obstacles furent aplanis. On tomba d'accord et l'affaire était presque conclue avec Zulma lorsque survint à la Renaissance la première représentation *Petit Duc*.

L'intrigue de l'opérette de Lecocq, Meilhac et Halévy et celle de l'opéra-comique de Deffès, avaient bien des points de ressemblance. Les auteurs des *Noces de Fernande* renoncèrent donc momentanément à faire répéter leur œuvre, à laquelle ils firent quelques changements indispensables.

Plus tard, les études furent reprises, mais on dut renoncer à Zulma Bouffar, qui était en pleine répétition de la *Camargo*, dont la première a lieu demain, vingt-quatre heures après celle des *Noces de Fernande*.

Fort heureusement, grâce aux changements apportés au rôle, MM. Sardou et de Najac ont pu remplacer Zulma Bouffar par M<sup>lle</sup> Galli-Marié, une artiste d'une autorité incontestable, et qui est toujours sûre, en toute circonstance, d'être accueillie avec faveur par le public de l'Opéra-Comique.

Il n'y a guère d'autre anecdote à glaner à la première de ce soir.

Le milieu dans lequel se passent les *Noces de Fernande* est un peu sombre; on y chercherait en vain ces détails pittoresques de costumes, de décors, de mise en scène, que le chroniqueur théâtral aime à décrire. Certainement les bottes en cuir de Russie que porte Galli-Marié, dans son rôle d'infant de Portugal, méritent une mention particulière, — ce sont de bien belles bottes dans lesquelles on taillera facilement plus de cent douzaines de porte-monnaie aussitôt que la pièce aura fait son temps; les *bottes* trouvées par Desbarolles dans son duel du premier acte ont été non moins appréciées, mais quand j'aurai mentionné les ravissants costumes blancs et roses des nonnains du second acte et les jolies toilettes que M<sup>lle</sup> Chevrier porte avec une grâce esquise, il ne me restera plus rien à dire sur les *Noces de Fernande*.

Un dernier détail pourtant sur l'un des auteurs du livret, non pas sur M. de Najac, mais sur Victorien Sardou.

On sait comment M. Sardou est nerveux à la veille de ses premières. Généralement, pendant que sa pièce se joue, il se promène fiévreusement autour du théâtre, pénétrant de temps en temps seulement dans les coulisses, puis ressortant précipitamment pour prendre l'air.

Cette fois, il n'en a pas été ainsi.

Après la répétition générale, qui a eu lieu la semaine dernière, Sardou était tellement fixé sur le sort de son ouvrage, qu'il a pris le train rapide et qu'il est parti pour Nice, où il va terminer la grande comédie qu'il destine au Théâtre-Français.

---

### LA CAMARGO.

21 novembre.

Pour peu que la fortune continue à sourire au joli théâtre de M. Koning, les pièces nouvelles, à la Renaissance, deviendront aussi rares que les comètes.

On en jouera deux ou trois, pas plus, tous les cent ans.

Elles seront annoncées, quinze ans avant, dans les prophéties des almanachs.

Des enfants naîtront, deviendront des hommes, disparaîtront, sans avoir été témoins d'un si grand événement.

Qui sait si Leterrier et Vanloo, par exemple, jeunes aujourd'hui, dans toute la force de l'âge, ne seront pas vieux, blancs, décrépits, quand on cessera de jouer leur *Camargo* ?

On comprend donc que les premières de la Renaissance, étant donnée leur excessive rareté, sont actuellement les plus courues de Paris.

Depuis huit jours, la spéculation, l'infâme spéculation s'est emparée des moindres coupons. Aujourd'hui, à cinq heures, on offrait un billet de la première série de la Loterie nationale contre une place de *seconde galerie*, au théâtre du boulevard Saint-Martin.

Aussi les douze ou treize cents personnes qui ont l'inestimable bonheur d'être munies de billets pour la première, arrivent-elles à l'heure indiquée par les affiches, souriantes, empressées, ravies.

Au moment où le vaillant petit orchestre attaque l'ouverture, un voisin se tournant vers moi et désignant les spectateurs me dit :

— Ils s'amusent d'avance !

Ces excellentes dispositions du public n'ont rien qui m'étonne. Quand on se met à table dans une maison où l'on est habitué à être bien servi, on se sent généralement doué d'un meilleur appétit que dans celles où la cuisine est presque toujours mauvaise.


M. Koning, cette fois encore, a préparé son nouveau plat avec des soins raffinés et des prodigalités de sauce à charmer les palais les plus blasés et les plus difficiles à satisfaire.

Cependant, ces jours derniers, Lecocq disait à qui voulait l'entendre qu'il n'était pas content.

— J'ai pas confiance ! soupirait-il en serrant tristement les mains frémissantes de Leterrier et de Vanloo.

— Et pourquoi ? lui demandaient ses collaborateurs, que cette appréhension surprenait.

— Pourquoi ? répondait Lecocq, vous me le demandez ! Je vais vous le dire. Jusqu'à présent, toutes les fois que j'ai fait répéter une pièce nouvelle, j'ai eu — au dernier moment — une foule d'ennuis, d'accrocs, d'énervements. Il me semblait alors que rien ne marchait. Avec la *Camargo*, au contraire, tout se présente merveilleusement. Tout marche comme sur des roulettes. Nos artistes sont enchantés de leurs rôles! Koning est plein de confiance! Le chef de claque vient de me glisser à l'oreille que nous allions avoir un succès énorme! Cela me démonte! Je suis mécontent d'être si content et je suis inquiet de n'être pas plus inquiet!

A la répétition générale pourtant, un costume de M<sup>lle</sup> Desclausas avait été jugé trop excentrique par le maëstro, qui supplia Koning de le modifier. On ne tomba pas d'accord tout de suite. Lecocq fut sur le point de s'arracher quelques cheveux, puis il réfléchit, se tourna, visiblement soulagé, vers ses collaborateurs et murmura :

— A la bonne heure! Cela va mieux! Voilà les ennuis qui commencent!

\*\*\*

Les costumes du nouvel ouvrage sont extrêmement jolis. Le *Petit Duc* était un tableau Louis XV, la *Camargo* ressuscite également, mais sous des aspects tout différents, un coin du xviii<sup>e</sup> siècle avec sa couleur exquise, tendre, galante, pimpante, ses petits abbés papillonnants, ses financiers ventrus, ses reines d'opéra et ses voleurs de grand chemin. On croit feuilleter un de ces bouquins du temps que les bibliophiles achètent aujourd'hui au poids de l'or; les jolies nymphes de Moreau, les amours joufflus d'Eisen, les bergères roses de Watteau, les blondes innocentes de Greuze vivent, chantent, dansent et, sur ce fond lumineux, se détachent vigoureusement les silhouettes de Mandrin et de sa bande déguenillée.

C'est par la variété surtout que se distinguent les trois actes du nouvel opéra-comique. M. Cornil, dont les progrès s'accentuent à chaque ouvrage nouveau, a brossé trois toiles excellentes. C'est par la façon hardie originale et habile de comprendre les plantations que le jeune décorateur se fait remarquer, Il triomphe dans les petits théâtres surtout, parce qu'il a trouvé le moyen de faire grand. M. Cornil serait le premier décorateur du monde le jour où il travaillerait pour le Théâtre-Miniature.

Le premier acte de la *Camargo* nous montre le foyer de la danse de l'Opéra. Le décor est d'une grande... inexactitude. S'il avait été exact, il eût paru ridicule. Le foyer de la danse, à l'époque de la Camargo, était un long boyau nullement orné et éclairé par quelques méchants quinquets. Celui qu'on a inauguré à la Renaissance est élégant, gai, brillamment illuminé. Le lever du rideau, avec le gentil petit pas des bergers et des bergères, est d'un effet adorable.

Le second acte nous transporte à l'intérieur du château où Mandrin amasse son butin et le troisième au fameux cabaret de Ramponneau, à la Courtille, avec sa treille et son enseigne — *Au tambour royal* — avec ses dessins grotesques couvrant les murs et dont l'un — une bonne femme comme en crayonnent les enfants en marge de leurs cahiers d'études — a la prétention de représenter la Camargo.

La Camargo, c'est Zulma Bouffar.

En consultant les mémoires du temps, vous y verrez que M<sup>lle</sup> Marie-Anne-Cupis de Camargo était gracieuse, légère et gaie. Ses pieds, ses jambes, sa taille, ses bras, ses mains étaient de la forme la plus parfaite. Sa figure expressive n'avait rien de remarquable sous le rapport de la beauté. En revanche, on la citait pour son esprit. C'est elle qui, la première, fit usage du petit caleçon, ce qui lui valut de nombreuses plaisanteries. Un jour pourtant, à un changement à vue, la robe de Mariette, une de ses camarades, fut accrochée par un décor qui s'enlevait dans les frises, et la pauvre Mariette — selon l'expression des gazettes de l'époque — posa pour l'ensemble. A partir de ce jour, Camargo et le caleçon eurent raison.

C'est également elle qui, la première, battit l'entrechat à quatre.

Ah! ces entrechats. Depuis qu'il était question de la *Camargo* à la Renaissance, Zulma Bouffar ne pensait plus à autre chose. Elle avait abordé les travestis les plus audacieux, elle avait jonglé dans *Kosiki*, joué de la grosse caisse dans le *Voyage dans la lune*, mais elle n'avait jamais battu d'entrechats.

Et pourtant elle tenait absolument à en battre!

On ne s'initie pas du premier coup aux secrets de l'art chorégraphique. La pointe la plus insignifiante, la moins élevée des élévations, le plus simple des entrechats demandent un travail opiniâtre.

Zulma fit chercher M. Justament, le maître de ballet.

— Je veux danser! lui dit-elle.
— Vous danserez! lui répondit-il.

Et elle a dansé.

Au prix de quels efforts, de quelles fatigues, de quelles courbatures, inutile de le dire.

Ce qui est certain, c'est que nous avons vu ce soir, pendant dix minutes, Zulma Bouffar mimer et danser un vrai petit ballet avec la correction la plus classique et une aisance, une grâce que la Camargo elle-même eût été fière de revendiquer.

Par exemple, ce que l'amusante et spirituelle actrice n'a jamais consenti à comprendre dans son rôle, c'est le cri strident que la Camargo doit pousser, dans la coulisse, en découvrant qu'on vient de lui voler un collier de cent mille francs.

Ce cri précède immédiatement le finale et Zulma déclara, peu de jours avant la première, qu'en le poussant violemment, tel que le désiraient les auteurs, elle risquait de n'avoir plus de voix du tout pour les derniers morceaux de l'acte.

Il en résulta un grand embarras dont M. Koning se tira en faisant appel à la bonne volonté de ses autres pensionnaires.

— Celle qui consentira à venir pousser un bon cri d'effroi, tous les soirs, a neuf heures et quart, aura un joli cadeau !

Plusieurs se présentèrent. Le cri fut mis au concours. C'est M<sup>lle</sup> Davenay qui réunit le plus de suffrages. Elle s'est acquittée de son rôle avec une conscience qui défie les éloges.

\*
\* \*

J'ai déjà loué l'ensemble des costumes, et la place me manque pour en détailler quelques-uns. Grévin a été très-heureusement inspiré. Le premier costume de M<sup>lle</sup> Milly Meyer, par exemple, est un vrai bijou. Celui de Zulma, en satin jaune, avec des crevés verts sur le volant d'en bas, un plastron vert sur le corsage et une garniture de roses sur la jupe et dans les cheveux poudrés est également fort réussi.

On n'a pas ménagé l'étoffe dans les robes de Desclauzas. A-t-on engagé le gentil petit nègre — originaire d'Haïti et choyé par les pensionnaires de M. Koning comme un petit singe — pour porter la traîne de la pétulante veuve des Tropiques, ou n'a-t-on fait les traînes aussi longues que pour justifier le nègre? Je livre cette question aux méditations de mes contemporains.

Quant aux hommes : l'excellent Vauthier, l'amusant Berthelier, le débutant Lary, j'en parlerai une autre fois. Mais nonobstant toute ma bonne volonté, je crois que les deux affreux jeunes voleurs — Fil-en-Quatre et l'Ecureuil — ne doivent pas être rangés du côté du sexe laid.

M<sup>lles</sup> Piccolo et Léa d'Asco, qui les représentent, ne parviendront jamais à nous inspirer de la terreur.

L'accent horriblement canaille de Piccolo a fait sensation, et on a éprouvé un certain plaisir à voir Léa d'Asco culotter les pipes.

Ah ! que voilà donc d'aimables coupeurs de bourses !

La représentation ayant commencé à l'heure exacte, finit à minuit, malgré les nombreux *bis* de la soirée.

C'est un bon point de plus à ajouter à tous ceux que mérite le directeur de la Renaissance.

Le public sort en fredonnant déjà le refrain des couplets d'entrée de Zulma Bouffar :

<pre>
           La Camargo
           Est à la mode,
           La Camargo
           S'en accommode.
      C'est une rage, un vertigo,
      On fait tout à la Camargo.
</pre>

Un vrai refrain de circonstance !

*LE VOYAGE ROSE.*

23 novembre.

Les Bouffes-du-Nord viennent du jouer un drame inédit d'un brave et excellent garçon, M. Charles Chincholle.

Malgré le zèle et l'intelligence dont MM. Hamburger et Bourdeille font preuve dans l'exploitation de leur théâtre, l'idée de faire représenter des drames inédits au Bouffes-du-Nord est de celles qu'il est permis de ne pas caresser en rêve.

Le public de l'endroit ne se recrute naturellement que parmi les habitants du quartier. Les boulevardiers n'y sont guère représentés que par des gommeux des boulevards extérieurs. Il en résulte que le spectacle y doit être renouvelé chaque semaine. Tout auteur de drame inédit est sûr d'y être joué sept fois. De plus, les directeurs sont des cumulards qui ne se contentent pas d'exercer à Paris. Ils tiennent également entre leurs puissantes mains les destinées du théâtre de Chartres. De temps en temps, une partie de leur troupe s'en va donner des représentations en province. Il en résulte des bouleversements imprévus et des changements à vue à faire frémir les plus indifférents.

Ainsi, pendant qu'on étudiait le *Voyage rose*, l'auteur arrivait parfois le matin à une répétition et voyait, avec surprise, qu'on lui avait changé son amoureux.

— Eh! quoi, s'écriait-il, un amoureux dont j'étais content! Mais où est-il? Qu'en avez-vous fait?

Et le régisseur répondait avec un sang-froid sublime :

— Il est parti, il faut qu'il joue à Chartres le 23 !

Sans compter que le renouvellement hebdomadaire

de leur spectacle oblige les administrateurs des Bouffes-du-Nord à répéter plusieurs pièces à la fois. Pendant qu'on met un drame en scène, les études du drame ou du vaudeville qui doit lui succéder se poursuivent au foyer. L'auteur passe, tant que durent ses répétitions, par les émotions pénibles du condamné qui entend dresser son échafaud.

Au milieu d'une scène palpitante, dramatique, qui fait verser des larmes au pompier de service, un régisseur arrive brusquement en criant :

— Madame Céline, on vous réclame au foyer... pour la revue.

— Et le *Voyage rose?*

— Vous le reprendrez tout à l'heure. Maintenant soyez toute à *Muselez-les donc!*

Le *Voyage rose* a été présenté par son auteur à plus de quatorze directeurs, qui tous l'ont refusé avec le même entrain. C'est à l'iniative d'Hamburger — siècles futurs, gardez-en la mémoire ! — que nous devons la première de ce soir. L'ex-Ajax de la *Belle Hélène* tenait absolument à monter un ouvrage de l'auteur le plus refusé de Paris. Il y a quelque temps on lui en avait présenté un qui avait essuyé quelque chose comme soixante refus. Il allait s'entendre avec ce dramaturge malheureux mais opiniâtre, quand il apprit que M. Charles Chincholle, lui, avait été refusé quatre-vingt-dix-sept fois ! Naturellement, Hamburger n'a pas hésité : il a donné la préférence à Chincholle.

Et il a bien fait les choses. Il a distribué les rôles à ses meilleurs artistes, parmi lesquels M<sup>me</sup> Céline d'Embrun a été remarquée. Il s'est payé, afin de se rapprocher autant que possible de la mise en scène des Français, un vrai meuble de salle à manger en chêne sculpté, qui a bien dû lui coûter cinq ou six cents francs, peut-être davantage. Un instant même, m'assure-t-on, il aurait songé à offrir des cigares de la Havane aux journalistes qui ont bien voulu répondre à son appel — car on fume aux Bouffes-du-Nord — mais il a dû renoncer à cette tentative de corruption un peu trop coûteuse.

On assure aussi que depuis qu'il est à la tête d'une direction sérieuse, Hamburger, qui a été si longtemps le roi du calembour et le Président de la République de l'à peu près, a pris en grippe les distractions intellectuelles qui firent jadis sa réputation. Depuis qu'il est impresario, il frémit incessamment à la pensée des mots que pourrait inspirer au public le dialogue qui se débite sur la scène.

Dernièrement, à une répétition, l'un de ses artistes opéra une sortie, en s'écriant — ainsi que l'exigeait son rôle :

— Ah! monsieur le comte, vous avez cru que je baisserais la tête sous votre injure!... mais nous nous retrouverons : au revoir !

Hamburger se lève et du milieu de la salle :

— Il faut couper ça, s'écria-t-il, vous ne pouvez pas lui dire : *Au revoir!*

— Pourquoi?

— Toute la salle ajouterait : *à glace! Orvoir à glace! Ormoire à glace!*

Immédiatement, on supprime la phrase et on la remplace par celle-ci :

— Prenez garde, monsieur le comte!... vous l'aurez voulu : c'est la guerre,..

— *Guere... nouille!...* c'est encore impossible!... se récrie de nouveau l'éminent associé de M. Bourdeille.

Et ainsi de suite pendant toute le répétition.

Malgré les gaies observations auxquelles il a pu se livrer en se faisant jouer aux Bouffes-du-Nord, l'auteur du *Voyage rose* n'était pas rassuré aujourd'hui.

— On entend à chaque instant, disait-il, les sifflets des trains qui passent, et cela pourrait donner des idées au public.

M. Chincholle peut dormir tranquille maintenant.

Les locomotives n'ont tenté personne.

Le *Voyage rose* a beaucoup intéressé, et j'espère bien que nous souperons... à la dixième !

---

### OCÉANA FOR EVER.

24 novembre.

La reprise actuelle des *Pirates de la Savane* obtient, au Théâtre-Historique, un succès incontestable. Mais il ne faut pas s'y tromper ; le chiffre auquel se maintiennent les recettes chez M. Castellano, n'est pas dû seulement aux longues tirades et aux situations ultra-empoignantes du drame d'Anicet Bougeois et de Ferdinand Dugué. Il faut, je crois, attribuer surtout ce résultat à M<sup>me</sup> Océana, et à la fameuse course des Roches-Noires, dans laquelle elle déploie toutes les ressources de sa plastique et de son talent d'écuyère.

Déjà, ce succès équestre et dramatique commence à faire rêver certains directeurs. Ah ! s'il existait d'autres Océana !

Malheureusement, la pensionnaire de M. Castellano est unique en son genre ; on ne lui connaît pas de rivale. L'art dramatique ne peut compter que sur elle, Aussi est-elle littéralement guettée. Il est même probable qu'au lendemain, encore fort éloigné, de la dernière des *Pirates de la Savane*, elle n'aura que l'embarras du choix entre une dizaine d'engagements, tous plus avantageux les uns que les autres.

Pour former un répertoire à cette artiste très-spéciale, point ne sera nécessaire de chercher des œuvres inédites : les reprises suffiront. On remaniera des pièces connues, ainsi qu'on le fit autrefois pour motiver tant bien que mal l'apparition d'Adah Menken dans les *Pirates* déjà nommés.

Ce système permettra à M<sup>me</sup> Océana d'aborder tous les genres, d'autant que les courriéristes ont eu soin de nous apprendre qu'elle voudrait bien, à la rigueur, dire le dialogue comme le commun des actrices.

Parmi les drames célèbres, prenons la *Tour de Nesle*.

Comme il serait facile de rajeunir cette œuvre légendaire en y introduisant, pour M<sup>me</sup> Océana, un personnage dévoué à Buridan.

Quel effet dans le fameux acte de la prison, par exemple.

Buridan est sur la paille humide.

Il se désespère.

Tout à coup, Océana paraît. Elle est entrée par un petit jour de souffrance.

Elle s'avance sur un fil de fer. Arrivée auprès de Buridan, elle s'agenouille respectueusement sur un fil, délie le prisonnier, puis lui dit en se posant sur un seul pied :

— Maître ! je viens te sauver !

— Que faut-il faire ?... Hélas ! pauvre enfant, tu ne peux rien pour moi : ces murs sont épais, ces portes sont bien closes, j'ai compté les quatre cent dix-huit marches qu'il a fallu descendre pour arriver jusqu'ici !

— Viens, suis-moi sur ce fil ! c'est un chemin connu de moi seule !

— Merci, mon Dieu !... Ah ! Marguerite, je savais bien que je te retrouverais !

Et Buridan s'élance à la suite d'Océana.

Ici, nouvelle complication (ce drame ne vit que de péripéties inattendues, c'est son cresson de fontaine).

Buridan, c'est Dumaine... ce qui fait casser le fil.

Tout est perdu !...

Océana, elle-même, devient prisonnière, avec celui qu'elle voulait sauver.

Nous ne sommes pas au bout de nos émotions !

Suivez-moi bien.

L'acte se continue. Suit la grande scène entre Buridan et Marguerite de Bourgogne,

Buridan redevient libre à la suite de ce célèbre entretien.

Au moment de quitter le cachot, il veut emmener celle qui a tenté de le faire évader.

Impossible !

Océana ne peut le suivre : elle ne sait marcher que sur du fil de fer.

Sera-t-elle donc victime de son dévouement ?

Non.

Landry, sur l'ordre de Dumaine, court chez un quincaillier de la rue Froid-Mantel : il en rapporte dix sols de fil de fer.

Exercices divers sur ces dix sols de fil métallique...

Rideau.

\*
\* \*

Passons maintenant à une comédie plus moderne : *la Dame aux Camélias.*

Ce qui est pénible dans le chef-d'œuvre de Dumas, ce qui affecte les spectateurs sensibles, c'est, au cinquième acte, d'assister à la triste mort de l'héroïne ; c'est de voir le désespoir d'Armand Duval essayant de réchauffer dans ses bras le corps déjà glacé de Marguerite Gautier. Il me semble que pour une prochaine reprise de cette pièce, Dumas pourrait retaper quelque peu l'action et refaire, par exemple, le rôle de Marguerite pour Mme Océana, dont les talents variés et bizarres sont si goûtés du public.

D'abord, au lieu d'être « sans profession, » la maîtresse d'Armand Duval, deviendrait une écuyère à la mode, une acrobate distinguée. C'est en la voyant au Cirque, jonglant avec des bouteilles et vêtue d'un maillot couleur chair, qu'Armand éprouverait pour elle une forte toquade. Le premier acte, au lieu de se passer dans une soirée demi-mondaine, ce qui est usé et vieillot, aurait lieu en plein Cirque d'été un samedi, jour d'abonnements.

En outre, au troisième acte, lorsque le père Duval veut à tout prix éloigner son fils Armand de Marguerite Gautier, cette dernière au lieu de se résigner et de consentir au mensonge qu'on exige d'elle, se livrerait à une série de tours qui subjugueraient le bonhomme.

Puis lui montrant un papier timbré :

— Voyez, lui dirait-elle, on m'offre à l'étranger un engagement de 500 francs par soirée !

Le père Duval se récrierait tout d'abord à la seule idée d'unir son fils à une acrobate; mais, au cinquième acte, il aurait réfléchi et se dirait :

— Après tout, une femme qui peut gagner 500 fr. par soirée n'est pas un parti à dédaigner !

Et prenant la main de Marguerite il la mettrait dans celle d'Armand.

Ce dénouement serait plus positif, plus brutal peut-être que le premier, mais il permettrait d'introduire Océana dans la distribution. D'ailleurs, il me semble plus conforme aux idées que professe Dumas fils depuis qu'il a abordé sa seconde manière.

Enfin, il faut bien sacrifier à l'engouement actuel — Mme Océana pourrait également se produire avec succès dans l'opérette.

Serait-elle assez charmante dans une reprise de la *Timbale d'argent?*

Il lui faudrait, comme dans les *Pirates,* un rôle à côté.

Pour moi, je la vois, surtout au premier acte, ajoutant aux fameux couplets :

> Encor' un qui n' l'aura pas !

une attraction toute nouvelle.

Un mât de cocagne est planté sur la scène des Bouffes.

Molda commence :

> La timbale au sommet du mât...

Océana s'élance ; tant que dure le couplet, elle grimpe, grimpe... puis arrive près du sommet, étend la main pour saisir la timbale, la manqne.., et glisse juste au moment du refrain, tandis que la chanteuse la désigne du geste.

Le même manége se répéterait pour chacun des couplets suivants, avec les variantes nécessaires pour souligner les diverses intentions de l'auteur.

En ce moment même, comme M. Comte pourrait l'employer utilement et agréablement dans la *Grande Duchesse.*

Il suffirait de lui improviser un rôle incident, elle serait par exemple, la petite sœur de Paola, une petite fille très-gaie, très-espiègle.

Au moment ou Népomuc apporterait à sa grande sœur le sabre de « leur père, » Océana s'emparerait de cette lame de famille.

Puis, à la grande joie du trio Paul-Boum-Puck, elle l'avalerait jusqu'à la garde.

Vous imaginez-vous l'effet ?...

Et comme les applaudissements redoubleraient dans la salle, lorsqu'on la verrait ensuite *rendre* à Fritz le glaive paternel plus brillant que jamais.

---

*CONRAD.*

25 novembre.

En consultant l'almanach, je m'aperçois que M. Duquesnel nous donne la première de *Conrad* le jour même de la saint... Conrad.

Au premier abord, on serait tenté de voir dans ce phénomène un de ces effets de mise en scène dont l'excellent et très-habile directeur de l'Odéon est si friand. Mais il paraît qu'il n'y a là qu'une simple coïncidence dont tout l'honneur revient au hasard.

L'auteur de la *Mort civile* — le *Conrad* italien — est le célèbre signor Giacometti, dont la réputation, au-delà des Alpes, peut se comparer à celle de d'Ennery chez nous. Toutefois, le d'Ennery de la Péninsule est loin d'avoir la fécondité prodigieuse du nôtre, car on chercherait vainement dans le monde entier un écrivain dramatique ayant autant produit que le père de la *Cause célèbre*.

Mais les œuvres de Giacometti forment un bagage fort respectable et la *Mort civile* est, de toutes les pièces du dramaturge italien, la plus connue, la plus populaire, en même temps que la plus appréciée des connaisseurs; son succès est dû en partie à l'éminent interprète qui s'est incarné dans le rôle principal, en a fait sa plus étonnante création et qui l'a promenée dans toute l'Italie, absolument comme fit jadis en France Frédérick Lemaître de *Trente ans ou la vie d'un Joueur*.

On n'a certainement pas oublié l'effet saisissant que produisit à Paris M. Salvini, l'interprète italien, lorsqu'il donna, à la salle Ventadour, quelques représentations de ce drame célèbre.

Ce soir-là, notre collaborateur Auguste Vitu — dont nos lecteurs sont à même d'apprécier le talent et la grande autorité en matière théâtrale — se promenait, vivement ému par ce qu'il venait de voir et d'entendre, au foyer du Théâtre-Italien. Vitu aime beaucoup les drames. C'est un des rares critiques qui ne croient pas nécessaire de dissimuler leur émotion quand une forte situation leur fait verser quelques larmes. La *Mort civile* l'avait donc littéralement bouleversé, et il pleurait encore sur le sort de la pauvre petite Emma, lorsqu'il rencontra son ami Duquesnel, tout aussi empoigné que lui.

— Savez-vous, lui dit ce dernier, qu'il serait intéressant de présenter la pièce de Giacometti aux Français, en français et sur une scène française ?

— Ma foi, répliqua Vitu, l'idée me semble excellente. Nous savons si peu ce qui se passe à l'étranger, qu'on serait peut-être tout surpris de découvrir qu'il peut exister, ailleurs que chez nous, des dramaturges de mérite.

— Voudriez-vous vous charger de la traduction ?

— Avec grand plaisir !

Et Vitu se mit à l'œuvre.

En croyant d'abord ne faire qu'une traduction, notre collaborateur s'aperçut bientôt que quelques changements étaient indispensables, et ce fut à un véritable travail d'adaptation qu'il dut se livrer pour astreindre l'action du drame italien aux nécessités de la scène française.

La pièce faite, on se trouva aussitôt en présence d'une difficulté qui parut insurmontable.

On avait un drame contenant un grand premier rôle superbe, mais écrasant, et l'on ne possédait pas d'artiste pour le jouer.

Les premiers rôles sont rares aujourd'hui. Depuis longtemps déjà, M. Duquesnel cherchait ce phénix partout sans le découvrir.

Il y en avait bien un que le directeur de l'Odéon guettait depuis cinq ans au moins. C'était Pujol.

Avec sa haute taille, son mâle visage, sa belle voix sonore, Pujol lui paraissait posséder toutes les qualités exigées par l'emploi. Au Gymnase, il lui semblait hors cadre, tandis que la vaste scène de l'Odéon devait, au contraire, lui convenir à merveille.

Malheureusement, il y a quelques années, Pujol avait refusé les propositions de M. Duquesnel.

— Je serais heureux de venir chez vous, lui avait-il répondu, mais je ne crois pas en avoir le droit. C'est Montigny qui m'a amené à Paris; c'est lui qui m'a fait ce que je suis : je ne puis le quitter. Tant qu'il aura besoin de moi, je me croirai lié à lui par un engagement qui vaut tous les autres : la reconnaissance!

M. Duquesnel n'était pas homme à combattre une minute des scrupules aussi honorables.

Il renonça à Pujol.

Or, plus tard, c'est précisément à l'époque où le directeur de l'Odéon désespérait de jamais découvrir le Conrad qu'il rêvait, que le même Pujol se présenta à son théâtre en lui disant :

— Vous m'avez fait autrefois des propositions que j'ai cru devoir refuser. Aujourd'hui, le Gymnase modifie un peu son genre. Le grand succès de *Bébé* pousse Montigny vers le vaudeville du Palais-Royal.

Je deviens inutile là-bas. Voulez-vous toujours de moi!

On devine avec quel empressement M. Duquesnel accepta.

Dès ce jour, la représentation de la *Mort civile* fut chose décidée.

A côté de Pujol, autre début intéressant, celui de M<sup>lle</sup> Bergé.

Cette nouvelle venue est vraiment très-gentille. Agée de dix-sept ans, elle paraît en avoir treize ou quatorze à peine.

Au dernier concours du Conservatoire, M<sup>lle</sup> Bergé eut la mauvaise chance de se présenter devant le jury, la trente-septième et dernière, avec une scène de l'*Ecole des Mères*, de Marivaux, une comédie qui n'avait pas été jouée depuis cinquante ans.

Dans ces conditions défavorables, la jeune élève obtint cependant un très-grand succès, un succès tel que M. Duquesnel insista pour qu'on lui accordât un premier prix, et que les autres juges du concours ne lui en donnèrent un second que dans l'espoir de la faire rester une année de plus au Conservatoire.

Le directeur de l'Odéon bénéficia de la décision qu'il avait combattue : avec un premier prix, M<sup>lle</sup> Bergé eût été certainement revendiquée par la Comédie-Française ; avec un second, M. Duquesnel put la réclamer.

On accorda à M<sup>lle</sup> Bergé l'autorisation spéciale d'entrer au Second-Théâtre-Français, ainsi qu'il avait été fait deux ans auparavant pour Marais et M<sup>lle</sup> Kolb, qui n'eurent certainement pas à s'en plaindre depuis.

Etant donnée la note dramatique de *Conrad*, les détails amusants et les anecdotes originales font défaut ou à peu près sur cette pièce et sur ses répétitions.

Cependant, on me raconte un fait assez curieux.

Il y a quelques jours, on passe au directeur de

l'Odéon la carte d'un M. Palmieri, qui demandait à le voir.

— Palmieri! s'écrie M. Duquesnel, ah! diable!...

L'un des principaux personnages de *Conrad* est précisément un docteur Palmieri et l'on pouvait craindre que la visite du vrai Palmieri n'eût pour but de faire modifier le nom de ce personnage. Ces sortes de changements, qui ont pour effet de troubler les acteurs et de les exposer à des accidents de mémoire, sont particulièrement fâcheux à la veille d'une première.

Bon gré, malgré, il fallait cependant recevoir ce visiteur.

— Faites entrer M. Palmieri, soupira le directeur.

M. Palmieri entra, salua gravement, puis, sans préambule :

— Cher monsieur, dit-il, je m'appelle Palmieri, je suis négociant et je viens vous demander une place pour la première de *Conrad*, afin de pouvoir applaudir mon homonyme.

Naturellement, M. Duquesnel, enchanté d'en être quitte à si bon compte, délivra à ce brave négociant la place demandée.

Et, ce soir, le vrai Palmieri a pu applaudir tout à son aise le docteur Palmieri de *Conrad*, qui se trouve être, fort heureusement, l'un des personnages les plus sympathiques de la pièce.

# DÉCEMBRE.

*LE FILS NATUREL.*

2 décembre.

Il est, dans le monde littéraire et artistique, peu de situations aussi enviables que celle de l'administrateur général de la Comédie-Francaise.

M. Perrin dirige la première scène du monde, une scène qui n'a son équivalent dans aucun autre pays. Il y a un Opéra dans toutes les grandes villes, mais, nulle part, il n'existe un théâtre national comparable à la maison de « notre Molière. » Là, plus que partout ailleurs, M. Perrin a pu donner carrière à ses goûts d'artiste et de lettré. Il n'a eu garde d'y manquer, et sa gestion lui a rapporté gloire, honneur et profit. Depuis qu'il préside aux destinées de la Comédie, le succès a récompensé tous ses efforts, et les recettes ont atteint, rue Richelieu, des hauteurs que les précédents administrateurs avaient laissé ignorer à MM. et M$^{mes}$ les Sociétaires.

Cependant, on affirme et on va jusqu'à écrire un peu partout que M. Perrin songerait sérieusement à quitter le théâtre qu'il a rendu si prospère, pour prendre une autre direction qui n'est même pas encore vacante.

Comment ne pas s'étonner de tels bruits ? Comment voulez-vous qu'il n'en soit pas question, ce soir, aux Français, à cette reprise du *Fils naturel*, qui réunit le tout Paris littéraire, artistique, financier et mondain, tous ceux qui s'intéressent au théâtre, s'occupent de théâtre ou vivent de théâtre ?

Cette nouvelle, encore très-incertaine, est naturellement le sujet de tous les commentaires.

— Perrin veut-il s'en aller ? Perrin ne veut-il pas s'en aller ?

On n'entend que cela, au foyer et dans les couloirs.

Il est vrai que la question reste sans réponse.

On se contente, en attendant, de prêter à M. Perrin de nombreux projets... pour la Comédie-Française. Des amis de la maison, pouvant être à la rigueur bien informés, croient savoir que certains engagements de nouveaux artistes sont dans l'air.

En première ligne, on parle de celui de Mlle Bartet. Il est vrai, me dit-on, que des pourparlers sont engagés. Un résultat prochain semble assez probable de ce côté, d'abord à cause du talent, de l'élégance et des grands succès de cette actrice ; et puis, M. Perrin, qui compte déjà dans la troupe de la Comédie plus d'une artiste en vogue, serait cependant heureux de posséder assez de premiers sujets pour n'être plus à la merci d'indispositions qui ont le double tort d'être à la fois subites et fréquentes.

Autre changement. On affirme que les gens les mieux informés supposent que M. Perrin ne serait pas éloigné d'avoir l'intention d'entamer des négociations avec Mme Pasca, dans le cas où le hasard amènerait le départ de Mme Agar, dont l'engagement peut se terminer bientôt.

Enfin, M. Maubant, qu'on me dit fatigué, ce dont je me doutais bien un peu, commencerait à se faire à l'idée d'une retraite prochaine. Cette éventualité aurait fait prononcer le nom de M. Dumaine — vous avez bien lu — pour l'emploi qui deviendrait vacant. On se serait rappelé, rue Richelieu, que cet acteur fut l'élève préféré de Beauvallet comme tragédien.

Voilà le résumé fidèle des racontars de la soirée.

Avant d'aller au théâtre, j'ai voulu parcourir quelques journaux d'il y a vingt ans et relire quelques-uns des feuilletons consacrés à la première représentation du *Fils naturel*.

Le goût du public, ses impressions, ses appréciations se modifient si totalement d'une époque à l'autre qu'il m'a paru intéressant de savoir ce que pensaient les critiques de 1858 de Dumas fils et de son œuvre, au moment où ceux d'aujourd'hui vont, à leur tour, avoir à nous dire ce qu'ils en pensent.

J'ai trouvé, dans les feuilletons d'alors, bien des passages qu'il serait intéressant de reproduire. Malheureusement, la place m'est mesurée et je dois me borner aux quelques citations suivantes :

Dans le *Moniteur universel* du 25 janvier 1858, Théophile Gautier définit brillamment le talent et la manière de l'auteur du *Fils naturel*.

« A beaucoup de talent, M. Dumas fils joint beau-
« coup de bonheur, le bonheur, cet élément dont on
« ne tient pas assez compte, et qui n'est peut-être
« qu'une harmonie secrète avec le temps, les hommes
« et les choses. De grands génies en ont manqué ; ils
« arrivaient trop tôt ou trop tard ; ils étaient incompris
« ou repoussés, à leurs qualités se mêlaient des défauts
« choquants, ils frappaient à coups de hache avec une
« force de géant à côté du joint, et brisaient ce qu'il
« eût mieux valu ouvrir ; aussi la gloire ne leur est-
« elle venue que tard ou même après leur mort.
« M. Alexandre Dumas fils a résolu ce problème de
« réussir sans lutte et sans concession pourtant, car il
« exprime sa pensée en toute franchise...

« Un des caractères les plus singuliers des œuvres
« de M. Dumas fils, c'est qu'elles ne relèvent d'aucun
« modèle antique ou étranger ; elles semblent nées
« spontanément sur un sol vierge ; aucune racine ne
« les rattache au passé : nulle trace d'étude ou de tra-
« dition ni dans l'idée ni dans la forme. L'on pourrait
« croire que l'auteur de la *Dame aux Camélias*, de
« *Diane de Lys*, du *Demi-Monde*, n'a jamais rien lu,
« si cette ignorance était vraisemblable chez un jeune
« homme élevé dans un milieu littéraire ; les maîtres
« semblent ne pas avoir existé pour lui, pas plus le
« vieux Will que Poquelin. Ce n'est pas un blâme que
« nous formulons ici, nous constatons purement et
« simplement un fait caractéristique.

« Supposez un artiste qui n'aurait jamais vu un
« tableau, qui ne connaîtrait ni Michel-Ange, ni Ra-
« phaël, ni le Titien, ni Corrège, et peindrait directe-
« ment d'après nature des toiles remarquables en dehors
« du style et de l'idéal. M. Alexandre Dumas ressemble
« beaucoup à cet artiste. — S'il a vu, il a eu la force
« d'oublier. »

Dans son feuilleton des *Débats*, Jules Janin nous
apprend où Dumas a trouvé son dénoûment et ce
fameux « Je suis le fils de Clara Vignot » qui clôt si
pathétiquement l'action du *Fils naturel*.

« Cette question de la bâtardise, dit-il, fut résolue
« au siècle passé d'un seul mot, mais d'un mot sans
« réplique.

« — *Je suis le fils de la vitrière !* répondait d'Alem-
« bert à la mère infâme qui l'avait fait exposer sur les
« marches de Saint-Jean-le-Rond et qui le voulut re-
« connaître en retrouvant dans ce fils abandonné un
« des maîtres les plus sincères et les plus respectés de
« la philosophie et de l'esprit français. »

Janin rappelle plus loin qu'un siècle auparavant,
le 30 décembre 1757, Denis Diderot publiait un drame

emphatique et surnaturel, intitulé le *Fils naturel*.
« Ce drame obtint un succès immense à la lecture et
« fut joué deux fois à peine au Théâtre-Français. Les
« lecteurs avaient tort, les spectateurs avaient raison. »

Dans la *Revue des Deux-Mondes*, Emile Montégut
se prononce, avec une certaine véhémence, contre le
théâtre « réaliste, » tel que Dumas le comprenait alors.

Le *Fils naturel*, en 1858, passait pour du théâtre
réaliste. Qu'en dites-vous, ô Becque, et qu'il a fallu
faire du chemin pour arriver à la *Navette!*

« M. Dumas, selon le critique de la *Revue*, est un
jacobin dramaturge qui ne recule devant aucun moyen
pour atteindre son but, et qui pense que la fin légitime
tous les expédients.

« Mais il ne sera jamais un homme de génie, car les
hommes de génie sont toujours, hélas! les dupes de
quelque grande idée ou de quelque grand sentiment. »

Cependant Emile Montégut constate le succès du
*Fils naturel*. Il est vrai qu'il se charge de l'expliquer.

« La pièce, dit-il, aura peut-être cent représenta-
« tions. Pourquoi pas? La curiosité publique aux
« abois cherche sa pâture là où elle peut la trouver.
« Voilà pourtant ce qu'on offre au public sous le nom
« de comédie, dans la patrie de Rabelais et de Molière,
« de Voltaire et de Beaumarchais! Pauvre esprit fran-
« çais! Grand seigneur ruiné, il fait maigre chère au-
« jourd'hui. L'esprit français dîne maintenant en table
« d'hôte, qu'on nous pardonne ce style réaliste, qui est
« en parfait accord avec le sujet que nous traitons. Il
« fait les plus orduriers des dîners à trente-deux sous,
« soit le *Fils naturel*; et les jours de gala des dîners à
« trois francs, soit le *Demi-Monde*. »

Clément Garaguel, dans son compte rendu du *Cha-
rivari*, raconte un incident de la première, qui nous
ramène tout droit à la Soirée théâtrale :

« Après la représentation, M. Dumas fils, appelé à

« grands cris par des amis terribles, a paru sur la
« scène et on lui a jeté une couronne. Il ne faudrait
« pourtant pas que les auteurs prissent l'habitude d'en-
« trer ainsi dans la loge de ce grand lion qu'on appelle
« le public. On les appelle aujourd'hui pour les cou-
« ronner; qui sait si un soir, dans un moment de mau-
« vaise humeur, on ne leur jettera pas à la tête des
« pommes cuites et des trognons de choux ? »

Hâtons-nous de dire qu'à la reprise de ce soir, Dumas — dont l'ardeur juvénile s'est quelque peu apaisée — n'a pas songé un instant à se montrer au public de la Comédie-Française.

Des conversations très-animées, pendant les entr'actes, dans les couloirs.

— Cette succession de fils naturels est amusante... dit quelqu'un. A peine le fils naturel d'Augier a-t-il quitté l'affiche, que voilà le fils naturel de Dumas... On ne nous laisse même pas le temps de respirer !

— Vous connaissez le proverbe : Chassez le naturel, il revient au galop !

On parle de l'élection de Massenet, comme membre de l'Institut.

La partition des *Erinnyes*, un des morceaux les plus goûtés des Concerts populaires, est certainement pour beaucoup dans ce choix.

Un de mes amis, doué d'une mémoire étonnante, me rappelle qu'à l'occasion de ces mêmes *Erinnyes* un critique, qui a pourtant d'assez bonnes oreilles pour bien entendre, terminait son feuilleton comme ceci :

« Le directeur de l'Odéon a cru devoir accompagner la tragédie de Lecomte de l'Isle d'une musique tout à fait inutile et d'ailleurs absolument insignifiante. »

L'Institut n'a pas été de l'avis de ce critique que sa haine pour le directeur actuel de l'Odéon avait peut-être entraîné un peu loin.

Pour cette reprise, M. Perrin s'est vivement préoccupé des toilettes. Dans le premier acte, qui se passe en 1821, il a nettement adopté les modes de l'époque.

Mais l'action reprend vingt ans après. Or, en 1841, le luxe des femmes laissait beaucoup à désirer, sinon quant à la coquetterie, du moins sous le rapport du bon goût. M. Perrin autorisa donc ses actrices à s'habiller selon la mode actuelle, mais en leur faisant force recommandations.

— Avant tout, a-t-il dit, soyez d'une grande simplicité. Ne vous croyez pas obligées d'aborder la sainte mousseline de la *Famille Benoiton*, ce serait fort laid et je tiens à ce que vos toilettes soient jolies, mais cherchez un milieu entre cet excès et les excentricités d'aujourd'hui. Celle qui trouvera la note juste pourra bien donner la mode de demain.

Ce programme a motivé une sorte de concours entre les actrices qui jouent dans le *Fils naturel*. On s'est même fort appliqué, car l'une des concurrentes, M$^{lle}$ Lloyd, a fait recommencer deux fois toutes ses robes. En somme, si les toilettes de M$^{lle}$ Favart sont, quoique riches, d'une certaine sévérité, c'est assurément le goût moderne qui a dominé dans presque toutes les autres, qui sont aussi luxueuses que M. Perrin pouvait ne pas le désirer. Cependant, ce reproche ne saurait guère s'adresser à M$^{lle}$ Baretta, pour l'étonnant petit boisseau blanc qui lui sert de chapeau au quatrième acte. Il faut que la jeune sociétaire soit vraiment bien séduisante pour ne pas paraître affreuse avec une telle coiffure!

Après avoir félicité les nouveaux interprètes de son œuvre, Dumas a tenu à remercier officiellement M. Delaunay, qui en a dirigé les études sans manquer une seule répétition, et qui a fait preuve d'autant de zèle et de dévouement que s'il eût été l'auteur en personne.

— Vous avez été un second père pour ma pièce,

lui a dit Dumas, et vous venez, sans vous en douter, de lui trouver un dénoûment nouveau.

— Comment cela?

— Vous avez adopté le *Fils naturel!*

---

## LA PRINCESSE BOROWSKA.

6 décembre.

Une pièce nouvelle — le second début au théâtre — de l'auteur des *Danicheff* devait naturellement exciter une certaine curiosité. L'Ambigu a largement profité ce soir de ce sentiment, et la coquette salle de M. Chabrillat, si gaie maintenant, si confortable même, avait un air d'élégance qui rappelait les grandes premières de la Comédie-Française, où d'ailleurs le drame nouveau a été refusé — ce qui peut arriver à tous les drames.

A l'heure où j'écris ces lignes, la *Princesse Borowska*, qui n'est pas une personne commode, est probablement en train de faire passer la nuit à plusieurs clercs d'huissiers.

Ces malheureux rédigent ou copient ou classent les nombreux papiers timbrés que M. de Corvin — Pierre Newski pour les actrices — envoie depuis quelques jours au directeur de l'Ambigu.

M. Newski — de Corvin pour les gens du monde — aurait voulu s'opposer à la représentation de son drame.

Cette idée lui est venue subitement, il y a quelques jours.

Pourquoi?

Son drame avait-il cessé de lui plaire?

L'a-t-il trouvé mal joué?
Mal su?
Mal mis en scène?

Je crois savoir que le grief principal du trois quarts d'auteur des *Danicheff* n'est aucun de ceux-là. M. Newski aurait voulu appeler sa pièce *les Borowski*. M. Chabrillat l'a intitulée : *la Princesse Borowska*. L'auteur prétend qu'il n'a jamais consenti à ce changement de titre; le directeur affirme le contraire. Et voilà plus qu'il n'en faut, paraît-il, pour mettre les huissiers sur les dents.

Je suis plein d'indulgence pour les auteurs à la veille de leurs premières. Chez eux, tous les énervements s'expliquent. M. Newski peut maudire M. Chabrillat aujourd'hui; il est probable qu'il voudra l'embrasser demain. Ces affolements de la dernière heure sont si compréhensibles!

Il paraît qu'au point de vue de ce mal spécial que ressentent les écrivains dramatiques au moment où leur œuvre va être présentée au public, M. Newski surpasse Sardou lui-même.

On me cite un exemple très-curieux de sa nervosité.

Avec la *Princesse Borowska*, dont les cinq actes sont un peu courts, on devait jouer un petit drame intime en un acte : le *Grand-Père*, de M. Georges Petit.

Les deux ouvrages avaient été répétés ensemble, affichés ensemble, ils étaient destinés à passer ensemble. C'est naturellement par le petit drame que l'on voulait commencer le spectacle.

Lundi dernier, M. Newski arrive à l'Ambigu, le soir, pour la répétition générale de sa pièce. Il est en avance et il assiste, par conséquent, un peu malgré lui, à la répétition non moins générale de la pièce qui doit précéder la sienne.

Il l'écoute, avec indifférence d'abord; puis il se sent

empoigné et — ce qui est plus grave — les quelques personnes qui se trouvent dans la salle sont non moins empoignées que lui. Les larmes coulent, les mouchoirs sortent des poches. Alors M. Newski n'y tient plus : il se lève, il sort bruyamment, en déclarant que l'on veut tuer son drame, qu'il ne souffrira pas une telle indignité, qu'il ne veut pas être joué dans de telles conditions !

A la sortie, il se trouve en face de sa principale interprète, de M<sup>lle</sup> Rousseil.

— On va donner, lui dit-il, avant nos *Borowski*, un acte dont la situation est identiquement pareille à la situation capitale de mon œuvre ! C'est une infamie ! Je ne la tolérerai pas !

M<sup>lle</sup> Rousseil est sur le point de se trouver mal. Elle quitte le théâtre en partageant l'indignation de son auteur.

Or, on m'affirme qu'il n'y a, dans le *Grand-Père*, ni situation, ni scène, ni rien qui ressemble à la *Princesse Borowska*.

M. Newski est trop homme d'esprit pour avoir pu craindre le succès d'un drame qui devait précéder le sien. Il faut donc mettre sa colère sur le compte d'une de ces hallucinations nerveuses qui font partie des souffrances ordinaires ressenties par les auteurs au moment de leurs premières. Vous voyez que j'avais raison en vous disant que le demi-auteur des *Danicheff* rendait des points à Sardou.

En attendant, la première représentation du *Grand-Père* a été remise à la semaine prochaine.

De même qu'une véritable salade de pièces russes nous a été servie dans les théâtres au moment des *Danicheff*, de même on nous annonce pour cet hiver une avalanche de pièces polonaises.

Le citoyen Floquet pourra être content. Vive la Pologne ! monsieur.

On nous promet *Samuel Brohl* à l'Odéon; *Ladislas Bolski*, au Vaudeville; les Borowski enfin sont des polonais, tout ce qu'il y a de plus polonais.

M. Chabrillat, qui a la chance d'arriver premier, a tenu à soigner sa Pologne.

Il a apporté un soin extrême à ses décors, à ses costumes et à sa mise en scène.

Il a tenu à faire bien et surtout à faire exact...

Les deux derniers actes, par exemple, se passant dans un vieux château perdu dans la forêt du district de Nieboroff, M. Chabrillat a fait chercher et a fini par trouver les plans complets et détaillés d'un antique castel du seizième siècle, que les comtes Jablowski ont construit à grands frais dans le district de Minsk, et le décor que nous avons admiré ce soir, et qui a été peint par Zara, n'est que la reproduction scrupuleuse de la grande salle de ce château.

Les tapisseries qui le garnissent sont la copie fidèle de celles qui se trouvaient, à Cracovie, dans le palais du roi Stanislas Leczinski.

Le boudoir capitonné du second acte, gris-perle et rose, avec garnitures en dentelles, est une merveille de luxe et d'élégance.

Les lustres, les girandoles, les candélabres, les vases, les pendules, tout est en porcelaine de Saxe. Si la Pologne n'est pas contente!...

Les costumes ne sont pas moins exacts que le reste.

Le costume de général que porte M. Fleury — le général Fleury, comme on l'appelle dans les coulisses — est celui des généraux de cavalerie, aides de camp de l'empereur. Les épaulettes et les aiguillettes ont été achetées à Saint-Pétersbourg même.

M. Angélo, qui joue le rôle d'un capitaine de lanciers, a sur sa poitrine la *médaille de l'émancipation*. C'est une médaille qui lui a été donnée par l'auteur.

M. de Corvin la portait, après l'insurrection, lorsqu'il

fut nommé commissaire du gouvernement dans un district polonais.

Enfin, parmi les différentes toilettes de M$^{lle}$ Rousseil, il en est une qui a un cachet très-étrange. C'est une sorte de toilette politique que la princesse polonaise met pour aller à une fête donnée à l'ambassade de Russie. La robe se compose d'une tunique en bouillonné blanc sur une jupe de satin jaune à broderies noires : les trois couleurs de la Russie. La ceinture et le bouquet du corsage sont de couleur pensée : la couleur nationale de la Pologne. Dans les cheveux, l'aigle blanc de Pologne en diamants.

On a été si loin, dans la recherche de l'exactitude locale, que la musique de scène elle-même s'en est ressentie. Le trémolo banal a fait place à des morceaux qui sont russes ou polonais pour la plupart.

Ainsi, le lever de rideau du second acte est imité d'une invocation de Moninsko, que chantaient les fameux faucheurs pendant l'insurrection;

Au troisième, on joue un hymne russe :

Au quatrième, un chant national polonais;

Et au cinquième, une mélodie populaire du Moninsko déjà nommé.

Que va-t-il rester aux Polonais des autres théâtres ?

J'ai dit plus haut que le quart d'auteur des *Danicheff* et le directeur de l'Ambigu échangeaient du papier timbré à propos du titre.

Outre les deux titres en litige, il en existait bien un troisième, sous lequel la pièce avait même été présentée et reçue, c'était l'*Amnistie*.

Ce troisième titre avait même ses partisans. L'auteur d'abord; puis M$^{lle}$ Rousseil qui, comme *fille d'un proscrit*, aurait été heureuse sans doute d'attacher son nom à une étiquette aussi démocratique et de recueillir une part des manifestations qui se seraient infailliblement produites.

Mais, c'est justement par crainte de ces manifestations que M. Chabrillat ne s'est même pas arrêté une minute à cette idée.

D'autre part, la censure n'eût pas toléré l'*Amnistie*. Jamais ces messieurs de la commission, si sages, si prudents, n'auraient voulu engager à ce point la politique du gouvernement.

Le drame se passant dans un pays froid, on comprend que le public ait été pris de temps en temps, d'accès de... fourrures. (Calembour recueilli dans une baignoire.)

Mais il m'a paru qu'on a ri un peu à tort et à travers. Ainsi, je ne m'explique pas très-bien l'hilarité prolongée et répétée qui a accueilli les entrées d'un domestique en grande livrée, très-correctement habillé et ayant fort bonne mine.

On n'est pas habitué à voir d'aussi beaux laquais à l'Ambigu. C'est peut-être à cause de cela qu'on a ri.

M. Duquesnel me raconte, pendant un entr'acte, qu'autrefois à l'Odéon c'est ainsi qu'on recevait les gardes romains dans les tragédies.

Dès que ces malheureux gardes paraissaient, les spectateurs se tordaient. C'était une tradition.

Un jour, M. Duquesnel eut une idée.

— Ce soir, dit-il, à ses comparses, vous rirez les premiers !

En effet, les gardes entrèrent la figure souriante, épanouie.

Le public ne broncha pas.

A la place du signataire des *Danicheff*, je donnerais, dès demain, ce même conseil à mes interprètes :

Qu'ils rient un peu en jouant leur drame. Peut-être alors ne rira-t-on plus dans la salle ?

### FLEUR D'ORANGER.

*7 décembre.*

Jusqu'à présent, chaque fois qu'un nouveau théâtre s'est ouvert, il a été obligé de subir d'abord une série d'insuccès. C'est la période réputée inévitable de l'essuyage des plâtres.

Mais il semble que maintenant ce genre d'inconvénients ne se présente plus. Voyez, par exemple, le théâtre des Fantaisies-Parisiennes qui fêtait hier par un souper la centième représentation de la *Croix de l'Alcade*, la première pièce à musique, jouée dans une salle déjà connue, mais entièrement restaurée. Voyez surtout le théâtre des Nouveautés, qui a inauguré sa première direction avec *Coco*, une pièce qui a fait le maximum pendant six mois et grâce à laquelle la salle du boulevard des Italiens s'est imposée, dès les premiers jours, à la faveur du public.

Un des personnages de *Fleur d'Oranger* s'écrie plaisamment :

— Les malheurs, c'est comme les jumeaux : ils ne viennent jamais seuls !

On pourrait, pour Brasseur, retourner cet axiome. Pendant que *Coco*, plus que centenaire, faisait encore de superbes recettes, il arrivait à Brasseur ce qui n'arrive pas assez souvent à certains directeurs malheureux.

*Fleur d'Oranger*, avant même d'être jouée, lui rapportait une somme toute ronde de vingt mille francs.

Il est vrai que cette aubaine provenait du dédit de Christian et que l'on ne se sépare pas sans regrets d'un acteur aussi précieux. Mais, le rôle de Pommerol n'est pas d'une importance capitale et Brasseur eut la chance de trouver presque tout de suite un remplaçant au pensionnaire qu'on lui enlevait à prix d'or, de sorte que le départ de Christian s'est résumé par un bénéfice net pour le directeur des Nouveautés.

Si, comme on le racontait dans les coulisses, cette négociation a été inspirée et facilitée au directeur actuel de Christian par un troisième impresario, qui a vu avec regret un nouveau théâtre de genre s'ouvrir sur les boulevards, il faut convenir que le tour, pour être bien joué, est de ceux qui peuvent se passer de revanche.

*Fleur d'Oranger*, avant d'en arriver à la première de ce soir, a essuyé toute la série des déboires qu'une pièce peut subir en attendant qu'elle se joue. Les auteurs primitifs, MM. Grangé et Bernard, l'ont offerte et vu refuser partout. Ils l'ont soumise successivement à l'examen de tous les rebouteurs dramatiques de la capitale. Un instant, Clairville se chargea de l'arranger, mais il y renonça presque aussitôt. Enfin, Hennequin, après bien des hésitations, accepta d'y travailler.

Dès qu'il se fut mis à la besogne, il changea la pièce si radicalement, il apporta des transformations si absolues dans les situations, dans les personnages, dans le milieu où se passe l'action, dans le dialogue et dans les couplets que, du manuscrit qu'on lui avait confié, il ne restait ce soir que le titre. En effet, la dernière scène survivante de la pièce originale a été coupée par Hennequin à la veille de la répétition générale.

On comprend que ses collaborateurs aient eu la pensée délicate de s'effacer en partie devant leur sauveteur. Sur deux, il n'y en a qu'un, M. Victor Bernard, qui se soit fait nommer. Il est vrai que Clairville, pour avoir failli être de l'affaire, a été nommé, lui aussi, mais d'une autre façon.

Un personnage de la pièce, parlant des *Cloches de Corneville*, ajoute que cette opérette est de M. Clairville, ce dont tout le monde se doutait bien un peu.

Est-ce à cause des remaniements que le nouveau vaudeville a subis, pendant les répétitions, à cause des *béquets* de la dernière heure, à cause des inquiétudes toujours occasionnées par les pièces mouvementées d'Hennequin, si difficiles à mettre en scène, que chacun au foyer des artistes se plaignait, ce soir, d'un malaise quelconque afin de mieux dissimuler le trac qui le travaillait ?

La charmante Céline Montaland racontait qu'elle souffre depuis plusieurs jours de névralgies intercostales atroces.

Dailly a été obligé d'apprendre son rôle si vite, si vite qu'il en a encore la fièvre et se fait tâter le pouls par des personnes complaisantes.

Théo se lamente non moins fort :

— Je suis dans un état !... dit-elle, vous n'avez pas idée... j'ai failli avoir la grippe... vous verrez que la voix va me manquer... j'ai le sang à la gorge... un soir de première !... ça ne m'était jamais arrivé !

Silly a la migraine ; Numa se plaint d'un mal de dents.

Quant à Brasseur, il me dit en me prenant la main d'un geste fébrile :

— Ah ! je suis bien malade !... et si je n'étais pas le directeur, je serais dans l'impossibilité de jouer ce soir.

A côté de lui, son fils, Albert Brasseur, un débutant, un gentil garçon de dix-huit ans, à peine échappé des bancs du Lycée Fontanes, est encore le plus souffrant de toute la troupe : il se croit menacé de coliques, ce qui serait bien naturel.

Bref, si toutes ces indispositions avaient été réelles, si elles ne s'étaient pas dissipées comme par enchantement dès le lever du rideau, nous aurions pu nous rendre compte de ce que peut être une représentation improvisée par quelques pensionnaires de la maison Dubois.

Mais une fois la pièce commencée, tout le monde a oublié ces souffrances imaginaires, en présence d'une salle très-gaie, très-brillante et ne demandant qu'à se divertir.

*Fleur d'Oranger* est montée avec beaucoup de goût.

Les décors sont amusants. Le premier représente une plage normande — comme dans *Niniche*. M. Hennequin est peut-être superstitieux : il croit que les plages lui portent bonheur. Le troisième reproduit très-fidèlement la terrasse illuminée du restaurant des Ambassadeurs, aux Champs-Élysées. Quant à celui du second acte, c'est la loge de la diva au théâtre des Fantaisies-Lyriques, loge entièrement tendue de rose, avec des entre-deux de dentelles, et si confortablement meublée qu'il est absolument impossible de s'y reconnaître. Quelle différence entre ce décor élégant et la véritable loge de Théo aux Nouveautés, avec ses murs nus, sa toilette en bois blanc surchargée de pots de rouge, de cold-cream, de noir, de pinceaux, de pattes de lièvre, de boîtes de poudre de riz et de tout ce qui sert à faire un visage d'actrice, avec son désordre pittoresque, ses malles ouvertes et ses jupes accrochées n'importe où! Sur la porte d'entrée de cette loge, qui a été occupée par Christian, j'ai vu cette étiquette : CHRISTIAN, *libéré*.

Théo, qui est mariée et mère de famille, porte avec beaucoup de conviction la fleur d'oranger au théâtre : elle a l'air de croire que c'est arrivé.

— Ou plutôt... que ça n'est pas arrivé !

9 décembre.

La première représentation du *Grand-Père*, le drame intime en un acte dont j'ai parlé l'autre soir, vient d'avoir lieu à l'Ambigu.

Si M. Chabrillat s'est résigné à ne pas jouer en même temps ses deux pièces nouvelles, c'est surtout — on le sait — afin de ne bas désobliger l'auteur de la *Princesse Borowska* qui avait, d'une façon bien imprévue, cru découvrir une ressemblance entre les situations principales du petit drame et du grand.

M. Georges Petit, le père du *Grand-Père*, s'était pourtant efforcé, jusqu'au dernier moment, de rendre tout rapprochement impossible.

C'est pour l'acteur Charly que la pièce a été écrite.

Depuis deux ans, une longue et douloureuse maladie avait éloigné cet acteur du théâtre. Deux ans ! c'est plus qu'il n'en faut pour se faire oublier du public parisien, ce monstre d'ingratitude. Aussi M. Chabrillat s'est-il montré à la fois homme de cœur et directeur intelligent, en engageant cet artiste qui, pour ne citer que deux de ses rôles, a créé le duc d'Albe dans *Patrie* et le mari de Rose Michel dans le drame de ce nom.

Lorsque le directeur de l'Ambigu chargea M. Georges Petit de faire un rôle pour Charly dans un drame dont la durée ne devait pas dépasser quarante-cinq minutes, le jeune et sympathique auteur ne se doutait guère des difficultés contre lesquelles il allait avoir à lutter.

Il commença naturellement par soumettre à M. Chabrillat son projet de scénario.

La pièce se passait dans une famille riche, dans un milieu élégant.

— Non pas, s'écria M. Chabrillat, vous devez être

joué avec les *Borowski,* où il n'est question que de princes et de princesses, sans compter les généraux. Il me faut un contraste : un bon ménage d'ouvriers, par exemple !

Huit jours après :

— J'ai trouvé ! vint dire M. Petit. J'ai une situation empoignante... Figurez-vous un enfant...

— Comment ! un enfant ! répliqua M. Chabrillat, c'est impossible !

— Pourquoi ? Il me semble que la petite Daubray... ou toute autre fillette...

— Impossible, vous dis-je, il y a deux enfants dans les *Borowski !*

— Bien, n'en parlons plus. C'est dommage ! j'avais besoin d'un enfant qui empêchait son père de se tuer...

— Oh ! n'y pensez pas... Un père ! il y en a un dans les *Borowski...*

— Sapristi ! c'est de plus en plus dommage ! J'aurais voulu cette intervention d'un ange gardien blond qui... au moment du suicide...

— Un suicide ! Mais je n'en veux pas, je n'en veux à aucun prix !

— Cependant...

— Il y en a deux dans les *Borowski !*

— Allons, soupira Georges Petit, je chercherai autre chose.

Alors, de la petite fillette il fit une grande jeune fille, le père devint un grand-père, et du suicide il ne resta plus que l'intention.

Une fois toutes ces précautions prises, on comprend la stupéfaction de l'auteur et du directeur quand, à la répétition générale du *Grand-Père,* M. de Corvin prétendit que le drame de M. Petit avait été taillé dans le sien.

Jusqu'au dernier moment, le jeune auteur a enlevé

jusqu'aux moindres rapprochements entre sa pièce et l'autre.

Quelques personnages du *Grand-Père* devant s'asseoir à certains moments, il a bien fallu leur donner des chaises bien qu'il y en eût dans la *Princesse Borowska*. Mais on a eu soin de choisir des chaises de paille grossière et même d'en trouer quelques-unes — ce qui est vraiment le comble de la délicatesse.

Le décor du *Grand-Père* représente l'intérieur délabré de pauvres gens. Sur un buffet sont rangés des assiettes, des verres et autres ustensiles de ménage.

L'auteur a minutieusement examiné tous ces objets, les uns après les autres, et il a fait à M. Haymé, l'excellent régisseur du théâtre, cette recommandation suprême :

— Surtout pas de porcelaine de Saxe : il y en a dans la *Princesse Borowska!*

Il y avait, dans le *Grand-Père*, un fusil que Charly devait saisir dans un moment de colère.

Comme il y a déjà une carabine et un pistolet dans la *Princesse Borowska*, le fusil a été, à la dernière minute, remplacé par un couteau.

Et encore M. Chabrillat se demandait-il aujourd'hui, si le fait seul de s'être servi, dans le *Grand-Père*, d'une arme offensive, ne pouvait pas lui valoir, de la part de l'auteur de la *Princesse Borowska*, un procès en contrefaçon.

Je crois vraiment qu'on a eu des scrupules exagérés.

J'ai entendu ce soir, pendant la première du drame, un bruit de mouchoirs.

Cela ne suffit-il pas pour prouver qu'il n'y a rien de commun entre le *Grand-Père* et la *Princesse Borowska?*

## LE LENDEMAIN D'UNE PREMIÈRE.

10 décembre.

Nous sommes en ce moment en pleine fièvre de premières. Il ne se passe guère de jour sans qu'un théâtre ne nous convie à l'audition d'une pièce nouvelle. D'ici au 31 décembre, on nous annonce : l'*Age ingrat*, au Gymnase ; les *Droits du Seigneur*, aux Fantaisies-Parisiennes ; la reprise des *Brigands*, à la Gaîté ; *Les Enfants du Capitaine Grant*, à la Porte-Saint-Martin ; *Madame Favart*, aux Folies-Dramatiques ; la revue de l'Athénée ; la *Reine Berthe* et *Yedda*, à l'Opéra, et peut-être même cinq ou six drames nouveaux au Château-d'Eau.

Il est donc tout naturel que l'on coudoie partout des auteurs fiévreux, anxieux, nerveux, passant par des alternatives de découragement exagéré et d'espoir sans mesure ; puis d'autres, plus tranquilles, plus calmes, qui se trouvent arrivés au lendemain de la bataille, et qui n'ont plus qu'à prendre connaissance des bulletins de victoire ou de défaite.

Je vous ai présenté plus d'une fois l'auteur à la veille de sa première ; il n'est pas moins intéressant de l'étudier le lendemain.

Prenons d'abord l'auteur heureux.

Il vient d'avoir un grand succès et il se promène triomphant, rayonnant, aux endroits les plus fréquentés du boulevard.

Il échange de nombreuses poignées de mains avec des amis, dont les félicitations et les compliments ajoutent encore à sa joie.

Cependant, quelques notes discordantes se mêlent à ce doux concert d'éloges.

C'est un confrère qui rit jaune et qui murmure à l'oreille de l'auteur heureux :

— Ce n'est pas mal ! Public très-bien disposé ! Vous avez eu de la veine !

C'est un journaliste, grincheux de sa nature, et qui n'aime pas les succès des autres, disant d'un air protecteur :

— Vos interprètes ont dépensé un talent énorme. Seulement, vous savez, je vous conseillerai quelques coupures.

C'est un ancien camarade de collége, auquel, sans trop savoir pourquoi, l'auteur a donné une place à la première, et qui vient à lui le sourire aux lèvres :

— Tous mes compliments, mon cher. C'est un succès ! Je ne sais pas si ça fera de l'argent, mais c'est un succès de première.

Un autre, qui a de temps en temps une pièce jouée dans les réunions intimes d'un cercle, l'aborde carrément :

— Voulez-vous que je vous donne mon impression sur votre succès d'hier ?

— Comment donc !... enchanté !

— Moi, je suis franc ! je n'irai pas par quatre chemins : votre sujet est excellent... seulement, vous l'avez mal traité. Ainsi, au troisième acte, au milieu de la scène d'amour, j'aurais fait revenir le mari...

— Le mari !... mais puisqu'il s'empoisonne au prologue avec de l'acide prussique !

— Ça ne fait rien... Sardou eût trouvé un moyen !

L'auteur, fortement désappointé, continue sa promenade. Soudain, un autre ami surgit devant lui en s'écriant :

— A propos, mon excellent bon, vous n'avez donc jamais lu la *Folle de la Grève*, un vieux drame du boulevard du crime ?

— Non, jamais.

— Pas possible, c'est votre pièce toute calquée !
— Mais il n'y a ni folle, ni grève dans mon drame !
— Ça ne fait rien, c'est absolument la même chose.

Cette fois, l'auteur, de plus en plus refroidi, se demande sérieusement s'il tient bien réellement un succès, si les applaudissements qu'il a entendus étaient bien sincères.

Le soir, il se dirige vers son théâtre.

La seconde représentation lui paraît d'autant plus froide que la première a été plus chaleureuse.

Pendant un entr'acte, il se glisse dans les couloirs ; il a perdu son air triomphant et il prête une oreille anxieuse aux conversations des groupes.

Alors fatalement — on peut vérifier le renseignement auprès de tous les auteurs joués — il tombe sur un groupe où quelqu'un s'écrie :

— Ça un succès !... Je n'ai jamais rien vu de plus idiot !...

Passons maintenant à l'auteur malheureux.

La soirée de la veille a été mauvaise. Le public a été froid. Le malheureux auteur est rentré chez lui désespéré.

Le lendemain, en s'éveillant, on lui apporte un paquet de journaux. Le premier qu'il parcourt parle de sa pièce, dans un article banal, comme savent le faire certains critiques indulgents.

Le second compte rendu se termine ainsi :

« Allégée de quelques scènes qui ont paru faire longueur, cette pièce pourra fournir une carrière fructueuse. »

— Eh ! eh ! murmure l'auteur malheureux, avec une satisfaction visible, c'est vrai pourtant... avec des coupures !...

Puis arrivent successivement :

Le bouquet des machinistes ; — la vue des fleurs

apporte quelque consolation et chasse des idées moroses ;

La carte des gaziers ;

La carte de M. le coiffeur ;

Et même celles du souffleur et du chef d'accessoires.

L'auteur distribue à tous ces braves gens des bons sur Péragallo.

Cela le soulage de faire quelques heureux. Il lui semble qu'on n'oserait pas accepter son argent s'il venait de subir un four.

Un peu après, dans la matinée, paraît sa femme de ménage qui, la veille, a assisté à la première. Elle complimente l'auteur.

— J'ai beaucoup pleuré, lui dit-elle.

La pensée que sa femme de ménage a versé des larmes en écoutant sa prose, rassérène encore l'auteur. Ce n'est qu'une servante, mais Molière ne lisait-il pas ses pièces à la Laforêt ?

Il descend sur le boulevard et rencontre successivement quelques amis, qui, pour le consoler, croient devoir lui dire :

— Eh bien, ce n'est pas mal.

— Ça ira très-bien.

— On a beaucoup ri et beaucoup pleuré.

— Ça fera quelque argent.

Enfin, le soir, il entre dans son théâtre. La pièce marche mieux, les acteurs sont plus sûrs d'eux-mêmes, le public paraît assez content.

A l'entr'acte, il entend au foyer le dialogue suivant entre deux messieurs :

— Eh bien, franchement, on disait que c'était mauvais ; moi... je ne trouve pas. Je dirai plus : cela m'intéresse.

Et l'auteur, tout à fait rassuré, rentre chez lui convaincu que le public de la première s'est trompé et qu'il tient un succès.

## L'AGE INGRAT.

11 décembre.

M. Edouard Pailleron, l'auteur de la comédie nouvelle dont le Gymnase vient de donner la première représentation, ayant eu plusieurs pièces représentées avec succès au Théâtre-Français, on pourrait croire que l'*Age ingrat* a été également écrit pour la scène de la rue Richelieu, et peut-être qu'il y a subi une de ces réceptions à corrections, plus vexatoires qu'un refus franc.

On ferait bien de renoncer à cette idée.

La pièce de M. Pailleron a été faite en vue du Gymnase, et si jamais elle se jouait à la Comédie-Française, c'est que, comme le *Demi-Monde*, le *Fils naturel* et le *Gendre de Monsieur Poirier*, elle émigrerait du boulevard Bonne-Nouvelle à la rue Richelieu.

M. Pailleron a d'ailleurs trouvé, en M. Montigny, un collaborateur encore précieux.

Il est peu de comédies dans le répertoire moderne — sauf peut-être le *Club*, au Vaudeville — qui aient présenté autant de difficultés d'installation et d'arrangement que l'*Age ingrat*.

Sardou disait, en parlant de M. Montigny, au moment de la grande vogue du Gymnase :

— Il a le génie de la mise en scène !

Et c'est, en effet, faire preuve d'un génie particulier que de débrouiller une comédie dans laquelle s'agitent trente-et-un personnages, ni plus, ni moins.

Les plus petits rôles sont tenus par des artistes.

Les étrangers de distinction, russes, polonais, italiens, anglais, qui défilent au second acte, simples figurants, rôles muets exigeant de la tenue, sont représentés par les pensionnaires ordinaires de la maison.

« Tout le monde sur le pont ! » crie le capitaine du navire, en cas de danger.

La saison d'hiver s'annonçait mal pour le Gymnase, l'horizon était noir, il a fallu un effort : « Tout le monde sur le pont ! » a crié le directeur. Et tous les artistes ont répondu à l'appel, personne n'a songé à déserter.

De très-gentilles personnes, des actrices de talent, se sont contentées de paraître, de passer dans le salon du second acte, salon exotique, bizarre, mais facilement reconnaissable, où tant de gens, ce soir, se sont retrouvés comme chez eux.

On comprend, par exemple, qu'en recrutant ainsi sa figuration dans sa troupe, M. Montigny ait fait bien des malheureuses. Ainsi, Alice Regnault est désolée. Et pourtant, elle est beaucoup mieux partagée que bien d'autres : elle parle.

— On va encore dire que je suis une jolie femme ! soupirait-elle ce soir.

— Puisque c'est la vérité !

— C'est possible, mais rien ne m'agace autant depuis que j'ai pris la résolution de travailler sérieusement. Des succès de jolie femme ! Dieu ! que j'en suis lasse ! Une seule ligne sincère dans un compte rendu : « M$^{lle}$ Alice Regnault joue très-gentiment son rôle de... » Voilà mon rêve, voilà mon ambition !

Or, non-seulement le rôle de M$^{lle}$ Regnault est court, mais il a fallu en retrancher l'effet principal.

Cet effet était pourtant fort gracieux.

Il consistait en une petite scène de flirtage, où M$^{lle}$ Regnault donnait la réplique, en montant sur une balançoire.

Tant qu'il s'agit de répéter sans accessoires, tout alla bien.

Mlle Regnault disait :

— Pendant ce temps, je me balance !

Et l'on passait outre.

Mais quand la balançoire fut installée, Mlle Regnault découvrit avec terreur que cet exercice lui causait un mal de cœur violent. En vain essaya-t-elle de réagir, elle n'y parvint pas. Il a bien fallu qu'elle renonçât à la balançoire.

M. Guitry, lui, a renoncé à sa coiffure — celle qui lui allait si mal et dont on a tant souri à la dernière reprise de la *Dame aux Camélias*. Bien à regret, me dit-on. Le jeune amoureux tenait à cet arrangement de cheveux. C'est ainsi qu'il se plaisait. Cependant, étant donné le vent de sacrifices qui soufflait dans les coulisses du Gymnase, il n'a pas cru devoir résister aux instances de ses camarades, et ses mèches sont tombées sous les ciseaux d'un vulgaire coiffeur. C'est toujours cela !

Une pièce aussi riche en détails que l'*Age ingrat*, peut fournir à la chronique plus d'une anecdote plaisante. Je me contente, pour ce soir, de celle-ci :

Dans l'étrange salon dont je parle plus haut, Saint-Germain, parlant du goût de la comtesse pour les personnalités en vue, s'écrie :

— Nous invitons tout le monde ! Nous avons invité sept fois Lecocq et quatorze fois Renan... Il est vrai qu'ils ne sont pas venus !

L'effet de cet aveu naïf a été d'autant plus grand que M. Renan, un ami de M. Pailleron, se trouvait dans la salle et qu'une partie du public s'est tournée vers sa loge.

Or, dans le principe, au lieu de Renan, Saint-Germain disait : Gambetta.

La censure a été impitoyable. Elle a rayé le nom de Gambetta. M. Pailleron tenait pourtant à son effet.

Voyant qu'il n'obtiendrait rien de la commission d'examen, il s'en fut à la *République française* trouver le chef de la majorité qu'il connaissait à peine.

Il lui exposa son cas et lui demanda l'autorisation de le nommer.

— Comment donc, répondit Gambetta qu'un peu de publicité n'offusque jamais, mais je vous y autorise de grand cœur !

M. Pailleron s'empressa donc de rétablir le nom de l'orateur. Mais à la répétition générale devant les censeurs, ces messieurs exigèrent de nouveau et formellement la suppression du nom.

— Cependant, leur fit observer M. Pailleron, j'ai vu Gambetta... il consent.

Messieurs de la censure se montrèrent plus gambettistes que Gambetta lui-même. Ils se déclarèrent forcés de maintenir leur première décision :

— Prenez tous les noms que vous voudrez, dirent-ils à l'auteur, tous... excepté celui-là.

M. Pailleron alors se décida pour le nom de Renan.

Salle brillante, très-animée, comme on n'en voit pas à toutes les premières du Gymnase.

L'entrée d'une débutante, M<sup>lle</sup> Jane May, a causé un long murmure.

M<sup>lle</sup> May est cette jeune personne qui, tout récemment — dans un procès dont vous vous souvenez certainement — a produit, devant le tribunal, un certificat de vertu, en bonne et due forme, signé par un médecin.

Le chuchotement qui a accueilli l'entrée de cette gentille et vaillante jeune fille prouve combien le public incrédule et sceptique des premières représentations est agréablement surpris toutes les fois qu'on cesse de lui montrer des banalités.

— Et savez-vous, me demanda un voisin d'orchestre, savez-vous si M<sup>lle</sup> May a toujours... son certificat ?

Conversation de couloir :

— Ainsi... Après l'*Age ingrat*... Legault va au Palais-Royal ?

— Oui.

— Quelle étrange idée !

— C'est pour se rapprocher des Français !

Mlle Tessandier continue ses débuts dans le rôle de la comtesse étrangère auquel tout le monde a donné, dans la salle, un nom... de princesse.

— Très-bien habillée, n'est-ce pas ?

— Trop de goût. Cela l'empêche de ressembler au modèle.

— Moi, à la place de Pailleron, j'éviterais désormais de me promener à pied, le soir, dans l'avenue du Bois-de-Boulogne !

A la sortie, un mot — étranger à l'*Age ingrat* — me frappe.

Vous savez que, dans la *Camargo*, Desclauzas s'écrie à plusieurs reprises :

— C'est vraiment tropical !

Il faut croire que l'exclamation est en train de faire son chemin et qu'on s'en servira un peu à tort et à travers, car voici ce que je viens d'entendre :

— Brrr, mon cher, quel froid ce soir !

— Oh ! ne m'en parlez pas, c'est tropical !

---

*12 décembre.*

Tous les ans, quand les Champs-Élysées sont bien déserts, quand il fait bien froid, quand on est bien sûr de ne plus rencontrer âme qui vive entre la place de la Concorde et l'Arc de triomphe, un spéculateur intelligent se frappe le front en se disant :

— Si je profitais du moment pour ouvrir les Folies-Marigny?

Et le lendemain, nous recevons un billet rose par lequel on nous invite à assister, aux Folies en question, à la première représentation d'une revue de fin d'année en plusieurs actes et un tas de tableaux.

C'est encore ce qui nous est arrivé hier.

La Revue, cette fois, est de M. de Jallais.

M. de Jallais est un homme d'esprit. Aussi n'en met-il pas dans ses revues. Il sait que c'est parfaitement inutile. Il prend au hasard, dans ses œuvres complètes, quelques vieux couplets, des rondeaux ayant souvent servi, il distribue le tout à un compère entouré de jeunes ou de vieilles personnes recrutées un peu partout, dans les bals publics, dans les cafés du boulevard Montmartre, dans les skating-rink, au promenoir des Folies-Bergère, après quoi il s'en rapporte au public pour faire le dialogue.

Le public — il faut lui rendre cette justice — celui de la première surtout — s'acquitte à merveille de cette mission de confiance.

Il cause avec ces dames, leur donne des conseils, les force à recommencer deux ou trois fois leurs couplets, reprend en chœur les refrains connus, souligne les mots à double entente, pousse des « oh! oh! » indignés ou des « ah! ah! » encourageants, fait enfin tout ce qui concerne son état.

L'inamovible Quérette représente la couveuse artificielle.

— Prenez cette chaise! dit-elle au compère, asseyez-vous sans crainte, il n'y a pas de pétard dedans.

Aussitôt de tous les coins de la salle :

— Des pétards! Philippe, as-tu des pétards?

Le représentant de la maison Brandus fait un geste désespéré. Hélas! il n'a pas prévu le cas, il n'a pas de pétards!

La poupée nageuse affirme qu'elle est à ressort.

Le public. — Faites voir ! — C'est pas possible ! — Si elle était à ressort on le verrait ! — Ous qu'il est ton ressort ? — Tu vas nous le montrer, dis ?

On chante une ronde dans laquelle il est question de lapin.

Le public. — *Bis*, pour le lapin ! — Vive le lapin ! — Donne-nous ton lapin !

Quérette reparaît. Elle raconte qu'elle demeure au sixième au-dessus de trois entre-sols.

Le public. — Où ? — L'adresse ! — Voyons, Quérette, tu peux bien nous confier cela, à nous ? — L'adresse, l'adresse !

Une demoiselle en bleu, intimidée de ce tapage, s'arrête au beau milieu de son couplet.

Le public. — Allons, la bleue ! — Du courage, mon enfant ! c'était très-gentil ! — Pas de fausse timidité ! — Sarcey n'est pas là ! — Ne te gêne donc pas !

Et comme une ouvreuse, portant un gros bouquet, se montre dans une loge vide, tout le monde se tourne vers cette loge :

— Le bouquet pour la bleue !

Puis, sur l'air des lampions !

— Le bouquet ! le bouquet !

La bleue se trouble tout à fait. Elle envoie des baisers à la salle. L'ouvreuse disparaît, emportant son bouquet. Le délire est à son comble. Le compère interpelle les spectateurs. Toché tombe dans les bras de son voisin. Oswald disparaît sous un fauteuil. Mendel pousse des rugissements. Et seul, dans une loge de face, unique représentant du feuilleton dramatique, Edouard Fournier rêve qu'il imite le chant du coq.

. . . . . . . . . . . . . . . . . . . . .

Dans les coulisses, de Jallais serre la main de son collaborateur, en disant :

— Je crois que nous tenons encore un succès !

## LE DROIT DU SEIGNEUR.

13 décembre.

On peut dire de l'opérette ce qu'on a dit des chemins de fer : elle rapproche les distances.

Lorsqu'on jouait le mélodrame antique à Beaumarchais, personne ne s'occupait de ce théâtre, qui semblait n'avoir d'autre ambition que de faire connaître aux apprentis ébénistes du quartier les beautés sublimes de *Lazare le Pâtre* ou de *Jean le Cocher*.

Aujourd'hui que le vieux Beaumarchais a fait place aux jeunes Fantaisies-Parisiennes, que Vasseur a succédé à Bouchardy; maintenant qu'une salle élégante et bien éclairée a fait oublier la salle obscure et enfumée d'autrefois, il semble que ce théâtre n'est plus si loin qu'avant et qu'on y arrive beaucoup plus vite.

Les ennemis plus ou moins sérieux de l'opérette insinuent que ce genre impur bénéficie des nombreux moyens de communication qui relient actuellement le quartier de la Bastille aux quatre coins de Paris; ils affirment que le drame aurait certainement fait florès à Beaumarchais s'il avait eu le puissant concours des tramways. Certains esprits malveillants ne craignent même pas d'accuser la direction des Fantaisies-Parisiennes d'avoir fortement intrigué auprès de la Compagnie générale pour faire mettre en circulation les grands omnibus à plate-forme dont l'apparition sur la ligne des boulevards coïncide précisément avec celle du *Droit du Seigneur*.

Quoi qu'il en soit, la salle de M. Debruyère présentait ce soir un coup d'œil comme, dans ses soirées de gala même, le théâtre Beaumarchais n'en avait jamais offert. On se serait cru à une première des Variétés.

Le Jockey-Club et les grands cercles sont représentés à l'orchestre et dans les loges. Il y a des actrices connues au dernier rang des fauteuils, encore bien heureuses d'avoir pu se caser là. Une partition nouvelle de l'auteur de la *Timbale d'argent* est, il est vrai, un petit événement parisien qui explique tant d'empressement.

Les ouvreuses regardent d'un œil étonné les belles dames aux chapeaux tapageurs et aux dormeuses étincelantes; elles reçoivent avec respect les fourrures des messieurs et se communiquent leurs impressions d'une façon amusante :

— Quel beau monde !

— M'en parlez pas ! J'en avais pas vu de pareil depuis les courses de Vincennes !

Le directeur des Fantaisies-Parisiennes, M. Debruyère, se promène fiévreusement, mais fièrement, entre le contrôle et les coulisses. Il est plein d'enthousiasme, de feu et de foi. Ancien acteur, ayant joué quantité de mélodrames, le langage exagéré qu'il avait l'habitude de débiter en scène lui revient parfois.

Alors il s'écrie :

— Burani est un grand poëte ! Vasseur a du génie ! Ah ! la belle nuit pour une première à Beaumarchais !

Ou bien :

— Boucheron, tu es jeune, voici ta première pièce ! Courage ! L'heure de la victoire a sonné pour toi !

Au demeurant, excellent administrateur, directeur consciencieux, montant ses ouvrages avec goût, s'adressant aux bons faiseurs, à Grévin pour les costumes, à Cornil pour les décors, ne reculant pas devant la dépense, M. Debruyère mérite de réussir. Il raconte, ce soir, avec orgueil, que le *Droit du Seigneur* avait été reçu par Cantin, qui ne l'a pas joué à cause du succès prolongé des *Cloches*. Puis il arrête un ami en lui disant :

— Savez-vous si Meilhac est là?
— Non! pourquoi ?
— Je voudrais lui demander une opérette pour l'année prochaine !

Pour servir de traits d'union entre les théâtres du centre et celui du boulevard Beaumarchais, les auteurs ont eu l'excellente idée de choisir deux pensionnaires des Bouffes-Parisiennes : M<sup>lle</sup> Humberta et M<sup>me</sup> Cuinet.

M<sup>lle</sup> Humberta — la « jolie vilaine, » comme on dit dans le *Droit du Seigneur* — est presqu'une nouvelle venue au théâtre.

Elle a beau appartenir aux Bouffes, elle y a si peu joué dans une opérette qu'on a si peu vue, le petit rôle qu'elle tenait dans *Maître Péronilla* était d'une importance si secondaire, qu'elle possède encore, pour les Parisiens, tous les attraits piquants d'une débutante.

Elle est jolie, fine, élégante ; la bouche est malicieuse et les yeux sont spirituels ; le nez, un peu pointu, semble agité de temps à autre par de petits frémissements d'impertinence. Il y a je ne sais quoi d'allemand dans cette physionomie parisienne. Figurez-vous une image de Gretchen... après le jardin, crayonnée par Grévin.

M<sup>lle</sup> Humberta est toute jeune, mais elle a commencé son éducation théâtrale en Russie, où l'expérience s'acquiert plus vite que n'importe où. A seize ans, elle débutait dans le drame. Elle a joué dans les *Deux Orphelines* et dans la *Closerie des Genêts*. Cette charmante personne est sérieusement éprise de son art. On m'affirme que ses moyens lui permettraient de vivre tranquillement, selon sa fantaisie ; mais les tracas des répétitions, les fatigues des études, les souffrances de la première l'amusent mieux que tout.

Depuis trois mois, avant d'aller à ses répétitions, qui lui prenaient toute l'après-midi, elle a travaillé, trois heures tous les matins, avec M^me Ugalde.

M^lle Humberta a, d'ailleurs, sur la plupart des chanteuses d'opérettes, cet avantage inappréciable de parler également bien, avec la même correction et la même facilité, une quantité de langues étrangères. Elle pourra, quand elle le voudra, jouer son rôle du *Droit du Seigneur* ou de toute autre opérette, en anglais à Londres, en allemand à Vienne, en russe à Pétersbourg, en italien à Milan, en espagnol à Madrid. Enfin, si le fils du Soleil manifestait, par extraordinaire, le désir d'entendre l'opérette de Vasseur, M^lle Humberta apprendrait certainement le chinois en moins de temps qu'il en faut pour aller à Pékin.

Je n'ai pas à vous présenter M^me Cuinet, qu'on a vue aux Bouffes et à la Gaîté, ni M^me Rose Méryss, qui a débuté et réussi dans la *Croix de l'Alcade*, qu'elle vient de chanter plus de cent fois, sans en ressentir la moindre fatigue. Quant à Sujol, c'est l'ancien Sujol de l'ancien Lyrique de l'ancien boulevard du Temple. Il a partagé les triomphes de Marie Cabel dans le *Bijou perdu*, dans la *Promise*, dans le *Muletier de Tolède*. En ce temps-là il était mince et avait une voix de ténor. Aujourd'hui, il est gros et a une voix de baryton.

J'ai dit que les costumes sont de Grévin. Ceux de M^me Cuinet sont amusants, juste assez excentriques pour ne pas être disgracieux; ceux de M^lle Humberta sont charmants, le second surtout : un costume de mariée, avec corsage de jais blanc, et ridicule en fleurs d'oranger sur la jupe courte, de faille blanche. La fleur d'oranger est décidément à la mode. On en met partout.

Du reste, les fleurs n'ont pas manqué ce soir.

Il en est entré un véritable chargement dans la loge de la « jolie vilaine. »

Les roses ont dû faire prime, aujourd'hui, chez les fleuristes en renom.

Une corbeille, notamment, a fait l'admiration de tous ceux qui sont allés voir Mlle Humberta, pendant l'entr'acte; une corbeille gigantesque tout entière en roses-thé, avec l'anse en violettes de Parme. Perché sur ce nid embaumé, un ravissant oiseau de paradis au plumage doré. Cet oiseau et cette corbeille prouvent vigoureusement que l'ancien théâtre Beaumarchais a cessé d'être « un théâtre de quartier. »

J'ai parlé plusieurs fois, depuis quelques jours, de l'énervement des auteurs à la veille de leurs premières.

Aux Fantaisies-Parisiennes, cet énervement s'est manifesté d'une façon encore plus intense que partout ailleurs.

Dans la dernière quinzaine, compositeurs, auteurs, directeur et interprètes en étaient arrivés à donner des signes non équivoques de folie dangereuse.

On ne discutait plus, on se disputait.

Il y avait des provocations en l'air.

Vasseur parlait de remporter sa musique; Burani — qui fait en même temps répéter une revue à l'Athénée — demandait à tout le monde combien il fallait de temps pour aller au Plessis-Piquet; Boucheron, qui en sa qualité de débutant souffrait plus que tous les autres réunis, se levait la nuit pour relire le *Manuel du parfait Duelliste;* Debruyère repassait ses bonnes bottes de *Vingt ans après* et de la *Tour de Nesle;* Cuinet et Rose Méryss s'exerçaient au pistolet; Humberta, qui n'avait que ses soirées à elle, en profitait pour prendre des leçons d'escrime.

Mais, ce soir, les nerfs se sont brusquement détendus.

Et je ne crois pas m'avancer trop en affirmant que tout cela finira par des soupers.

## LA SOIREE THÉATRE 1750.

14 décembre.

Je me trouvais, tout à l'heure, au foyer des artistes du théâtre de la Renaissance, un peu fatigué et songeant avec envie — faut-il en convenir? — au sort heureux des gens de la campagne qui se couchent à huit heures tous les soirs.

J'étais à moitié étendu, dans un grand fauteuil, près d'un grand feu.

Autour de moi, je voyais, comme à travers un voile, circuler les habitués de l'Opéra de 1750, les seigneurs de la Glacière, des Lions-Saint-Paul et de la Grange-Batelière, magnifiques dans leurs habits brodés d'or et sous leurs perruques poudrées.

Ils causaient et j'essayais de prêter une oreille attentive à leur conversation.

Mais je n'y parvins que difficilement.

J'eus quelque peine, tout d'abord, à comprendre ce qu'ils se disaient.

Au bout de peu d'instants cependant leurs propos devinrent plus nets.

Alors, je fus témoin d'un étrange phénomène.

Les la Grange-Batelière, les Lions-Saint-Paul et les la Glacière s'entretenaient de ce qui se passait dans les théâtres parisiens, en décembre 1750, comme s'ils étaient réellement les contemporains de M$^{lle}$ Camargo.

. . . . . . . . . . . . . . . . . .

— Ainsi donc, disaient les Lions-Saint-Paul à la Grange-Batelière, ainsi donc vous venez de la Comédie-Françoise?

— Je ne saurais manquer d'y aller les jours de parade. Tous les lundis, les mercredis et les samedis on est sûr de m'y voir.

— Que jouait-on ?

— *Cénie* et les *Trois Gascons*.

— Pouah ! Triste spectacle ! Passe encore pour les *Trois Gascons* ; l'acte de Boindin est divertissant, mais *Cénie*...

— Quoi, *Cénie* ? C'est une comédie dont je raffole ! N'a-t-elle pas beaucoup réussi ? Voilà vingt fois qu'on la joue... et toujours devant des chambrées pleines.

— Je n'y contredis pas, mais j'ai pour les femmes-auteurs une aversion insurmontable. Françoise d'Issembourg d'Happoncourt de Graffigny manque complétement de poésie à mes yeux. Quand je pense que l'ancienne commensale de Voltaire est vieille et laide, cela me gâte tout ce qu'elle fait. Y avait-il du beau monde, au moins ?

— Comme tous les samedis. La Gaussin...

— Est-ce qu'elle grossit toujours ?

— Elle n'a plus que cela à faire.

— Puis encore ?

— La nièce de l'auteur : M<sup>lle</sup> Minette...

— Alors, Helvétius aussi ?

— Naturellement ! Il en est amoureux fou !

— Et que racontait-on de nouveau ?

— Demandez à de la Huchette... il vous le dira mieux que moi...

De la Huchette tourne sur son talon rouge, prend une prise et s'écrie :

— Le souper de la Clairon, messieurs. On ne parlait que de cela. Il paraît qu'on a beaucoup ri... beaucoup...

— Dans la petite maison du Marais, bien entendu ?

— Où voulez-vous que cela fût ?

— Vous a-t-on nommé les convives ?

— Parfaitement... Voltaire... Diderot... (*baissant*

*la voix et mystérieusement*) M^mes du Deffant et de Galitzin...

— Diable! Et pour la Clairon? Personne?
— Que vous êtes naïfs! Le peintre, parbleu!...
— Vanloo?
— Vanloo lui-même!
— Plus épris que jamais?
— De la passion! Il a fait le portrait de la Clairon... On dit que c'est un vrai chef-d'œuvre!
— Eh bien! moi, messieurs, s'écrie des Vieilles-Haudriettes en entrant brusquement, voulez-vous que je vous l'avoue?... La Clairon m'ennuie!
— Tout vous ennuie!
— Une fausse tragédienne... l'ancienne Frétillon... trop petite pour les grands rôles... voulant toucher à tout... On dit qu'elle termine ses mémoires, qu'elle dessine comme Moreau, il ne lui manquerait plus que de faire de la sculpture! Et dire qu'il y a des niais qui osent la comparer à Adrienne Lecouvreur!
— Je la préfère!
— C'est cela! Parisiens de la décadence! L'art dramatique se meurt. Il n'y a plus d'auteurs, il n'y a plus d'artistes. Vous vous pâmez aux parodies de Favart, aux pantomimes de la Comédie italienne! Le père Visentini est un acteur de génie, n'est-ce pas, et il n'y a rien de plus beau que *Le je ne sçai quoi* de de Boissy, avec son divertissement ridicule?...
— Vous divaguez! Vous nous parlez de décadence alors que la Comédie-Françoise a joué cette année deux tragédies nouvelles, une comédie en cinq actes, une en trois, une petite pièce en un acte; quand l'Académie royale de musique a donné cinq opéras nouveaux; quand nous avons des acteurs comme Poisson...
— Qui cela, Poisson le cadet? Aucun talent! Son frère aîné à la bonne heure... et il est usé... tout à fait usé...

— Et Baron?

— Le petit-fils! Bon pour ceux qui n'ont pas vu le grand-père, le grand Baron! Celui-là on ne le remplacera jamais!

— Et Lekain?

— Le débutant? Voltaire prétend qu'il illustrera la scène. Fantaisie de philosophe! Nous baissons, croyez-moi. Nous ne faisons plus rien pour répandre le goût des belles-lettres. Je me souviens de la dernière représentation gratuite qui a eu lieu, au mois d'août, pour fêter l'heureuse convalescence de monsieur le Dauphin : on jouait le *Légataire universel* et le *Mariage forcé*. Jamais je n'ai vu spectateurs plus attentifs. Je voudrais que l'on créât un vaste théâtre populaire...

— Sur la cassette royale? Le Roi vient encore d'accorder vingt mille francs de gratification extraordinaire aux comédiens pour les réparations de leur salle. On fait trop pour la littérature et pas assez pour la musique!

— C'est vrai, messieurs, pas assez pour la musique! dit de Pontcalé en entrant. J'ai soupé cette nuit avec quelques demoiselles du ballet : Lany, Saint-Germain, Sauvage, Gauthier, Désirée, elles sont furieuses. Pensez donc! Toujours les mêmes musiciens... toujours les maîtres de la musique du roi... les surintendants de la musique du roi...

— Puisque c'est le roi qui paye...

— Je voudrais, à l'Opéra, un simple entrepreneur qui exploiterait le théâtre pour son compte.

— Quel rêve!

— Pas tant que cela!

— Et la Camargo?

— Elle ambitionne de nouveau un rôle où elle pourrait chanter et danser à la fois... Elle se souvient de son succès dans les *Talents lyriques!*... Après tout, elle chante fort bien!...

— Cela va mal, tout va mal, le théâtre se meurt!
. . . . . . . . . . . . . . . . . . .
A ce moment, un chœur éclate non loin de moi :

> Guerre à Mandrin,
> A ce Malandrin,
> Ce hardi coquin,
> Que partout on craint!

J'ouvre les yeux, le foyer est vide, puis, tout à coup, je vois entrer Zulma qui va regagner sa loge et Desclauzas qui s'écrie :
— Quelle salle, mes amis, c'est tropical!
Je me réveille tout à fait et je m'empresse de vous livrer mon rêve.

---

## PREMIER FESTIVAL DE L'HIPPODROME.

*17 décembre.*

Je dis Festival, car l'administration de l'Hippodrome a jugé avec raison que le simple mot de concert ne saurait convenir à une solennité musicale de cette envergure. Ce que nous a offert l'Hippodrome ce soir est en effet un Festival, tout ce qu'il y a de plus Festival; le mot Festival n'eût pas existé qu'il aurait fallu l'inventer pour la circonstance, et je crois que jamais Festival n'a mérité le titre de Festival comme le Festival de ce soir.

Dans un cadre semblable, il faut faire grand. La musique de chambre y serait déplacée. Aussi a-t-on amoncelé des légions de musiciens pour soutenir une armée de choristes. Que diable! on donne un Festival ou on n'en donne pas!

L'enchaînement d'idées qui a conduit les administrateurs à faire cette tentative inattendue est assez facile à reconstituer.

Avec l'hiver, la neige, le dégel et autres avantages, la distance qui sépare l'Hippodrome du boulevard des Italiens s'est considérablement accrue. Les plus fidèles habitués ont déserté peu à peu, et l'on a dû renoncer à donner actuellement des représentations hippiques.

Ayant un cirque immense à ne rien faire, ces bons administrateurs se sont dit qu'il était bien cruel de ne tirer aucun parti du local et de l'installation. Alors ils se sont rappelé avec à-propos qu'ils avaient là, sous la main, un homme précieux, un chef d'orchestre dont il leur serait facile de faire un Pasdeloup monstre en lui donnant des masses chorales et instrumentales à diriger sous les voûtes métalliques et sonores de l'Hippodrome.

De là l'idée du Festival de ce soir.

Il suffit de connaître Vizentini, ne fût-ce que de réputation, pour savoir que nulle tâche, si écrasante qu'elle soit, ne saurait épouvanter sa vaillance et sa témérité.

Muni de pleins pouvoirs, ayant carte blanche pour tout organiser, il en a profité pour composer un programme à sensation et nous montrer successivement, à la tête de l'orchestre, Gounod, Saint-Saëns, Massenet et lui-même.

Avec de telles attractions, il était bien difficile de ne pas se rendre ce soir à l'Hippodrome.

Et pourtant, quel parcours! Que de ténacité il fallait pour aller jusqu'au bout! Pour moi, ce voyage m'avait plongé dans une suite d'idées, d'impressions étranges et mélancoliques.

C'est devant les Variétés que je me suis abandonné au courageux cocher chargé de me conduire.

Tout d'abord, la route se fait convenablement, mais

avec les boulevards disparaissent les boutiques éclairées. La rue Royale est relativement sombre, et après une diversion momentanée, causée par l'éclairage électrique du Corps Législatif, on retombe dans une nuit pointillée de petites lumières imperceptibles : ce sont les Champs-Élysées.

Cette superbe promenade est presque lugubre; la neige n'est pas encore fondue; aucun bruit, aucun mouvement : il est huit heures du soir, et l'on se croirait, à minuit, en pleine forêt. Cela manque de gaieté. A gauche, la Seine coule avec des miroitements nocturnes du plus triste effet.

Ah! si l'on n'allait pas à un Festival!

Enfin, j'arrive avenue Joséphine.

Cette fois, je tombe en plein vacarme... avant même d'avoir pénétré dans la salle.

Une foule de gens bien mis, de femmes en riches toilettes, presque tous venus en équipage pour voir Gounod et Vizentini, se pressent, se bousculent sans pouvoir entrer. Toutes les portes sont closes, et, bon gré mal gré, il faut attendre en plein air, au froid, en grelottant et en piétinant dans la neige.

A l'autre entrée, l'affluence est dix fois plus considérable; les portes sont également fermées.

Et les bureaux devaient ouvrir à sept heures trois quarts!

Ce qui m'a semblé mille fois plus étrange encore que le prodigieux sans gêne de l'administration de l'Hippodrome, qui s'est offert le luxe inconvenant de traiter ainsi l'élite du public parisien, c'est la bonne grâce avec laquelle ce public a enduré de pareils procédés.

Il n'est pas possible de se laisser infliger avec plus de bonne volonté des coryzas, des fluxions de poitrine et des rhumatismes articulaires ou non.

Par exemple, le coup d'œil de la salle nous dédommage immédiatement des déboires de l'entrée.

Impossible de rêver quelque chose de plus réu.si, de mieux combiné. L'immense piste est couverte d'un plancher, éclairée par une soixantaine de gigantesques candélabres, chauffée par un nombre incalculable de calorifères. C'est la première fois que nous voyons le gaz ordinaire soutenir avec éclat la concurrence de la lumière Jablochkoff. Si l'éclairage électrique est plus brillant, l'autre est plus gai : les deux réunis de la façon ingénieuse imaginée par la direction de l'Hippodrome se font valoir merveilleusement l'un l'autre.

Une foule énorme qu'on peut évaluer hardiment à douze mille personnes, envahit le palais. Toutes les places sont prises. Et dire que la queue continue à piétiner au dehors! Au-dessus de l'entrée du milieu, adossée au foyer-buffet, on a installé la loge de la Maréchale; Mme de Mac-Mahon s'y trouve avec quelques personnes de sa suite. La loge en velours rouge à crépines d'or, garnie au fond d'une panoplie dont on ne s'explique pas bien la présence, a le tort de rappeler un peu les petites baraques dans lesquelles les dames patronnesses étalent leurs marchandises aux ventes de charité. Mais elle est en face de l'orchestre et domine toute la salle.

Très-curieuse, cette salle. Il y règne un silence religieux pendant l'exécution des morceaux, une animation extraordinaire pendant les entr'actes. Comme la place ne manque pas, on circule, on se promène; c'est là une des particularités les plus appréciées de l'installation. Tous les mondes se coudoient durant ces quinze minutes : le grand et le petit, celui des théâtres et celui de la Bourse; on rencontre des sportsmen et des musiciens, des peintres, des journalistes, des princesses, des demoiselles; c'est un pêle-mêle des plus pittoresques et des plus amusants.

Les écuries sont ouvertes. Des petits postillons se tiennent auprès des boxes. On entend causer de haute voltige et de musique sacrée.

— Ce Gounod, dit quelqu'un, depuis *Polyeucte* il a une prédilection marquée pour les Cirques!

Devant moi, une dame fait des compliments à Saint-Saëns, qui a, dans la première partie, conduit son *Orient et Occident,* le morceau qu'il a composé pour la distribution des récompenses.

— Ce concert est superbe, lui dit-elle, magnifique! Je ne saurais vous dire, mon cher monsieur Saint-Saëns, quel plaisir j'ai éprouvé en écoutant la... *Bénédiction des Poignards.*

Le public fait à Gounod, à Massenet et à Saint-Saëns des ovations colossales, en rapport avec l'immensité de la salle de concert.

Massenet est obligé de reparaître trois fois pour saluer la foule. Le carnaval du *Timbre d'Argent* de Saint-Saëns est acclamé avec frénésie.

Devant cet accueil enthousiaste fait aux extraits d'une œuvre jouée au dernier Théâtre-Lyrique, M. Vizentini est assailli par des pensées sombres.

— Et dire, murmure-t-il, que tous ces gens-là auraient pu venir entendre cela chez moi!

La sortie ne s'opère guère plus facilement que l'entrée.

Décidément les dégagements manquent.

Pour regagner sa voiture, on est obligé de faire à pied un chemin considérable.

Les cris des ouvreurs et des commissionnaires retentissent lugubrement à travers les avenues.

— Le numéro 8782, le cocher Emile de Chaillot, Henri de la Chaussée-d'Antin!

Je retrouve mon cocher aux environs de l'Arc-de-Triomphe, après une demi-heure de recherches. Il est vrai que je suis parmi les privilégiés. A la fameuse fête de Versailles, on n'a égaré que les pardessus. Ce soir, on a trouvé le moyen d'aller plus loin : on a égaré les voitures !

Je vous disais bien qu'un Festival n'est pas un concert comme un autre !

---

20 décembre.

Dans quelques jours, le directeur actuel de la Gaîté va nous convier à une reprise des *Brigands*. Il paraît que, sous les brillants oripeaux d'une mise en scène abondante et fastueuse, l'amusante opérette des Variétés ne sera plus reconnaissable. Ce sera une transformation en grand, comme celle qui a déjà eu lieu pour *Orphée* et *Geneviève de Brabant*.

Ce genre d'adaptation devient une mode à la Gaîté. M. Weinschenck va devenir spécialiste ; il s'intitulera élargisseur de cadres dramatiques. Dans cette voie il pourra aller loin. Toutes les opérettes y passeront, et pourquoi les opérettes seulement? Le procédé est facile à suivre pour tous les genres.

Il n'est pas de pièce, si simple qu'elle soit comme action et comme mise en scène, qui ne puisse être assaisonnée de spectacle, de ballets, de cortéges, de tout ce qu'il faut en un mot pour fournir un succès fructueux.

Je choisis, au hasard, la première venue, la *Joie fait peur*, par exemple. Rien ne serait plus aisé que de métamorphoser cet acte si simple en une grande machine genre *Tour du Monde*, moitié drame et moitié féerie.

Et pour prouver ce que j'avance, voici le scénario que je livre aux méditations de tous les directeurs ayant quelques centaines de mille francs à dépenser.

## LA JOIE FAIT PEUR.

Drame à grand spectacle, en cinq actes et seize tableaux, dont un prologue et un épilogue.

Décors de MM. Chéret, Lavastre jeune, Rubé et Chaperon; costumes de M. Thomas; ballets réglés par M. Justament; machines et trucs nouveaux de M. Godin; éclairage électrique de M. Jablochkoff; cartonnages de M. Hallez; armes de M. Leblanc.

### 1er Tableau (Prologue) : *La famille Des Aubiers.*

Intérieur paisible, troublé par la résolution soudaine du fils de la maison. On préparait ses noces avec Mathilde de Pierreval, quand, tout à coup, l'idée lui est venue de parcourir le monde. Il rêve la gloire de feu Christophe Colomb et du légendaire Robinson Crusoë. Malgré les supplications de sa mère, de sa jeune sœur et de sa fiancée, il veut partir. Le moment solennel des adieux approche. Entrée du personnel de la maison; cortége des domestiques : cochers, valets de pied, petits marmitons, etc.; à leur tête, le vieux Noël, suivant la fanfare du Havre, qui a tenu à ouvrir la marche.

### 2e Tableau : *Le Départ.*

Le port du Havre. Grand mouvement de foule. Ronde des matelots de commerce (musique nouvelle d'Offenbach). Adrien ne tarde pas à paraître, suivi de tous les siens. Le signal du départ est donné. Une foule de passagers, parmi lesquels des Anglais, des Américains, des Brésiliens, des nègres, monte à bord du Transatlantique. Adrien s'arrache des bras de sa mère et s'embarque. Cloche, brouhaha, un coup de canon. Le steamer s'ébranle. Le fond de la toile se déroule et figure l'une des rives du port.

### 3e Tableau : *La pleine Mer.*

Le transatlantique s'éloigne à l'horizon. Ce n'est

plus qu'un point au-dessus duquel on ne distingue que le mouchoir d'Adrien Des Aubiers.

**FIN DU PROLOGUE.**

4ᵉ Tableau : *La Cabine d'Adrien.*

Adrien écrit aux siens. Il est triste et regrette d'être parti. Un nègre, attaché à son service, chante et danse la bamboula pour le distraire.

5ᵉ Tableau : *Le passage de la ligne.*

Fête à bord. On célèbre le passage de la ligne : chants, danses, divertissement. Chanson de Neptune (musique nouvelle de Lecocq).

6ᵉ Tableau : *Le naufrage.*

La scène s'obscurcit. Roulement d'un tonnerre lointain. Tempête. Choc. Ébranlement du vaisseau. Manœuvres. Les mâts s'abattent. Le navire coule lentement.

(Vu l'importance de ce décor, il y aura un entr'acte de vingt-trois minutes entre les 6ᵉ et 7ᵉ tableaux.)

7ᵉ Tableau : *Les Cannibales.*

Paysage désolé et peu cultivé de la Terre de Feu. Adrien est évanoui à terre ; près de lui le nègre : ce sont les deux seuls survivants du naufrage. Arrivée d'une troupe de sauvages. Ils entourent les prisonniers en dansant. Ronde macabre (musique nouvelle de M. Saint-Saëns).

8ᵉ Tableau : *La cour du roi Niam Niam.*

Le roi, entouré des dignitaires, reçoit les prisonniers. Le blanc lui paraît appétissant. Il le réservera pour son repas du soir. Entrée des femmes du roi. Mélopée chantée par la favorite (musique nouvelle de M Léon Vasseur).

BALLET DES CHARMEUSES DE SERPENTS.

Caïmans apprivoisés et serpents à sonnettes.

### 9ᵉ Tableau : *Les mangeuses d'hommes*.

Un coin de la tente du roi. Il fait nuit. Dernier sommeil d'Adrien. Il rêve à sa famille paisible. Il regrette de plus en plus de s'être embarqué dans une mauvaise affaire. Dévouement du nègre qui revêt la tunique de son maître. Ce dernier se réveille ; le nègre le fait fuir. Entrée des mangeuses d'hommes ; ce sont des gourmandes qui veulent goûter un morceau de blanc avant le roi. Elles ne trouvent que le nègre. Fureur. Elles criblent ce fidèle serviteur de flèches empoisonnées.

### 10ᵉ Tableau : *La tunique de l'officier*.

Le corps du nègre est resté sur la grève. Des chiens de mer sont en train de le manger (truc nouveau de M. Godin).

A la fin du tableau, il ne reste que la tunique criblée de trous. Des matelots, qui passent là par hasard, reconnaissent l'uniforme du jeune des Aubiers et l'emportent pour l'envoyer à la mère.

### 11ᵉ Tableau: *La Forêt vierge*.

Adrien, qui a échappé à plusieurs morts certaines, erre à l'aventure ; depuis huit jours, il ne se nourrit que de plantes et de racines. Il regrette de plus en plus de s'être embarqué dans cette mauvaise affaire. Tout à coup, des singes arrivent de toutes parts et l'entourent.

Ballet des Singes. Adrien court un danger de plus ; les singes veulent l'étouffer. A ce moment le ciel s'obscurcit. On entend un grondement sourd. Les singes se sauvent.

### 12ᵉ Tableau : *Le tremblement de terre.*

Le sol s'entr'ouvre. Les arbres sont déracinés. Adrien est emporté sur l'un d'eux.

### 13ᵉ Tableau : *L'arbre-radeau.*

A cheval sur son arbre, Adrien se trouve en mer. Les requins le poursuivent ; il regrette de plus en plus, etc... Les souvenirs de son enfance l'assaillent ; dans un moment d'hallucination, il chante un air des *Noces de Fernande*. Les requins s'enfuient épouvantés.

### 14ᵉ Tableau : *La Lettre du Mort.*

Adrien et son arbre sont arrivés au Havre, l'un portant l'autre. Le jeune Des Aubiers est descendu à Frascati, d'où il écrit à Noël pour annoncer son retour. Il sonne, un domestique paraît — stupéfaction ! c'est le nègre, miraculeusement sauvé des flèches empoisonnées et des chiens de mer.

— Va, lui dit-il, porte cette lettre à mes parents !

### 15ᵉ Tableau : *Un pieux mensonge.*

(Ce tableau est la reproduction de la pièce originale telle qu'elle est jouée aux Français, avec addition du personnage nègre, et de nombreuses coupures nécessitées par la longueur du spectacle.)

### 16ᵉ Tableau : *Épilogue.*

Le mariage d'Adrien et de Mathilde. Grand cortége. Marche nuptiale (musique nouvelle de M. Planquette).

Reproduction du célèbre tableau de Mackart, qui n'a, il est vrai, aucun rapport avec l'action, mais qui, par cela même, me semble tout indiqué.

### APOTHÉOSE.

Le fond de la scène s'ouvre et l'on aperçoit sur un nuage doré la Joie et la Peur se tenant par la main.

---

### LES BRIGANDS.

26 décembre.

La Faculté de médecine va avoir à se prononcer sur le mérite d'un remède nouveau contre la goutte, remède qui va à jamais enfoncer le colchique, le salicylate et autres drogues plus ou moins efficaces.

Voici le cas.

Offenbach était parti pour Nice, très-souffrant. La crise goutteuse était, cette fois, plus violente qu'à l'ordinaire. Il comptait sur le soleil du midi, sur l'air pur de la Méditerranée, sur les longues flâneries de la promenade des Anglais pour le remettre un peu. Il n'avait emporté, en fait de besogne à finir, que le livret de la *Marocaine*, l'opérette de M. Paul Ferrier, destinée aux Bouffes.

Mais le soleil ne lui fit pas grand bien, l'air pur de la Méditerranée semblait insuffisant pour ranimer ses forces. Il travaillait péniblement à la *Marocaine*.

Tout à coup, une dépêche lui arrive de Paris.

C'est M. Weinschenck qui lui demande l'autorisation de monter les *Brigands*, transformés en opéra à grand spectacle. Le directeur de la Gaîté a déjà le consentement de Meilhac et Halévy.

En même temps, il reçoit une seconde dépêche — de M. Cantin, celle-là.

Les *Cloches de Corneville* touchent à leur fin. Il faut reprendre immédiatement les études de *Madame Favart*. Il reste plusieurs morceaux à faire pour le troisième acte de l'opérette de Chivot et Duru.

Aussitôt, devant ce surcroît imprévu de besogne, un changement s'opère dans l'état d'Offenbach. Ses douleurs disparaissent comme par enchantement. Il se sent plus jeune, plus fort, plus vaillant que jamais. Des morceaux à refaire pour *Madame Favart*, des ballets à écrire pour les *Brigands*, la partition de la *Marocaine* à terminer, et les trois répétitions de trois pièces à suivre en même temps, trouver, diriger, surveiller la mise en scène de ses ouvrages à la Gaîté, aux Folies et aux Bouffes, voilà plus qu'il n'en faut pour envoyer au diable les médecins et la médecine. Offenbach prend le premier train rapide venu et revient à Paris, mieux portant que jamais.

Pendant un mois, il se partage entre les trois théâtres et cela si habilement, avec une activité si prodigieuse, qu'il a l'air d'être partout en même temps. Au lieu d'un Offenbach, il y en a trois.

— Je suis tranquille, dit M. Comte, Offenbach ne me quitte pas une minute. J'ai mis la main sur lui et je ne le lâche plus. Il passe tout son temps aux Bouffes.

— Ses autres pièces le laissent indifférent, dit M. Cantin, c'est *Madame Favart* surtout qui l'intéresse. Il ne quitte pas les Folies-Damatiques!

— Je ne sais comment il s'arrange avec Cantin et Comte, dit M. Weinschenck, mais il n'a pas bougé de la Gaîté!

Et les trois directeurs ont également raison.

On a vu Offenbach, à la même heure, faisant répéter ses trois pièces dans trois théâtres différents.

Comment s'y est-il pris?

Les miracles ne s'expliquent pas.

Ce sont les *Brigands* qui ouvrent la marche ce soir.

Malgré la fête de Noël, M. Weinschenck n'a pas cru devoir retarder sa première.

Il évite ainsi, fort sagement, la concurrence de trois autres grandes représentations annoncées pour demain et pour après-demain.

Salle superbe, du reste. Visages un peu fatigués ; suites de réveillon.

Malheureusement, M. Weinschenck a négligé de faire chauffer la salle de la Gaîté pendant les nombreux relâches nécessités par les *Brigands*. Aujourd'hui, il a eu beau faire bourrer les calorifères et donner l'ordre d'ouvrir toutes les bouches de chaleur, il faisait un froid tel qu'on se serait cru au *Skating-Club* pendant une fête de nuit.

Spectateurs et spectatrices gardaient pardessus, manteaux et fourrures. Dans les couloirs, pendant les entr'actes, on battait la semelle avec acharnement.

Une des particularités qui ont été remarquées par les spectateurs de la première, c'est l'augmentation de l'orchestre.

Décidément, Offenbach fait bien faire les choses.

En apercevant cette légion de cinquante-deux musiciens, chacun se demandait avec inquiétude si le Lyrique allait reprendre.

Un initié m'a raconté les péripéties, les discussions auxquelles a donné lieu cette extension instrumentale.

Ce n'est jamais avec un enthousiasme exagéré qu'un directeur consent à augmenter ses frais quotidiens. Cependant il n'y a guère à discuter avec Offenbach. M. Weinschenck avait donc composé l'orchestre selon les indication du maestro.

Mais le directeur de la Gaîté n'en fut pas quitte

avec ce douloureux sacrifice. Après Offenbach, ce fut le tour du chef d'orchestre, qui déclara que l'emplacement lui manquait pour les nouvelles recrues.

— Serrez votre monde, répliqua le directeur.

— Mes musiciens sont des artistes et non des sardines, répondit Bourdeau, il faut les traiter avec les égards dus à leur talent. D'ailleurs, tous les violons s'éborgneraient.

— Allons, murmura tristement Weinschenck, je vous sacrifie deux fauteuils d'orchestre.

C'était trop peu, Bourdeau demandait toute une rangée ; il finit par obtenir huit places qu'il dut arracher une par une dans une discussion de plusieurs heures.

Grivot fait sa 52ᵉ ou 74ᵉ rentrée devant son public habituel de la Gaîté. Cette fois, il se représente en compagnie de sa femme.

C'est le sort réservé à ce ménage artistique, de jouer surtout dans le théâtre dont il ne fait plus partie. Jamais les Grivot n'ont été de la Gaîté que depuis qu'ils n'en sont plus. Sauf leur apparition dans la Revue, c'est à peine, au contraire, si le public des Variétés les aura aperçus.

— Oh! ce théâtre, disait hier le pensionnaire Benoiton de M. Bertrand, c'est pour moi la Gaîté de Nessus.

Il est vrai que nulle part, son activité, son agilité, son besoin de mouvement ne pourraient se manifester mieux que sur cette vaste scène qu'il connaît si bien.

Du reste, il n'est pas ce soir le seul représentant de la troupe ambulante du théâtre du boulevard Montmartre. Nous retrouvons là, Léonce, Blondelet et quelques autres émigrés.

Lanjallay ne doit pas non plus se réjouir outre mesure de ce déplacement. Il est vrai qu'il remplit un rôle de son répertoire, mais il ne s'attendait guère à en jouer une partie à cheval.

C'est lui qui, dans le cortége final, correspond au Charles-Quint du fameux tableau de Mackart. Je doute qu'il ait jamais prévu, en signant un engagement avec la direction des Variétés, qu'il serait un jour chargé d'exercices équestres en compagnie de M<sup>me</sup> Peschard..

Parlons-en de ce fameux tableau de Mackart. Il est reproduit avec un luxe énorme de mise en scène, avec beaucoup de goût et de façon à produire un très-grand effet. Il faut remonter à l'Olympe d'*Orphée* pour retrouver, sur la scène de la Gaîté, un nombre aussi considérable de figurants. On m'assure qu'il y a 340 personnages dans le cortége. Je n'ai pas compté. Mais j'ajouterai que le tableau de Mackart n'est pas le tableau de Mackart. Il y manque pour ressembler à la vaste et superbe composition du maître autrichien, ce que je me permets d'appeler le *clou*, je veux parler des quatre personnes extrêmement peu vêtues que l'on admirait tant au premier plan de cette grande œuvre.

Il eût été difficile, d'ailleurs, de pousser aussi loin la fidélité de la reproduction.

Les quatre femmes que vous savez ont été tout simplement supprimées.

Il est permis de supposer qu'elles ont quitté le cortége pour aller faire un petit bout de toilette.

— On dirait que les chevaux ont peur ?

— Dame on leur a fait un si vilain tableau de Mackart !

On se demandait comment M<sup>me</sup> Grivot, devenue très-rondelette depuis quelques années, nous présenterait le travesti de Fragoletto.

Eh bien ! sous ce rapport, on a été agréablement surpris. Je n'irai pas jusqu'à affirmer que la sympathique actrice est aussi élancée, aussi svelte que Sarah

Bernhardt, mais il est certain qu'elle a paru beaucoup plus mince qu'on ne s'y attendait.

— Il faut qu'elle soit joliment bien grimée, disait quelqu'un devant moi, comme elle dissimule son embonpoint.

Dans une adaptation comme celle des *Brigands* à la Gaîté, tout a dû naturellement prendre des proportions grandioses. Nous sommes bien loin de la ronde des carabiniers aux Variétés, où Baron arrivait toujours trop tard à la tête d'une poignée d'hommes. La patrouille est devenue une armée, avec des cadres complets et une fanfare militaire. Les petits marmitons du second acte ne sont pas moins nombreux; la suite de Campo Casso, celle de la jeune princesse sont de véritables cortéges. Les brigands, de leur côté, forment un contingent respectable sinon comme moralité, du moins comme nombre. Ajoutez à cela les danseuses intercalées dans le spectacle sous des prétextes quelconques et vous aurez idée du déplacement de personnel occasionné par l'opérette italienne d'Offenbach.

Parmi les innombrables costumes qu'il a fallu exécuter pour tout ce monde, ceux des ballets surtout ont été remarqués.

Les costumes du divertissement espagnol du second acte offrent à l'œil un charmant fouillis de couleurs claires de différents tons. C'est gai, chatoyant, et surtout fort gracieux.

Ce ballet, outre qu'il est joli, a encore l'avantage d'être d'une durée raisonnable : j'ai vu le moment où l'on allait le bisser pour voir plus longtemps les costumes.

Les trois ou quatre individus dons se compose l'école de Zola ont paru accorder leurs préférences aux costumes des mendiants auxquels Christian et Scipion surtout ont donné un grand cachet réaliste. Il est vrai que ces haillons ont été copiés sur des gravures de Callot, mais Callot était déjà lui-même un « naturaliste » à une époque où M. Zola n'avait pas encore inventé le mot.

Il eût été téméraire de lancer une pièce de ce genre et de cette importance à la Gaîté sans le concours de Christian. J'ai déjà eu l'occasion de dire à quel prix on s'était assuré ce précieux auxiliaire.

L'ex-pensionnaire de Brasseur était ce soir en pleine jubilation. D'abord c'est toujours avec une joie intense qu'il rentre à la Gaîté. Et puis, ce n'est pas non plus sans un certain orgueil qu'il reprend un rôle de son ancien camarade Dupuis. Seulement, il craint des représailles de la part de ce dernier :

— S'il allait me chiper mon rôle de papa Piter, disait-il encore ce soir avec une réelle inquiétude.

Ces craintes sont-elles fondées ?

Je n'oserais pas affirmer que non, vu le fait suivant :

Pendant le second acte, au moment où Falsaccapa apparaît revêtu de l'uniforme et de la cuirasse du capitaine des carabiniers, j'entends derrière moi cette exclamation.

— Tiens ! Piter cuirassé !

Je me retourne pour découvrir l'auteur de cet épouvantable calembour christianesque.

Horreur !

C'est Dupuis !...

---

### LES ENFANTS DU CAPITAINE GRANT.

27 décembre.

Il est deux heures du matin. Je viens d'assister à la 889ᵉ représentation du *Tour du...* pardon, à la première des *Enfants du capitaine Grant*. Je suis brisé, fourbu, abruti, engourdi, éteint, comme un homme qui est allé en quelques minutes de Valparaiso au Pôle-Sud. Je n'ai plus, des choses et des êtres, qu'une notion peu exacte. Il me semble apercevoir au-dessus de mon encrier des aigles qui enlèvent de jeunes adolescents dans leurs serres puissantes; des ours noirs maquillés en blanc se couchent à mes pieds en grognant, et, malgré moi, ma plume se démène pour me faire écrire ces mots :

« Sauvez-le! Qu'on le sauve! Il est sauvé! »

Que le lecteur ne cherche donc pas, dans ces notes rapides, le compte rendu complet et fidèle des tableaux pittoresques dont se compose le nouvel ouvrage de MM. D'Ennery et Verne.

C'est tout au plus s'il me reste la force nécessaire pour copier le contenu de mon carnet et pour décrire les décors les plus intéressants et les *clous* les plus remarquables.

PREMIER TABLEAU : *Le Naufrage*. — M. Chéret a déjà signé de si belles toiles, qu'il devient presque superflu de faire son éloge. Le paysage désolé, au bord de la mer, par lequel commence le drame de la Porte-Saint-Martin, avec son navire démâté, échoué sur la côte, est une des compositions les mieux réussies du maître.

Mais ce pauvre Chéret est encore plus désolé que son paysage.

Quand il y a un tableau intitulé : *Le Naufrage*, dans un drame comme celui-ci, cela se joue généralement vers le milieu de la soirée, devant une salle pleine. Le peintre était persuadé qu'il en serait encore ainsi cette fois. Et pas du tout, au lieu d'être le dixième, le tableau du *Naufrage* est le premier. La pièce commence à sept heures et demie, le premier tableau est terminé avant huit heures.

— Jamais personne ne verra mon décor! disait Chéret.

Et il n'était pas content. Et cela se comprend.

Deuxième tableau : *Le Château de Malcolm.* — Un jardin sans importance.

C'est ici que nous voyons M<sup>lle</sup> Révilly, une duègne qui s'était retirée du théâtre et qu'on ne s'attendait pas à retrouver à la Porte-Saint-Martin, dans un drame à spectacle.

M<sup>lle</sup> Révilly a eu son moment de gloire à l'Opéra-Comique. Elle a joué trois, quatre, cinq cents fois l'Anglaise dans *Fra-Diavolo*. M. Ritt s'en est souvenu quand il s'est agi de distribuer le rôle de miss Arabella dans le *Tour du capitaine Grant*. M<sup>lle</sup> Révilly est grande et flegmatique; elle n'est pas Anglaise, mais elle serait digne de l'être.

Troisième tableau : Le pont du vaisseau *le Duncan*.

Entrée de Ravel. L'excellent comique s'est composé une bien bonne tête de savant. On m'a affirmé que Ravel a assisté pour cela, depuis quelques mois, à presque toutes les séances de l'Académie des sciences et de la Société de géographie. Je crois qu'il a surtout consulté le volume de Verne — édition illustrée de Hetzel — où M. Riou, le sympathique et charmant dessinateur du *Tour du Monde*, de l'*Illustration* et d'une foule d'autres recueils, a prodigué les motifs à décors et à costumes. Le savant géographe Paganel y est notamment croqué de main de maître. Le type de M. Riou ressemble beaucoup, paraît-il, à M. Cortambert.

Ravel s'est trouvé un peu dépaysé tout d'abord sur la vaste scène de la Porte-Saint-Martin, au milieu des grands décors mouvants, des praticables et des tremblements de terre.

— Comment, disait-il aux directeurs qui l'avaient

fait demander, vous voulez me faire jouer dans un drame... moi... le Fadinard du *Chapeau de paille d'Italie ?*

Mais les directeurs avaient prévu l'objection et tenaient leur réponse toute prête :

— Bah ! puisque Labiche vous a déjà fait parcourir Paris à la recherche d'un chapeau, d'Ennery peut bien vous faire parcourir le monde à la recherche d'un capitaine. Cela ne changera rien à vos habitudes.

Il est probable que cet argument d'une si haute logique a dû suffire à décider Ravel.

Quatrième tableau : Le paso d'Antuco, sur le penchant volcanique de la chaîne des Andes, par trente-sept degrés trente minutes. — Des rochers, des précipices, une végétation rare ; des traînées de lave sur le flanc des blocs de pierre. Décor de M. Robecchi.

Dans ce tableau, le truc du condor.

Le condor est l'oiseau-roi des Andes méridionales. Sa force est prodigieuse. Il enlève un bœuf aussi facilement que M<sup>lle</sup> Léona Dare un homme.

Le condor plane dans les airs en tenant le corps du jeune Robert Grant suspendu dans ses griffes puissantes. Un coup de feu retentit. L'oiseau géant bat des ailes, puis descend lentement, sans lâcher sa proie.

Hâtons-nous de rassurer les spectateurs sensibles : le jeune Robert Grant est représenté par un mannequin.

Cinquième tableau : *Le tremblement de terre.* — Ne pas confondre avec le tremblement de terre de Mendoce. Celui-là est visible et l'effet en est saisissant. Les roches se fendent et s'effondrent. La terre s'entr'ouvre. Les montagnes fondent comme un simple *bonbon-Camargo.*

Sixième tableau : *Les abandonnés.* — Décor de

Chéret. Très-bel effet de glace et de neige. Lacressonnière-Grant et Taillade-Burke, qui languissent depuis dix-huit mois dans ce pays peu divertissant, vivant de plantes et de racines, se sont fait l'un et l'autre des têtes effrayantes de naufragés.

Huitième tableau : *Les Fêtes d'or à Valparaiso.* — Admirable décor ensoleillé de Robecchi. Perspective remarquable. Toute la rade de Valparaiso, avec ses quais, ses bateaux et la vue des clochers. On croirait voir une ville hollandaise. C'est le tableau du ballet. M. Grédelue a été heureusement inspiré. Les directeurs de la Porte-Saint-Martin, d'autre part, n'ont pas regardé à la dépense. Aucune magnificence ne les a effrayés. Ce ballet sera l'un des plus grands attraits de la pièce. Il débute par une fête de mineurs chiliens. L'argent, l'or et les diamants ont l'honneur d'être représentés par des danseuses. Puis à des Chiliennes, très-chatoyantes, très-crânes, succèdent — je vous le donne en mille —, deux danseurs chinois, représentés par Mlle Mariquita et M. Espinosa. Cette partie du ballet pourrait être supprimée sans trop d'inconvénients. En revanche, le finale des lumières est d'un effet merveilleux.

Ce résultat décoratif est obtenu par l'emploi de lanternes multicolores. Rien ne saurait rendre le coup d'œil féerique qu'offre cette illumination animée. C'est un amas de couleurs et de lumières, dont aucune fête officielle ne pourrait supporter la comparaison.

Neuvième tableau : *Une forêt australienne*, par Chéret. — Au fond des bois touffus, à travers l'enlacement des branches, on aperçoit le soleil couchant rougissant le ciel de ses reflets d'incendie.

Détail qui ne manque pas d'un certain pittoresque : dans ce tableau, c'est Ravel qui punit le traître.

— Voilà la première fois que pareille chose m'arrive! disait le créateur du *Monsieur qui suit les Femmes*.

Onzième tableau : *La pêche à la baleine*, décor de Chéret. — Des flots, encore des flots, toujours des flots.

Quant à la baleine, elle est en caoutchouc. On a pris pour modèle la carcasse que tout le monde a vue au Jardin des Plantes, à l'entrée du Musée d'anatomie. Deux petis robinets ouverts à propos lui permettent de lancer de l'eau par ses évents.

Douzième tableau : *L'îlot Balker*. — Et la ménagerie augmentait toujours. L'éléphant et les lions sont remplacés par des ours. Cet animal est plus scénique. Comme il était difficile de promener des ours noirs à travers les banquises du pôle Sud, on a eu soin de les blanchir préalablement. Il avait été question, tout d'abord, de faire représenter ces ours blancs par des figurants. Tous les personnages du tableau demandaient alors à avoir leur petit combat d'ours. Taillade était ravi à l'idée d'une lutte corps à corps. Mais tout à coup, on se décida à remplacer les figurants par de vrais ours. L'ardeur des artistes se ralentit aussitôt. Plus de combat, plus de lutte corps à corps. Une bonne barrière, solide, infranchissable, entre les ours et eux. On a relégué ces animaux au second plan. Et c'est encore bien joli!

Treizième et quatorzième tableau : *La mer libre et le soleil de minuit*. — Fonte des glaçons. Le soleil se lève au-dessus de la mer bleue. Triomphe de l'Apothéose scientifique. Vive d'Ennery, vive Verne, vive Ritt, vive Larochelle, vive Clèves aussi!

On se bouscule pour sortir.

— Psst, cocher!
— Dans quel quartier allez-vous?
— Au pôle Sud!
— J'peux pas. Mon cheval est trop fatigué!

## LA REINE BERTHE.

### 29 décembre.

Eh bien, oui, M. Halanzier est un administrateur éminent, un directeur à poigne, un travailleur infatigable, tout ce que vous voudrez, mais... il y a un *mais*... il manque de sens artistique.

En voulez-vous des preuves ?

Il y avait quelque part un jeune homme dont les connaisseurs disaient : « Ce sera un grand musicien ! » Le public l'avait peu entendu. Il en était réduit, afin qu'on ne l'oubliât pas trop, à écrire la musique de scène d'une tragédie de l'Odéon. Ceux qui s'occupent des théâtres et des concerts étaient sûrs qu'il *arriverait*, mais quand ?

M. Halanzier lui ouvre toutes grandes les portes de l'Opéra. Pour monter l'ouvrage de ce jeune homme, il dépense près de trois cent mille francs. Et voilà le nom de Massenet connu, non plus seulement des amateurs, des fidèles du Concert Pasdeloup, mais de tout Paris, de la France, de l'étranger. *Le Roi de Lahore* s'impose à l'admiration de tous. Son auteur est d'emblée nommé membre de l'Institut. Au festival de l'Hippodrome, vingt mille personnes l'acclament. Les hommes lèvent leurs chapeaux en l'air, les femmes agitent leurs mouchoirs. Allons, monsieur Halanzier, vous avez un peu contribué à la fortune de ce jeune maître. Décidément, vous manquez de sens artistique !

On venait d'inaugurer le Théâtre-Lyrique du square des Arts-et-Métiers.

L'opéra d'ouverture était *Dimitri*.

Son auteur, M. Victorin Joncières, dont la musique wagnérienne, implacablement sévère, n'avait pas eu, jusqu'à ce jour, le bonheur de plaire au public, crut entendre sonner enfin l'heure de la victoire décisive.

*Dimitri* fut un grand succès de première.

Presque tous les journaux célébrèrent les louanges du compositeur.

Joncières reçut la croix de chevalier de la Légion d'honneur.

Mais le Théâtre-Lyrique était condamné d'avance. On y alla peu.

Après *Dimitri*, Joncières risquait d'attendre quelques années avant de faire exécuter une autre partition.

M. Halanzier lui commanda un opéra en deux actes, n'hésitant pas un instant à accueillir ce jeune, à faire les frais toujours considérables que nécessite un nouvel opéra, quitte à ne récolter ce soir qu'une déception.

Vraiment, monsieur Halanzier, vous ne faites rien pour l'art musical !

Le décor du premier acte de *la Reine Berthe*, une forêt de Chéret, est une merveille de composition et d'exécution.

L'automne a doré les feuilles. Les arbres ont des reflets rouges. Les grands chênes, penchés les uns vers les autres, forment une voûte de verdure qui nous voile le ciel. On voudrait s'étendre sur le tapis de mousse bordant le pied des noyers.

Eh bien, franchement, tout cela est bien peu de chose. Un décor réussi qui coûte une vingtaine de mille francs, la belle affaire, et qu'est-ce que cela prouve ?

Ah ! si M. Halanzier avait composé, brossé, construit, planté son décor lui-même, peut-être aurait-on pu lui en tenir compte.

Chacun sait qu'avant l'arrivée de M. Halanzier, c'est ainsi que procédaient les directeurs de l'Opéra.

Et quand on aura rétabli le bienheureux régime de

la régie, c'est ainsi que procédera le successeur de M. Halanzier.

Mais M. Halanzier, lui, ne peut pas.

Que voulez-vous! Il manque totalement de sens artistique.

Salle magnifique. Les premières du vendredi sont les plus belles de l'Opéra.

On remarque beaucoup la présence de M<sup>me</sup> Nilsson dans la loge directoriale. La diva n'a plus qu'un pas à faire maintenant pour passer sur la scène.

Dans l'une des avant-scènes de gauche se trouve l'amiral Jaurès, le nouvel ambassadeur de France à Madrid. Un certain nombre de ministres anciens et nouveaux, dont l'énumération m'entraînerait trop loin, sont répartis dans les loges et dans les baignoires.

L'absence de la claque se fait de plus en plus regretter. Sans défendre outre mesure cette ancienne institution, je crois qu'elle est absolument indispensable à l'Opéra, où le public toujours un peu froid a besoin plus qu'ailleurs d'être entraîné.

Mais quel est ce chanteur aux cheveux blancs, dont la longue barbe blanche descend sur la poitrine, dont le visage est hâlé par l'air, brûlé par le soleil, ce bon vieillard ridé, courbé par l'âge, dont les jambes flageolent et dont les bras tremblent?

Il ouvre la bouche, il chante: oh! stupeur, c'est Gailhard.

Le beau Gailhard, l'élégant Gailhard, le sympathique ami du sympathique Capoul. Quelle transformation! Les chanteurs n'hésitent que trop souvent à se faire des têtes en rapport avec leurs rôles. Quand, par hasard, on en trouve un qui veut bien sacrifier ses avantages personnels à la vérité de son personnage, on ne saurait lui en faire trop de compliments.

Le décor du second acte est de MM. Rubé et Chaperon. C'est une salle du palais de Pépin le Bref : des voûtes basses soutenues par de gros piliers, une architecture belle, mais sévère ; peu d'ornements ; au loin quelques armures ; d'immenses cierges rouges sur de grands et lourds chandeliers ; des lustres en or massif ornés de pierres et de verreries de couleur.

Mme Barbot a une superbe tête d'impératrice romaine : un vrai camée vivant.

Quant à Mlle Daram, elle est charmante en page. Impossible de porter le travesti avec plus d'aisance. Mlle Daram avait longtemps été reléguée au second plan ; c'est à peine si le public avait eu le temps de la remarquer ; M. Halanzier l'a prise, l'a mise en relief, si bien qu'il peut aujourd'hui lui confier des créations importantes. Pas mal non plus pour un homme aussi complétement dénué de sens artistique.

Mot recueilli pendant le dénoûment de l'opéra de MM. Jules Barbier et Victorin Joncières.

Pépin le Bref épouse la reine Berthe.

— Ils se disposent, dit quelqu'un, à faire Charlemagne !

Un mot à l'appui de ce que je disais sur la suppression de la claque. N'ayant pas à apprécier l'œuvre de M. Joncières, ni à parler de l'impression qu'elle a produite, je crois pouvoir dire cependant que certaines manifestations regrettables auraient été atténuées par des applaudissements peut-être moins sincères, mais en tout cas moins nuisibles que ceux des amis maladroits.

J'avoue, par exemple, ne pas avoir compris les rires fâcheux et les bravos ironiques qui ont accueilli les *fac-simile* de tapisseries déployées au dénoûment par la Vierge aux tissus d'or.

Ces *fac-simile* sont fort intéressants à regarder. Ils

rappellent la fameuse tapisserie du musée de Bayeux. Figures rudes et barbares, chevaux invraisemblables, arbres tordus, rien n'y manque. Pour peu que vous aimiez les antiquités, voilà un véritable régal pour votre lorgnette.

N'allez pas croire, cependant, que l'imitation de ces tapisseries soit due au talent de M. Halanzier.

Quand l'Opéra sera en régie, les directeurs qui seront à la fois poëtes, compositeurs, peintres, couturiers et brodeurs, confectionneront naturellement leurs accessoires eux-mêmes, comme ils feront leurs poëmes eux-mêmes et qu'ils écriront eux-mêmes la musique de leurs poëmes, mais — en attendant — M. Halanzier est trop privé de sens artistique pour pouvoir accomplir de pareils tours de force.

Ah! Régie, sainte Régie, délivre-nous des directeurs qui montent les œuvres des jeunes;

Et qui dépensent beaucoup d'argent pour les monter;

Et qui ont fait de l'Opéra un des spectacles les plus courus de Paris;

Et qui ont trouvé le moyen d'y encaisser des recettes colossales;

Et qui donnent à l'État des dividendes énormes;

Envoie-nous des directeurs ayant le sens artistique;

Des directeurs comme il y en a déjà eu à l'Opéra;

Qui puiseront sans compter dans les caisses de l'Etat;

Qui perdront tous les ans de cinq cent mille francs à un million;

Que l'on ira prendre dans la poche des contribuables;

Ainsi soit-il!!

## MADAME FAVART.

29 décembre.

Il y a dix-huit mois, l'opéra-comique que nous avons entendu ce soir aux Folies était prêt à passer, comme jamais pièce ne fut prête. Grâce aux cent premières représentations des *Cloches de Corneville* — dont on annonçait alors les dernières — on avait pu apporter une sage lenteur aux études de *Madame Favart*. Les moindres scènes en avaient été répétées avec un soin minutieux.

On sait ce qui arriva. L'opérette normande de Planquette refit *flores* au moment même où sa carrière semblait terminée; les jours, les mois se succédaient, l'Exposition survenait, les événements politiques se déroulaient, les guerres se déclaraient, se faisaient et se terminaient, la carte du monde se remaniait, Mlle Becker entrait à l'Hippodrome et les recettes montaient, montaient toujours. *Madame Favart* dut attendre que les *Cloches* eussent approché de la *six centième*.

Jamais, certainement, on n'a vu une *pièce prête* faire un pareil pied de grue !

Tant que durèrent les *Cloches*, on se disait au théâtre :

— Si ça baisse subitement, nous sommes tranquilles. *Madame Favart* peut être jouée en deux ou trois jours... une pièce qu'on sait si bien !

Ce moment arriva enfin.

Les *Cloches* sonnèrent leur dernier carillon. On afficha *Madame Favart*.

Alors on éprouva une grande surprise ou plutôt une série de surprises. Les rôles n'étaient plus sus. La mise en scène aussi était sortie de toutes les mémoires, et

M. Haymé, qui l'avait réglée, avait quitté les Folies pour devenir à l'Ambigu le lieutenant de Chabrillat. Le régisseur actuel fut obligé d'en établir une nouvelle. Avec cela, les trois quarts des petites femmes auxquelles avaient été distribués les bouts de rôles ne faisaient plus partie de la troupe et avaient suivi d'autres destinées plus ou moins dorées. Il fallut les remplacer. Les costumes causèrent également une déception inattendue. Ils avaient eu tout le temps nécessaire pour perdre leur fraîcheur primitive et l'avaient mis à profit. En outre, ils n'étaient plus à la mesure des artistes que la prospérité de leur directeur avait fait engraisser pour la plupart.

Bref, il fallut se remettre à la besogne et repiocher *Madame Favart* comme une pièce récemment distribuée. Jamais dernières répétitions n'ont été plus laborieuses que celles de cet opéra-comique prêt à passer depuis dix-huit mois.

Ce surcroît de travail n'est pas le seul inconvénient qu'il ait fallu subir du fait de ce retard invraisemblable.

En passant à son heure, *Madame Favart* inaugurait un cadre. Il y a dix-huit mois, c'eût été la première opérette mettant en scène des personnages et des mœurs de théâtre, tandis qu'en arrivant maintenant, MM. Chivot et Duru sont bons troisièmes, après *Fleur d'oranger* et la *Camargo*. Ils doivent surtout regretter d'avoir été distancés par les auteurs de cette dernière pièce, puisque *Madame Favart*, outre la coïncidence de milieu, est une pièce dont l'action se passe au XVIII$^e$ siècle, comme l'action de la *Camargo*. Il est même curieux de faire un rapprochement entre les origines du costume de Zulma Bouffar, au premier acte, et de celui que porte Juliette Girard, au troisième acte, des Folies; ces deux costumes sont historiques et ont été copiés, l'un et l'autre, sur des tableaux du peintre Vanloo. C'est Luco, le dessinateur ordinaire de M. Cantin, qui, après de longues recherches, a fini par déterrer à la bibliothèque de Versailles une gravure reproduisant le tableau dans lequel le peintre a représenté M^me Favart, dans son rôle de Nicette de la *Chercheuse d'esprit*.

Autre rapprochement.

J'ai rappelé que l'héroïne de MM. Leterrier et Vanloo avait attaché son nom à une réforme importante dans l'habillement des danseuses en inaugurant le petit caleçon, plus connu sous le sobriquet professionnel de *tutu*.

Eh! bien, Justine Favart, l'héroïne de MM. Chivot et Duru, a également attaché son nom à une réforme analogue. C'est elle qui osa la première jouer des rôles de paysanne avec de simples jupons sans porter de paniers.

Offenbach et Cantin, qui ont déjà été en rapports pour la *Foire Saint-Laurent*, avaient eu ensemble un de ces différends si fréquents entre auteurs et directeurs, au sujet des frais nécessités par une œuvre nouvelle.

Entre autres conditions, le maestro demandait pour la *Foire Saint-Laurent*, l'engagement de M^me Peschard. Mais cette artiste exigeant un cachet assez élevé, l'affaire ne se fit pas.

Offenbach, s'il ne rappelle en aucune façon l'éléphant par son embonpoint, offre du moins avec ce pachyderme un point de contact : il n'oublie pas!

Il est vrai que sa rancune ne se manifeste guère que par des plaisanteries spirituelles mais inoffensives.

Lorsqu'il fut question de répartir les rôles de *Madame Favart*, M. Cantin écrivit au compositeur une lettre des plus gracieuses pour l'inviter à indiquer lui-même la distribution la plus convenable.

Voici comment Offenbach — qui n'oublie pas — formula ses désirs dans la réponse qu'il adressa immédiatement au directeur des Folies :

Distribution des rôles de *Madame Favart* :

| | |
|---|---|
| Favart | MM. Faure. |
| Boispréau | Capoul. |
| Cottignac | Gailhard. |
| De Pont-Sablé | Ismaël. |
| Larose | Speck. |
| M<sup>me</sup> Favart | M<sup>mes</sup> Nilsson. |
| Suzanne | Marie Heilbron. |
| Brin-d'Amour | Engally. |

Cette distribution n'aura sans doute pas paru suffisante à M. Cantin, puisqu'il n'en a gardé que M. Speck.

Telle qu'elle est cependant, cette distribution offre pas mal d'attraits.

L'héroïne de la pièce et de la soirée, c'est la petite Girard.

On peut toujours dire la *petite* Girard bien que la gentille artiste joue aujourd'hui les *madame*.

Cependant, d'après ce que j'ai vu ce soir dans les coulisses, un grand changement est en train de s'opérer dans sa petite personne.

Quand elle créa la *Foire Saint-Laurent* et les *Cloches*, M<sup>lle</sup> Girard, insouciante comme une véritable enfant, ignorant le danger, n'éprouvait aucune espèce d'appréhension. Elle entrait en scène crânement, l'esprit libre de toute préoccupation. Mais aujourd'hui, tout en connaissant les excellentes dispositions du public à son égard, elle était inquiète, hésitante, énervée. Pour la première fois de sa vie, la rampe lui a fait peur. Disons, pour la rassurer, qu'elle tremblera certainement plus fort à sa création prochaine.

La santé de M$^{lle}$ Girard a causé, depuis huit jours, bien des inquiétudes à Cantin, à Offenbach, à Chivot et Duru, voire même au caissier des Folies-Dramatiques. La jeune fille était atteinte d'un peu d'aphonie beaucoup plus qu'il n'en fallait pour retarder indéfiniment une première attendue avec impatience.

J'ai retrouvé précisément une lettre assez curieuse adressée par l'auteur Favart à M$^{lle}$ du Ronceray, sa fiancée, quelque temps avant leur union.

Cette lettre débute ainsi :

« Ayez soin de votre santé, ma chère Justine, songez qu'elle intéresse tout le public; ménagez-vous, si vous avez quelques égards pour moi... »

Ne dirait-on pas que c'est Offenbach donnant des conseils à sa principale interprète?

En cherchant dans Bachaumont des anecdotes sur la vraie M$^{me}$ Favart, j'ai vu que l'auteur des *Mémoires secrets* ne faisait que fort peu de cas de son talent.

« En général, dit-il, elle est médiocre, elle a la voix maigre, manque de noblesse et substitue la finesse à la naïveté, les grimaces à l'enjouement, enfin l'art à la nature. »

La distance estompe les défauts et donne du relief aux qualités.

Dans cent ans d'ici, l'Offenbach de l'avenir — s'il y a encore des Offenbach dans cent ans — fera peut-être une opérette intitulée : *Madame Kuschnich*.

Un bruissement sympathique, une sorte de manifestation discrète et flatteuse, voilà l'effet produit par l'apparition de M$^{lle}$ Gélabert sur les habitués des petites places. C'était le retour de la chanteuse prodigue.

Il y a bien longtemps qu'elle avait disparu, la mignonne Gélabert, laissant là et son rôle de Germaine et son public des Folies qui l'adorait. Depuis, bien des Germaine se sont succédé dans les *Cloches* sans la faire oublier. Les spectateurs des petites places la regrettaient.

— Ce n'est pas « notre Gélabert, » disaient-ils, en voyant celles qui la remplaçaient.

Ceux qui ne l'avaient pas vue dans ce rôle jalousaient les autres, comme les porteurs de billets, 12ᵉ série de la Loterie nationale, envient le sort des heureux possesseurs de la 1ʳᵉ série.

Le débutant Lepers est une de nos anciennes connaissances de feu le théâtre Vizentini. Nous l'avons vu faire au Lyrique un certain nombre de créations éphémères, cherchant une occasion qui se dérobait à son zèle. Le plus beau jour de sa vie fut assurément celui où le hasard des indispositions subites lui fit doubler Bouhy dans *Paul et Virginie*. Après avoir roucoulé : « L'oiseau s'envole, » un baryton peut prétendre à tout, et M. Lepers a fini par aborder le genre à la mode, en entrant aux Folies pour chanter l'opérette.

La pièce se termine par une nouvelle bien inattendue.

Mᵐᵉ Favart remet à son mari un pli cacheté en lui disant :

— Le roi t'accorde le privilège de l'Opéra-Comique !

L'acteur Lepers m'a paru recevoir cette nomination avec une certaine froideur.

Évidemment il s'est dit :

— Pendant qu'il y était, il aurait pu me donner l'Opéra !

SUZANNE.

29 décembre.

Le musicien de *Suzanne*, M. Paladilhe, est un jeune.
Quoique prix de Rome, il jouit déjà d'une certaine réputation.

Il est l'auteur d'une chanson que les brunes Espagnoles et les Anglaises blondes, les grandes dames et les petites actrices de tous les pays, les jeunes filles sortant de pension, les bonnes mamans faisant leur tapisserie, les chanteuses pour de vrai et les chanteuses pour rire, l'Alboni dans la leçon de musique d'*Il Barbiere* et Mlle Elluini dans les Revues des Folies-Marigny ont roucoulé, fredonné, glapi amoureusement, énergiquement, en se pâmant.

Je veux parler de la *Mandolinata*.

M. Paladilhe, qui a le bonheur de porter un nom doux, harmonieux, que les femmes aiment à prononcer, a le malheur d'avoir fait une chanson exquise, à la fois langoureuse et crâne, que tout le monde aime et que les femmes adorent.

Je dis le *malheur* et je m'explique.

La *Mandolinata* est la chanson-scie qui poursuit M. Paladilhe partout, s'attache à ses pas, se cramponne à lui. M. Paladilhe est depuis trop longtemps l'auteur de la *Mandolinata*. On dit en parlant de ses nouvelles compositions :

— Cela ne vaut pas la *Mandolinata!*

— Jamais il ne refera la *Mandolinata!*

Dans ses nouveaux opéras-comiques, on guette les morceaux :

— Voyons s'il a refait la *Mandolinata?*

La situation serait intolérable.

Mais heureusement M. Paladilhe n'a que trente-deux ans.

Il a le temps de se dépêtrer de cette *Mandolinata* de Nessus.

Et qui sait si, à partir de ce soir, on ne va pas dire de lui :

— C'est l'auteur de *Suzanne* !

Les paroliers de *Suzanne* sont suffisamment connus. Ce sont des vétérans du théâtre.

M. Lockroy est le père du fougueux député de la gauche. Dans les théâtres, on l'appelle le père Lockroy, pour le distinguer de son fils — comme on appelle la créatrice de *Madame Favart* : la petite Girard, pour la distinguer de sa maman.

M. Cormon est un homme charmant, très-affable, très-spirituel, l'auteur applaudi d'une foule de pièces charmantes, le collaborateur heureux de d'Ennery. Avant que M<sup>lle</sup> Bilbaut-Vauchelet ne se fût révélée à l'Opéra-Comique, il aurait pensé, me dit-on, pour le rôle de Suzanne — rôle travesti pendant une partie de la pièce — à M<sup>me</sup> Peschard. M. Cormon fait partie de la grande famille des admirateurs de ladite chanteuse.

Naturellement — cette plaisanterie est facile — pour désigner les deux auteurs du livret de *Suzanne*, on ne dit partout que : les deux vieillards.

MM. Lockroy et Cormon sont assez jeunes d'esprit pour être les premiers à rire de ce méchant jeu de mots.

Le premier acte est le plus pittoresque des trois. Le décor de M. Lavastre jeune est charmant. C'est d'ailleurs celui qui a servi pour l'acte de la forêt de *Cinq-Mars*. On y a ajouté un torrent sur lequel passe un petit pont en bois. Mais on a négligé de modifier la toile du fond. Ce qui fait qu'à un certain moment, quand Barré montre, au loin, le « château de son oncle, » le spectateur attentif a été un peu étonné en apercevant le château de Saint-Germain.

Quand, vers la fin de cet acte, le ciel s'est obscurci, quand l'orage a grondé et quand la foudre a déchiré la nue, un de mes voisins, oubliant que l'action de *Suzanne* se passe en Angleterre, a murmuré :

— L'orage est sur le Vésinet!

Le jeune compositeur de *Suzanne* se promenait fiévreux dans les coulisses.

Il est devenu puéril de raconter qu'un auteur a eu le *trac* le soir de sa première. Le trac est de rigueur en pareille circonstance. Aussi ne parlerais-je pas du trac de Paladilhe si ce trac ressemblait à tous les autres tracs d'auteurs ; mais justement il y a trac et trac et ce trac-ci est loin d'être le premier trac venu, ou plutôt c'est un double trac.

D'autres sont, tout comme lui, anxieux au sujet du résultat de la représentation en elle-même. C'est le trac banal, le trac vulgaire. Celui-là, Paladilhe l'éprouve aussi copieusement que qui que ce soit. Mais, en outre, il se donne le luxe d'un trac supplémentaire.

Bien avant le jour fatal commence pour l'infortuné la série des insomnies pendant lesquelles il repasse dans sa tête bourrelée de frayeur tous les accidents qui peuvent empêcher ou compromettre la représentation de son œuvre.

Il a d'ailleurs d'excellentes raisons pour se défier de l'imprévu. Lorsqu'il donna le *Passant*, c'était dans les derniers jours d'un engagement de la nomade Galli-Marié, et la chanteuse, en disparaissant presque aussitôt de l'Opéra-Comique, fit disparaître de l'affiche l'œuvre écrite spécialement pour elle. Même déveine pour l'*Amour africain*, que M$^{me}$ Carvalho allait créer au moment où elle fut engagée à l'Opéra.

Aussi, cette après-midi encore, Paladilhe, même en présence des affiches de *Suzanne*, n'était pas tout à fait tranquille.

— Le théâtre peut brûler d'ici à huit heures ! disait-il à ceux qui essayaient de le rassurer.

J'ai parlé, l'autre soir, de l'utilité qu'il y aurait à rétablir la claque à l'Opéra.

Il suffit, pour être de cet avis, d'avoir assisté à la première de l'Opéra-Comique.

Sans parler de l'effet produit par la partition de M. Paladilhe, je puis constater les excellentes dispositions du public depuis l'ouverture jusqu'au morceau de la fin.

Mais que ces dispositions ont donc été habilement accentuées par les claqueurs de la salle Favart !

Grâce à eux, les moindres applaudissements ont pris les proportions d'une véritable manifestation. Ils ont ri, aux bons endroits, avec une discrétion tout à fait spirituelle. Ils ont souligné les passages tendres par un bruit opportun de mouchoirs. Ils ont poussé des « oh ! » et des « ah ! » pleins de malice aux propos badins de la spirituelle M<sup>lle</sup> Ducasse. Ils n'ont même pas reculé devant un rappel du compositeur à la chute du rideau. Hâtons-nous d'ajouter, toutefois, que M. Paladilhe n'a pas cru devoir se prêter à l'apothéose qu'on lui avait ménagée.

M<sup>lle</sup> Bilbaut-Vauchelet faisait, ce soir, sa première création à l'Opéra-Comique où, jusqu'à présent, elle ne s'est fait entendre que dans le répertoire.

J'ai déjà eu l'occasion de raconter que la jeune cantatrice était une musicienne hors ligne, jouant du violon, à peu de chose près, comme feu Paganini, et ayant même dirigé dans une ville qu'elle habitait avant ses débuts, Douai — je crois — des concerts, genre Pasdeloup.

Eh bien, il paraît que toute sa famille, qui est assez nombreuse, ne comprend que des virtuoses remarquables. Les Bilbaut-Vauchelet descendent en droite ligne d'Orphée le divin. Tous, père, mère, frères, sœurs, cousins et cousines jouent dans la perfection de tous les instruments à cordes ou à vent.

Malheureusement il en résulte que, vu l'acharnement avec lequel cette famille cultive son art, elle ne peut se fixer longtemps dans aucun appartement. Les Bilbaut-Vauchelet sont presque des vagabonds, ils ne peuvent s'installer dans une maison sans recevoir leur congé pour le plus prochain terme : ils aiment trop la musique instrumentale. Comme ils sont tous très-unis, qu'ils ne veulent pas se quitter, on se figure aisément la somme de mélodie que représente cet ensemble de talents bruyants, pour l'ouïe des co-locataires. La jeune et remarquable pensionnaire de l'Opéra-Comique, qui vit au milieu de tous ses musiciens de parents, pourrait bien finir par ne plus trouver un domicile dans Paris.

Je n'ai que du bien à dire de la façon dont la pièce est mise en scène.

Les costumes sont amusants et d'une couleur fort heureuse. Les chapeaux de paille selon la mode anglaise encadrent très-gentiment les visages féminins. Dans la fête de Christmas, qui termine le second acte, nous avons vu, outre le petit arbre de Noël, de *Piccolino*, un pudding monstre qui a fait venir l'eau à la bouche des gourmands.

— On a eu tort de nous servir ce pudding, a dit un compositeur qui n'aime pas entendre applaudir ses confrères, c'est un morceau indigeste qui alourdit le finale !

M. Lockroy qui, autrefois, dans le *Maître d'école*, obtint un grand effet avec le petit Fouilloux, dont le type est resté légendaire, a pensé qu'un rôle d'enfant lui réussirait encore et porterait bonheur à *Suzanne*, sa dernière pièce née. Il a donc, pour cette fois, créé le petit rôle de Bob, avec deux couplets pour lesquels le compositeur a écrit une musique spéciale pour voix de mioche.

C'est M<sup>lle</sup> Richer — j'appelle cette gamine « Mademoiselle » sur la foi des affiches — qui joue et chante ce rôle enfantin. Alors qu'on a tant de peine au théâtre à faire comprendre leurs rôles à certains artistes, il est naturellement très-difficile de venir à bout d'une petite fille, si intelligente qu'elle soit. Il faut toujours, avec les enfants de théâtre, user d'un stratagème quelconque pour les faire reproduire les effets indiqués.

Ainsi, le petit groom Bob doit absolument se tenir droit comme un piquet. Malgré toutes les recommandations, la jeune Richer finissait toujours par se départir de cette attitude indispensable, mais fatigante. On ne savait comment faire pour ce soir, lorsque quelqu'un s'avisa de placer la mère Richer, tout en haut de la salle. Ce moyen était bon, car la petite ne quittant pas la maman des yeux, a conservé forcément toute la raideur nécessaire et n'a pas baissé la tête une seule fois.

Par exemple, il faudra nécessairement engager M<sup>me</sup> Richer mère pour figurer dans la salle pendant toute la durée des représentations de *Suzanne*.

Justement, la bonne femme a déclaré qu'elle « reverrait bien ça. »

FIN.

# TABLE

DES

## NOMS CITÉS DANS L'OUVRAGE

### A

Abeille (M^me), 328.
Achard (F.), 367.
Adam, 234.
Adèle (M^lle), 167.
Agar (M^lle), 133, 135, 398.
Agoust, 265.
Aguado (C^tesse), 47.
Aicard, 74.
Albani (M^lle), 25, 26, 27, 47, 48, 140, 141, 142.
Albert (M^lle Marie), 21, 22, 307.
Alboni, 470.
Alembert (D'), 400.
Alexandre, 91, 92, 93, 188.
Alexis (M^me), 75, 77.
Allard, 127.
Alphand, 222.
Ambroise (C^tesse d'), 47, 156.
Ambre (M^lle), 155, 157, 239, 328.
André, 226, 327.
Andrée (Jeanne), 335.
Angèle (M^lle), 2, 4, 245, 364, 365.
Angélo, 407.
Antonine (M^lle), 87, 106, 322.

Aramon (C^te d'), 327.
Arène (Paul), 23, 24, 25.
Armand (C^te), 327.
Artois (Armand d'), 41.
Artus, 84, 348.
Asco (M^lle d'), 2, 40, 335, 336, 337, 347, 382.
Audiffret-Pasquier (duc d'), 47.
Aubrys (M^lle), 199.
Augier (Emile), 95, 131, 133, 136, 137, 232, 338, 341, 402.
Aumale (duc d'), 343.
Azella, 167.

### B

Bac (Daniel), 60, 364.
Bachaumont, 468.
Ballande, 32, 34, 182.
Balzac, 203.
Banos (duc de), 328.
Banville (Théodore de), 86.
Barbier (Jules), 17, 319, 462.
Barbot (M^me), 462.
Bardoux, 71, 73, 226, 252, 322, 358.

27.

Baretta (M^lle), 47, 95, 177, 336, 403.
Baron, 436.
Baron, 57, 58, 60, 452.
Barré, 471.
Barrière (Théodore), 248.
Bartet (M^lle), 75, 76, 360, 398.
Bauffremont (duchesse de), 46.
Baudu, 14.
Bayard, 126.
Bazilewitz (M^me de), 95.
Bazin, 234.
Beaugrand (M^lle), 254.
Beaumaine (M^lle), 365.
Beaumarchais, 49.
Beaumont (M^me de), 95.
Beauplan (de), 327.
Beauvallet, 399.
Béchevet (C^tesse de), 327.
Becker (M^lle), 167, 337, 464.
Becque, 367, 372, 401.
Béhic (de), 328.
Belot (A.), 347.
Bénédict, 381.
Bergé (M^lle), 394.
Bergerac (Cyrano de), 198.
Berlioz, 235.
Bernadaki, 328.
Bernard (Victor), 411.
Bernard (M^me), 133.
Bernard-Derosne, 203.
Bernardi (M^lle), 239.
Bernhardt (M^lle Jeanne), 3.
Bernhardt (M^lle Sarah), 1, 30, 87, 121, 122, 123, 124, 125, 335, 344, 355, 364, 452.
Berthelier, 39, 382.
Berton, 77, 78.
Bertrand, 56, 86, 144, 145, 176, 177, 17, 8191, 244, 361, 362, 363, 450.
Bertrand (Jeune), 86.
Bessac, 204.
Bianca, 307, 343.
Bilbaut-Vauchelet (M^lle), 9, 155, 471, 473, 474.
Bischoffsheim (M^me), 47.
Bischoffsheim (Raphaël), 124, 191, 327.
Bixio, 95.
Blanche, 198.

Bloch (M^lle Rosine), 30, 328.
Blondelet, 450.
Blum (Ernest), 175, 362.
Boieldieu, 234, 242, 347.
Boieldieu, 201.
Boindin, 434.
Boisselot, 76.
Boissy, 435.
Bonnesœur, 58.
Bonnieul, 271.
Borda (de), 95.
Bornier (de), 339.
Bouchardy, 428.
Boucheron, 429, 432.
Bouffar (Zulma), 176, 328, 347, 374, 375, 379, 380, 381, 382, 437, 465.
Bouffé, 7, 296.
Bouhy, 14, 154, 171, 251, 252, 469.
Boullard (Marius), 56, 144.
Bourbon (princesse de), 47.
Bourdeau, 450.
Bourdeille, 383, 385.
Bourgeois (Anicet), 352, 386.
Bourrée, 47.
Boutin, 154.
Bouvier (Alexis), 151.
Brabant, 313.
Braddon (Miss), 203.
Brandus, 308, 426.
Brasseur, 194, 195, 196, 197, 198, 199, 200, 201, 410, 412, 453.
Brasseur (Albert), 412.
Brault, 151.
Brébant, 66, 91.
Bressant, 72, 299.
Brigode (C^tesse de), 328.
Brohan (Madeleine), 2.
Brunswick (duc de), 166.
Buisseret, 348.
Burani, 127, 429, 432.
Busnach (William), 1, 338.
Bussière (baron de), 49.

C

Cabel (Marie), 431.
Cadol, 283, 338.
Callot, 453.
Calmann-Lévy, 238.

Calonne (de), 32.
Camargo (la), 379, 380, 433, 436.
Cambon, 315.
Camondo (C<sup>tesse</sup> de), 45, 327.
Cantin, 86, 168, 191, 221, 285, 429, 448, 466, 467, 468.
Capoul, 14, 49, 158, 299, 324, 325, 327, 330, 331, 347, 365, 461, 467.
Caraguel (Clément), 86, 401.
Caron (M<sup>lle</sup>), 352.
Carré, 319.
Carvalho, 9, 10, 24, 86, 150, 171, 173, 174, 175, 181, 182, 234, 235, 236, 326, 327, 328.
Carvalho (M<sup>me</sup>), 73, 472.
Casariera (marquise de), 327.
Castel, 201.
Castelbajac (de), 328.
Castellano, 81, 82, 183, 184, 275, 349, 352, 354, 386.
Castries (duchesse de), 46, 95.
Caters (baronne de), 327.
Chabrillat, 319, 320, 322, 323, 324, 404, 405, 407, 408, 409, 414, 415, 416, 465.
Cham, 362.
Chaperon, 174, 313, 443, 461.
Charly, 414, 416.
Charme (de la), 95.
Chartier (M<sup>lle</sup>), 41, 102.
Chatrian, 338.
Chaumont (M<sup>me</sup> Céline), 2, 48, 307, 328, 336, 361, 363, 364.
Chautagne, 230.
Chavanne, 144, 280.
Chéret, 98, 101, 113, 313, 314, 442, 454, 455, 457, 458, 460.
Chéri (Victor), 249.
Chéri (Rose), 298.
Chivot, 339, 448, 465, 466, 468.
Chevrier (M<sup>lle</sup>), 375.
Chincholle (Charles), 383, 384, 386.
Christian, 14, 15, 31, 50, 197, 198, 242, 410, 411, 413, 452, 453.

Clairin, 48.
Clairon (M<sup>lle</sup>), 434, 435.
Clairval (M<sup>lle</sup>), 323, 324.
Clairville, 19, 86, 196, 196, 199, 411.
Claretie (Jules), 86.
Claudia (M<sup>lle</sup>), 17.
Clédat, 346.
Clerh, 322.
Cléry (M<sup>lle</sup> de), 335.
Clèves, 458.
Cœdès, 339.
Cohen, 267.
Colleuille, 319.
Colombey, 76.
Colombier, 201.
Comte, 18, 20, 21, 22, 86, 87, 88, 90, 170, 184, 185, 191, 307, 390, 448.
Cooper, 58.
Coppée, 328, 339.
Coquelin, 74, 106, 134, 155, 198, 216, 343.
Corcellet, 351.
Cormon, 339, 471.
Corneille (P.), 116, 172, 319, 328.
Corneille (Thomas), 172.
Cornil, 37, 378, 379, 429.
Corrège, 400.
Cortambert, 455.
Corvi (cirque), 4.
Corvin (P. Newski), 404, 405, 406, 407, 415.
Couderc, 31.
Cosset, 275.
Courbois (la petite Caroline), 170.
Croizette (M<sup>lle</sup>), 2, 30, 87, 133, 214, 336, 341, 342, 344, 355.
Cuinet (M<sup>me</sup>), 430, 431, 432.

D

Dailly, 177, 412.
Dalis, 98.
Danval, 169.
Daram (M<sup>lle</sup>), 328, 462.
Daran, 313, 314.
Darcourt (Juliette), 199, 336.
Dare (M<sup>lle</sup> Leona), 456.

Dareine (M<sup>lle</sup>), 18, 200.
Daubé, 23.
Daubray, 20, 21, 22, 49, 88, 90.
Daubray (La Petite), 114, 149, 170, 322, 355, 415.
Daudet (Alphonse), 24, 25.
Daudoird (M<sup>lle</sup>), 204.
Davenay (M<sup>lle</sup>), 381.
David (Samuel), 146, 148.
David (Félicien), 282.
David fils, 252.
Davyl (Louis), 168, 170, 339, 350, 351.
Debruyère, 259, 260, 428, 429, 432.
Deburau, 269.
Decourcelles, 339.
Deffant (M<sup>me</sup> du), 435.
Deffès, 372, 373, 374.
Déjazet, 263, 296.
Delacour, 196, 266, 267, 339.
Delahaye, 233, 234, 235, 236.
Delahaye fils, 234, 235.
Delamarre, 47.
Delaunay, 73, 75, 77, 78, 136, 155, 216, 388, 403.
Delaporte (M<sup>lle</sup>), 76.
Delaroche (Ida), 298.
Delibes (Léo), 339.
Delta (M<sup>lle</sup>), 75.
Delessart, 363, 364.
Delmonico, 187.
Demay (M<sup>lle</sup> Alphonsine), 47, 308, 347.
Denayrouze, 339.
Dercims, 8.
Déroulède, 95, 339.
Derval (M<sup>lle</sup>), 177.
Derval, 248, 249, 273.
Derval, 51, 52.
Désaugiers, 126.
Desbarolles, 329, 375.
Desclauzas (M<sup>lle</sup>), 39, 250, 347, 378, 381, 425, 437.
Desclée, 274, 277, 298.
Deshayes, 139.
Désiré, 244.
Désirée, 436.
Deslandes (Raymond), 24, 86, 191, 267.
Desnoyelles (M<sup>lle</sup>), 18.
Desouche (A.), 201.

Dickens, 203.
Diderot, 400, 434.
Dieudonné, 358, 359.
Dinelli (M<sup>lle</sup>), 149.
Doche (M<sup>me</sup>), 47, 95, 297.
Doche, 56.
Donizetti, 53, 328.
Donvé (M<sup>me</sup>), 47, 150.
Doubelt (M<sup>me</sup>), 47.
Doucet (Camille), 339.
Draner, 362.
Dubois, 413.
Ducasse (M<sup>lle</sup>), 234, 473.
Dudlay (M<sup>lle</sup>), 335.
Dufriche, 328.
Dugué (Ferdinand), 81, 82, 83, 84, 352, 386.
Duhamel, 127.
Dumaine, 5, 92, 113, 188, 355, 388, 399.
Dumaresq (Armand), 100.
Dumas (Alexandre), 42, 86, 87, 94, 95, 107, 232, 273, 295, 296, 297, 299, 338, 339, 341, 388, 399, 400, 401, 402, 403, 404.
Dumas (M<sup>lle</sup> Marie), 106.
Duperré (contre-amiral), 95.
Dumersan, 126.
Duprez, 153, 173.
Dupuis, 57, 58, 60, 144, 162, 258, 260, 266, 356, 357, 358, 359, 361, 453.
Duquesnel, 43, 86, 95, 102, 107, 108, 129, 130, 131, 226, 227, 322, 323, 351, 391, 392, 393, 394, 395, 409.
Durécu, 176.
Duru, 339, 448, 455, 466, 468.
Duval (M<sup>me</sup> Aline), 57, 60, 144.
Duval (Ferdinand), 95.
Duverger (M<sup>lle</sup>), 3.
Duvergier (M<sup>lle</sup>), 298.
Duvert, 126.

E

Edison, 152, 155, 365.
Edwards (M<sup>me</sup>), 47.

## DES NOMS CITÉS. 481

Eiram (M<sup>lle</sup> Marie), 41.
Eisen, 378.
Elleviou, 31.
Ellisen (M<sup>me</sup>), 47.
Elluini, 336, 470.
Embrun (Céline d'), 384.
Engalli (M<sup>me</sup>), 106, 171, 174, 467.
Engel, 8, 31.
Ennery (d'), 86, 95, 188, 190, 270, 271, 272, 273, 283, 328, 339, 345, 348, 350, 391, 454, 456, 458, 471.
Ephrussi, 47.
Erard (Sébastien), 98.
Ernest, 322.
Escudier, 27, 52, 139, 140, 141, 146, 147, 157, 160, 222, 237.
Espinosa, 457.
Essler (Jane), 112, 113, 128.
Eugénie (l'Impératrice), 261.
Euripide, 116.

### F

Fabert, 34.
Fargueil (M<sup>lle</sup>), 76, 138, 139, 296, 297, 328, 335.
Faure, 73, 251, 467.
Favart, 435, 466, 467, 468, 469.
Favart (M<sup>lle</sup>), 403.
Favin, 258.
Favrot, 328.
Fechter, 347.
Félix (Lia), 95, 298.
Félix, 154.
Ferrier (Paul), 51, 447.
Feuillet (Octave), 95, 232, 266, 338, 339, 341, 344, 359.
Fitz-James (de), 328.
Fleury, 407.
Floquet, 258, 406.
Flotow (de), 140, 141, 142.
Fontaine (La), 172.
Fontenelle, 172.
Fontèt, 269.
Fournier (Ed.), 86, 360, 427.
Frétillon, 435.
Furstenberg (Prince de), 47.

### G

Gailhard, 49, 325, 347, 461, 467.
Galitzine (M<sup>me</sup> de), 435.
Galitzine (Princesse), 95, 327, 347.
Galles (Prince de), 170, 343.
Gambetta, 287, 288, 343, 423, 424.
Ganay (comtesse de), 328.
Garnier, 214.
Garnier-Pagès, 358.
Gaussin (La), 434.
Gauthier (M<sup>lle</sup> Gabrielle), 2, 176, 307, 357, 364.
Gauthier (Théophile), 128, 221, 223, 224, 399.
Geffroy, 95.
Géraldy (Franck), 152.
Gériard (M<sup>lle</sup> Laurence), 169.
Gélabert (M<sup>lle</sup>), 468, 469.
Germain, 58, 177, 246, 364.
Giacometti, 391, 392.
Giffard, 363, 365.
Gigot (Albert), 95.
Giesz (M<sup>lle</sup>), 221.
Gilandi, 152.
Gil-Naza, 322.
Girard (M<sup>lle</sup> Juliette), 90, 336, 465, 467, 468, 472.
Girard (M<sup>me</sup>), 90.
Girault, 95.
Giroux, 150.
Gobin, 170, 171.
Goby (M<sup>lle</sup> Jeanne), 268, 269.
Godfrin, 299.
Godin, 443, 445.
Goldschmidt (Baron), 47.
Gondinet, 76, 86, 267, 339, 366, 369.
Gonza, 167.
Got, 134, 136, 216, 225.
Gouy-d'Arsy (Comtesse de), 328.
Gounod, 309, 313, 319, 327, 328, 339, 438, 439, 441.
Graffigny (M<sup>me</sup> de), 434.
Grangé, 196, 411.
Granier (M<sup>lle</sup> Jeanne), 2, 31, 36, 37, 38, 87, 184, 260, 285, 336, 371, 372.

Granville (M<sup>lle</sup>), 2, 221.
Grassot, 154.
Gravier, 204.
Grédelue, 457.
Greuze, 378.
Grévin, 89, 176, 259, 381, 429, 430, 431.
Grévy, 75.
Grivot, 15, 177, 178, 246, 363, 364, 450.
Grivot (M<sup>me</sup>), 363, 364, 450, 451.
Guaqui (Comtesse), 343.
Guizot, 47.
Guyon (M<sup>me</sup>), 133, 135.
Guyon, 177, 364.
Guillaume (Empereur d'Allemagne), 170.
Guillaume III, 157.
Guilloutet, 306.
Guitry, 299, 300, 322, 423.
Gye, 28.

## H

Haas (Charles), 328.
Habay, 15.
Halanzier, 86, 113, 153, 174, 181, 182, 251, 252, 253, 254, 265, 311, 312, 313, 317, 319, 328, 459, 460, 461, 462, 463.
Halévy (Ludovic), 35, 36, 40, 86, 148, 184, 273, 285, 286, 307, 309, 339, 373, 374, 447.
Halévy, 8.
Hallez, 443.
Hamburger, 58, 59, 257, 383, 384, 385.
Hanlon-Lees (Les), 260, 261, 262, 263, 264, 265, 309, 365.
Haymé, 416, 465.
Heilbronn (M<sup>lle</sup>), 2, 14, 171, 173, 323, 325, 329, 330, 331, 336, 373, 467.
Heine (M<sup>me</sup>), 47.
Helmont, 307, 336.
Helvetius, 434.
Hennequin, 55, 56, 57, 59, 183, 219, 220, 221, 266, 339, 362, 411, 412, 413,

Hervé, 242, 243, 244.
Hetzel, 455.
Heumann (M<sup>lle</sup>), 18.
Hillel (M<sup>me</sup>), 47.
Hirsch (E. de), 47.
Hospital (L'), 47.
Houssaye (Arsène).
Houssaye (Henry), 95.
Hugo (Victor), 53, 54, 87, 109, 110, 111, 116, 137, 139, 232, 338, 339, 341, 353.
Hugo (Charles), 110, 111, 112, 113.
Humberta (M<sup>lle</sup>), 89, 307, 328, 347, 430, 431, 432.

## I

Isabelle (d'Espagne), 261.
Ismaël, 39, 467.
Ivry (Marquis d'), 326.

## J

Jablochkoff, 150, 440, 443.
Jacobs (M<sup>me</sup>), 47.
Jallais (De), 272, 426, 427.
Janin (Jules), 400.
Jannin, 20.
Janzé (De), 47.
Jaurès (Amiral), 461.
Jeault (M<sup>lle</sup>), 335.
Jenneval, 255, 257, 300, 301, 302, 335.
Joinville (Prince de), 343.
Jolly, 20, 22, 309.
Joncières (V.), 459, 460, 462.
Joubert, 95.
Joumard, 75, 359.
Judic (M<sup>me</sup>), 48, 49, 56, 57, 58, 59, 87, 127, 144, 155, 260, 275, 276, 279, 336, 366.
Jullien (M<sup>lle</sup>), 96, 97, 98.
Just (Clément), 138, 139.
Justament, 380, 443.

## K

Keller (M<sup>lle</sup>), 352.
Kolb (M<sup>lle</sup>), 192, 322, 394.
Kasynski, 210, 211, 212.

Kœnigswarter (Baron de), 47.
Koning, 36, 37, 39, 86, 184, 191, 250, 285, 287, 288, 322, 376, 377, 378, 381, 382.
Krantz, 251, 285, 287, 288, 314.
Krauss (M<sup>lle</sup>), 47, 328.

## L

Labiche, 339, 456.
Labrousse, 269.
Lacombe, 126.
Lacome, 268.
Lacoste (Eugène), 316, 317.
Lacressonnière, 188, 457.
Lacroix (Paul), 101.
Laferrière, 154.
Lafont, 266, 356, 357, 358, 359.
Lafontaine, 97, 98, 101, 102.
Lagét, 336.
Lagier (M<sup>lle</sup> Suzanne), 2, 39, 335, 347.
Lagrange (comte de), 98.
Lalande (de), 195.
Lambert (général), 95.
Lamoureux, 318.
Lancey (comtesse de), 343.
Landry, 388.
Lanjallay, 450.
Lany (M<sup>lle</sup>), 436.
Lapommeraye (H. de), 65, 66, 86, 106, 295, 296.
Laprade (V. de), 172.
Larochelle, 86, 113, 137, 168, 170, 183, 184, 187, 280, 282, 283, 284, 458.
Larrey (baron), 95.
Lary, 382.
Las Marimas (de), 328.
Lassalle, 317, 328, 347.
Lasseny (M<sup>lle</sup>), 47, 328.
Lassouche, 58, 60.
Lau (marquis du), 328.
Laure (M<sup>lle</sup> Marie), 188.
Laurent (Marie), 350.
Lauzanne, 126.
Lauzière de Thémines, 140, 141.
Lavastre jeune, 314, 315, 443, 475.

Leblanc (M<sup>lle</sup> Léonide), 48, 49, 99, 100, 101, 107, 131, 322, 323, 324.
Leblanc, 443.
Leconte de l'Isle, 402.
Lecocq (Charles), 35, 36, 40, 184, 243, 285, 374, 377, 378, 423, 444.
Lecouvreur (Adrienne), 435.
Lees (D<sup>r</sup> Jean), 261.
Legault (M<sup>lle</sup>), 49, 149, 221, 274, 307, 372, 425.
Legouvé, 76, 337, 338.
Legrand (M<sup>lle</sup> Berthe), 2, 176.
Lekain, 436.
Lemaire (Madeleine), 95.
Lemaître (Frédérick), 154, 301, 392.
Lepers, 469.
Léonce, 30, 58, 244, 450.
Lepic (comte), 330.
Lesage, 215.
Leterrier, 340, 376, 377, 466.
Leuven (de), 221.
Levert, 47.
Lindheim, 201.
Liorat, 340.
Lizy (Delphine de), 347.
Lloyd (M<sup>lle</sup>), 95, 403.
Lockroy, 471, 473.
Locle (du), 234, 238.
Lody (M<sup>lle</sup> Alice), 2, 41, 95, 138, 139, 336.
Lorain, 152.
Love (docteur), 330.
Luce, 336.
Luco, 466.
Lulli, 172.
Lynnès (M<sup>lle</sup>), 177.

## M

Macamo, 188, 189, 280, 281, 282, 284, 341.
Mackart, 447, 451.
Mackay (M<sup>me</sup>), 47.
Mac-Mahon (Patrice de), 47.
Mac-Mahon (maréchal de), 223.
Mac-Mahon (M<sup>me</sup> de), 440.
Magnier (M<sup>lle</sup>), 221.

Mandrin, 378, 379, 437.
Manuel Guenero (don), 248, 249.
Mancel, 267.
Manuel (Eugène), 340.
Maquet (Auguste), 95, 340.
Marais, 394.
Marcelin, 267.
Marcère (de), 25, 95.
Maréchal, 271.
Marguerite, 335.
Mariani, 177.
Marie (M$^{lle}$ Jeanne), 84.
Marié (Galli), 375, 472.
Marié (Irma), 25.
Marié (Paola), 21, 22, 47, 87, 89, 308, 310.
Mariette, 380.
Marimon (M$^{me}$ Marie), 14, 328.
Mariquita (M$^{lle}$), 457.
Marivaux, 394.
Marmontel, 234.
Marot (M$^{lle}$), 49, 75.
Marcovisch, 47.
Marre (Jules), 330.
Marquet (Delphine), 318.
Martin, 198.
Massé (Victor), 340.
Massenet, 340, 402, 438, 441, 459.
Massin (M$^{lle}$), 2, 75, 76, 192, 307, 328, 336.
Masson (Michel), 340.
Mathilde (la princesse), 95.
Maubant, 216, 398.
Mauri (M$^{lle}$ Rosita), 317.
May (Jeanne), 424.
Meilhac, 35, 36, 40, 48, 86, 148, 149, 184, 273, 285, 286, 307, 309, 340, 373, 374, 430, 447.
Meissonnier, 95.
Mendel, 427.
Mendès (Catulle), 219, 221.
Menessier, 126.
Ménier (Paulin), 6.
Menier, 226.
Menken (Adah), 353, 387.
Mérante, 317, 319.
Mercklin, 271.
Méry (Blanche), 199, 347.
Méryss (M$^{me}$ Rose), 431, 432.

Meurice (Paul), 109, 110, 111, 137, 138, 163, 340.
Meyer (Arthur), 49, 328.
Meyer (M$^{lle}$ Milly), 37, 39, 381.
Meyerbeer, 309.
Meyronnet, 15, 246.
Michel-Ange, 400.
Miette, 336.
Millaud, 55, 56, 57, 310, 362.
Millet (Aimé), 95.
Minart, 20, 21, 22.
Minette (M$^{lle}$), 434.
Mirabeau, 370.
Miranda (de), 328.
Miroir (M$^{lle}$ Blanche), 21, 22.
Moisset (M$^{lle}$), 47, 221, 222, 328.
Molière, 172, 199, 205, 216, 269, 322, 345, 397, 400, 401, 420.
Molins (marquis de), 343.
Moltke (comtesse de), 47.
Moninsko, 408.
Monnier (M$^{lle}$ Hélène), 51.
Monselet, 25, 86.
Montal, 83, 84, 155.
Montaland (M$^{lle}$ Céline), 48, 49, 75, 76, 77, 192, 196, 197, 199, 336, 412.
Montaubry, 31.
Montchanin, 307.
Montégut (Émile), 401.
Montigny, 51, 52, 86, 220, 273, 299, 356, 366, 367, 368, 393, 421, 422.
Montmorency (duc de), 328.
Montrouge, 125, 126, 127.
Moreau, 435.
Moreau-Chaslon, 95.
Moreau, 378.
Morlet, 172.
Morris, 241, 309.
Motte (Janvier de la), 95.
Mouchy (duc de), 328.
Mounet-Sully, 30.
Mumm (G.-H.), 48.
Mun (de), 47.
Musset (A. de), 30.

## N

Narrey (Charles), 149.
Najac (de), 219, 220, 283, 375.
Newcastle (duchesse de), 327.
Nigra, 343.
Nilsson (Christine), 243, 461, 467.
Noirmont (de), 47.
Nourrit, 153.
Nouvelli, 158, 239.
Nuitter, 234, 236, 238, 340.
Numa, 198, 412.

## O

Offenbach, 14, 18, 76, 86, 87, 88, 129, 179, 201, 214, 242, 243, 246, 298, 397, 308, 309, 328, 340, 447, 448, 449, 450, 452, 466, 467, 468.
Océana, 349, 353, 354, 355, 386, 387, 389, 390.
Osmond (Comte d'), 47.
Oswald, 427.

## P

Paganini, 473.
Page (M$^{lle}$ Adèle), 2, 295, 298, 335.
Pailleron (Edouard), 340, 421, 423, 424, 425.
Paine (M$^{me}$), 47.
Paladilhe, 470, 471, 472, 473.
Palmieri (E.), 395.
Pandolfini, 160.
Parade, 75, 77, 358.
Parfait (Paul), 368.
Parodi, 146.
Pasca (M$^{me}$), 76, 95, 398.
Pasdeloup, 9, 438, 459, 474.
Patry (M$^{me}$), 188.
Patti (Adelina), 3.
Pearl (Cora), 246.
Pedro (L'Empereur Don), 265.
Pelouze (M$^{me}$), 328.
Pena (de la), 47.
Péragallo, 86, 242, 270, 271, 272, 420.
Pereire, 226.
Pérey (Charles), 91, 92.
Péricaud, 204.
Périga (M$^{lle}$), 169.
Perret (Aimé), 127.
Perret (M$^{lle}$), 16.
Perrin, 86, 121, 136, 182, 328, 343, 397, 398, 402, 403.
Perry (Henri), 258.
Peschard, 14, 16, 87, 88, 176, 246, 347, 451, 466, 471.
Pessard (Émile), 22, 23, 25, 219, 221.
Pessard (Hector), 23, 25.
Petit (Georges), 367, 368, 405, 414, 415, 416.
Petit (Hélène), 99.
Piave, 54.
Picard, 215.
Piccolo, 3, 14, 17, 40, 246, 382.
Pierski (M$^{lle}$), 49, 192.
Pierson (M$^{lle}$), 49, 75, 76, 78, 298, 307, 328, 335.
Planquette, 346, 446, 464.
Plet, 153.
Plummer, 47.
Pluque, 20.
Poilly (Marquise de), 95.
Poilly (Baronne de), 328.
Poise, 24.
Poisson, 113, 435.
Pomereu (de), 328.
Poniatowski (Prince), 47.
Ponsard, 215.
Porel, 96, 352.
Pothey, 123.
Potocki (Comte), 47.
Pradeau, 351.
Prilleux, 172.
Prodgers, 327.
Protais, 95.
Puget (M$^{me}$ Loïsa), 345.
Pujol, 275, 393, 394.

## Q

Quatrelles, 149.
Quérette (Blanche), 337, 426, 427.
Quidant (Adolphe), 98.
Quinault, 172.

## R

Rabelais, 401.
Rachel, 207, 295.
Ramellini (M<sup>lle</sup>), 17.
Raphaël, 400.
Ratisbonne (M<sup>me</sup>), 47.
Ravel, 455, 456, 457.
Raymond (Hippolyte), 127, 367.
Rebel, 322.
Regnault (M<sup>lle</sup> Alice), 2, 30, 48, 49, 51, 52, 221, 336, 422, 423.
Regnier, 95.
Reichemberg (M<sup>lle</sup>), 2, 133.
Réjane (M<sup>lle</sup>), 268.
Renan, 423, 424.
Reynold (Zélie), 221.
Remenyi, 106.
Reszké (M<sup>lle</sup> de), 47, 48.
Révilly (M<sup>lle</sup>), 455.
Reyar, 198.
Richard (Georges), 351.
Richard, 198.
Richer (M<sup>lle</sup>), 475.
Rillé (Laurent de), 19, 339.
Riou, 455.
Ritt, 86, 113, 137, 170, 183, 184, 187, 280, 281, 282, 283, 284, 455, 458.
Ritter (M<sup>lle</sup> Cécile), 3.
Robecchi, 113, 201, 202, 362, 363, 456, 457.
Robert (M<sup>lle</sup> Fanny), 17, 89, 151, 155, 307, 337.
Roger, 8, 31, 86, 191, 357.
Roger (Aristide), 43.
Ronceray (M<sup>lle</sup> de), 468.
Rose-Marie, 337.
Rothschild (Adolphe de), 46, 226, 351.
Rothschild (Edmond de), 47.
Rousseil (M<sup>lle</sup>), 1, 2, 95, 168, 169, 328, 336, 347, 406, 408.
Roussel (M<sup>me</sup>), 47.
Royer-Collard (H.), 267.
Rosencoët (Comtesse de), 327.
Rossi, 328.
Rubé, 174, 313, 443, 461.

## S

Sabine (M<sup>lle</sup>), 18.
Sagan (Prince de), 47, 328.
Saget (M<sup>lle</sup>), 246.
Sainte-Foy, 172.
Saint-Georges (de), 140.
Saint-Germain (M<sup>lle</sup>), 436.
Saint-Germain, 155, 423.
Saint-Marc (M<sup>lle</sup> E.), 298.
Saint-Saëns, 438, 441, 444.
Saint-Victor (Paul de), 86, 128.
Salvini, 392.
Samary (M<sup>lle</sup>), 48, 322, 336.
Sand (George), 203.
Sand (Maurice), 95.
Sandeau (Jules), 232, 338, 340.
Sangalli (M<sup>lle</sup>), 328.
Sanz (M<sup>lle</sup>), 141, 142.
Sarcey, 86, 105, 128, 131, 168, 185, 191, 221, 246, 257, 358, 427.
Sardou (Victorien), 67, 68, 69, 70, 71, 74, 75, 76, 77, 78, 79, 86, 87, 192, 193, 198, 232, 247, 264, 273, 338, 340, 341, 373, 374, 375, 376, 405, 406, 418, 421.
Sari, 86, 263.
Sass (Marie), 328.
Sauvage (M<sup>lle</sup>), 436.
Savine (M<sup>lle</sup> Marie), 321.
Say (Léon), 47, 286, 287, 288.
Scepeaux (marquis de), 46.
Schah de Perse (le), 208.
Schneider (M<sup>lle</sup>), 2, 47, 308, 309, 310, 328, 346, 347.
Scholl (Aurélien), 41.
Scipion, 20, 452.
Scribe, 53, 126, 249.
Seiglet, 198.
Serpette, 340.
Sesto (duchesse de), 327.
Shakespeare, 325, 326.
Sherman (général), 263.
Silly, 197, 199, 336, 412.
Simon (Jules), 95.
Siraudin, 340.
Sophocle, 116.
Soubeyran (baron de), 46.
Speck, 467.

Springer (baronne), 47.
Stairs (M<sup>lle</sup>), 361.
Standish (M<sup>me</sup>), 327.
Stern (M<sup>me</sup>), 47, 327.
Strauss, 48.
Stuart, 169.
Sujol, 431.
Sylvain, 34.
Sylvera (M<sup>me</sup> de), 328.

## T

Taillade, 457, 458.
Talazac, 150.
Talbot, 95.
Tallandiera (M<sup>lle</sup>), 3, 112, 298.
Talma, 154, 217.
Tanlay (de), 328.
Tanlé (M<sup>lle</sup> de), 95.
Teissandier (M<sup>lle</sup> Aimée), 297, 298, 299, 300, 425.
Théo (M<sup>me</sup>), 2, 39, 87, 307, 328, 336, 347, 412, 413.
Thérésa, 2, 150, 342.
Thève (M<sup>lle</sup> Maria), 259, 260.
Thibaut, 90, 308.
Thiboust (Lambert), 203.
Thierry (Edouard), 135.
Thiers, 292?
Thomas (Ambroise), 171, 172, 174, 234, 254.
Thomas, 167, 443.
Titien (le), 400.
Toché (Raoul), 362, 427.
Toulmouche, 95.
Trédern (vicomtesse de), 47.
Tréfeu, 175.
Troubetzkoï (prince), 95, 327.

## U

Ugalde (M<sup>me</sup>), 431.
Ulman, 47.
Usiglio, 159, 160.

## V

Vacquerie, 340.
Valbel, 322.

Vallombreuse (de), 223, 328.
Vanghell (M<sup>me</sup>), 2.
Vanloo (peintre), 435, 466.
Vanloo (Albert), 340, 376, 377, 466.
Vasseur, 340, 428, 429, 431, 432, 445.
Vast-Ricouard, 258.
Vaucorbeil, 223.
Vauthier, 39, 383.
Vautrain, 16.
Vavasseur, 154, 323.
Verdi, 52, 237, 238.
Verne (Jules), 189, 190, 282, 340, 345, 454, 455, 458.
Vibert, 292, 328, 340.
Villaret, 30.
Villemessant (H. de), 208.
Villeray, 138, 139.
Vitu (Auguste), 392.
Visentini, 435.
Vizentini (A.), 10, 13, 14, 15, 167, 221, 255, 438, 439, 441, 469.
Vizentini (J.), 16, 23, 52, 171, 173, 175.
Voltaire, 217, 401, 434, 435, 436.
Vuhrer, 47.

## W

Waddington, 25.
Wagner, 308.
Waldteufel, 48.
Walewski (comte de), 47, 328.
Watteau, 378.
Weinschenck, 86, 175, 176, 242, 247, 345, 346, 348, 442, 447, 448, 449, 450.
Will, 400.
Worms, 328.

## Z

Zara, 407.
Zidler, 164, 166.
Zola (Emile), 86, 131, 452, 453.

# TABLE DES MATIÈRES

## JANVIER.

| | |
|---|---|
| Livres nouveaux... | 1 |
| Reprise des *Mousquetaires de la Reine*... | 7 |
| Réouverture de la Gaîté... | 13 |
| *Babiole*... | 18 |
| *Le Char*... | 22 |
| L'Albani dans *Rigoletto*... | 25 |
| *Charlemagne*... | 32 |
| *Le Petit Duc*... | 35 |
| *Le Nid des autres*... | 41 |

## FÉVRIER.

| | |
|---|---|
| La représentation des Italiens... | 45 |
| *La Femme de Chambre*... | 51 |
| *Ernani*... | 52 |
| *Niniche*... | 55 |
| *L'ami d'un tel*... | 61 |
| *Les Bourgeois de Pont-Arcy* (avant la première)... | 67 |
| Les adieux de Bressant... | 72 |
| *Les Bourgeois de Pont-Arcy*... | 74 |

## MARS.

| | |
|---|---|
| Le Ballon Morel | 81 |
| Maître Péronilla | 87 |
| Balsamo | 94 |
| Plaisirs des premières | 103 |
| Les Misérables | 109 |
| La vie ordinaire | 114 |
| Plus que le maximum! | 117 |

## AVRIL.

| | |
|---|---|
| Les forfaits de M<sup>lle</sup> Sarah Bernhardt | 121 |
| Le Cabinet Piperlin | 125 |
| Le feuilleton de la nouvelle école | 128 |
| Les Fourchambault | 131 |
| La Brésilienne | 137 |
| Alma l'Incantatrice | 139 |
| Le premier étranger | 143 |
| Le Triomphe de la Paix | 146 |
| La liquidation de Pâques | 148 |
| La première du Phonographe | 152 |
| A quoi pense un ténor italien | 158 |

## MAI.

| | |
|---|---|
| Réouverture de l'Hippodrome | 164 |
| Les Abandonnés | 168 |
| Psyché | 171 |
| Le Chat botté | 175 |
| Entre directeurs | 180 |

## JUIN.

| | |
|---|---|
| Reprise du Tour du Monde | 187 |
| Salles d'exposition : La salle du Vaudeville | 190 |
| Première inauguration du théâtre des Nouveautés | 194 |

| | |
|---|---|
| Coco | 196 |
| *Le Secret de miss Aurore* | 202 |
| *Les Bohémiens de Moscou* | 208 |
| Salles d'exposition : Le Théâtre-Français | 214 |

## JUILLET.

| | |
|---|---|
| *Le Capitaine Fracasse.* — Petite Correspondance | 219 |
| Le critique inoccupé | 224 |
| Salles d'exposition : L'Ambigu | 227 |
| *Pepita* | 233 |
| *Aïda* | 237 |

## AOUT.

| | |
|---|---|
| Reprise d'*Orphée aux Enfers* | 241 |
| Danseurs espagnols au Gymnase | 247 |
| Bouhy dans *Hamlet* | 251 |

## SEPTEMBRE.

| | |
|---|---|
| Les Hanlon-Lees | 260 |
| *Le Mari d'Ida* | 266 |
| Les droits de d'Ennery | 270 |
| Simple histoire | 275 |
| Le dompteur amoureux | 280 |
| Le million du *Petit Duc* | 284 |
| L'auteur qui ne veut plus faire de bonnes pièces | 288 |

## OCTOBRE.

| | |
|---|---|
| Reprise de la *Dame aux Camélias* | 295 |
| Jennevaliana | 300 |
| Le premier pas | 303 |
| Reprise de *la Grande-Duchesse* | 306 |
| *Polyeucte* | 310 |
| Réouverture de l'Ambigu | 319 |

| | |
|---|---:|
| *Les Amants de Vérone*............................... | 324 |
| Ma distribution des récompenses....................... | 334 |
| *Reprise du Sphinx*................................. | 341 |

## NOVEMBRE

| | |
|---|---:|
| *La Grâce de Dieu*.................................. | 345 |
| *Monsieur Chéribois*................................ | 349 |
| *Les Pirates de la Savane*........................... | 352 |
| Reprise de *Montjoye*................................ | 356 |
| La Revue des Variétés............................... | 361 |
| *Les Noces de Fernande*.............................. | 372 |
| *La Camargo* ....................................... | 376 |
| *Le Voyage rose*..................................... | 383 |
| Oceana for ever..................................... | 386 |
| *Conrad*............................................ | 391 |

## DÉCEMBRE

| | |
|---|---:|
| *Le Fils naturel*.................................... | 397 |
| *La Princesse Borowska*.............................. | 404 |
| *Fleur d'Oranger*.................................... | 410 |
| Le lendemain d'une première......................... | 417 |
| *L'Age ingrat*....................................... | 421 |
| *Le Droit du Seigneur*............................... | 428 |
| La soirée théâtrale en 1750......................... | 433[1] |
| Premier festival de l'Hippodrome.................... | 437 |
| *Les Brigands*....................................... | 447 |
| *Les Enfants du capitaine Grant*..................... | 453 |
| *La Reine Berthe*.................................... | 459 |
| *Madame Favart*...................................... | 464 |
| *Suzanne*............................................ | 470 |

Imprimerie D. BARDIN, à Saint-Germain.

www.ingramcontent.com/pod-product-compliance
Lightning Source LLC
Chambersburg PA
CBHW071715230426
43670CB00008B/1012